フリーランスとの取引と企業対応

池田 毅・倉重公太朗 編著

今村 敏・宇賀神 崇・江夏大樹・全 未来・田中麻久也・松本恒雄 著

有斐閣

はしがき

　フリーランスという働き方が注目され、企業にとってもフリーランスの活用が急務となっている。企業を退職した従業員がフリーランスとして働く例も増えていると聞く。ところで、フリーランスって何だろうか？　「個人事業主」とは違うのだろうか？　ウィキペディアに記載されているフリーランスの説明と今般施行された「フリーランス法」における定義も異なっている。

　従来のフルタイムの従業員や、パート・アルバイトなどと異なり、フリーランスは新しい現象であるだけに、「フリーランス」という言葉の意味だけでなく、その法律上の位置づけも曖昧である。詳細は本文に譲るが、フリーランスは正規の従業員ではないため、いわゆる労働法制が正面から適用されるわけではない。個人事業主として下請法や独占禁止法で保護される場面もあるが、常に適用があるわけでもない。本書は、いわゆるフリーランス法（特定受託事業者に係る取引の適正化等に関する法律）の制定・施行をきっかけに企画されたものではあるものの、フリーランス法はフリーランスにかかわる全ての法律問題を包括的に解決できるものにはなっていない。

　フリーランスはフレキシブルな働き方といわれるが、法律面でも、従来の民法、労働法、下請法等々に加え、新しくできたフリーランス法がフレキシブルに適用される。法律専門家にとってはチャレンジングで興味深い分野であるが、企業法務実務に携わる方々にとっては、新法であるフリーランス法にキャッチアップするだけでなく、目の前にある問題にどの法律が適用されるのか、また、フリーランスという現象が一般化する前に作られた法律をどのように解釈適用するのかを判断するのは容易な所業ではない。

　本書は、2024年11月に施行されたフリーランス法を、法律実務家の立場から、企業実務に即して詳述するとともに、フリーランスにまつわる諸問題に対して、フリーランス法以外の各種の法律が、いかなる場面においてどのように適用されるかを、必ずしも法律に精通しているわけではないビジネスパーソンにもご理解いただけることを目標とするものである。各法律がフリーランスにどのように適用されるかという切り口と、フリーランスの活用が企業実務にお

i

いて問題となる場面ごとに法律上の問題を論じるという切り口から、重複を厭わずに検討することで、多角的な理解が得られることを試みた。

　また、法分野を横断するフリーランスの法律問題を理解するにあたっては、本書の多彩な執筆陣も特長といえるだろう。独占禁止法・下請法を主要な取扱業務とする池田・染谷法律事務所からは、中小企業庁にてフリーランス法の立案実務に実際に携わった全未来弁護士をはじめとする複数の弁護士が執筆に携わった。労働・人事法務分野からは、使用者側・労働者側それぞれで第一線で活躍する弁護士が執筆することで多面的な検討を試みた。執筆者間の打合せは、それぞれの執筆者の取扱分野からはあまり考えたことがなかった新たな観点の交換が多数起きる刺激に満ちたものであった。執筆者間の議論におけるこれらの新たな気付きもできる限り本書の内容に盛り込んだ。本書がフリーランスを活用する企業実務の一助になれば、執筆者一同、望外の喜びである。

　単なる新法の解説にとどまらない意欲的な本書が、新法の施行から間もなく刊行にこぎ着けることができるようになったのは、有斐閣の鈴木淳也氏・藤木雄氏をはじめとする実務書編集部の力に負うところが大である。法律実務書の編集において揺るぎない実力と実績を備えた優秀な編集部の皆様のサポートと正確な校正により、執筆陣は執筆と内容のブラッシュアップに注力することができた。ここに記して感謝を申し上げたい。

　2024 年 12 月

編著者を代表して

弁護士　池 田　　毅

目　次

第1部　フリーランスにまつわる法制の概要

第1　フリーランスの法的地位

第1章　フリーランスとは————————————————3

第2章　フリーランスは事業者か————————————6

第3章　フリーランスは労働者か————————————11

  Ⅰ　はじめに（労働者性について）　*11*

  Ⅱ　労基法上の「労働者性」　*12*

    1　基礎概念となる労基法上の「労働者性」　*12*

    2　労基法上の「労働者」に該当することによる影響　*12*

    3　労基法上の労働者性の判断要素　*13*

  Ⅲ　労組法上の「労働者性」　*15*

    1　より広い概念である労組法上の「労働者性」　*15*

    2　労組法上の労働者性の判断要素　*15*

  Ⅳ　労働安全衛生法の保護対象となる「労働者」及び安全配慮義務について　*16*

    1　労働安全衛生法の保護対象となる労働者について　*16*

    2　最高裁判決による労働安全衛生法の保護範囲の拡張　*16*

    3　安全配慮義務　*17*

第4章　フリーランスは消費者か————————————21

  Ⅰ　消費者契約法　*21*

  Ⅱ　特定商取引法　*23*

    1　営　業　*23*

    2　無事業所・無店舗個人　*23*

  Ⅲ　割賦販売法　*25*

目 次

第2 フリーランスにまつわる主要な法律

第1章 民 法 ——————————————————————27

Ⅰ フリーランスとの契約の法的性質 *27*

1 フリーランスとの契約 *27*

2 役務提供型の典型契約 *27*

3 受け皿としての準委任と混合契約 *28*

Ⅱ 契約の構造 *29*

1 継続的性質 *29*

2 基本契約と個別契約 *30*

3 デジタル・プラットフォームが介在する場合の契約関係 *31*

4 フリーランスとの契約と民法の適用 *33*

Ⅲ 契約の成立と書面 *33*

Ⅳ 契約の効果 *35*

1 役務の履行請求と報酬請求 *35*

2 履行障害と危険負担 *36*

3 業務の成果物・権利の帰属 *38*

4 役務提供型契約における契約不適合責任 *39*

5 強制履行の方法 *40*

Ⅴ 契約の継続と終了 *41*

1 期間の定めと更新・契約の終了 *41*

2 債務不履行解除 *44*

3 中途解除権 *48*

第2章 フリーランス法 ——————————————————53
第3章 独占禁止法 ————————————————————54

Ⅰ 概 要 *54*

Ⅱ 不公正な取引方法 *54*

1 概 要 *54*

2 優越的地位の濫用規制 *55*

Ⅲ 不当な取引制限（カルテル）について *59*

Ⅳ エンフォースメント *60*

目　次

 Ⅴ　経　緯　*62*

第 4 章　下請法―――――――――――――――――――――――*64*

 Ⅰ　概　要　*64*

 Ⅱ　適用対象　*64*

  1　概　要　*64*

  2　適用対象の取引　*65*

  3　適用対象の当事者　*66*

 Ⅲ　規制の内容　*68*

  1　書面の交付義務（下請法 3 条）　*68*

  2　支払期日を定める義務（下請法 2 条の 2）　*70*

  3　書類の作成・保存義務（下請法 5 条）　*70*

  4　遅延利息の支払義務（下請法 4 条の 2）　*72*

  5　親事業者の禁止行為（下請法 4 条）　*72*

 Ⅳ　エンフォースメント　*81*

  1　報告・立入検査について　*81*

  2　勧告等について　*82*

  3　罰　則　*84*

第 5 章　下請振興法―――――――――――――――――――――――*86*

 Ⅰ　概　要　*86*

 Ⅱ　適用対象　*88*

 Ⅲ　振興基準　*89*

 Ⅳ　パートナーシップ構築宣言　*89*

第 6 章　労働組合法―――――――――――――――――――――――*91*

 Ⅰ　労働者概念の相対性　*91*

  1　総　論　*91*

  2　労基法上の労働者性　*92*

 Ⅱ　労働組合法上の労働者性　*93*

  1　労組法上の労働者概念　*93*

  2　労組法上の労働者概念における判断要素　*93*

  3　①業務組織への組み入れ　*95*

v

目 次

4 ②契約内容の一方的・定型的決定　*95*

5 ③報酬の労務対価性　*95*

6 ④業務の依頼に応ずべき関係　*96*

7 ⑤広い意味での指揮監督下の労務提供、一定の時間的場所的拘束性　*96*

8 ⑥顕著な事業者性のないこと　*96*

9 ギグワーカーへの適用（Uber Eats Japan 事件）　*96*

10 労組法上の使用者性議論とは異なる点に注意　*97*

Ⅲ 労働者概念拡張論の限界　*97*

Ⅳ 労働者性議論の先にあるもの　*99*

第7章　中小企業等協同組合法・家内労働法――――――――*100*

Ⅰ 中小企業等協同組合法　*100*

1 中小企業等協同組合法の概要　*100*

2 中小企業等協同組合法をフリーランス問題解決に用いる場合の実務的
課題　*101*

3 中小企業等協同組合法活用の可能性　*102*

4 中小企業等協同組合法と独占禁止法　*104*

Ⅱ 家内労働法（補論）　*105*

第8章　商　　法――――――――――――――――――――*107*

Ⅰ 「商行為」性、「商人」性　*107*

Ⅱ 相当報酬請求（商法 512 条）等　*108*

Ⅲ 仲立人に対する規制　*110*

第2部　フリーランス法

第1章　法律の概要――――――――――――――――――*113*

第2章　立法の経緯と同法の位置づけ――――――――――*114*

第3章　適用範囲――――――――――――――――――――*118*

Ⅰ フリーランス＝「特定受託事業者」の意義　*118*

1 「業務委託」　*118*

目　次

2　「事業者」　*121*

3　「従業員」の使用　*122*

4　法人であって、「代表者」のほかに「役員」がいない　*130*

Ⅱ　発注者＝「業務委託事業者」「特定業務委託事業者」の意義　*132*

1　「業務委託事業者」　*132*

2　「特定業務委託事業者」　*132*

3　発注者に適用されるフリーランス法の規定　*132*

Ⅲ　判断に迷う事例　*133*

1　自然人 1 名が「代表社員」である合同会社で、その同居の配偶者が
存在する場合　*133*

2　株式会社 1 社が「代表社員」である合同会社で、当該株式会社の唯一の株主・
取締役である自然人が合同会社の職務執行者とされている場合　*134*

3　株式会社 1 社が「代表社員」である合同会社で、当該株式会社の従業員
1 名が合同会社の職務執行者とされている場合　*138*

4　自然人 1 名と法人 1 社がいずれも「代表社員」である合同会社の場合　*139*

5　自然人 1 名が「代表社員」である一方、法人 1 社も（代表権のない）
社員である合同会社の場合　*140*

6　自然人 1 名が唯一の取締役である株式会社で、会計参与が選任されている
場合　*140*

7　任意組合　*142*

Ⅳ　実務対応のポイント　*144*

1　広く零細事業者にフリーランス法対応をとる場合　*144*

2　フリーランス法の適用対象のみに対応を限定する場合　*146*

3　申告書等のひな形　*147*

Ⅴ　国際的適用範囲　*150*

1　政府見解　*150*

2　独占禁止法・下請法の国際的適用範囲　*151*

3　労働法規の国際的適用範囲　*152*

4　フリーランス法の国際的適用範囲　*154*

第 4 章　義　務 —————————————————————*159*

Ⅰ　概　要　*159*

Ⅱ　契約内容の明示に関するルール　*161*

vii

目 次

　　1　概　要　*161*

　　2　明示時期——いつまでに明示しなければならないか　*162*

　　3　明示事項——何を明示する必要があるのか　*164*

　　4　明示方法——どのように明示することが求められているのか　*179*

　　5　明示の効力について　*184*

　　6　フリーランス法3条に違反した場合　*185*

　　7　下請法等の関連法令を踏まえた対応について　*186*

　Ⅲ　報酬の支払に関するルール　*189*

　　1　概　要　*189*

　　2　支払期日の設定について　*191*

　　3　再委託の場合の支払期日の設定について　*195*

　　　Column　再委託30日ルールの立法論上の妥当性　*196*

　　4　特定受託事業者の責めに帰すべき事由により支払うことができなかった
　　　とき　*198*

　　5　再委託の場合の前払金について　*198*

　　6　支払期日が金融機関の休業日である場合の運用について　*199*

　　7　フリーランス法4条に違反した場合　*201*

第5章　禁止行為————————————————————*202*

　Ⅰ　概　要　*202*

　Ⅱ　継続的業務委託に適用されること　*203*

　　1　単一の業務委託または基本契約による場合　*204*

　　2　契約の更新により継続して行うこととなる場合　*206*

　Ⅲ　禁止行為　*209*

　　1　概　要　*209*

　　2　受領拒否の禁止　*212*

　　3　報酬の減額の禁止　*214*

　　4　返品の禁止　*222*

　　5　買いたたきの禁止　*224*

　　6　購入・利用強制の禁止　*230*

　　7　不当な経済上の利益の提供要請の禁止　*232*

　　8　不当な給付内容の変更および不当なやり直しの禁止　*235*

　Ⅳ　フリーランス法5条に違反した場合　*237*

viii

目 次

第6章　労働者類似の保護―――――――――――――――241

I　契約解除・不更新の30日前予告義務　*241*

1　概　要　*241*

2　「継続的業務委託」の意義　*241*

3　予告の方法　*242*

4　30日前予告義務が必要ない場合　*243*

5　30日前予告義務の効果　*247*

6　契約終了理由の開示　*248*

II　ハラスメント対策義務　*250*

1　全体像　*250*

2　フリーランスに対するハラスメントの意義　*251*

3　とるべき措置の内容　*253*

III　妊娠、出産、育児、介護への配慮　*254*

1　概　要　*254*

2　フリーランスの申出　*254*

3　行うべき配慮の内容　*255*

4　配慮の具体例　*256*

5　許されない行為　*257*

IV　募集情報の的確表示義務　*258*

1　概　要　*258*

2　的確表示を求められる募集情報　*259*

3　許されない表示の具体例　*261*

4　募集情報と実際の契約条件の齟齬　*262*

第7章　法律の執行―――――――――――――――――263

I　特定受託事業者からの申出等　*263*

II　フリーランス法に違反した場合　*264*

1　概　要　*264*

2　公表について　*266*

3　勧告と自発的申出の制度について　*268*

4　報告徴収と立入検査について　*270*

5　指導・助言について　*271*

ix

目　次

　　6　独占禁止法・下請法との関係について　*272*

　Ⅲ　中小企業庁長官の措置請求　*273*

　Ⅳ　その他の措置等　*274*

第8章　他の法律との関係―――――――――――――――*276*

　Ⅰ　労働法　*277*

　Ⅱ　独占禁止法・下請法　*277*

　Ⅲ　消費者法　*278*

　Ⅳ　民法・商法　*279*

　Ⅴ　フリーランス法　*280*

第9章　フリーランス法の私法上の効力――――――――*282*

　Ⅰ　私法上の効力の実務上の重要性　*282*

　Ⅱ　独占禁止法の私法上の効力　*282*

　　1　不法行為に基づく損害賠償請求　*283*

　　2　契約の無効　*283*

　Ⅲ　下請法の私法上の効力　*285*

　　1　不法行為に基づく損害賠償請求　*285*

　　2　契約の無効　*286*

　Ⅳ　労基法の私法上の効力　*287*

　Ⅴ　労働法規上の「配慮義務」の私法上の効力　*288*

　　1　合意の無効　*288*

　　2　契約解消の無効　*288*

　Ⅵ　その他の労働法規の私法上の効力　*289*

　Ⅶ　フリーランス法の私法上の効力　*290*

　　1　報酬支払期日の規制（フリーランス法4条）　*290*

　　2　禁止行為（フリーランス法5条）　*292*

　　3　30日前予告義務（フリーランス法16条）　*293*

　　4　妊娠・出産・育児・介護への配慮義務（フリーランス法13条）　*294*

目 次

第3部 フリーランスとの取引における留意点

第1章 フリーランスとの取引条項————————————299

Ⅰ 任意解約条項 *299*

1 任意解約条項の必要性 *299*

2 フリーランスの任意解約権・損害賠償請求権の制限 *301*

3 解約予告期間 *308*

Ⅱ 契約期間と更新 *309*

1 契約期間の長さ *310*

2 自動更新条項と不更新申出期間 *310*

Ⅲ 即時解除条項 *311*

Ⅳ 違約金、費用負担、天引き *312*

Ⅴ 契約解消後の競業避止義務 *312*

1 職業選択の自由との関係 *313*

2 独占禁止法 *316*

3 検 討 *316*

Ⅵ 知的財産権の取扱い *317*

第2章 フリーランスによる共同行為・集団的交渉————319

Ⅰ はじめに *319*

Ⅱ 独占禁止法の問題とされない場合 *320*

1 労働関連法令の適用がある場合 *320*

2 独占禁止法の適用除外に該当する場合 *323*

Ⅲ 独占禁止法が適用される場合 *327*

第3章 フリーランスに対する不当表示————————329

Ⅰ はじめに *329*

Ⅱ 景品表示法上の規制について *329*

1 概 説 *329*

2 仲介プラットフォームに掲載した広告において不当表示がある場合 *332*

3 仲介プラットフォームが提供する支援サービスについて不当表示がある

xi

目 次

　　　場合（DYM 事件）　*334*

　Ⅲ　フリーランス法上の的確表示義務　*335*

　　1　明示すべき募集情報の範囲　*335*

　　2　明示をするなら、法所定の情報以外も的確表示を　*337*

　　3　契約書の内容を固めた上で、募集情報としてコピーする　*337*

　　4　募集情報と異なる契約条件で発注するときは、相違を説明する　*337*

第 4 章　従業員とともに働くフリーランスの諸問題————————339

　Ⅰ　偽装フリーランス（偽装雇用）の問題点と対策　*339*

　　1　偽装フリーランスと偽装請負　*339*

　　2　偽装フリーランスにより生じるリスクと対策　*340*

　Ⅱ　社員フリーランス　*348*

　　1　社員フリーランスとは　*348*

　　2　従業員と会社、それぞれにとっての「社員フリーランス」のメリット・
　　　デメリット　*349*

　　3　社員フリーランス化における留意点　*351*

　　4　企業として社員フリーランスを支援する方策　*352*

　　5　本章まとめに代えて　*353*

第 5 章　フリーランスとプラットフォームの関係————————*354*

　Ⅰ　多様な類型　*354*

　　1　再委託型　*354*

　　2　媒介型　*355*

　　3　プラットフォーム型　*356*

　　4　3 類型の区別　*358*

　　5　概　観　*361*

　Ⅱ　独占禁止法　*362*

　　1　デジタル・プラットフォームにおける市場　*362*

　　2　デジタル・プラットフォームにおける独占禁止法上の懸念　*365*

　Ⅲ　労働法　*368*

　　1　労働者派遣　*368*

　　2　労働者供給　*369*

　　3　職業紹介・委託募集・募集情報等提供　*370*

xii

4　検　討　*371*

Ⅳ　プラットフォーム透明化法　*373*

Ⅴ　商法上の仲立規制　*375*

　1　要　件　*375*

　2　結約書の交付義務　*376*

　3　帳簿作成・謄本交付義務　*376*

　4　氏名黙秘義務　*376*

　5　介入義務　*377*

　6　善管注意義務　*377*

Ⅵ　消費者法　*377*

Ⅶ　損害賠償責任　*378*

　1　使用者責任　*378*

　2　名板貸人の責任　*379*

　3　保証責任　*381*

　4　プラットフォームの民事責任の諸裁判例　*381*

第6章　フリーランスとの取引の開始と終了────*388*

Ⅰ　フリーランスとの取引開始時および取引中の問題点　*388*

　1　問題となりうる行為　*388*

　2　問題点と各法における対応について　*389*

Ⅱ　フリーランスの契約終了の妨害問題　*395*

　1　問題の所在　*395*

　2　民法の解釈　*398*

　3　労働法規の適用・類推適用　*399*

　4　禁止行為（フリーランス法5条）該当性　*401*

　5　消費者契約法の類推適用　*402*

　6　約款規制　*404*

　7　今後の展望　*405*

第7章　フリーランスとインボイス制度────*408*

Ⅰ　はじめに　*408*

Ⅱ　独占禁止法・下請法・フリーランス法　*409*

Ⅲ　留意点　*410*

xiii

目 次

 1 代金減額 *410*

 2 買いたたき *411*

 3 不当な利益提供要請 *411*

 Ⅳ 課税事業者とならないフリーランスへの対応 *412*

  1 取引価格の引下げについて *412*

  2 取引の拒絶について *414*

 Ⅴ 課税事業者となったフリーランスへの対応 *415*

 Ⅵ その他の留意事項 *418*

第8章　フリーランスの個人情報の取扱い───────*418*

 Ⅰ 個人情報保護法の概要（定義や規制の大枠を知る） *418*

  1 はじめに *418*

  2 個人情報保護法上の重要な概念（「個人情報」等） *420*

  3 特別な規律が規定されている情報（「要配慮個人情報」「仮名加工情報」

   「匿名加工情報」「統計情報」） *423*

   Column クッキー規制：個人情報保護法・電気通信事業法 *423*

  4 個人情報等の取扱いに関して①（利用目的の特定・変更） *424*

  5 個人情報等の取扱いに関して②（安全管理措置等） *427*

  6 個人情報等の取扱いに関して③（第三者提供に係る規律） *429*

  7 個人情報等の取扱いに関して④（漏えい対応について） *432*

  8 越境移転・域外適用 *433*

 Ⅱ 個別論点の検討 *433*

  1 フリーランスが管理する個人情報の取扱いについての監督 *433*

  2 外国への持ち出し、外国からのアクセス *435*

  3 業務委託契約・秘密保持契約 *436*

  4 個人たるフリーランスの個人情報の取扱いについて *437*

  5 業務を外注していたフリーランスにおいて個人情報の漏えいが発生した

   場合 *438*

  6 契約の終了にあたって *439*

第9章　フリーランスとの紛争解決───────*441*

 Ⅰ フリーランスとの紛争の特徴 *441*

 Ⅱ 少額訴訟 *441*

Ⅲ　督促手続　*442*

Ⅳ　民事調停　*443*

Ⅴ　フリーランス・トラブル 110 番の和解あっせん手続　*444*

Ⅵ　都道府県労働局のあっせん　*445*

Ⅶ　公正取引委員会の指導等　*446*

Ⅷ　下請かけこみ寺の調停手続　*447*

Ⅸ　団体交渉　*448*

Ⅹ　その他　*448*

事項索引　*451*

判例・審決例等索引　*459*

凡 例

関係法令は、2025 年 1 月 1 日現在によった。

■法 律
○本 文

育児介護休業法	育児休業、介護休業等育児又は家族介護を行う労働者の福祉に関する法律
景品表示法（景表法）	不当景品類及び不当表示防止法
個人情報保護法	個人情報の保護に関する法律
雇用機会均等法	雇用の分野における男女の均等な機会及び待遇の確保等に関する法律
下請法	下請代金支払遅延等防止法
下請振興法	下請中小企業振興法
職安法	職業安定法
独占禁止法（独禁法）	私的独占の禁止及び公正取引の確保に関する法律
特定商取引法	特定商取引に関する法律
フリーランス法	特定受託事業者に係る取引の適正化等に関する法律
労働施策総合推進法	労働施策の総合的な推進並びに労働者の雇用の安定及び職業生活の充実等に関する法律

○括弧内
括弧内の法令名は、以下の略記によったほか、有斐閣六法全書の略語例に依拠した。

一般法人	一般社団法人及び一般財団法人に関する法律
会社	会社法
割賦	割賦販売法
家労	家内労働法
行訴	行政事件訴訟法
行手	行政手続法
刑	刑法
高年	高年齢者等の雇用の安定等に関する法律
最賃	最低賃金法

凡　例

裁判外紛争解決	裁判外紛争解決手続の利用の促進に関する法律
下請	下請代金支払遅延等防止法
下請振興	下請中小企業振興法
借地借家	借地借家法
商	商法
消費契約	消費者契約法
職安	職業安定法
信金	信用金庫法
水協	水産業協同組合法
中協	中小企業等協同組合法
独禁	私的独占の禁止及び公正取引の確保に関する法律
特定商取引	特定商取引に関する法律
農協	農業協同組合法
番号	行政手続における特定の個人を識別するための番号の利用等に関する法律
フリーランス	特定受託事業者に係る取引の適正化等に関する法律
民	民法
民執	民事執行法
民訴	民事訴訟法
民調	民事調停法
労安衛	労働安全衛生法
労基	労働基準法
労契	労働契約法
労災	労働者災害補償保険法
労審	労働審判法
労組	労働組合法

○政省令、ガイドライン等

一般指定	不公正な取引方法（昭和 57 年公正取引委員会告示 15 号）
解釈ガイドライン	特定受託事業者に係る取引の適正化等に関する法律の考え方
企業結合ガイドライン	企業結合審査に関する独占禁止法の運用指針

xvii

凡 例

行政機関個人情報保護法	行政機関の保有する個人情報の保護に関する法律
公取委フリーランス法施行規則	公正取引委員会関係特定受託事業者に係る取引の適正化等に関する法律施行規則
厚労省フリーランス法施行規則	厚生労働省関係特定受託事業者に係る取引の適正化等に関する法律施行規則
個人情報保護法施行規則	個人情報保護法施行規則
下請法3条書面規則	下請代金支払遅延等防止法第3条の書面の記載事項等に関する規則
下請法4条の2遅延利息規則	下請代金支払遅延等防止法第4条の2の規定による遅延利息の率を定める規則
下請法5条書類規則	下請代金支払遅延等防止法第5条の書類又は電磁的記録の作成及び保存に関する規則
下請法施行令	下請代金支払遅延等防止法施行令
下請法運用基準	下請代金支払遅延等防止法に関する運用基準（平成15年12月11日公正取引委員会事務総長通達第18号）
執行ガイドライン	特定受託事業者に係る取引の適正化等に関する法律と独占禁止法及び下請法との適用関係等の考え方
フリーランスQ＆A	特定受託事業者に係る取引の適正化等に関する法律（フリーランス・事業者間取引適正化等法）Q＆A
フリーランスガイドライン	フリーランスとして安心して働ける環境を整備するためのガイドライン
フリーランス的確表示等指針	募集情報の的確な表示については、特定業務委託事業者が募集情報の的確な表示、育児介護等に対する配慮及び業務委託に関して行われる言動に起因する問題に関して講ずべき措置等に関して適切に対処するための指針
フリーランス法施行令	特定受託事業者に係る取引の適正化等に関する法律施行令

xviii

フリーランス法施行令案 （パブコメ概要・考え方）	「特定受託事業者に係る取引の適正化等に関する法律施行令（案）」等に対する意見の概要及びそれに対する考え方
優越的地位ガイドライン	優越的地位の濫用に関する独占禁止法上の考え方
労災施行規則	労働者災害補償保険法施行規則

■判例、審判審決、命令等

最一小判平成元・12・14 民集 43 巻 12 号 2078 頁
＝最高裁判所第一小法廷平成元年 12 月 14 日判決、最高裁判所民事判例集 43
巻 12 号 2078 頁

○判例略語

最一（二、三）小	最高裁判所第一（二、三）小法廷
最大	最高裁判所大法廷
高	高等裁判所
地	地方裁判所
簡	簡易裁判所
公取委	公正取引委員会
中労委	中央労働委員会
都労委	東京都労働委員会
支	支部
判	判決
決	決定

○判例出典略語

民集	最高裁判所民事判例集
刑集	最高裁判所刑事判例集
民録	大審院民事判決録
刑録	大審院刑事判決録
下民集	下級裁判所民事裁判例集
高民集	高等裁判所民事判例集
審決集	公正取引委員会審決集
集民	最高裁判所裁判集民事

凡　例

判時	判例時報
判タ	判例タイムズ
労経速	労働経済判例速報
労判	労働判例
労民集	労働関係民事裁判例集
LEX/DB	TKC ローライブラリーに収録されている LEX/DB インターネットの文献番号
LLI/DB	判例秘書の判例番号
WLJPCA	Westlaw Japan の文献番号

■その他

○国会会議録については、国会会議録検索システム（https://kokkai.ndl.go.jp/#/）における発言 No. で引用した。

編著者紹介

■編著者

池田　毅　（いけだ　つよし）　弁護士（池田・染谷法律事務所 代表弁護士）

【略歴・主著等】

2002 年京都大学法学部卒業。2003 年弁護士登録（56 期）。2005年〜2007 年公正取引委員会審査局、2009 年〜森・濱田松本法律事務所の勤務を経て、2018 年 10 月に独占禁止法・消費者法等を中心に取り扱う池田・染谷法律事務所を設立。主に独占禁止法／競争法、消費者関連法（景品表示法等）、下請法の分野を取り扱う。国際的な弁護士評価において、日本を代表する独禁法弁護士の一人に選出される。主な著書として『全訂版ビジネスを促進する独禁法の道標』（第一法規、2023 年、共編著）、『下請法の法律相談』（青林書院、2022 年、共編著）。

【本書執筆担当】

はしがき

倉重公太朗　（くらしげこうたろう）　弁護士（KKM 法律事務所 代表弁護士）

【略歴・主著等】

慶應義塾大学経済学部卒業。第一東京弁護士会・労働法制委員会副委員長兼同基礎研究部会長、日本人材マネジメント協会副理事長、日本 CSR 普及協会理事。週刊東洋経済「法務部員が選ぶ弁護士ランキング 2022」人事・労務部門 1 位。著作は 30 冊を超えるが、代表作は『企業労働法実務入門』シリーズ（日本リーダーズ協会、編集代表）、『雇用改革のファンファーレ』（労働調査会、2019 年）など多数。

【本書執筆担当】

第 1 部第 2 第 6 章、第 7 章 I 1〜3・II

第 3 部第 2 章 I、第 4 章 II

あとがき

■著者

今村　敏　（いまむら　さとし）　弁護士（池田・染谷法律事務所）

【略歴・主著等】

2010 年京都大学工学部卒業、2016 年弁護士登録（68 期）、2016

xxi

編著者紹介

年〜大阪大学知的財産センター、2017年〜総務省総合通信基盤局での勤務を経て、2021年池田・染谷法律事務所入所。主に情報法（個人情報法・通信の秘密・プライバシー）／電気通信事業法、消費者関連法（景品表示法等）／独占禁止法／競争法を取り扱う。主な著書として『デジタル広告法務 実務でおさえるべきFAQ』（商事法務、2024年、共著）。

【本書執筆担当】

第3部第8章、Column（クッキー規制：個人情報保護法・電気通信事業法）

う　が　じん　　たかし
宇賀神　　崇　　弁護士（日本・ニューヨーク州）（宇賀神国際法律事務所 代表弁護士）

【略歴・主著等】

2010年東京大学法学部卒業、2012年東京大学法科大学院修了、2014年〜2022年森・濱田松本法律事務所を経て、2023年より現職。フリーランスを含む「自由な働き方」の伝道者。『実務フロー順でわかるフリーランス法への対応』（中央経済社、2025年）、「フリーランス法は11月1日施行！実務対応のポイントを解説」（BUSINESS LAWYERS、2023年〔2024年更新〕）、『フリーランスハンドブック』（労働開発研究会、2021年、共著）等著作多数。フリーランス等に関するセミナー多数。

【本書執筆担当】

第1部第2第8章

第2部第1章〜第3章、Column（再委託30日ルールの立法論上の妥当性）、第6章、第8章、第9章

第3部第1章、第3章III、第5章I・III〜VII、第6章II、第9章

え　なつ　たい　き
江　夏　大　樹　　弁護士（東京法律事務所）

【略歴・主著等】

2014年早稲田大学大学院法務研究科卒業。2015年弁護士登録以来、東京法律事務所に所属。日本労働弁護団、自由法曹団に所属し、労働者側の労働事件を多数担当。現在は早稲田大学の教育学部と早稲田大学大学院法務研究科にて労働法に関連する授業を担当。著書として『最新 教職員の権利ハンドブック』（旬報社、2023年、共著）、『新労働相談実践マニュアル』（日本労働弁護団、2021年、共著）、『Q＆A労働条件変更法理の全体的考察と実務運用』（新日本法規

出版、2023 年、共著）などがある。

【本書執筆担当】

第 1 部第 1 第 3 章

第 3 部第 4 章 I

全　未　来　　弁護士（池田・染谷法律事務所）

【略歴・主著等】

企業内弁護士および法律事務所で一般企業法務を担当した後、2019 年〜中小企業庁取引課にて中小企業庁でフリーランス法の立法、下請代金法や下請中小企業振興法の運用など、取引の適正化に関わる政策に携わる。2024 年〜現職。主な著作として「フリーランス法の検討 特定受託事業者に係る取引の適正化等に関する法律の概要」（ジュリスト 1589 号、2023 年、共著）、「第 143 回 消費者相談担当者講習会 フリーランス新法・SNS 活用」（季刊誌ダイレクトセリング 168 号、2024 年）。

【本書執筆担当】

第 1 部第 1 第 2 章、第 2 第 3 章〜第 5 章、第 7 章 I 4

第 2 部第 4 章、第 5 章、第 7 章

第 3 部第 2 章 II・III、第 3 章 I・II、第 5 章 II、第 6 章 I、第 7 章

　　※いずれも田中麻久也と共著

田中麻久也　　公正取引委員会 企業結合課

【略歴・主著等】

2017 年早稲田大学社会科学部卒業、2019 年早稲田大学法務研究科修了、2020 年弁護士登録（現在弁護士登録抹消中）。同年〜2023 年東京八丁堀法律事務所、2023 年〜2024 年池田・染谷法律事務所を経て、2024 年 7 月より公正取引委員会企業結合課に任期付職員として勤務。

　　※担当箇所の意見にわたる部分は、個人の見解を記載したものであり、現在所属する組織・団体とは無関係である。

【本書執筆担当】

第 1 部第 1 第 2 章、第 2 第 3 章〜第 5 章、第 7 章 I 4

第 2 部第 4 章、第 5 章、第 7 章

第 3 部第 2 章 II・III、第 3 章 I・II、第 5 章 II、第 6 章 I、第 7 章

　　※いずれも全未来と共著

編著者紹介

松 本 恒 雄　一橋大学名誉教授（池田・染谷法律事務所 客員弁護士）

【略歴・主著等】

1974年京都大学法学部卒業。一橋大学教授、（独）国民生活セン
ター理事長を経て、2020年〜池田・染谷法律事務所。専門は、民
法、消費者法、情報法、企業の社会的責任。最近の論説として、
「債権法改正と消費者私法──改正民法と消費者の利益への配慮」
鎌田薫＝加藤新太郎＝松本恒雄編『債権法改正講座 第1巻 総
論・総則』（日本評論社、2024年）所収。「個人の属性──消費者、
事業者、そしてフリーランス」（全相協つうしん JACAS JOURNAL
217号、2024年）。

【本書執筆担当】

第1部第1第1章、第4章、第2第1章

xxiv

第1部　フリーランスにまつわる法制の概要

第1　フリーランスの法的地位

第1章
フリーランスとは

　フリーランスと呼ばれる働き方には、多様な形態がある。昔から「自営業」という用語があるが、それとは別に、雇用されずに、時間や場所の制約も受けることなく、自己の専門的スキルを活かして自由に働く者という意味で「自由業」という用語も使われてきた。家庭にいる主婦・主夫や退職者には、「内職」をしている人もいる（家内労働法が適用される）。また、最近では、デジタル・プラットフォームとの関係で「ギグワーカー」や「スポットワーカー」という用語もしばしば用いられる。コロナ禍の影響により在宅で仕事をする人が増え、コロナ禍の収束後もその内容・形態は多様化している。自社の従業員（労働者）に、副業を積極的に薦めている企業もある。

　2021年3月に、内閣官房、公正取引委員会、中小企業庁、厚生労働省が共同で策定した「フリーランスとして安心して働ける環境を整備するためのガイドライン」（フリーランスガイドライン）では、対象となるフリーランスとは何かについて、「実店舗がなく、雇人もいない自営業主や一人社長であって、自身の経験や知識、スキルを活用して収入を得る者」としている。

　これに対して、2023年5月に成立した「特定受託事業者に係る取引の適正化等に関する法律」（フリーランス法）は、この法律による保護の対象となる「特定受託事業者」を業務委託の相手方である事業者であって、従業員を使用しない個人、または代表者以外に他の役員がおらず、かつ従業員を使用しない法人と定義する（フリーランス2条1項）。そして、「業務委託」を、ある事業者がその事業のために他の事業者に物品の製造・加工を委託、情報成果物の作成を委託、および役務の提供を委託する行為と定義している（フリーランス2条3項）。

　このように、フリーランス法では、適用対象が、フリーランスガイドラインと比べて、実店舗の有無を問題にしない点は広げられているように見えるが、業務委託を受ける事業者に明確に限定することによって狭められている。ちな

みに、「発注事業者から仕事の委託を受けるなどして主として個人で役務の提供を行い、その対償として報酬を受ける者」と定義する、両者の中間的な立場もある[1]。

フリーランスについて、雇用されないで個人で稼ぐというところだけをとらえると、個人で役務の提供を行うことによって報酬を得ている者のほかに、昔のタバコ店や駄菓子屋など1人で切り盛りする小売業者や、最近ではいわゆる「転売ヤー」なども入るし、個人で貸金業を営んでいる者や借家で収入を得ている者、株や暗号資産等の金融資産を運用して収益をあげている者なども入る。フリーランス法は、それらの中から一定のタイプに限定したうえで、一定の問題についてのみ明確なルールを定めたものである。

【図表1-1-1-1】

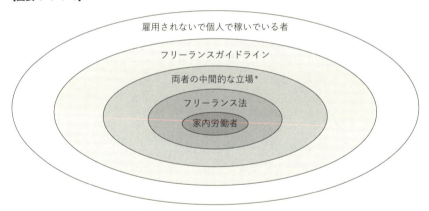

＊「発注事業者から仕事の委託を受けるなどして主として個人で役務の提供を行い、その対償として報酬を受ける者」（前掲注1））

したがって、フリーランス法の適用を受けないフリーランスであり、かつ労働関係法令の適用を受けないタイプのものである場合には、契約に関する一般法としての民法（場合によっては商法も）の問題として考えていかざるをえな

---

1) フリーランスに関する最新の研究書である鎌田耕一＝長谷川聡編『フリーランスの働き方と法』（日本法令、2023年）30頁参照。

第1章　フリーランスとは

い。さらに、フリーランス法の対象となるフリーランスであっても、同法に規定のある場合以外の問題については、やはり一般法としての民法が適用される結果、民法の果たすべき役割はかなり大きいといえる。

　なお、2023年10月からインボイス制度が実施されている。従来は、消費税の課税される売上高が年1000万円以下の事業者は、消費税の納税を免除されていた。そして、例えば、年間300万円しか売上げのないフリーランスである著述業者（ライター）が出版社の依頼で原稿を執筆する場合、出版社は、自己の売上げ（著書の卸売価格）に課税される消費税額から免税事業者である著述業者が納税すべき消費税額を控除してもよいとされていた。ところが、インボイス制度の導入後は、インボイス登録をしていない免税事業者が負担すべき消費税分については、控除することができなくなった。その結果、このままでは、出版社は従来納税していたより高額の消費税を納税する義務が生じてしまう。そこで、その減収を避けるために、著述業者にインボイス登録を要請し、登録に応じない著述業者には今後執筆を依頼しないとか、原稿料をその分引き下げるという対応をする可能性が生じている。これは両当事者の力関係によるので、代替性のないフリーランスにとっては影響はないが、代替性のある場合は影響が大きい。

　このように、インボイス制度の導入は、フリーランスにとって、自己が事業者であることを意識させる大きな契機になっている。

第1 フリーランスの法的地位

第2章
フリーランスは事業者か

　フリーランスと呼ばれる働き方には多様な形態があり、自営業、自由業、内職、ギグワーカー、スポットワーカー等その呼称もさまざまで、その定義・対象は捉えどころのない側面がある。この点、フリーランス法は、「特定受託事業者」という概念を作り出し、そのような捉えどころのないフリーランスと呼称される人々の中から特に法律で保護すべき対象を括りだした。

　「特定受託事業者」とは、業務委託の相手方である事業者であって、①個人であって、従業員を使用しないもの、または、②法人であって、一の代表者以外に他の役員（理事、取締役、執行役、業務を執行する社員、監事もしくは監査役またはこれらに準ずる者をいう）がなく、かつ、従業員を使用しないものである（フリーランス2条1項）。すなわち、単独で業務を遂行する個人や一人社長が、フリーランス法によって保護すべきフリーランスであるとされる（詳細は第2部第3章I参照）。

　また、フリーランス法上、特定受託事業者に業務委託をする事業者は「業務委託事業者」とされ（フリーランス2条5項）、契約条件を明示すべき義務を負うため、特定受託事業者であっても、他のフリーランスに対し業務を委託する場合にはかかる義務を負い得ることとなる（フリーランス3条）。もっとも、一人で業務を遂行するフリーランスに対して業務を委託したからといって、常に、かかる義務を負うわけではない。すなわち、フリーランス法では、「事業のために」委託した場合に限り（フリーランス2条3項）、法律の適用を及ぼすこととしている。そのため、例えば、フリーランスのカメラマンに対し、七五三等のお祝いを記念した家族写真の撮影を依頼する場合には、「事業のため」とはいえず、消費者として依頼することになるため、契約条件を明示すべき義務を負うことにはならない。他方、同じくフリーランスのカメラマンに対して、撮影を依頼する場合であっても、それが自社の宣伝材料写真の撮影を依頼するときには、「事業のため」に該当し、「業務委託事業者」として契約条件を明示す

べき義務を負うことになる。そのため、「特定受託事業者」であったとしても他のフリーランスに対して業務を委託する場合には、契約条件を明示すべき義務を負うことになるが、常にかかる義務が課されるわけではなく、消費者として他のフリーランスに仕事を依頼するようなときには、義務の対象外となる。翻って、フリーランスとして仕事を受ける場合も、他の場面では「特定受託事業者」に該当するからといって常に契約条件が明示されるわけではなく、委託される業務の内容・目的によっては、「事業のため」ではないとして、明示されない場合もある。

　このように、フリーランスは、フリーランス法において、「特定受託事業者」として保護の対象となるが、一定の場合には「業務委託事業者」として他の事業者を保護するための義務を負う。いずれにしても「事業者」であるものの、フリーランス法の保護対象と義務対象という2つの側面があり得る。

　では、他の法律ではどうか。

　まず、関連法令をみると、独占禁止法は事業者等に適用される法律であり、「事業者」を規制することもあれば、例えば不公正な取引方法の相手方として「事業者」を保護することもある。この点、「事業者」とは、「商業、工業、金融業その他の事業を行う者」とする（独禁2条1項）。商業、工業、金融業と例示されるため、小売業者、卸売業者、製造業者、保険会社等は「事業者」に含まれる。「事業」とは、「なんらかの経済的利益の供給に対応し反対給付を反復継続して受ける経済活動」を意味し、その主体の法的性格は問わないとされ（都営芝浦と畜場事件・最一小判平成元・12・14民集43巻12号2078頁）、例えば商法において「商人」の要件とされる営利性は必要ではないし、自然人、法人、私法人、公法人なども問われない[1]。フリーランスも、なんらかの経済的利益の供給に対応し反対給付を反復継続して受ける経済活動を行っている場合には、独占禁止法上の「事業者」であり、一般的には「事業者」に該当する例が多いと解されるが、他方、労働者や消費者は独占禁止法上の「事業者」にはあたらないと解されている[2]。もっとも、動画の文字起こしや家事代行など、労働者

---

　1)　金井貴嗣ほか『独占禁止法〔第6版〕』（弘文堂、2018年）21頁。
　2)　金井ほか・前掲注1）23頁。

であっても、副業として、単独の個人で業務を受けることがある。このような場合には、当該個人は、労働者としてではなく、事業を行う個人として依頼を受けているため、「特定受託事業者」としてフリーランス法上の保護がなされ得ることとなる[3]。そのため、単にある一面から見ると、労働者であるとしても、当然にフリーランス法の適用対象外となるわけではなく、実際に受託している業務が何であるか、また、その業務を受託する目的が何であるかといったことのほか、業務を受託する相手方が個人として仕事を受けているのか、あるいは組織の一員として仕事を受けているのかといった点によって、フリーランス法の適用の有無が異なるため、留意が必要である。

　次に、下請法は、「親事業者」と「下請事業者」との間の取引を規制するものであり、基本的には「下請事業者」の保護を目的としたものである。「親事業者」は、一定の資本金の額または出資の総額を有する法人事業者であるところ（下請2条7項）、一般的にフリーランスの多くはこれに該当しないように思われるが、一人社長もフリーランス法上の「特定受託事業者」とされるところ、理論上は、一人社長の属する会社の資本金が1000万円超であれば、下請法上の「親事業者」に該当する「特定受託事業者」（フリーランス）という者も存在することになる。次に、「下請事業者」は、個人または資本金の額または出資の総額が一定以下の法人であるところ（同条8項）、フリーランス法が適用される「特定受託事業者」たるフリーランスの多くがこれに該当するであろう（一定規模以上の一人社長は「下請事業者」に該当しない可能性がある）。

　また、下請振興法も「下請事業者」の保護を目的としたものである。同法は、「中小企業者」を資本金の額または出資の総額が一定額以下の会社や、常時使用する従業員数が一定以下の会社および個人等と定義しており（下請振興2条1項）、「特定受託事業者」の多くはこれに該当するであろう。また、同法は、「親事業者」を、資本金または出資金（個人の場合は従業員数）が自己より小さい中小企業者に対し、一定の行為を委託することを業として行うものと定義し、「下請事業者」を、資本金等が自己より大きいものから委託を受けて、一定の行為を業として行う中小企業者と定義している（同条2項・4項）。「特定受託

―――――――――――――――――――――

　3）　フリーランス法施行令案（パブコメ概要・考え方）1-2-5。

事業者」の多くは、下請振興法における「下請事業者」に該当するだろう。また、「親事業者」は、個人の場合には従業員数で相対的に適用の有無が決まるため、フリーランスがこれに該当することもそれなりに想定されるが、個人の「親事業者」は従業員を雇うことが前提とされるため、フリーランス法上の「特定受託事業者」である個人はこれに該当しない。一人社長の場合には資本金または出資金次第では、適用される余地がある。

フリーランス法の関連法令以外にも、数多の法律において、「事業者」という定義が用いられている。

まず、個人であっても、事業を行えば、行う事業の業種によっては、個人事業税が課される。すなわち、個人の行う事業に対する事業税は、個人の行う第一種事業、第二種事業および第三種事業に対し、所得を課税標準として事務所または事業所所在の道府県において、その個人に課することとされる（地税72条の2第3項）。現在、法定業種は70の業種があり、ほとんどの事業がこのいずれかに該当するため、「特定受託事業者」はこの意味で税法上の「事業者」といい得るであろう。また、2023年10月からインボイス制度がはじまり、従来は消費税の課税される売上高が年1000万円以下であるとして消費税の納税を免除されていたフリーランスについて、消費税の納税を促す契機となっている（第3部第7章参照）。

また、詳細は後述するが、個人情報保護法は、「個人情報取扱事業者」が個人情報等を取り扱う（取得・利用・保管・管理・第三者提供など）場合を念頭に規定を設けているところ、「個人情報取扱事業者」とは、個人情報データベース等を事業の用に供している者をいう（個人情報16条2項）とされる。「特定受託事業者」として活動する個人事業主であっても、個人情報等データベース等を事業の用に供している場合は個人情報取扱事業者になる（第3部第8章参照）。

さらに、消費者契約法は、「事業者」とは、法人その他の団体および事業としてまたは事業のために契約の当事者となる場合における個人をいうと定義される（消費契約2条2項）。この点、「特定受託事業者」は個人であっても、事業としてまたは事業のために契約をしているのであるから、消費者契約法における「事業者」に該当すると解される。したがって、消費者契約法上の「事業

9

者」たる「特定受託事業者」には、保護される対象である消費者として消費者契約法は適用されない。一人社長としてのフリーランスの場合も、そもそも法人は事業者に当たるので、消費者契約法は適用されない（第1部第1第4章I参照）。また、同じく消費者法分野の法律である特定商取引法は、訪問販売等の一定の類型の取引を規制するものであるところ、「業務提供誘引販売業を行う者」（特定商取引51条の2）は、物品の販売等を行う「事業」であることが前提とされ、また、一定規模以上の法人であること等を要件としていないため、「特定受託事業者」も、他の事業者から依頼を受けて業務提供誘引販売業を行う場合には、「業務委託事業者」として「業務提供誘引販売業を行う者」に該当し得ると考えられる。他方で、業務提供誘引販売の相手方は、「提供される役務」（特定商取引51条1項）を利用する「業務」に従事することにより収益を得ることで誘引される者であることから、その誘引の相手方としても「特定受託事業者」は該当し得ることとなる。そのため、「特定受託事業者」は、「業務提供誘引販売業を行う者」としても、また、誘引される相手方としても、特定商取引法が適用されるものと解される（第1部第1第4章II参照）。

　このようにみると、フリーランスは様々な法律において、「事業者」としての立場を有している。フリーランス法の関連法令では、基本的には保護対象とされているものであるが、それ以外の法令では必ずしも保護される対象ではなく、むしろ他者を保護するために一定の義務を負っており、フリーランスには保護対象としての側面と、規制対象としての側面という2つの側面があることがわかる。

第1　フリーランスの法的地位

第3章
フリーランスは労働者か

I　はじめに（労働者性について）

　労働契約において労働者は使用者（雇主）に従属する弱い立場であることから、法律によって特別の保護が与えられている。本章では労働関連の各法律が定める「労働者」、すなわち、労働者性を解説する。

　労働者を保護する法律の主なものとしては、①労働条件の最低基準を定め「労働者が人たるに値する生活を営む」ことを目的とする労働基準法（労基法）、②労働契約関係を規律する労働契約法（労契法）、③労働者の団結に特別の保護を与え、労働者と企業が対等な力で交渉を行うことを促進する労働組合法（労組法）、④職場における労働者の安全と健康を確保し、快適な職場環境を形成することを目的とする労働安全衛生法（安衛法）などがある。

　これらの労働関連の法律が定める「労働者」に該当し、法律の適用があることを「労働者性」と呼ぶ。この労働者性の議論はその実態に応じて、概ね①労基法上の労働者性と、②労組法上の労働者性の2種類に分けられ、労組法上の労働者が労基法上の労働者より相対的に広い概念とされている。

　労基法上の労働者に該当する場合には、フリーランス法の適用はない[1]。すなわち、労基法上の労働者は、フリーランス法の適用対象者である「特定受託事業者」の「事業者」性が否定され、実質的にも、労基法上の労働者に該当すれば、後述するとおり労働関係の諸法令が適用されits保護が図られるため、フリーランス法を適用してフリーランスを保護する必要性がないと考えられるからである。

　一方で労基法上の労働者に該当しないとしても、労組法上の労働者に該当す

---

[1]　フリーランスQ&A 5。

11

【図表1-1-3-1】

る場合には、「事業者」性が否定されるものではないため、当該個人が「特定受託事業者」に該当すれば、フリーランス法の適用を受け、労組法上の保護も及ぶ[2]。

II 労基法上の「労働者性」

1 基礎概念となる労基法上の「労働者性」

ある取引において、労基法が適用される者にあたるかどうかを決める概念として、労基法上の「労働者性」が存在する。

そして、労基法は労働関係法令の基礎となる法令であるゆえに、労基法の適用があれば、同時に労基法を基礎とした労働関係諸法規である、労働契約法、最低賃金法、男女雇用機会均等法、労働安全衛生法、労災保険法、育児介護休業法、労働者派遣法、雇用保険法、雇用対策法などが適用される。このように労基法上の労働者性は、他の労働関係法令の適用を画する概念として用いられている。

2 労基法上の「労働者」に該当することによる影響

労基法は賃金、労働時間をはじめとしたさまざまな労働条件に規制をかけ、かつ企業に労働条件の最低基準を遵守してもらうため、罰則を含めた種々の強

---

[2] フリーランスQ&A 5。

力な実効性を確保するための措置が採られており、労基法の適用により生じる影響は極めて大きく、実務上問題となることが多い。

　例えば、企業があるフリーランスと業務委託契約を締結していたものの、当該フリーランスが自身は労働者に該当すると主張して、企業に対して(i)残業代（時間外手当）を請求する、(ii)業務委託契約の期間途中の契約解除が「解雇」であるとしたり、契約満了による契約終了が「雇止め」であるとして、雇用契約上の地位確認（契約の継続）と契約終了後の賃金の支払を主張する、(iii)業務遂行過程で傷害を負ったり疾病に罹患した場合に、それが「労災」であるとして、労災保険給付を申請したり、発注者である企業の安全配慮義務違反を主張して損害賠償を請求する、といったかたちで労基法上の労働者性の問題が顕在化することとなる。

　仮に企業が当該業務受託者との交渉で問題を解決できない場合には、先述の(i)残業代、(ii)解雇、(iii)損害賠償などについて、訴訟や労働審判を提起されることがあり、解決までに相当な期間を要することになる[3]。

　また、税制面においても、企業は雇用保険、社会保険、労災保険、厚生年金等に加入する義務があり、企業はこれらの保険料の支払義務を負うなど、業務委託契約と比較し、取扱いが異なる。

3　労基法上の労働者性の判断要素

　労基法は「労働者」について、「職業の種類を問わず、事業又は事務所……に使用される者で、賃金を支払われる者」と定めている（労基9条、下線筆者）。同条の「使用される」は「指揮監督下の労働であること」を指し、「賃金を支払われる」は「報酬の労務対償性」を指し、この2つの基準を総称して「使用従属性」と定義され、この「使用従属性」が認められる場合には、労働者性が認められることとなる[4]。

---

[3]　2023年8月に最高裁判所事務総局が発出した「令和4年司法統計年報」によると、2022年中の民事裁判の第一審の平均審理期間は，地方裁判所の全事件では10.5か月、そのうち双方の当事者が最後まで争って判決で終わった事件の場合では14.6か月となり、裁判には時間的かつ人的資源を費やすことになる。

[4]　労基法上の労働者性について、実務上参照される基準として、労働省労働基準法研究会報告「労働基準法の『労働者』の判断基準について」（1985年12月19日）がある。

具体的には、(i)仕事の依頼・業務従事への指示等に関する諾否の自由の有無、(ii)業務遂行上の指揮監督の有無、(iii)場所的・時間的拘束の有無の3点を出発点とし、同判断の補強要素として(iv)代替性が位置付けられている。その次に(v)報酬の労務対償性が補強要素とされ、その次に(vi)事業者性、(vii)専属性がそれぞれ補強要素として位置付けられる（以下の図表1-1-3-2参照）。

【図表1-1-3-2】

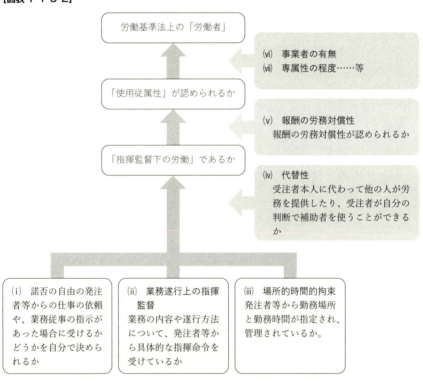

出典：フリーランスガイドライン第6・2の図に追記した

上記(i)から(vii)までの要素に基づく労働者性の判断は、総合考慮である故に予測が困難である。そのため、企業が発注先である個人ないし法人をフリーランス（特定受託事業者）であると考え、業務委託契約を締結した場合であっても、労基法上の労働者に該当し、労働関係法令の適用を受ける事態が生じる。

第3章　フリーランスは労働者か

この問題は「偽装フリーランス」と呼ばれており、本書第3部第4章Iにおいて解説する。

Ⅲ　労組法上の「労働者性」

1　より広い概念である労組法上の「労働者性」

取引の相手方であるフリーランス（特定受託事業者）が、労組法の適用される「労働者」にあたるか否かを区別する概念を労組法上の労働者性と呼ぶ。

先述のとおり、労組法上の労働者は、労基法上の労働者より広い概念と解されており（すなわち、労基法上の労働者は、全て労組法上の労働者にも該当する）、フリーランスが労基法上の労働者でなくとも、労組法上の労働者に該当すれば、労組法およびフリーランス法の適用がある。このように労組法上の労働者性の範囲が広い理由は、労組法は、団結活動の保護や団体交渉の促進助成という法目的から、保護を受けられる労働者の範囲を広く定めているからである。

労組法上の労働者性の問題が顕在化するのは、フリーランスらが労働組合を結成し、団体交渉を申し入れてきたときである。もし、このような労働組合を結成したフリーランスらが「労組法上の労働者」に該当すると判断された場合には、発注者には、団体交渉に応じる義務が生じる。この団体交渉は、単にテーブルに着くだけの形式的なものであってはならず、法の趣旨に適った誠実な態様のものでなければならない。具体的には、使用者は「合意達成の可能性を模索して誠実に交渉する義務」（誠実団交義務）を負うため、例えば、報酬の増額を要求する団体交渉において、使用者は経営上の数値等に基づく具体的な交渉をしなければ、不誠実な交渉であるとされることがある[5]。

2　労組法上の労働者性の判断要素

労組法上の労働者性については，第1部第2第6章，第3部第2章において解説する。

---

5)　カール・ツアイス事件・東京地判平成元・9・22労判548号64頁、国・中労委（モリタほか）事件・東京地判平成20・2・27労判967号48頁。

15

Ⅳ　労働安全衛生法の保護対象となる「労働者」及び安全配慮義務について

1　労働安全衛生法の保護対象となる労働者について

　労働安全衛生法（安衛法）は、職場における労働者の安全と健康を確保し、快適な職場環境の形成を促進する法律である（労安衛1条）。

　安衛法は労基法上の労働者を対象にして、「事業者」が遵守すべき安全に関するルールを定めており、例えば、安衛法は第7章「健康の保持増進のための措置」において、事業者に対して、定期的な一般健康診断（労安衛66条1項）や労働時間が一定の要件に該当する者について医師による面接指導を行うこと（労安衛66条の8第1項）を義務付けているが、いずれも労基法上の労働者に関する規定であり、フリーランス（特定受託事業者）等に関する規定ではない。

　しかし、労基法上の労働者に該当しない場合においても、生命身体という最重要保護法益を守る観点から、企業は安衛法による保護範囲または安全配慮義務の範囲が拡大されることで、フリーランスに対して安全衛生を確保する義務を負う場合がある。

2　最高裁判決による労働安全衛生法の保護範囲の拡張

　安衛法による保護が、労基法上の労働者のみならず、個人事業者たる「一人親方」にも及ぶという最高裁判決が2021（令和3）年5月17日に出された[6]。同最高裁判決は、建設作業で石綿（アスベスト）にばく露し、肺がん等に罹患した元労働者や一人親方らが、国を相手取り、規制が十分であったかが争われた「建設アスベスト訴訟」において、石綿の規制根拠規定である安衛法22条は、労働者だけでなく、同じ場所で働く労働者でない者も保護する趣旨との判断を示した。

　最高裁判決を受けて、2023年4月に安衛法22条に基づく省令が改正され、

---

[6]　建設アスベスト事件・最一小判令和3・5・17民集75巻5号1359頁。

発注者と個人事業主との間に、安衛法の規制を及ぼすべき規定[7] に関しては、労働者以外の者を適用対象者に含めることとされた。例えば、事業者が請負人（一人親方や下請事業者）に請け負わせる場合には、事業者が設置した局所排気装置等の設備を稼働される等の配慮を行うことが、事業者に義務付けられた（労安衛規則 327 条 2 項・592 条の 3 第 2 項・592 条の 4 第 2 項・592 条の 5 第 2 項・593 条 2 項・594 条 2 項・595 条 2 項・608 条 2 項参照）。

　さらに 2024 年 11 月 22 日、厚労省の労働政策審議会安全衛生分科会は「今後の労働安全衛生対策について（報告）（案）」[8] を公表し、2025 年の通常国会に安衛法の改正案を提出する方針を示した。この報告書案によると、安衛法は労働者のみならずフリーランスも保護対象とし、フリーランスに仕事を発注する企業は、作業方法や使用させる機械について安全に配慮するなど様々な措置が法律上義務付けられることになる。また、この報告書案ではプラットフォーマーについても、フリーランスが安全に作業できるために配慮すべき義務をガイドラインなどで示すとしている。

　このように安衛法の保護対象となる者は、労基法上の労働者のみならず、一定のフリーランス（特定受託事業者）にも拡大している。

3　安全配慮義務

　安全配慮義務とは、使用者が、労働者の生命や健康に危険が生じないように配慮する義務である。この安全配慮義務は、1975（昭和 50）年に最高裁が公務員に関して、信義則（民 1 条 2 項）に基づく義務として認めた[9]。その最高裁判決は「ある法律関係に基づいて特別な社会的接触の関係に入った当事者間において、当該法律関係の付随義務として当事者の一方又は双方が相手方に対して信義則上負う義務として一般的認められるべきもの」とした。すなわち、安全配慮義務は「特別な社会的接触の関係に入った当事者間」で広く認められ、

---

7)　労働者に危険を及ぼす可能性のある「物」や「場所」について安衛法は規制をしているところ、一人親方などの同じ場所で同様の作業を行う者も労働者と同様に危険が及ぶことから、危険な「物」や「場所」に関する安衛法の規制は一人親方にも及ぼすべきと考えられる。

8)　https://www.mhlw.go.jp/content/11201250/001337123.pdf（2025 年 1 月 15 日閲覧）。

9)　自衛隊車両整備工場事件・最三小判昭和 50・2・25 民集 29 巻 2 号 143 頁。

労働契約関係に限られない広い範囲を対象にすることが示されていた。その後、労働契約法により安全配慮義務が立法化され（労契5条）、労働契約上の使用者は労働者に対して安全配慮義務を負うことが明記された。

労働契約において企業が負う安全配慮義務の内容は、具体的状況によって異なるものの、①業務遂行に用いる物的設備・環境を整備するという物的環境面、②十分な安全衛生教育を施し、職務の内容や職場の状況に適正な人員構成・配置を行い、心身の健康を損なうことがないようにするという人的環境面に大別できる。

この点、①物的環境面に関する義務は、安衛法の定める義務と重なるところ、安衛法の定める義務は、国が事業者に対して課す義務であるが、その目的は労働者の生命や健康に危険が生じないようにする点にあるため、事業者の安全配慮義務の具体的な内容と位置付けることができる[10]。

また、②人的環境面に関する義務は、労働時間の適正な管理を行い、長時間労働を抑止する義務などが挙げられる。また、使用者は労働者の人格権が保障され快適な職場環境で労働し得るよう配慮する義務が安全配慮義務に含まれ、労働者へのハラスメント防止対策の義務を負うと解されている。

しかし、このような安全配慮義務は、労働者に対する義務に限定されず、企業はフリーランスに対しても安全配慮義務を負うことがあり得ることに留意しなければならない。参考となる事例として(a)～(c)の裁判例を紹介する。

(a) 物的環境面に関する安全配慮義務を一人親方に対して認めた裁判例

工務店の依頼により、戸建住宅の新築工事現場において作業していた一人親方が工事中に転落事故で負傷した事例において、裁判所は「典型的な雇用契約関係といえないにしても、請負（下請）契約関係の色彩の強い契約関係であったと評価すべきであって、その契約の類型如何に関わらず両者間には実質的な使用従属関係があったというべきであるから」、発注者（工務店）は、一人親方に対して安全配慮義務を負い、危険防止措置を講ずべきであったと判示した[11]。

---

10) ジャムコ事件・東京地八王子支判平成17・3・16労判893号65頁。

11) H工務店事件・大阪高判平成20・7・30労判980号81頁。

このように企業は一人親方との間に雇用関係が認められない場合でも、転落事故などの委託した業務により生じ得る事故ないし危険を防止する義務を負う場合がある。

(b)　人的環境面に関する安全配慮義務をトラック持ち込み運転手に認めた裁判例

トラック持ち込み運転手であった者が、長時間業務に従事させられたことで、高血圧性脳内出血・脳梗塞の発症により身体障害者等級表１級状態となった事例において、裁判所は、運転手の労基法上の労働者性を認めなかったものの、「原告〔運転手〕が被告〔運送会社〕の指揮監督の下に労務を提供するという関係が認められ、雇用契約に準じるような使用従属関係があった」として、安全配慮義務を負うと判示した。具体的な安全配慮義務として「労働時間、休日の取得状況等について適切な労働条件を確保し、かつ、原告の労働状態を把握して健康管理を行い、その健康状態等に応じて労働時間を軽減するなどの措置を講じるべき義務を負う」とした[12]。

このように企業は、労基法上の労働者に該当しないフリーランスにも安全配慮義務を負う場合があり、かつ、その安全配慮義務の内容として、そのフリーランスの健康にも留意すべきことが指摘されている。

(c)　業務委託契約締結前の時点で安全配慮義務を認めた裁判例

フリーランスである美容ライターが、エステティックサロンを経営する会社の代表者に業務委託契約締結前後を通じてセクシャルハラスメントを受けた事例について、裁判所は「原告〔美容ライター〕は、被告会社から、被告会社HPに掲載する記事を執筆する業務や被告会社専属のウェブ運用責任者として被告会社HPを制作及び運用する業務等を委託され、被告代表者の指示を仰ぎながらこれらの業務を遂行していたというのであり、実質的には、被告会社の指揮監督の下で被告会社に労務を提供する立場にあったものと認められる」として、安全配慮義務を認めた[13]。

この判決ではフリーランスである美容ライターの労基法上の労働者性を認め

---

12)　和歌の海運送事件・和歌山地判平成 16・29 労判 874 号 64 頁。
13)　アムール事件・東京地判令和 4・5・25 労判 1269 号 15 頁。

たものではないが、委託業者（企業）と受託業者（美容ライター）との間に一定の指揮監督関係が存在することを理由に安全配慮義務を認めたものである。さらに同判決は業務委託締結前の会社の代表者のハラスメント行為についても安全配慮義務違反を認めている。したがって、企業は特定受託事業者との間で一定の指揮監督関係があれば、安全配慮義務を負うことはもちろん、契約締結前の時点から安全配慮義務を負う場合もあり得る。

　なお、特定業務委託事業者は、セクハラ・マタハラ・パワハラによって、フリーランスの就業環境を害することがないよう必要な体制の整備その他必要な措置を講じることがフリーランス法14条1項に基づき義務付けられている。

第1 フリーランスの法的地位

第4章
フリーランスは消費者か

I 消費者契約法

　フリーランスは、個人が生活を営むために必要な収入を得るための働き方の問題であるから、本来、消費者としての個人の消費の問題とは別である。

　消費者契約法が適用される「消費者契約」とは、「消費者と事業者との間で締結される契約」をいう（消費契約2条3項）。ここで「消費者」とは、「個人（事業として又は事業のために契約の当事者となる場合におけるものを除く。）」（消費契約2条1項）、「事業者」とは、「法人その他の団体及び事業として又は事業のために契約の当事者となる場合における個人」（消費契約2条2項）をいうとされている。この定義のままでは、労働契約も消費者契約に入ってしまうので、労働契約は適用除外とされる（消費契約48条）。これは、労働市場と消費市場ではその性質に違いがあることに加え、労働契約における特別の民事ルールとしては労働基準法や労働組合法等が既に整備されていたからである。2000年の消費者契約法の制定後ではあるが、2007年には労働契約法も制定されている。消費者契約法については、労働契約以外には適用除外規定がないことから、業種を問わず、消費者と事業者との間で締結されるすべての契約に適用される。

　個人が消費者に当たるかどうかは、その契約がその個人にとって「事業として」または「事業のために」締結されるのかどうかによる。「事業」は、一定の目的をもって反復継続して行われる行為であれば、営利目的のものに限らない。個人事業者や農家が、その事業に必要な物品や役務を購入したり、資金を借入れたりする契約は、消費者契約にあたらない。弁護士や医師などの専門的職業の場合や公益目的の場合も含まれる。

　従来、事業をしていなかった個人が、内職を勧誘されたり、サイドビジネス

21

として代理店になることを勧誘されて、そのために必要だとしてパソコンや業務用ソフト、情報商材を購入させられた場合や、タレント希望者がタレント養成講座の受講契約を結ばされた場合が、「事業のために」されたことになるのかどうかが問題になる。これらは、まさにフリーランスの端緒的契約ともいえる。当該契約の締結より前には、事業者性がなかった消費者が、事業を行うことを勧誘されて、それに必要だとして一定の契約締結に導かれたような場合は、フリーランスでありながら、なお、消費者でもあると解すべきであろう[1]。

　他方、法人や法人格を取得していなくても団体は事業者として扱われる。営利を目的にしていない公益法人やNPO法人、宗教法人、学校法人なども事業者扱いとなる。例えば、マンション管理組合は、消費者個人の集合体という色彩が強いが、法律の定義からは消費者に該当しないから、管理組合がマンション管理を管理業者に委託する契約や修繕積立金の預金契約等は消費者契約には当たらないことになる。管理組合はむしろ事業者になるので、管理組合の管理するマンション駐車場についての居住者との間の利用契約は消費者契約となり、消費者契約法が適用される。

　フリーランスは個人であっても、事業としてまたは事業のために契約をしているのであるから、事業者に該当し、原則として消費者契約法は適用されない。一人社長としてのフリーランスの場合も、そもそも法人は事業者に当たるので、消費者契約法は適用されない。したがって、事業者とフリーランスとの契約は基本的には消費者契約に該当しないことになる。

　個人事業者による契約が、その事業目的達成のためになされたものであることが客観的、外形的に判断できれば事業者としての契約と評価される。しかし、個人事業者がパソコンの購入や携帯電話の利用契約をして、それらを事業用としてのみならず、私生活上でも使用している場合のように、客観的、外形的に判断しきれない場合には、例えば、事業用と私用とでどちらの使用時間が多いか等の実質的な使用状態に即して判断されることになる。いずれにせよ、消費者契約法は民事ルールであるので、当事者間で決着がつかなければ、最終的に

---

1)　国民生活センター「消費生活センターにおける解決困難事例の研究——起業・副業をめぐる消費者トラブルの被害救済を中心に」調査報告書（2023年）（https://www.kokusen.go.jp/pdf/n-20230322_2_2.pdf〔2025年1月15日閲覧〕）参照。

は裁判所によって判断される。

Ⅱ　特定商取引法

1　営　業

　他方、消費者保護のためのもう1つの重要な特別法である「特定商取引に関する法律」（特定商取引法）は、取引の公正と購入者等の保護のために、何種類かの特定の商取引を規制するとともに契約の相手方に一定の権利を与えている。そのうち、訪問販売、電話勧誘販売、通信販売については、「売買契約又は役務提供契約で、……契約の申込みをした者が営業のために若しくは営業として締結するもの又は購入者若しくは役務の提供を受ける者が営業のために若しくは営業として締結するものに係る販売又は役務の提供」は適用除外とされている（特定商取引26条1項1号）。また、特定継続的役務提供契約（特定商取引50条1項1号）と訪問購入（特定商取引58条の17第1項1号）についても、類似の適用除外規定が置かれている（訪問購入では、訪問購入業者の相手方が営業のためまたは営業として締結する場合）。

　消費者契約法と特定商取引法のこれらの5類型の間には、「事業」と「営業」という用語の違いがあり、また、「適用される取引についての定義」か「適用除外とされる取引についての定義」かの違いがある。結果的にはあまり違いはないという見方もあるが、特定商取引法のほうが、事業者ではあっても営利を目的としていない場合には、特定商取引法による保護を与えやすい表現といえる。

2　無事業所・無店舗個人

　特定商取引法中の連鎖販売取引と業務提供誘引販売取引の2類型については上記のような営業に関連した一律の適用除外規定は置かれていない。

　このうち、業務提供誘引販売取引とは、例えば、販売されるパソコンとソフトを利用してホームページの作成を在宅ワークで行う業務のように、①物品の販売または役務の提供の事業（パソコンとソフトの販売）を行う事業者が、②その物品や役務を利用する業務に従事することにより利益（ホームページ作成に

よる収益）が得られると相手方を誘引し、③相手方と特定負担を伴う取引（パソコンとソフトの販売）をすることをいう（特定商取引51条1項）。ここでは、「業務に従事」という用語が用いられており、取引の相手方が自己の業務のために商品等を購入することを前提としている。まさに、事業者がフリーランスを相手方として当該取引を誘引する場合を想定しているといえる。

そして、業務提供誘引販売取引における契約締結の勧誘の際の禁止行為の規定の適用については、「その業務提供誘引販売業に関して提供され、又はあっせんされる業務を事業所その他これに類似する施設（以下「事業所等」という。）によらないで行う個人との契約に限る」と限定されている（特定商取引52条1項柱書）。また、書面交付義務は業務を事業所等によらないで行う個人が相手方である場合に限って認められており（特定商取引55条）、契約内容を明らかにする書面を受領してから20日間以内に行うことのできる相手方による契約解除の権利についても、相手方が業務を事業所等によらないで行う個人である場合に限って認められている（特定商取引58条1項）。

次に、連鎖販売取引とは、①物品の販売または役務の提供を行う事業者が、②再販売、受託販売もしくは販売のあっせんをする者を、③特定利益が得られると誘引し、④特定負担を伴う取引をすることをいう（特定商取引33条1項）。一般にはマルチ商法と呼ばれているもので、例えば、健康食品を購入してビジネス会員になれば（特定負担）、他の者にその健康食品を販売することによって売上げの一部が収入になり（特定利益）、購入した他の者がビジネス会員になりさらに他の者に販売すれば、その売り上げの一部もまた自分の収入になる（特定利益）といった販売手法である。ここでは、販売の委託を受けて商品を販売するという受託販売や販売のあっせんも含まれており、これらを役務の提供の委託と評価できれば、フリーランス法の対象となる取引にも適用される可能性がある。

そして、連鎖販売取引における契約締結の勧誘の際の禁止行為の規定も、「店舗その他これに類似する設備（以下「店舗等」という。）によらないで行う個人との契約」に限って適用される（特定商取引34条1項柱書）。また書面交付義務（特定商取引37条）、契約内容を明らかにする書面を受領してから20日間以内に行うことのできる相手方による契約解除の権利（特定商取引40条）、

上記解除権行使期間経過後の将来に向けた相手方による解除権（特定商取引 40 条の 2）、不実告知等の場合の相手方による取消権（特定商取引 40 条の 3）も、「店舗等によらないで行う個人」が相手方である場合に限って認められている。

　業務提供誘引販売取引や連鎖販売取引において、事業者であっても無事業所・無店舗で業務を行っている個人については一定の保護を与えるという発想は、フリーランスガイドラインが、「実店舗がなく、雇人もいない自営業主」等を対象としていることと共通性がある。

Ⅲ　割賦販売法

　消費者契約法や特定商取引法より古くからある消費者保護のための法律である割賦販売法は、割賦販売等の与信取引における取引の公正と購入者等の保護を目的として、割賦販売、ローン提携販売、信用購入あっせん、前払式特定取引を規制するとともに購入者等に一定の権利を与えている。そして、「契約の申込みをした者が営業のために若しくは営業として締結するもの又は購入者若しくは役務の提供を受ける者が営業のために若しくは営業として締結するものに係る割賦販売」等には適用されないが、特定商取引法上の連鎖販売取引を店舗その他これに類似する設備によらないで行う個人との契約（連鎖販売個人契約）と業務提供誘引販売取引における業務を「事業所その他これに類似する施設によらないで行う個人との契約」（業務提供誘引販売個人契約）には適用される（割賦 8 条 1 項 1 号・29 条の 4 第 1 項・35 条の 3 の 60 第 1 項 1 号・2 項 1 号・35 条の 3 の 62）。

　すなわち、割賦販売法は特定商取引法と同じ射程となっている。

第2 フリーランスにまつわる主要な法律

第1章
民　法

Ⅰ　フリーランスとの契約の法的性質

1　フリーランスとの契約

　第1部第1第1章で述べたように、フリーランスを雇用されないで個人で稼ぐというところでとらえると、個人で行っている限り、小売でも、貸金でも、不動産賃貸でも、投資でもすべて入ってくるが、ここでは、フリーランスが役務提供型の事業を行っている場合を主たる対象に民法の適用を考える。というのも、民法上、小売は売買契約であり、貸金は消費貸借契約であり、不動産賃貸は賃貸借契約であり、投資は金融商品の売買契約であり、これらの契約類型に関する民法やその特別法上のルールは比較的整備されている。それに比べて、役務提供型契約については、非常に広範なタイプの契約を包含しているにもかかわらず、民法の条文が十分ではないことに加えて、近時のフリーランスをめぐる議論が役務提供型を対象に集約されていることによる。

2　役務提供型の典型契約

　相手方事業者から収入を得るための個人の働き方にかかわる役務提供型の契約類型として、民法は、雇用、請負、委任、寄託という4種の契約について規定を置いている。これら4種は、典型契約、あるいは、民法にその名称が定められていることから有名契約とも呼ばれる。もっとも、契約内容は、法令の制限内において、当事者が自由に定めることができる（民521条2項）ので、民法の典型契約の規定とは異なった内容の契約を締結することも可能である。実際、役務提供型の4種の典型契約は、民法の制定された19世紀のヨーロッパや日本の社会の取引類型ないし働き方を反映したものであって、現在では、もっと多様な役務提供型契約が見られる。なお、商法には、仲立営業、問屋営

業、運送取扱営業、運送営業、商事寄託などの役務提供型契約の特別類型が定められている。

民法の定める上記4種の典型契約のうち、寄託は、物の保管という特殊な役務の提供に限定されており（民657条）、後述の準委任の一種と整理されている。他の3種は、役務の内容に限定はなく、種々のものが入ってくる。請負は、役務提供の結果としての仕事の完成を目的としており（民632条）、完成しなければ債務を履行したことにならない。これに対して、雇用と委任では、結果は約束されていない。雇用では、労働者は使用者の指揮下で労働という役務提供を行い、委任では、受任者の裁量に従って委任者の事務の処理のための役務提供がされる。雇用については、労働関係法令の整備の結果、民法に優先して労働関係法令が適用される。ただし、労働契約法は、使用者が同居の親族のみを使用する場合の労働契約には適用されず（労契21条2項）、また労働基準法は、同居の親族のみを使用する事業に加えて家事使用人についても適用されない（労基116条2項）。労働関係法令が適用されない労働者と使用者との関係から生じる問題については、民法の雇用の規定によって規律されることとなる。

3　受け皿としての準委任と混合契約

委任については、民法は法律行為の委託を前提としている（民643条）ものの、事実行為の委託（準委任）にも委任の規定が準用される（民656条）。このため、準委任が、雇用、請負、法律行為の委託、寄託のいずれにも該当しないタイプの役務提供型契約の受け皿規定となっている現状があり、フリーランスとの契約も、民法上は準委任契約に当たる場合が多い。しかし、事実行為の委託には多様なものがあり、弁護士への訴訟等の法律行為の委託を典型とする委託の規定をそのまま準用するのは不適切という声も多い。

そこで、2017年に改正された民法（債権法改正）の審議の過程において、2013年に公表された「民法（債権関係）の改正に関する中間試案」（以下、「債権法改正中間試案」と略す）の「第41　委任」では、民法656条の従来の準委任の規定を維持したうえで、新たに、「受任者の選択に当たって、知識、経験、技能その他の当該受任者の属性が主要な考慮要素になっていると認められ

【図表1-2-1-1】

るもの以外のもの」については、法律行為の委託の規定の一部を準用せず、また、一部に法律行為の委託にはない規定を置くとの提案がされた[1]。しかし、改正案にはこの提案は採用されないまま、改正前の状況が維持されている。

他方、準委任を受け皿にすべての非典型役務提供型契約を処理するのではなく、業務受託者が委託者の指揮命令下で役務を提供する場合には「雇用」、自らの意思で自由に判断し役務を提供する場合に仕事の完成を求められるときは「請負」、完成までは求められず善管注意義務に基づいて役務を提供するときは「委任」と性質決定し、さらに「請負」と「委任」の混合契約と考えられる場合には、問題となる場面に即して適用される条文が判断されるとの考え方も提案されている[2]。

Ⅱ 契約の構造

1 継続的性質

売買契約に典型的な権利移転型の契約では、売主の履行義務としての財産権の移転は瞬時に終わる。対抗要件の移転のためには、その準備手続に時間がかかる場合もあるにせよ、その履行としての不動産の登記にせよ、動産の引渡し

---

1) 中間試案の詳しい内容は、後述Ⅴ3(5)参照。
2) 芦野訓和「フリーランスの契約と民法ルール」鎌田耕一＝長谷川聡編『フリーランスの働き方と法』(日本法令、2023年) 238頁。

にせよ、同様に瞬時に終わる。これに対して、賃貸借などの貸借型契約は、その履行に必然的に時間ないし期間の要素を含んだ継続的な性質をもっている。

雇用、請負、委任、寄託という役務提供型の契約についても、役務という概念自体に時間的要素を含んでおり、一定ないし不特定の期間あるいは時間にわたる役務の提供がその債務の履行とされているのが通常であるから、継続的性質を有している。警備契約や加入電話契約のように、役務が一定期間提供され続ける場合もあるし、毎日夕方に掃除をする契約やエステティックサロンの施術を毎週1回連続して受ける場合のように、一定の時間の必要な特定の役務が繰り返し提供されることもある。

売買契約のような本来は継続的性質のない契約の場合であっても、電力、ガス、新聞などのように一定の種類・品質のものを、継続的に購入する売買契約がある。このような契約を継続的供給契約という。この種の契約においては、一定期間ごとの給付と代金の支払とは一応対応しているが、全体として1個の売買であると理解されている。例えば、新聞の戸別配達契約の場合では、1日分の朝刊や夕刊1部ずつの新聞の売買契約の集合かつ割引というよりは、1か月分の新聞について1つの売買契約が締結され、債務の履行のみが毎日分割してされているという分割給付関係にあるとみることが素直である。

代理店契約や継続的な原材料供給契約のように、当初から一定期間内の取引の反復が予定されている場合も、継続的契約ということになる。当初は1回限りの受発注であっても、それが繰り返されている間に継続性を帯びてくる場合もあり、このような場合にも当事者の一定の信頼を保護する観点から継続的契約関係の一方的終了が制限されることがある。

2　基本契約と個別契約

メーカー系列の代理店契約や下請業者と親事業者との間の部品納入契約の場合のように、継続的契約関係の中で個別の契約が繰り返される場合には、個別契約ごとに契約内容を定めるのではなく、あらかじめ基本契約を締結しておくことが多い。基本契約は、売主・買主の両当事者間で今後継続的な取引を行うとの合意であるとともに、取引についての共通の基本的契約条件や債権担保等を定めている。基本契約の締結だけでは売買契約はまだ成立したことにならず、

契約の枠を定めるだけなので「枠契約」と呼ばれることもある[3]。企業間では、書面による基本契約を結んだ上で、個別の取引については、発注者からの注文書と受注者からの注文請書の交換でされることも多い。

このように、基本契約と個別契約からなる二重構造である点は、フリーランスとの継続的契約についても共通である。それでは、基本契約を締結したことによって、個別契約を結ぶ義務、具体的には、売る義務や買う義務、フリーランスに業務を委託する義務やフリーランスとして受託する義務が発生するのであろうか。委託しないことや、受託しないことが債務不履行になるのであろうか。この問題は、代理店契約においてしばしば論じられており、最終的には基本契約の趣旨によるものであるが、特段の事由のない限り、交渉経過や過去の取引経過から想定される合理的数量の発注をする義務や注文に応じる義務があると評価される場合もあり得る。なお、高年齢者等の雇用の安定等に関する法律（高年法）は、事業主に 65 歳以上 70 歳未満の高年齢者の就業確保措置を求めており、一定の場合には、高年齢者をフリーランスとして業務の委託契約を締結するという創業支援等措置（高年 10 条の 2 第 2 項）も可能であるが、その場合にはある程度継続的な発注をする努力義務を負うことになる。

3　デジタル・プラットフォームが介在する場合の契約関係

取引デジタル・プラットフォームが介在して、出店者と購入者との間の商品の売買やスマートフォン用のアプリの取引が行われているだけではなく、プラットフォーム利用者間における料理宅配や家事サービスなどの役務提供の場を提供するプラットフォームも増加している。

物品の売買の場合、プラットフォームへの出店者とプラットフォーム提供者の間には出店契約があり、購入者とプラットフォーム提供者の間には会員契約がある。しかし、出店者と購入者との間の売買契約については、プラットフォーム提供者自体は、契約の当事者ではない。したがって、通常は、プラットフォーム上で締結された契約について、プラットフォーム提供者が履行義務を負ったり、債務不履行責任を負ったりするということはない。プラットフォーム

---

3)　中田裕康『契約法〔新版〕』（有斐閣、2021 年）76 頁、129 頁参照。

【図表 1-2-1-2】プラットフォーム上での取引

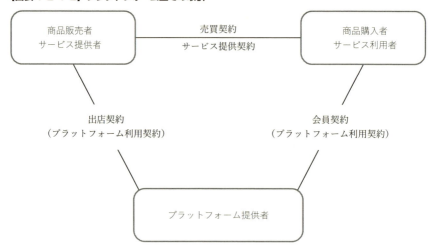

　提供者がプラットフォーム上での取引の当事者であると購入者に信じさせる外観を有していた場合には、自己の商号を使用して営業または事業を行うことを他人に許諾した者の責任（商14条、会社9条）と類似の一種の名板貸し責任として、プラットフォーム提供者が契約上の義務を負う可能性があるにとどまる。不法行為責任の特則としての製造物責任法の適用に関しても、プラットフォーム提供者は製造者でも輸入者でもないので、責任を負わないのが原則である[4]。

　もっとも、出店者が詐欺商法を行っているとか、販売された商品に安全上の欠陥があるというクレームがプラットフォーム提供者に一定数寄せられているのに何の対応もしない場合や、出店者の所在地や代表者等の確認を怠っていたために購入者として出店者に連絡をとることができないような場合には、プラットフォーム提供者と購入者との間のプラットフォーム利用契約に基づく安全配慮義務違反として、購入者に対して損害賠償責任を負う場合があり得る。

---

[4]　東京地判令和4・4・15判タ1510号241頁、東京高判令和5・1・17判例集未登載では、プラットフォームに中国の事業者が直接出品していたモバイルバッテリーを購入したところ出火したという事案で、製造物責任法は当初から請求根拠とはされていなかったが、第一審・控訴審ともに、プラットフォーム提供者の債務不履行責任も不法行為責任、名板貸し責任の類推適用も認めなかった。

第1章　民法

フリーランスへの業務委託の場を提供するプラットフォームについても、プラットフォーム提供者の介在の態様によっては、プラットフォームがまず業務委託を受け、その業務をフリーランスに再委託（下請け）していると評価される場合や、フリーランスを雇用して業務を行わせていると評価される場合もあり得る（フリーランスとプラットフォームの関係については、第3部第5章参照）。

4　フリーランスとの契約と民法の適用

　フリーランスとの契約は、民法に明文の規定のない役務提供型の非典型契約であり、かつ継続的契約であることが多い。当事者間の契約に特約が定められていない場合には、役務提供型の非典型契約の個別条文の類推適用および継続的契約に関する裁判例や民法の一般的解釈論から判断されることになるので、以下では、そのような観点から契約の成立、効果、終了について検討する。なお、特約が定められていても、発注事業者とフリーランスとの間の交渉力の格差から、民法の任意規定や判例、一般的解釈論からはなはだしく逸脱してフリーランスに不当に不利な条項については、信義則や公序良俗違反、優越的地位の濫用等を根拠に無効とされたり、限定解釈されたりする可能性もある。

Ⅲ　契約の成立と書面

　契約は、当事者の一方が契約の内容を示して相手方にその締結を申し入れる意思表示（申込み）に対して、相手方が承諾をすることによって成立する（民522条1項）。承諾は、承諾の意思表示が申込者に到達した時から効力を生じる（民97条1項）ので、申込者が承諾の通知を受領した時点で契約が成立することになる。契約を締結するとの方向性では一致していても、内容面でなおやりとりをしている段階では、お互いに相手方の申込みを拒絶して、新たな申込みをしたとみなされ（民528条）、承諾がされたことにならない。

　契約の成立には、法令に特別の定めがなければ、書面の作成その他の方式を具備することは不要である（民522条2項）。民法上、書面（または電磁的記録）によらないと効力を生じない契約は、保証契約のみである（民446条2項・3項）。

33

【図表 1-2-1-3】契約の申込み、承諾、成立

〈コンビニでの売買など〉

〈相手方が一部の内容に難色を示す場合〉

〈相手方が修正提案をしてくる場合〉

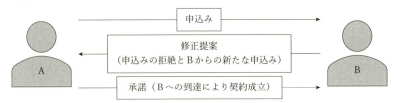

　消費者取引では情報や交渉力の面で劣る消費者の保護のために、特定商取引法などの特別法によって、契約内容を示す書面（電磁的記録でもよい）の事業者から消費者への交付が義務付けられていることが多い。例えば、訪問販売の場合であれば、事業者は消費者から契約の申込みを受けた場合または契約を締結した場合には直ちに一定の契約内容等を記載した法定書面を消費者に交付し、または申込者の承諾を得て電磁的方法で提供しなければならず（特定商取引4条・5条）、消費者は法定書面を受領した日から8日以内であれば、無条件で申込みを撤回し、または契約を解除することができる（クーリングオフ、特定商取引9条）。

　フリーランス法3条1項も、業務を委託する事業者は、フリーランスに業務委託をした場合に、直ちにフリーランスのなすべき給付の内容、報酬の額、

第 1 章　民　法

支払期日その他の事項を書面または電磁的方法によりフリーランスに明示しなければならないと定める。書面が交付されないときは、公正取引委員会によって勧告や命令等の行政措置が課される（フリーランス 8 条・9 条）。ただし、書面が交付されなくても、契約の効力に影響はなく、特定商取引法の定めるような、フリーランスから申込みを撤回したり、契約を解除したりする権限は与えられていない。

Ⅳ　契約の効果

1　役務の履行請求と報酬請求

⑴　同時履行と異時履行

　役務提供型契約も、報酬の支払が約束されている場合は双務契約であるが、売買に典型的に見られるような同時履行の関係（民 533 条）は一般に成り立ちえない。どちらかが先履行しなければならないという異時履行の関係にある。そこで、民法は、雇用については約束した労務の終了後または期間によって報酬を定めている場合は期間の終了後（民 624 条）、請負については仕事の目的物の引渡しと同時または目的物の引渡し不要の場合は仕事の完成後（民 633 条）に報酬を請求できるとの規定を置いている。

　他方、委任および寄託については報酬の特約がなければそもそも報酬請求権は発生しないとするのが民法の立場であるが、報酬の特約がある場合は、事務の履行後または期間によって報酬を定めているときは期間の終了後に報酬を請求できる（民 648 条 2 項・665 条）。委任事務の履行により得られる成果に対して報酬を支払う約束があり、その成果が引渡しを必要とする場合は、請負の場合と同様、報酬の支払は引渡しと同時にしなければならない（民 648 条の 2 第 1 項）。

　これらはすべて、任意規定レベルではあるが、役務提供者の側の役務提供の先履行義務を定めていることになる。しかし、実際の役務提供型契約、とりわけ教育役務などの消費者相手の契約では、顧客からの前払を求められることが多い。

35

(2) 役務提供の中断の場合の報酬請求権

　途中で役務提供が中断された場合の、途中までの役務の対価としての報酬請求権については、2017年の民法改正前には、委任の中途終了の場合の報酬請求権に関する改正前民法648条3項を除き、規定がなかったが、改正によって規定が新設されている。

　すなわち、雇用については、使用者の責めに帰することができない事由によって労働に従事することができなくなった場合と雇用が履行の中途で終了した場合は、労働者は、既にした履行の割合に応じて報酬を請求することができる（民624条の2）。

　請負についても、注文者の責めに帰することができない事由によって仕事を完成することができなくなった場合と請負が仕事の完成前に解除された場合において、請負人が既にした仕事の結果のうち可分な部分の給付によって注文者が利益を受けているときであれば、その部分を仕事の完成とみなして注文者が受ける利益の割合に応じて報酬を請求することができる（民634条）。

　報酬の特約のある委任についても、委任者の責めに帰することができない事由によって委任事務の履行をすることができなくなった場合と委任が履行の中途で終了した場合は、受任者は、既にした履行の割合に応じて報酬を請求できる（民648条3項）。寄託についても、この委任の規定が準用される（民665条）。

　したがって、フリーランスとの業務委託契約における業務が途中で中断された場合においても、特約がなければ、上記のような民法上の役務提供型契約と同様の考え方によってフリーランスが中途まで提供した役務に対する報酬請求が認められることになろう。

2　履行障害と危険負担

　建物の売買契約の締結後、買主への引渡しがされる前に震度7の地震によって建物が全壊してしまった場合のように、建物の引渡債務の債務者である売主の責めに帰することができない事由によって債務の履行が不可能になった場合、買主の履行請求権は消滅する（民412条の2第1項）とともに、売主は履行不能による損害賠償義務を負わない（民415条1項）。このような場合に、

第 1 章　民　法

買主は建物の代金を支払う義務を負うか否かが、危険負担と呼ばれる問題である。買主が目的物の引渡しを受けることができない場合、あるいは損傷した物しか受け取ることができない場合であっても代金全額の支払義務を免れることができないときは、買主が危険を負担するといい、買主が支払義務を免れるときは、売主が危険を負担するという。

　民法は、双方の責めに帰することができない事由で債務が履行不能となった場合は、債権者（売買であれば買主）は反対給付（売買であれば代金支払債務）の履行を拒むことができるとして、代金債務の消滅ではなく履行拒絶権の限度ではあるが、債務者危険負担主義の原則をとっている（民536条1項）。他方、債権者の責めに帰すべき事由によって履行不能となった場合は、債権者は反対給付の履行を拒めないから（民536条2項）、債権者が危険を負担することになる。

　役務提供型契約である建築請負では、建物完成前の工事中に発生した地震による建築中の建物崩壊であれば、請負人は自己の費用で工事を再開しなければならないが、建物完成後・引渡前の地震による崩壊であれば上記の売買の場合と同様になる。

　交通事故によって鉄道が運行を停止したために労働者が出勤できなくなった場合のように、債務者である労働者の責めに帰することのできない事由により労働者の債務の履行が不能になる場合、労働者は債務不履行による損害賠償義務を負うことはないが、ノーワーク・ノーペイの原則（民624条）から、労働協約に特別の規定がなければ、使用者も賃金支払を拒むことができる（民536条1項）。

　他方、工場が外部からの火災による延焼で操業できなくなった場合については、このような事態が危険負担の規定の適用の前提となる債務者の履行不能か、それとも債権者の受領不能（民413条参照）かという点で争いがある。これは、役務提供型契約では、売買におけるような買主による目的物の「引取り」を超えた債権者の行為が必要とされる場合が多いからである。従来の通説は、ドイツの学説をモデルに、履行障害の原因が債権者と債務者のいずれの領域にあるかで分け、債権者の領域にあるときは受領遅滞、債務者の領域にあるときは履行不能とする領域説をとっていた。しかし、日本の民法には、使用者の受領遅

37

滞の場合に労働者の賃金請求権が存続するとの規定がないことから、工場被災
による操業不能の場合は労働者の労働債務についての使用者の受領不能であり、
同時に労働債務の履行不能にもなるが、この場合は債権者の責めに帰すべき事
由（民 536 条 2 項）に準じたものと考えて、地震等の不可抗力によるときを除
き、賃金請求権を認めるとの説も有力に主張されてきた[5]。近時では、もっと
端的に民法 536 条 2 項の拡張解釈を主張する立場もある[6]。

　なお、労働基準法 26 条は、「使用者の責に帰すべき事由による休業の場合」
には、平均賃金の 6 割以上の休業手当の支払義務を定めている。労働基準法
でいう「使用者の責に帰すべき事由」は、民法における場合よりも広く、不可
抗力の場合を除いて使用者側に起因する経営、管理上の障害も含まれると解さ
れている[7]。

3　業務の成果物・権利の帰属

　請負契約でしばしば議論されるのが、その成果物が有体物やデータ、知的財
産である場合において、注文者はいつそれらの権利を取得することになるのか、
あるいはどのような権利を取得することになるのかについてである。

　建物建築請負における所有権の移転の時期について特約がない場合、一般的
には、仕事の目的物の引渡しと報酬の支払が同時履行の関係にあるとされてい
る（民 633 条）ことから、請負人が建築資材を提供しているときは、請負人が
まず所有権を取得し、建物の注文者への引渡しの時点で注文者に移転すると考
えられている[8]。注文者が工事の進行に応じて代金の全部または大部分を支払
っている場合には、完成と同時に建物の所有権は注文主に原始的に帰属すると
の特約の存在が推認される[9]。他方、建築資材を注文者が提供している場合に
は、完成した段階から建物の所有権は原始的に注文者に帰属していると解され
ている[10]。動産の製作物供給契約の場合についても、同様に解されるであろう。

---

5)　奥田昌道『債権総論〔増補版〕』（悠々社、1992 年）229-230 頁。

6)　内田貴『民法Ⅲ〔第 4 版〕』（東京大学出版会、2020 年）113 頁。

7)　最二小判昭和 62・7・17 民集 41 巻 5 号 1283 頁。

8)　大判大正 3・12・26 民録 20 輯 1208 頁。

9)　最二小判昭和 44・9・12 判時 572 号 25 頁。

10)　大判昭和 7・5・9 民集 11 巻 824 頁。

データや知的財産については、基本的に、特約がなければ権利が移転することはないと考えられる。

4　役務提供型契約における契約不適合責任

　売買の場合において、引き渡された目的物が、他人の所有物であったり、数量が不足していたり、備えているべき品質・性能を欠いているなど契約の内容に適合しないときは、売主が債務の本旨に従った履行をしていないことになるから、買主は、債務不履行一般の効果である損害賠償請求（民415条）や契約の解除（民541条）ができるが、さらに追完請求（修理など契約内容に適合した履行の請求、民562条）と代金減額請求（民563条）をすることができる。このような目的物の引渡後の買主の救済策あるいは売主が負う責任を担保責任あるいは契約不適合責任という。買主は、追完請求権や代金減額請求権があるからといって、損害賠償請求権や解除権を行使できなくなるわけではない（民564条）。

　そして、売買の規定は、売買以外の他の有償契約にも準用される（民559条）。ただし、役務提供型契約の特徴の1つとして、提供された役務の質の客観的評価をどのように行うかという問題があり、役務提供型契約をめぐる紛争においては、提供される役務の質について契約に定めがなければ、契約不適合の判断が容易でない場合が多い。民法401条1項によれば、債権の目的物として種類のみが示されている場合は、中等の品質を有する物を給付する義務を負うとされるが、これを役務提供型契約に類推するとしても、どこまでやれば中等の品質の役務を提供したことになるのかは明確ではない。

　また、専門的役務のように提供者の裁量の範囲が大きい場合や教育役務のように顧客の一定の努力など債権者の個性への依存度の高い場合も、客観的評価が難しいが、広告・宣伝でうたわれていることと大幅に異なっているときには、役務提供者の責任が認められやすいといえよう。

　個別の役務提供の品質を客観的に判断することが困難なことから、より定型的に、役務提供者に一定の資格のあることによって、役務提供の一定の品質を間接的に確保しようとすることがしばしば行われている。提供される役務の品質を比較可能にし、ひいては契約不適合の判定にも資する方策として、役務提

供の標準化があり、国際標準化機構（ISO）において、様々なサービスの分野での標準化がマネジメントシステムの標準化とも関連して取り組まれている。

　他方で、債務者によって結果の実現が約束されているのに、結果が実現していない場合は、契約不適合の判定が容易である。一般に、請負契約においては、仕事が完成しなければ債務不履行となる。

　これに対して、委任契約においては、委任された事務の目的の達成は契約の内容とはなっておらず、債務者は委任事務の遂行にあたって善良な管理者としての注意をもって委任事務を処理する義務（善管注意義務）を負うだけである（民644条）。通常の家庭教師や塾の場合は、特定の学校への入学を目標にしていても、それを請け負っているわけではなく、目標実現をめざした教育をすることが約束されているにすぎない。わが国でも、フランス法の用語にならって、請負契約におけるような債務を「結果債務」、委任契約におけるような債務を「手段債務」と呼ぶことが増えてきている[11]。

　手段債務型の場合は、役務提供の結果ではなく、役務の提供過程における質、すなわち一定の目的に向かって行われる債務者の行為そのものが問題となる。役務提供型契約の特徴の一つである債務内容の特定の困難性や評価の困難性は、この手段債務性と密接に結び付いたものである。

5　強制履行の方法

　売買などの権利移転型契約の場合であれば、例えば売主による目的物である動産の任意の引渡しがないときは、執行官が売主からこれを取り上げて買主に引き渡す（民執169条）というように、原則的に直接強制が可能である。これに対して、役務提供型契約では、役務提供者の自由意思の尊重の原則から、直接強制は利用できず、代替性のある役務提供債務（修理債務など）では、債務者の費用で第三者に履行をさせるという形の代替執行（民執171条）が可能であるが、そうでない場合（有名画家による肖像画を描く債務など）は、履行の遅延している間は一定額の金銭の債権者への支払を債務者に命じるという形の間接強制（民執172条）によるしかない。他方、役務提供型契約であっても、役

---

11)　内田・前掲注6）149頁、中田裕康『債権総論〔第4版〕』（岩波書店、2020年）161頁。

第1章 民 法

務提供委託者の負担する報酬支払債務の直接強制は可能である。

V 契約の継続と終了

1 期間の定めと更新・契約の終了

(1) 期間の定めのある契約

継続的契約には、その存続期間についての定めのある場合と定めのない場合がある。

期間の定めのある場合には、契約が更新されない限り、期間の満了で契約は終了するのが原則である。ただし、賃貸借については、賃貸借の期間が満了した後に賃借人が賃借物の使用・収益を継続しており、賃貸人がそのことを知りながら異議を述べないときは、従前と同一条件で、期間の定めのない賃貸借をしたものと推定される（民 619 条 1 項）。

雇用についても、期間が満了した後にも労働者が引き続き労働に従事しており、使用者がそのことを知りながら異議を述べないときは、従前と同一条件で、雇用契約をしたものと推定される（民 629 条 1 項前段）。この場合、更新後の契約が、更新前と同じ期間の定めのある雇用になるのか、それとも、民法 629 条 1 項後段が、各当事者は民法 627 条の規定（期間の定めのない雇用の解約の申入れ）により解約の申入れをすることができると定めていることから、期間の定めのない雇用となるのかについては、争いがある。さらに、2012 年の労働契約法改正によって、有期労働契約であっても、反復更新の実態などから、実質的に期間の定めのない契約と変わらないといえる場合や雇用の継続を期待することが合理的であると考えられる場合における更新拒絶（雇止め）を認めないとの判例法理を明文化する規定（労契 19 条）が置かれるとともに、一定の場合に、通算 5 年を超えた有期労働契約が期間の定めのない労働契約に転換する旨の規定が置かれた（労契 18 条）。

(2) 期間の定めのない契約

他方、期間の定めのない継続的契約の場合は、一定の予告期間をおけば、特別の理由なしに、いつでも当事者の一方から契約を終了させることができるのが原則である。このような意思表示を「解約の申入れ」と呼ぶ。例えば、賃貸

借では、各当事者は、いつでも解約の申入れをすることができ、建物賃貸借であれば解約の申入れの日からから3か月を経過すれば終了する（民617条）。

雇用についても、各当事者は、いつでも解約の申入れをすることができ、雇用は解約の申入れの日から2週間を経過すれば終了する（民627条1項）。ただし、報酬が期間単位で定められている場合には、使用者からの解約の申入れは、次期以後についてのみ効力を有する（民627条2項本文）。もっとも、判例で形成されてきた解雇権濫用の法理が労働契約法16条において、「解雇は、客観的に合理的な理由を欠き、社会通念上相当であると認められない場合は、その権利を濫用したものとして、無効とする」と明文化されている。ここでの解雇には、期間の定めのある雇用の解除と期間の定めのない雇用の解約の申入れを含む。有効な解雇であっても、「天災事変その他やむを得ない事由のために事業の継続が不可能となった場合」と「労働者の責に帰すべき事由に基いて解雇する場合」を除き、30日前に予告をする必要がある（労基20条）。

なお、借地借家法には、建物賃貸借契約について、いずれの当事者からの更新拒絶についても期間満了の1年前から6か月前までに通知をすることを要件としたり（借地借家26条1項）、賃貸人からの解約の申入れにより6か月を経過することによって終了する（借地借家27条1項）といった特則のほか、賃貸人からの更新拒絶についても、また解約の申入れについても、「建物の賃貸人及び賃借人（転借人を含む。以下この条において同じ。）が建物の使用を必要とする事情のほか、建物の賃貸借に関する従前の経過、建物の利用状況及び建物の現況並びに建物の賃貸人が建物の明渡しの条件として又は建物の明渡しと引換えに建物の賃借人に対して財産上の給付をする旨の申出をした場合におけるその申出を考慮して、正当の事由があると認められる場合でなければ、することができない」として、正当事由が必要であるとしている（借地借家28条）。借地契約についても、借地権設定者（地主など）からの更新拒絶や解約の申入れには、同様の正当事由が必要とされる（借地借家6条）。

継続的供給契約である代理店契約の更新拒絶についても、次のような裁判例がある[12]。すなわち、田植機の独占的販売権を与える総代理店契約中に、基

12）　札幌高決昭和62・9・30判時1258号76頁。

第1章　民　法

本契約の有効期間は1年で、期間満了の3か月前までにいずれかから契約内容の変更または契約を継続しない旨の申出のないときは、同一条件でさらに1年ずつ自動更新されるとの条項があった。基本契約が16年間更新されてきた後に、メーカーがこの条項を根拠に更新を拒絶したのに対して、裁判所は、メーカーによる他の販売業者への田植機等の販売を1年間禁止する仮処分を命じた。この判断は、実質的には、契約関係の終了までに1年間の猶予期間を与えたのに等しい。別の実際的な解決方法として、代理店の1年分の逸失利益の金銭補償と引換えに更新拒絶を認めるという方策も考えられる。これは、賃貸借契約の更新拒絶が認められるための正当事由の判断にあたって、立退料等の金銭給付がされたことが考慮される場合と類似している。

(3)　継続的契約についての債権法改正中間試案

債権法改正中間試案「第34　継続的契約」では、民法に規定のない継続的契約についても、次のような条文を置くことが提案された。

> 1　期間の定めのある契約の終了
> 　(1)　期間の定めのある契約は、その期間の満了によって終了するものとする。
> 　(2)　上記(1)にかかわらず、当事者の一方が契約の更新を申し入れた場合において、当該契約の趣旨、契約に定めた期間の長短、従前の更新の有無及びその経緯その他の事情に照らし、当該契約を存続させることにつき正当な事由があると認められるときは、当該契約は、従前と同一の条件で更新されたものとみなすものとする。ただし、その期間は、定めがないものとする。
> 2　期間の定めのない契約の終了
> 　(1)　期間の定めのない契約の当事者の一方は、相手方に対し、いつでも解約の申入れをすることができるものとする。
> 　(2)　上記(1)の解約の申入れがされたときは、当該契約は、解約の申入れの日から相当な期間を経過することによって終了するものとする。この場合において、解約の申入れに相当な予告期間が付されていたときは、当該契約は、その予告期間を経過することによって終了するものとする。
> 　(3)　上記(1)及び(2)にかかわらず、当事者の一方が解約の申入れをした場合において、当該契約の趣旨、契約の締結から解約の申入れまでの期間の長短、予告期間の有無その他の事情に照らし、当該契約を存続させる

43

第1部　フリーランスにまつわる法制の概要　　第2　フリーランスにまつわる主要な法律

> ことにつき正当な事由があると認められるときは、当該契約は、その解
> 約の申入れによっては終了しないものとする。
> 3　解除の効力
> 　前記1(1)又は2(1)の契約を解除した場合には、その解除は、将来に向か
> ってのみその効力を生ずるものとする。

　しかし、これらの提案は最終的な改正案には盛り込まれなかった。とはいえ、この提案を含めて従来の民法についての一般的解釈論が否定されたわけではない。

　この点、フリーランス法においては、特定業務委託事業者が継続的業務委託に係る契約を解除または更新拒絶する場合の予告義務等の規定（フリーランス16条）が置かれている。

2　債務不履行解除

(1)　解除の種類

　解除とは、有効に成立した契約を、契約の当事者の一方の意思表示によって解消し、解除者を契約の拘束力から解放し、契約関係を清算する制度である。解除には、法律が解除権行使の要件を定めている法定解除と、契約の当事者間であらかじめ一定の場合に解除権の行使を認める合意がされている約定解除とがある。法定解除にも、個々の契約類型において特別に定められている解除権と、民法541条以下で定められている債務不履行の場合の解除権とがある。約定解除は、解除権の発生原因が法定解除と異なるだけであり、行使方法や効果について特約がない場合は、民法540条以下の規定のうち、法定解除の要件を定めた規定（民541条〜543条）以外は、約定解除にも適用される。

　債務不履行解除の主たる機能は、債務不履行をした契約の当事者Aの相手方Bを契約の拘束力から解放することによって、Bの利益を保護することにある。したがって、債務不履行による損害賠償を請求する場合（民415条）と異なり、債務者の責めに帰することのできない事由の有無は問題にならない。逆に、債権者の責めに帰すべき事由によって債務不履行が生じた場合は、債権者は解除することができない（民543条）。

　契約の当事者の一方が、債務を履行しない場合、相手方は相当の期間を定め

44

て履行の催告をし、その期間内に履行がされないときは、契約を解除すること
ができる（民541条本文）。この条文は、履行遅滞の場合の解除の要件を定め
たものと解されている。解除の効果の発生のためには、債務不履行としての履
行遅滞の要件（民412条）に加えて、解除特有の要件である、①相当の期間を
定めてする催告、②催告期間内の不履行、③解除の意思表示という要件が加わ
る。①と合わせて、相当期間内に履行がなければ解除する旨の意思表示をして
おけば③を改めて行う必要はない。ただし、相当期間を経過した時点における
債務不履行がその契約および取引上の社会通念に照らして軽微であるときは、
解除することはできない（民541条ただし書）。

　解除のなかで、継続的契約の解除は、民法の条文上使われている用語ではな
いが、告知（または解約告知）と呼ばれて通常の解除から区別されることがあ
る。通常の解除との違いは、遡及効がなく、将来に向けてのみ効力が生ずるこ
と（民620条・630条・652条）にある。

(2)　解除の要件としての相当期間を定めた催告

　債務不履行解除の場合の要件として、催告において、本来は、一定の期日ま
たは一定の期間内に履行するようにとの指示がされなければならないが、期間
や期日の定めのない催告も無効となるわけではなく、相当期間が経過した後に
は解除権が生じるものとされている[13]。また、催告で指定された期間が短す
ぎる場合であっても、相当期間が経過した時点で解除権が発生する[14]。

　期限の定めのない債務の場合、債務者が履行遅滞に陥るのは、債権者から履
行の請求を受けた時点である（民412条3項）。ここでいう「履行の請求」は
「履行の催告」（民541条）と同義であるから、期限の定めのない債務の履行遅
滞を理由に契約を解除するためには、履行遅滞を生じさせる民法412条3項
の催告と解除の要件としての民法541条の催告と二度の催告が必要であるか
のようにみえるが、一度の催告で両者の機能を兼ねることができるものとされ
ている[15]。

　債務不履行があれば、無催告で契約を解除できる旨の特約（無催告解除特約）

---

13)　大判昭和2・2・2民集6巻133頁。
14)　最一小判昭和31・12・6民集10巻12号1527頁。
15)　大判大正6・6・27民録23輯1153頁。

も、原則として有効であるが、賃貸借契約では、無催告解除が不合理とは認められない事情、言い換えれば信頼関係破壊の事情がある場合に限り許される旨の特約であるとするのが判例である[16]。消費者契約でも、催告を必要とする民法541条の原則と比べて消費者に不利な内容であることから無効とされる可能性がある（消費契約10条）。

　建物の売買契約で、引渡し前に失火で建物が全焼した場合のように、全部の履行が不能になった場合には、買主は、催告をすることなしに直ちに契約を解除することができる（民542条1項1号）。催告しても無意味だからである。ただし、失火が買主の責めに帰すべき事由によるときは解除できない（民543条）。債務者が債務の全部の履行を拒絶する意思を明確に表示した場合も直ちに解除することができる（民542条1項2号）。

　誕生日にバースデーケーキを配達する債務や注文者の自宅のキッチンでパーティ料理を調理する債務のように、一定時期に履行しないと契約をした目的を達成できないような債務（定期行為）の場合には、履行期が徒過すれば無催告で契約を解除することができる（民542条1項4号）。履行期後の履行が無意味であるからであり、とりわけ特定の日に特定の行為をする債務などは、時間的・相対的な不能と考えることもできるが、債権者が選択すれば、履行期後に本来の履行を請求することもできる。

　催告は不要としても民法上はなお解除の意思表示が必要であるが、商人間の定期行為である売買（定期売買）では、履行期徒過後、債権者が直ちに履行を請求しない限り、契約は解除されたものとみなされる（商525条）。

　なお、契約の中心的な債務（主たる給付義務、すなわち売買契約であれば買主の代金支払債務と売主の所有権移転・契約適合物引渡債務）ではない付随的債務や付随的義務の違反があったにすぎない場合には、一般的には解除が否定されるが、それが履行されないと契約をした目的が達成できなくなるような場合には解除が認められる。例えば、土地の売買契約において、所有権移転登記手続は代金完済と同時に行い、それまでは買主は土地上に建物等を築造しない旨の特約は、契約締結の目的には必要不可欠のものではないが、判例は、売主にとっ

16）　最一小判昭和43・11・21民集22巻12号2741頁。

ては代金の完全な支払の確保のために重要な意義をもち、その不履行は契約を
した目的の達成に重大な影響を与えるものであるから、その違反を理由に契約
を解除できるとする[17]。

(3) 債務の一部が履行されない場合の解除

契約上の債務の一部のみが履行不能あるいは履行拒絶された場合、可分債務
であるときは無催告で債務の一部解除が認められ（民542条2項）、不可分債
務のときや、可分債務でも残部だけの履行では契約をした目的を達成できない
ときは、契約全体を解除することができる（民542条1項3号）。

前述の数か月分の新聞の定期購読契約で、途中で配達されなくなったような
場合の債務不履行解除についても、一部解除となり、賃貸借や雇用、委任の解
除の場合と同様に、原則として将来に向かってのみ効力をもつ。

(4) 解除の効果

解除により契約上の債権・債務は契約成立時に遡って消滅するという考え方
が一般的である。未履行の債務は最初から発生しなかったものとなる。履行済
みの債務は法律上の原因なくして給付されたことになり、各当事者は相手方を
原状に回復させる義務を負う（民545条1項本文）。この原状回復義務は、一般
の不当利得の返還義務（民703条・704条）の特則の位置にあり、一般の不当
利得では現存利得の返還が原則とされている（民703条）のに対して、解除の
場合は、意思表示の無効の場合（民121条の2第1項）と同様に、返還義務の
範囲が原状回復にまで広げられている。

すなわち、解除により、未履行の債務については履行義務を免れ、すでに履
行のされた債務については、例えば売買であれば、受け取った現物や金銭を返
還する義務が発生する。現物返還が不可能な場合は、価額での償還となる。労
務その他無形の給付がされた場合も、現物返還は不可能なので、価額で償還す
ることになる[18]。

ところが、解除には、解除の効果が契約締結時まで遡ることなく、解除時ま
での契約の効果はそのまま影響を受けない場合がある。例えば、賃貸借では、

---

17) 最一小判昭和43・2・23民集22巻2号281頁。

18) 不当利得の原則規定である民法703条は、「他人の……労務によって利益を受け」る場合に
ついても規定している。

47

解除には遡及効がなく、将来に向かってのみ効力が生じるものとされている（民620条）。これが雇用（民630条）、委任（民652条）にも準用されている。フリーランスとの業務委託契約の解除に遡及効がないと評価される場合には、解除時点までの契約は有効だから、解除前に受けた役務提供に対する報酬が未払のときは、委託者の受託者に対する報酬支払債務が残る。

役務提供型契約であっても、請負の場合には、特に遡及効の制限はないから、原状回復が原則となる。成果が有体物として引渡しの対象となるタイプの場合は現物返還が可能であるが、成果が有体物として残らないタイプの場合、原状回復義務は価額償還で行うことになる。

前述1(3)で見たように、債権法改正中間試案では、「第34 継続的契約」の項目3において、期間の定めのない継続的契約の解除についても、期間の定めのある継続的契約の解除についても、ともに遡及効はなく、将来に向かってのみ効力を生じるとの規定の提案がされていた。

3 中途解除権

(1) 信頼関係破壊と不動産賃貸借の解除

不動産賃貸借契約については、生活に結びついた賃借人保護の必要性から、形式的には賃借人の債務不履行があっても、それが当事者間の信頼関係を破壊するに至る程度の不誠意がない限り、賃貸人による解除権の行使は許されないとの信頼関係破壊の法理が形成されている[19]。この信頼関係破壊の法理は、賃借人の債務不履行が当事者間の信頼関係を裏切って、賃貸借関係の継続を著しく困難にするような不信行為のあった場合には、無催告で解除できるとの形でも現れている[20]。

そして、このような考え方は、代理店契約などの継続的供給契約の解除や解約の申入れの場合にも影響を与えており[21]、基本契約である代理店契約の解除については、信義則上代理店に著しい不信行為がある等の契約の継続をしが

---

[19] 最三小判昭和39・7・28民集18巻6号1220頁。

[20] 最二小判昭和27・4・25民集6巻4号451頁。

[21] 詳細については、松本恒雄「継続的契約の維持と解消」池田眞朗ほか著『マルチラテラル民法』（有斐閣、2002年）312頁参照。

たい特別の事情が存しない限り、解除して商品供給を停止することはできないとされる[22]。基本契約のなかに、契約の有効期間中といえども両当事者は一定の予告期間をおけばいつでも中途解約できるとの条項が存在していた場合でも、同様に、取引関係を継続しがたいような不信行為の存在等のやむをえない事由が必要であるとされる[23]。

　継続的契約であるという点で賃貸借契約と共通性のある役務提供型契約においても、期間の定めがある場合であっても、一定の場合には、相手方の債務不履行とは無関係に契約を解除することができる旨の規定が、下記に見るように程度の差はあれ存在する。したがって、フリーランスとの業務委託契約の場合にもこれらの規定が類推される可能性がある。

(2)　やむを得ない事由と雇用の即時解除

　雇用では、「当事者が雇用の期間を定めた場合であっても、やむを得ない事由があるときは、各当事者は、直ちに契約の解除をすることができる」として、やむを得ない事由による即時解除権を定めている（民628条前段）。ただし、この場合、そのやむを得ない事由が当事者の一方の過失によって生じたものである場合には、相手方は損害賠償を請求することができる（同条後段）。もっとも、民法628条は、やむ得ない事由があるときでなければ契約期間中の解雇はできないとの労働契約法17条1項によって、労働者による即時解除を除いて、適用される場合はほとんどなくなっている。

　期間の定めのない雇用の解約の申入れの際に、やむを得ない事由があるときは、民法627条の予告期間を置くことなしに、即時に解除の効力が発生するとされる[24]。

　労働者の債務不履行を理由とした民法541条の解除と民法628条の解除の関係については、両者は併存するとの考え方が一般的である。

　さらに、期間の定めがあっても、期間が5年を超える場合やその終期が不確定である場合には、当事者の一方は、5年を経過した後、一定の予告期間を置くことによって、いつでも契約を解除することができる（民626条）。長期

---

22)　大阪地判平成7・11・7判時1566号85頁など。
23)　東京高判平成6・9・14判時1507号43頁など。
24)　大判大正11・5・29民集1巻259頁。

間拘束する雇用契約は望ましくないという観点から、期間の定めがあっても5年経過後は期間の定めのない契約に近くなる。

(3) 請負の任意解除

請負については、「請負人が仕事を完成しない間は、注文者は、いつでも損害を賠償して契約の解除をすることができる」（民641条）として、注文主の損害賠償の支払いと引換えの任意の解除権を定めている。請負人は、将来の得べかりし報酬から不要になった将来の経費を控除した金額を損害賠償として請求してもよいし、無駄になった過去の経費を損害賠償として請求してもよい。

なお、請負が仕事の完成前に解除された場合には、請負人が既にした仕事の結果のうち可分な部分の給付によって注文者が利益を受けるときは、その部分を仕事の完成とみなして、請負人は、注文者が受ける利益の割合に応じて報酬を請求することができる（民634条）ので、損害賠償としては将来の部分の報酬のみになる。

(4) 委任の任意解除

委任については、各当事者はいつでも解除できる（民651条1項）。解除した当事者は、相手方に不利な時期に解除した場合と、専ら報酬を得ること以外の受任者の利益をも目的とする委任を委任者が解除した場合には、相手方の損害を賠償しなければならない（民651条2項柱書本文）。解除にやむを得ない事由があったときは、損害賠償義務はない（民651条2項柱書ただし書）。

ここで、相手方に不利な時期に解除した場合の損害賠償は、債務不履行に基づく損害賠償とは異なり、解除の時期が不適当であった場合に、適当な時期に解除したときと比べて相手方がこうむる損失が大きい場合のその差額を意味しているにすぎない。将来にわたって予定されていた報酬全額が損害になるわけではない。

委任の解除により損害賠償責任を負うもう一つの場合としての「委任者が受任者の利益（専ら報酬を得ることによるものを除く。）をも目的とする委任」（民651条2項2号）とは、報酬支払約束のある有償の委任という意味ではなく、例えば、金銭債権を有する者が債務者の第三者に対する金銭債権の取立ての委任を受け、第三者から取り立てた金銭を債権者自身の債権の弁済に充てる場合のように、委任の基礎に別の法律関係があり、委任はその基礎的法律関係にお

いて受任者の利益をはかるためのものであるような場合を意味する。本号は、2017年の民法改正で追加されたものであるが、改正前の判例も、受任者の利益をも目的とする委任であっても、委任者の意思に反して事務処理を継続させることは、委任者の意思を阻害し、委任契約の本旨に反することになるので、委任者による任意解除は可能であるとしていた[25]。

(5) 準委任の任意解除

委任の解除権が、法律行為でない事務の委託についても準用されている（民656条、準委任）。このため、明確に雇用とも請負とも委任とも寄託とも性質決定できない様々な役務提供型契約、とりわけ消費者との間の契約について、契約関係を終了させ、契約の拘束力から免れるために、委任の解除権についての民法651条の規定が根拠として主張されることが多い。

外国語会話教室の受講契約について、継続的な契約関係であり、準委任に該当するとしたうえで、当事者間の信頼関係の上に成り立っているものであるから、相手方の態度に疑惑を抱いて解除の意思表示をした以上、債務不履行の事実がなかった場合にも委任関係が終了するとする裁判例もある[26]。委任の解除が原則として自由であるとされているのは、それが当事者間の個人的信頼関係を基礎としており、信頼がくずれた後も契約に拘束しておくことは適切ではないからである。外国語会話教室でも、受講者が教室の経営企業や教師を信頼して任せている点は同じである上に、会話力上達という成果を達成するためには受講者の側の努力も必要であるが、相手方を信頼できなくなった受講者にそのような努力を期待することはできないので、解除を認めるのが適切である。1999年改正で特定商取引法に追加された「特定継続的役務提供」（エステティックサービスや語学教室など）の規制、とりわけ中途解約権の保障（特定商取引49条）はこのような考え方を取り込んだものである。

問題は、多様な準委任の中から、民法651条の準用されるものをどう限定するかである。そこで、債権法改正中間試案「第41　委任　6　準委任（民法第656条関係）」では、次のような提案がされていた。

---

25)　最二小判昭和56・1・19民集35巻1号1頁。
26)　大分簡判平成6・12・15判時1539号123頁。

（1）民法第 656 条の規律を維持した上で、次のように付け加えるものとする。

　　法律行為でない事務の委託であって、[受任者の選択に当たって、知識、経験、技能その他の当該受任者の属性が主要な考慮要素になっていると認められるもの以外のもの]については、前記 1（自己執行義務）、民法第 651 条、第 653 条（委任者が破産手続開始の決定を受けた場合に関する部分を除く。）を準用しないものとする。

（2）上記（1）の準委任の終了について、次の規定を設けるものとする。

　ア　当事者が準委任の期間を定めなかったときは、各当事者は、いつでも解約の申入れをすることができる。この場合において、準委任契約は、解約の申入れの日から[2 週間]を経過することによって終了する。

　イ　当事者が準委任の期間を定めた場合であっても、やむを得ない事由があるときは、各当事者は、直ちに契約の解除をすることができる。この場合において、その事由が当事者の一方の過失によって生じたものであるときは、相手方に対して損害賠償の責任を負う。

　ウ　無償の準委任においては、受任者は、いつでも契約の解除をすることができる。

　受任者の知識、経験、技能その他の属性が受任者の選択の際の主要な考慮要素になっていないタイプの準委任については、雇用に近い規律を適用するとの提案である。しかし、これらの提案は最終的な改正案には盛り込まれなかった。とはいえ、この提案を含めて従来の民法の準委任についての一般的解釈論が否定されたわけではない。フリーランスとの契約についても、信頼関係破壊などやむを得ない事由が認められる場合には、この提案の解釈論が適用される可能性がある。

第2 フリーランスにまつわる主要な法律

第2章
フリーランス法

　2023年4月28日、「特定受託事業者に係る取引の適正化等に関する法律」
（令和5年法律25号。フリーランス法）が第211回国会において可決・成立し、
同年5月12日に公布された。フリーランス法は2024年年11月1日から施行
されている（令和6年政令199号）。

　本法については、本書第2部において詳しく解説する。

第2 フリーランスにまつわる主要な法律

第3章
独占禁止法

I 概　要

　独占禁止法の目的は、公正かつ自由な競争を促進し、事業者が自主的な判断で自由に活動できるようにすることにある（独禁1条）。かかる目的を達成するために、私的独占、不当な取引制限、不公正な取引方法、事業者団体による活動、企業結合等が規制されている。

　独占禁止法は、事業者および事業者団体に対して適用される。「事業者」とは、「商業、工業、金融業その他の事業を行う者」であり（独禁2条1項）、「事業」とは、「なんらかの経済的利益の供給に対応し反対給付を反復継続して受ける経済活動」を意味し、その主体の法的性格は問わないとされ（都営芝浦と畜場事件・最一小判平成元・12・14民集43巻12号2078頁）、フリーランスも一般的には独占禁止法上の「事業者」であると解される。そのため、フリーランスの行為が独占禁止法に違反するといったことも想定される。

　以下、フリーランスとの取引に関係する部分を確認する。

II 不公正な取引方法

1 概　要

　フリーランスとの取引においては、不公正な取引方法の規制が特に問題となる。不公正な取引方法の規制は、共同の供給拒絶、差別対価、不当廉売、再販売価格の拘束、優越的地位の濫用（独禁2条9項1号〜5号）および不当な差別的取扱い、不当対価取引、不当な顧客誘引・取引強制、不当な拘束条件付取引、取引上の地位の不当利用、不当な取引妨害・内部干渉のいずれかに該当する行為であって、「公正な競争を阻害するおそれがある」として公正取引委員会が

指定する行為（独禁2条9項6号、「不公正な取引方法」〔昭和57年6月18日公正取引委員会告示15号。「一般指定」〕）を禁止し（独禁19条）、さらに事業者団体が不公正な取引方法に該当する行為をさせることを禁止している（独禁8条5号）。不公正な取引方法に対しては、公正取引委員会による排除措置命令（独禁20条）に加え、特定の類型については課徴金納付命令（独禁20条の2〜20条の6）が課され得る。さらに、私人による損害賠償等の請求（独禁25条・26条、民709条）、契約無効の主張（民90条）、差止請求（独禁24条）がなされ得る（刑事罰はない）。

　下請法およびフリーランス法のいずれにおいても、親事業者および特定業務委託事業者に対して、契約内容を明らかにすることを求め（下請3条、フリーランス3条）、一定の行為を禁止する（下請4条、フリーランス4条・5条）が、これらの規定で明確に規定されていないことであっても、独占禁止法が適用される場合には、同法の規定が適用される可能性がある。

2　優越的地位の濫用規制

⑴　概　要

　なかでも、優越的地位の濫用規制は、取引の相手方に対して優越的な地位にある事業者が、取引の相手方の自由で自主的な判断を妨げ、競争が機能していれば課し得ない不利益な条件を相手方に課す行為を規制することを目的としたものであり、適用対象も広範であるため、フリーランスとの取引においても多くの場面で問題となり得る。

　優越的地位の濫用は、①自己の取引上の地位が相手方に優越していること（優越的地位）を利用して、②正常な商慣習に照らして不当な行為（不利益行為）を行うことである。これに違反する行為を継続して行った場合には、課徴金の対象となり得る（独禁20条の6）。

⑵　優越的地位

　優越的地位とは、市場における競争者との関係で優越していることではなく、取引の相手方との関係で取引上の地位が相対的に優越していることをいう。取引の一方の当事者が他方の当事者に対して優越的地位にある場合とは、取引の相手方にとってその者との取引の継続が困難になることが事業経営上大きな支

障を来すため、その者が取引の相手方にとって著しく不利益な要請等を行って
も、取引の相手方がこれを受け入れざるを得ないような場合をいう（優越的地
位ガイドライン第2・1）。

この点、優越的地位の有無はあくまで取引の相手方との関係で相対的に決せ
られるべきものである。フリーランスの取引の相手方が常にフリーランスに対
して「優越的地位」にあると解することは相当ではないように思われるが、発
注者が通常企業であるのに対して役務提供者が個人で事業を行っていることが
多いという事情は、役務提供者の優越的地位の認定における考慮要素となると
の見解も示されており[1]、フリーランスの取引の相手方はフリーランスに対し
て「優越的地位」にあると考えておいた方が安全である。

他方、フリーランス法上、フリーランスも業務委託事業者に該当し得るとこ
ろ、フリーランス同士の取引にもフリーランス法が適用されるが、このような
場合にも発注者側のフリーランスが優越的地位にあると解することができるか
には疑問がある。

(3) 不利益行為

不利益行為としては、①購入・利用強制（独禁2条9項5号イ）、②経済上の
利益の提供要請（同号ロ）、③受領拒否、返品、代金の支払遅延、減額等（同号
ハ）がある。特に、③については、「その他取引の相手方に不利益となるよう
に取引の条件を設定し、若しくは変更し、又は取引を実施すること」が濫用行
為として挙げられており、「取引の実施」には、取引過程において相手方に不
利益となるような行為を含むと解されるなど、広く濫用行為が捕捉される。

①購入・利用強制とは、取引上の地位が相手方に優越している事業者が、取
引の相手方に対し、当該取引に係る商品または役務以外の商品または役務の購
入を要請する場合であって、当該取引の相手方が、それが事業遂行上必要とし
ない商品もしくは役務であり、またはその購入を希望していないときであった
としても、今後の取引に与える影響を懸念して当該要請を受け入れざるを得な
い場合には、正常な商慣習に照らして不当に不利益を与えることとなり、優越

---

1) 公正取引委員会競争政策研究センター「人材と競争政策に関する検討会報告書」（2018年2月
15日）26頁（https://www.jftc.go.jp/cprc/conference/index_files/180215jinzai01.pdf〔2025年1
月15日閲覧〕）。

的地位の濫用として問題となる。もっとも、取引の相手方に対し、特定の仕様を指示して商品の製造または役務の提供を発注する際に、当該商品もしくは役務の内容を均質にするためまたはその改善を図るため必要があるなど合理的な必要性から、当該取引の相手方に対して当該商品の製造に必要な原材料や当該役務の提供に必要な設備を購入させる場合には、正常な商慣習に照らして不当に不利益を与えることとならず、優越的地位の濫用の問題とはならないとされる（優越的地位ガイドライン第4・1(1)(2)）。

　②経済上の利益の提供要請とは、協賛金等の負担を要請することや、無償での労務提供（従業員等の派遣）を要請することのほか、金型等の設計図面、特許権等の知的財産権その他の経済的利益を要請すること等が想定される。協賛金の負担については、当該協賛金等の負担額およびその算出根拠、使途等について、当該取引の相手方との間で明確になっておらず、当該取引の相手方にあらかじめ計算できない不利益を与えることとなる場合や、当該取引の相手方が得る直接の利益等を勘案して合理的であると認められる範囲を超えた負担となり、当該取引の相手方に不利益を与えることとなる場合には、正常な商慣習に照らして不当に不利益を与えることとなり、優越的地位の濫用として問題となる。もっとも、協賛金等が、それを負担することによって得ることとなる直接の利益の範囲内であるものとして、取引の相手方の自由な意思により提供される場合には、正常な商慣習に照らして不当に不利益を与えることとならず、優越的地位の濫用の問題とはならないとされる（優越的地位ガイドライン第4・2(1)）。無償での労務提供については、取引上の地位が相手方に優越している事業者が、取引の相手方に対し、労務提供を要請する場合であって、どのような場合に、どのような条件で労務提供するかについて、当該取引の相手方との間で明確になっておらず、当該取引の相手方にあらかじめ計算できない不利益を与えることとなる場合や、労務提供を通じて当該取引の相手方が得る直接の利益等を勘案して合理的であると認められる範囲を超えた負担となり、当該取引の相手方に不利益を与えることとなる場合には、正常な商慣習に照らして不当に不利益を与えることとなり、優越的地位の濫用として問題となる（取引の相手方に対し、従業員等の派遣に代えて、これに相当する人件費を負担させる場合も、これと同様である）。もっとも、従業員等の派遣が、それによって得ることとな

る直接の利益の範囲内であるものとして、取引の相手方の自由な意思により行われる場合には、正常な商慣習に照らして不当に不利益を与えることとならず、優越的地位の濫用の問題とはならない。また、労務提供の条件についてあらかじめ当該取引の相手方と合意し、かつ、派遣のために通常必要な費用を自己が負担する場合も、同様に問題とならない（優越ガイドライン第4・2(2)）。その他の経済的利益についても、無償または不当に低い対価で提供を要請する場合で、取引の相手方が今後の取引に与える影響を懸念してそれを受け入れざるを得ない場合には、正常な商慣習に照らして不当に不利益を与えることとなり、優越的地位の濫用として問題となる。もっとも、当該経済上の利益が、ある商品の販売に付随して当然に提供されるものであって、当該商品の価格にそもそも反映されているようなときは、正常な商慣習に照らして不当に不利益を与えることとならず、優越的地位の濫用の問題とはならない（優越的地位ガイドライン第4・2(3)）。

⑷　公正競争阻害性

「正常な商慣習に照らして不当に」という要件は、優越的地位の濫用の有無が、公正な競争秩序の維持・促進の観点から個別の事案ごとに判断されることを示すものである。ここで、「正常な商慣習」とは、公正な競争秩序の維持・促進の立場から是認されるものをいう。したがって、現に存在する商慣習に合致しているからといって、直ちにその行為が正当化されることにはならないとされる（優越的地位ガイドライン第3）。

フリーランスガイドラインにおいては、どのような場合に公正な競争を阻害するおそれがあると認められるのかについては、問題となる不利益の程度、行為の広がり等を考慮して、個別の事案ごとに判断することになり、例えば、①発注事業者が多数のフリーランスに対して組織的に不利益を与える場合、②特定のフリーランスに対してしか不利益を与えていないときであっても、その不利益の程度が強い、またはその行為を放置すれば他に波及するおそれがある場合には、公正な競争を阻害するおそれがあると認められやすいとされる（フリーランスガイドライン第4・1）。

なお、「行為の広がり」とは、当該行為の対象とされる相手方の数、当該行為の反復・継続性、行為の伝播性等の事情を指し、当該行為の被害者がどの程

第 3 章　独占禁止法

度存在するのかを意味する。「行為の広がり」は、公正取引委員会が事件を取り上げる際の考慮事項でもある。

Ⅲ　不当な取引制限（カルテル）について

「不当な取引制限」とは、事業者が、契約、協定その他何らの名義をもってするかを問わず、他の事業者と共同して対価を決定し、維持し、もしくは引き上げ、または数量、技術、製品、設備もしくは取引の相手方を制限する等相互にその事業活動を拘束し、または遂行することにより、公共の利益に反して、一定の取引分野における競争を実質的に制限することをいう（独禁2条6項）。典型的には、カルテルや談合である。具体的には、価格の引上げや目標価格や標準価格を決定する「価格カルテル」、生産量や販売量を制限する「数量制限カルテル」、顧客争奪の禁止や市場分割等の「取引先制限カルテル」・「市場分割カルテル」、入札に際してあらかじめ受注予定者を決定し、それに協力する「入札談合」などがある。これらは反競争性が重大ないし明白な類型であり、ハードコア・カルテルと呼ばれる。ハードコア・カルテル以外のカルテルを、非ハードコア・カルテルと呼ぶことがあり、具体的には、共同の研究開発組織の設立や研究開発活動を実施する「共同研究開発」、商品役務の設計、仕様、方式等を複数の事業者が協定等によって人為的に固定化・単純化する「規格化」・「標準化」、複数の事業者間で生産、販売、購入を共同化する「共同生産」・「共同販売」・「共同購入」、環境保護、安全性確保、リサイクル等の社会的規制に関する分野での事業者間での取決めを行う「社会公共目的の共同行為」などがある。

　フリーランスとの取引の関係では、発注者側としては、事業者同士でフリーランスに対する報酬の標準を定めること、特定の事業者が起用しているフリーランスを他の事業者が起用しないことを定めること等は、不当な取引制限として問題になり得るように思われる。また、フリーランス側としては、フリーランス間において最低報酬額を定めること等が不当な取引制限として問題となり得るように思われる（詳細は第3部第2章参照）。

59

Ⅳ　エンフォースメント

　公正取引委員会が調査を行った結果、独占禁止法に違反する行為があると認められた場合には、公正取引委員会は、排除措置命令を行う（独禁7条・8条の2・20条）。排除措置命令とは、違反行為を速やかに排除するよう命じる行政処分である。また、公正取引委員会が調査して、独占禁止法に違反する行為があると思料する場合において、公正かつ自由な競争を促進する上で必要があると認めるときは、その違反被疑行為について確約手続を開始し、事業者から申請された確約計画が十分性と確実性の要件を満たせば、排除措置命令を行わず、確約を認定することとされる（独禁48条の2～48条の9）。仮に排除措置命令等の法的措置を行うに足りる証拠が得られなかった場合でも、独占禁止法違反の疑いがあるときは、公正取引委員会は、関係事業者に対して警告を行い、是正措置をとるように指導することがある（公正取引委員会の審査に関する規則26条1項括弧書参照）。また、独占禁止法違反行為の存在を疑うに足りる証拠は得られなかったが、独占禁止法違反につながるおそれのある行為がみられた場合には、公正取引委員会は、未然防止の観点から注意を行うことがある。

　こうした公正取引委員会による措置について、独占禁止法に基づく法的措置の件数は、全体として多くはない。2023年における排除措置命令は4件であり、これにはフリーランス法における禁止事項と重複する内容を規律する優越的地位の濫用に関する事案は含まれていない。優越的地位の濫用に関しては、同年に確約契約の認定が2件、注意が67件行われており、過去の年次でも50件程度の注意が例年行われている。他の分野では、カルテルに対して1件の排除措置命令および課徴金納付命令、1件の警告が発せられている。入札談合に関しては、2件の排除措置命令および課徴金納付命令があり、不当廉売については迅速処理により317件の注意が行われた。迅速処理を除く独占禁止法の規制全体から見ると、「おそれ」があるとして優越的地位の濫用については、比較的多く行われているといえる。また、優越的地位の濫用を主眼とした緊急調査等も実施され、2022年には13社、2023年には10社の事業者名が公表されており[2]、公表事例は少ないものの、対応は着実に進んでいるといえる。も

第 3 章　独占禁止法

っとも、相当に必要性の高い事案に限り事業者名の公表がなされると解され、事業者が適切な対応や対策を講じている場合には、過度に心配する必要はなく、対応を継続することが重要であると考えられる。

また、①不当な取引制限または支配型私的独占であって、商品・役務の価格を制限するもの、または、商品・役務について供給量または購入量、市場占拠率、取引の相手方のいずれかを実質的に制限することでその対価に影響することとなるもの、②排除型私的独占および③独占禁止法 2 条 9 項 1 号から 5 号までに規定されている不公正な取引方法〔共同の取引拒絶〔供給に関するもの〕、差別対価、不当廉売、再販売価格の拘束、優越的地位の濫用〕については、公正取引委員会は、行政処分である課徴金納付命令を行う（独禁 7 条の 2・20 条の 2～20 条の 6。優越的地位の濫用以外の不公正な取引方法については、同一の違反行為を繰り返した場合に課徴金の対象になる）。不当な取引制限の場合、課徴金納付命令の対象となる違反事業者が、その違反の内容を公正取引委員会に自主的に申告した場合には、課徴金が減額される（独禁 7 条の 4）。

排除措置命令、課徴金納付命令、確約手続での確約計画の認定や警告をしたとき、公正取引委員会は、ウェブサイト上で、それらを公表している。注意や審査打切りについては、基本的に公表しないが、競争政策上公表することが望ましい場合で、かつ、関係者から公表の了解を得た場合、または、違反被疑対象となった事業者が公表を望む場合には、公表している。

重大な独占禁止法違反行為である不当な取引制限および私的独占に対しては、刑事罰が設けられている（独禁 89 条以下）。上記の行政処分は基本的に事業者や事業者団体が対象であるが、刑事罰は、事業者や事業者団体だけでなく、行為者個人に対しても行われる。

また、民事的な責任追及手段も存在する。独占禁止法違反行為によって被害を受けた者は、違反行為者に対して、不法行為に基づく損害賠償請求等をする

---

2)　独占禁止法上の「優越的地位の濫用」に関する緊急調査の結果について（2022 年 12 月 27 日）（https://www.jftc.go.jp/houdou/pressrelease/2022/dec/221227_kinkyuchosakekka.html〔2025 年 1 月 15 日閲覧〕）。独占禁止法上の「優越的地位の濫用」に係るコスト上昇分の価格転嫁円滑化の取組に関する特別調査の結果について（2023 年 12 月 27 日）（https://www.jftc.go.jp/houdou/pressrelease/2023/dec/231227_tokubetucyosakekka.html〔2025 年 1 月 15 日閲覧〕）。

61

ことができる。独占禁止法違反の行為による被害者は、行政処分（排除措置命令または課徴金納付命令）が確定した後、独占禁止法 25 条の規定に基づき損害賠償請求をすることができ、この場合には事業者や事業者団体は、故意や過失がなかったとして責任を免れることはできない（無過失損害賠償責任。独禁 25 条・26 条）。また、不公正な取引方法によって著しい損害を受け、または受けるおそれがある消費者、事業者等の被害者は、裁判所に対して、その行為の差止めを請求することができる（独禁 24 条）。

V　経　緯

　一人で事業を行う者、いわゆるフリーランスとしてプロスポーツ選手が挙げられるところ、従前は、こうした関係について独占禁止法を適用することについて、公正取引委員会は抑制的であった[3]。しかし、その後、2018 年 2 月に公表された、「人材と競争政策に関する検討会報告書」[4] では、働き方の多様化に伴い、フリーランスや個人請負などの人材市場における競争の公正性を確保するため、個人が不利な立場に置かれる事例に焦点を当て、特に競争を制限する行為についての考え方をまとめ、ガイドラインの策定が求められた。また、翌 2019 年 12 月に公表された「全世代型社会保障検討会議中間報告」[5] では、フリーランスなど、雇用によらない働き方など、多様な働き方の一つとして、希望する個人が個人事業主・フリーランスを選択できる環境を整える必要があると指摘されるなど、政府としても、フリーランスへの保護に注力してきた経緯が伺われる。

　その後、2020 年年 7 月に閣議決定がなされた「成長戦略実行計画」[6] では、

---

3)　第 84 回国会参議院法務委員会第 3 号 1978 年 3 月 2 日会議録〔発言：36 番〕〔戸田嘉徳〕「この野球選手契約というのは、先ほど申し上げましたように、一種の雇用契約に類する契約と、かように私どもは判断いたしますので、独占禁止法第 2 条第 6 項または第 8 条第 1 項第 1 号というようなところに言いますところの規定には該当しない」。

4)　公正取引委員会競争政策研究センター・前掲注 1)。

5)　全世代型社会保障検討会議「全世代型社会保証検討会議中間報告」（https://www5.cao.go.jp/keizai-shimon/kaigi/minutes/2019r/1219/shiryo_02.pdf〔2025 年 1 月 15 日閲覧〕）。

6)　「成長戦略実行計画」（2020 年 7 月 17 日）（https://www.kantei.go.jp/jp/singi/keizaisaisei/pdf/ap2020.pdf〔2025 年 1 月 15 日閲覧〕）。

フリーランスの環境整備として、ガイドラインの策定と立法的対応の検討、執行の強化が掲げられ、2021年3月には、「フリーランスとして安心して働ける環境を整備するためのガイドライン」(フリーランスガイドライン)[7] が策定され、フリーランスとの取引に対する下請法、独占禁止法の適用場面について指摘されることとなった。

こうした動きをうけつつ、現に、2019年7月、公正取引委員会は、ジャニーズ事務所が、退所した芸能人を出演させた場合には所属する芸能人を出演させない等により、退所した芸能人がテレビ番組に出演できないようにした疑いがあるとして、「注意」をしたり、翌2020年11月には、NPB（日本プロ野球）からのドラフトを拒否して選手がメジャーリーグと契約した場合、一定期間NPB（日本プロ野球）への入団を禁止する、いわゆる「田沢ルール」について、独占禁止法に定める協同の取引拒絶（独禁8条5号・一般指定1項1号）に該当するおそれがあるとして、調査が実施されるなど[8]、着実に対処も行われてきており、昭和の頃とは公正取引委員会の対応方針も変わってきていることが伺われる。

---

7) 内閣官房・公正取引委員会・中小企業庁・厚生労働省「フリーランスとして安心して働ける環境を整備するためのガイドライン」（2021年4月策定、2024年10月改定）(https://www.mhlw.go.jp/content/001318001.pdf〔2025年1月15日閲覧〕)。

8) 公正取引委員会「日本プロフェッショナル野球組織に対する独占禁止法違反被疑事件の処理について」（2020年11月5日）(https://www.jftc.go.jp/houdou/pressrelease/2020/nov/201105.html〔2025年1月15日閲覧〕)。

第2 フリーランスにまつわる主要な法律

第4章
下請法

Ⅰ 概　要

　下請法は、下請取引の公正化を図り、下請事業者の利益を保護するための法律である。下請法の目的は、下請代金の支払遅延等を防止することによって、親事業者の下請事業者に対する取引を公正ならしめるとともに、下請事業者の利益を保護し、もって国民経済の健全な発達に寄与することにある（下請1条）。下請法は、独占禁止法上の優越的地位の濫用に当たる行為をより効果的に防止・規制しようとするものであって、法体系上は、独占禁止法の特別法・補完法の枠内にあり、優越的地位の濫用規制と下請法の規制とは、一体のもの、連続的なものとして理解される[1]。

　公正取引委員会が公表している「下請取引適正化推進講習会テキスト」[2]には、公正取引委員会の実務運用まで記載されており、参考となる。同テキストは、毎年11月頃に改定される。

　下請法は、フリーランスとの関係でも適用され得るものであり、また、フリーランス法の解釈とも共通する箇所も多い。

Ⅱ 適用対象

1 概　要

　優越的地位の濫用行為は、様々な取引において発生し得るものであるが、下請法の適用対象は、「下請取引」であり、取引当事者と取引内容の両面で定め

---

1) 鎌田明『下請法の実務〔第4版〕』（公正取引協会、2017年）12頁。
2) 公正取引委員会＝中小企業庁「下請取引適正化推進講習会テキスト」（2024年11月）（https://www.jftc.go.jp/houdou/panfu_files/shitauketext.pdf〔2025年1月15日閲覧〕）。

64

られる。取引当事者に関する要件は、個人か法人か、資本金の額または出資の総額（以下単に「資本金」ということがある）によって区分される（下請2条7項・8項）。取引内容に関する要件については、製造委託、修理委託、情報成果物作成委託および役務提供委託の4種類の取引が適用対象とされ、それぞれ定義されている（下請2条1項〜6項）。まとめると、以下の図表のようになる。

【図表1-2-4-1】

親事業者と下請事業者の範囲

・物品の製造委託・修理委託
・情報成果物作成委託（プログラムの作成に限る。）
・役務提供委託（運送、物品の倉庫における保管及び情報処理に限る。）

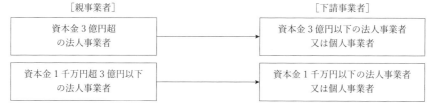

・情報成果物作成委託（プログラムの作成を除く。）
・役務提供委託（運送、物品の倉庫における保管及び情報処理を除く。）

出典：公正取引委員会＝中小企業庁・前掲注2）4頁

2　適用対象の取引

下請法が適用される取引は、製造委託、修理委託、情報成果物作成委託および役務提供委託（以下これらを併せて「製造委託等」ということがある）である。「製造委託」には、以下の4類型が該当する（下請2条1項）。

・販売目的：事業者が業として行う販売の目的物たる物品もしくはその半製品、部品、附属品もしくは原材料またはこれらの製造に用いる金型の製造を他の

第1部　フリーランスにまつわる法制の概要　　第2　フリーランスにまつわる主要な法律

事業者に委託すること。
- 請負再委託：事業者が業として請け負う製造の目的物たる物品もしくはその半製品、部品、附属品もしくは原材料またはこれらの製造に用いる金型の製造を他の事業者に委託すること。
- 事業者が業として行う物品の修理に必要な部品または原材料の製造を他の事業者に委託すること。
- 自家使用：事業者がその使用しまたは消費する物品の製造を業として行う場合にその物品もしくはその半製品、部品、附属品もしくは原材料またはこれらの製造に用いる金型の製造を他の事業者に委託すること。

「修理委託」には、以下の2類型が該当する（下請2条2項）。

- 請負再委託：事業者が業として請け負う物品の修理の行為の全部または一部を他の事業者に委託すること。
- 自家使用：事業者がその使用する物品の修理を業として行う場合にその修理の行為の一部を他の事業者に委託すること。

「情報成果物作成委託」には、以下の3類型が該当する（下請2条3項）。

- 販売目的：事業者が業として行う提供の目的たる情報成果物の作成の行為の全部または一部を他の事業者に委託すること。
- 請負再委託：事業者が業として請け負う作成の目的たる情報成果物の作成の行為の全部または一部を他の事業者に委託すること。
- 自家使用：事業者がその使用する情報成果物の作成を業として行う場合にその情報成果物の作成の行為の全部または一部を他の事業者に委託すること。

「役務提供委託」には、以下の類型が該当する（下請2条4項）。

- 販売目的／請負再委託：事業者が業として行う提供の目的たる役務の提供の行為の全部または一部を他の事業者に委託すること。

3　適用対象の当事者

下請取引の内容によって、当事者に関する要件が異なる。

下請取引の内容が、物品の製造委託、修理委託、プログラムの作成に係る情報成果物作成委託ならびに運送、物品の倉庫における保管および情報処理に係る役務提供委託の場合は、資本金3億円超の法人事業者が資本金3億円以下の事業者もしくは個人事業者に対して委託を行う場合（下請2条7項1号・8項1号、下請法施行令1条1項）または資本金1000万円超3億円以下の法人事業者が資本金1000万円以下の事業者または個人事業者に対して委託を行う場合（下請2条7項2号・8項2号、下請法施行令1条1項）に下請法上の親事業者となる。

　下請取引の内容が、情報成果物作成委託（プログラムの作成に係るものを除く）または役務提供委託（運送、物品の倉庫における保管および情報処理に係るものを除く）の場合、資本金5000万円超の法人事業者が資本金5000万円以下の事業者もしくは個人事業者に対して委託を行う場合（下請2条7項3号・8項3号）または資本金1000万円超5000万円以下の法人事業者が資本金1000万円以下の事業者もしくは個人事業者に対して委託を行う場合（下請2条7項4号・8項4号）に下請法上の親事業者となる。

　もっとも、資本金が少ない事業者も、下請法上の親事業者となることがある。すなわち、親会社が直接他の事業者に製造委託等をすれば下請法の適用を受ける関係等にあり、かつ、当該親会社の子会社等が他の事業者に対する発注を行う場合であって、下請法所定の要件を充足した場合には、当該子会社等が親事業者、当該他の事業者が下請事業者とそれぞれみなされ、当該取引には下請法が適用されることとなる（下請2条9項）。事業者（親会社）が直接他の事業者に委託をすれば本法の対象となる場合に、事業者がその子会社（いわゆるトンネル会社）等に発注し、当該子会社等が請け負った業務を他の事業者に再委託することで、本法の規制を免れるというような脱法的行為をさせないための規定である。

　なお、下請法では、「資本金の額又は出資の総額が億円を超える法人たる事業者……であつて、個人又は資本金の額若しくは出資の総額が3億円以下の法人たる事業者に対し製造委託等……をするもの」（下請2条7項1号。傍点は筆者による）と、取引類型ごとに定められる資本金等の基準を満たす事業者が、個人に対して製造委託等をする場合も「親事業者」となり得るため、この場合

に、相手方となる「個人」が、従業員を雇用していない場合には、フリーランス法も重ねて適用されることとなる（フリーランス2条1項1号）。また、相手方となる事業者「法人」の場合であっても、当該法人がいわゆる一人社長であって、他に役員も従業員もいないときにも、フリーランス法が重ねて適用されることになる（フリーランス2条1項2号）。このように、下請法とフリーランス法との双方が適用され得る場合には、フリーランス法が優先して適用され、フリーランス法による勧告がなされたとき、下請法による勧告はなされないとされている（執行ガイドライン3）。もっとも、かならずフリーランス法が優先されるわけではなく、場合によってはフリーランス法ではなく下請法が適用されるとも説明されていることから、下請法とフリーランス法との両法の適用がある場合には、より厳しい規律の内容の法律に合わせた対応をする必要があると考えられる。

Ⅲ　規制の内容

下請法には、図表1-2-4-2のような規制がある。以下、個別に確認する。

1　書面の交付義務（下請法3条）

親事業者は、下請事業者に対し製造委託等をした場合は、直ちに、一定の事項を記載した書面を下請事業者に交付しなければならないが、その内容が定められないことにつき正当な理由がある事項については、その記載を要しないものとし、この場合には、親事業者は、当該事項の内容が定められた後直ちに、当該事項を記載した書面を下請事業者に交付しなければならない（下請3条1項。3条書面）。記載すべき事項は、次頁以下の①〜⑫のとおりである（下請法3条書面規則1条1項参照）。

親事業者は、書面の交付に代えて、下請事業者の承諾を得て、当該書面に記載すべき事項を、一定の情報通信の技術を利用する方法により提供することができる（下請3条2項。「下請取引における電磁的記録の提供に関する留意事項」[3]参照）。

第 4 章　下請法

【図表 1-2-4-2】下請法の規制内容

規制内容	下請法
書面の交付義務	3 条
支払期日を定める義務	2 条の 2
書類の作成・保存義務	5 条
遅延利息の支払義務	4 条の 2
受領拒否の禁止	4 条 1 項 1 号
下請代金の支払遅延の禁止	4 条 1 項 2 号
下請代金の減額の禁止	4 条 1 項 3 号
返品の禁止	4 条 1 項 4 号
買いたたきの禁止	4 条 1 項 5 号
購入・利用強制の禁止	4 条 1 項 6 号
報復措置の禁止	4 条 1 項 7 号
有償支給原材料等の対価の早期決済の禁止	4 条 2 項 1 号
割引困難な手形の交付の禁止	4 条 2 項 2 号
不当な経済上の利益の提供要請の禁止	4 条 2 項 3 号
不当な給付内容の変更および不当なやり直しの禁止	4 条 2 項 4 号

① 親事業者および下請事業者の名称（番号、記号等による記載も可）。

② 製造委託、修理委託、情報成果物作成委託または役務提供委託をした日。

③ 下請事業者の給付の内容（役務提供委託の場合は、提供される役務の内容）。

④ 下請事業者の給付を受領する期日（役務提供委託の場合は、役務が提供される期日または期間）。

⑤ 下請事業者の給付を受領する場所（役務提供委託の場合は、役務が提供される場所）。

⑥ 下請事業者の給付の内容（役務提供委託の場合は、提供される役務の内容）について検査をする場合は、その検査を完了する期日。

⑦ 下請代金の額（具体的な金額を記載することが困難なやむを得ない事情がある場合には、下請代金の具体的な金額を定めることとなる算定方法）。

⑧ 下請代金の支払期日。

⑨ 下請代金の全部または一部の支払につき、手形を交付する場合は、その手形の金額（支払比率でも可）および手形の満期。

⑩ 下請代金の全部または一部の支払につき、一括決済方式で支払う場合は、

69

第1部 フリーランスにまつわる法制の概要　第2 フリーランスにまつわる主要な法律

金融機関名、貸付けまたは支払を受けることができることとする額、親事業者が下請代金債権相当額または下請代金債務相当額を金融機関へ支払う期日。
⑪　下請代金の全部または一部の支払につき、電子記録債権で支払う場合は、電子記録債権の額および電子記録債権の満期日。
⑫　原材料等を有償支給する場合は、その品名、数量、対価、引渡しの期日、決済期日および決済方法。

2　支払期日を定める義務（下請法2条の2）

　下請代金の支払期日は、親事業者が下請事業者の給付の内容について検査をするかどうかを問わず、親事業者が下請事業者の給付を受領した日（役務提供委託の場合は、下請事業者がその委託を受けた役務の提供をした日）から起算して、60日の期間内において、かつ、できる限り短い期間内において、定められなければならない（下請2条の2第1項）。下請代金の支払期日が定められなかったときは、親事業者が下請事業者の給付を受領した日が支払期日と定められたものとみなされる。受領後60日を超える日が支払期日として定められたときは親事業者が下請事業者の給付を受領した日から起算して60日を経過した日の前日が下請代金の支払期日と定められたものとみなされる（同条2項）。「支払期日」は具体的な日が特定できるよう定める必要があり、「○月○日まで」や「納品後○日以内」といった記載は認められず、「○月○日」や「毎月末日納品締切、翌月○日支払」といったように具体的な日付が特定できるように定めなければならない。

3　書類の作成・保存義務（下請法5条）

　親事業者は、下請事業者に対し製造委託等をした場合は、下請事業者の給付、給付の受領（役務提供委託をした場合にあっては、下請事業者がした役務を提供する行為の実施）、下請代金の支払等について記載した書類または記録した電磁的記録を作成し、これを保存しなければならない（下請5条）。保存期間は2年

---

3)　公正取引委員会「下請取引における電磁的記録の提供に関する留意事項」（https://www.jftc.go.jp/shitauke/legislation/denjikiroku.html〔2025年1月15日閲覧〕）。

70

第4章 下請法

間である。必要的記載事項は以下のとおりである（下請法5条書類規則1条1項参照）。下記事項は別々の書類等に記録することもできる。3条書面の写しを5条書類の一部として用いることは妨げられないが、それだけでは5条書類の記載事項すべてを満たすことはできないので、留意が必要である。

①　下請事業者の名称（番号、記号等による記載も可）。
②　製造委託、修理委託、情報成果物作成委託または役務提供委託をした日。
③　下請事業者の給付の内容（役務提供委託の場合は、役務の提供の内容）。
④　下請事業者の給付を受領する期日（役務提供委託の場合は、役務が提供される期日または期間）。
⑤　下請事業者から受領した給付の内容および給付を受領した日（役務提供委託の場合は、役務が提供された日または期間）。
⑥　下請事業者の給付の内容（役務提供委託の場合は、提供される役務の内容）について、検査をした場合は、その検査を完了した日、検査の結果および検査に合格しなかった給付の取扱い。
⑦　下請事業者の給付の内容について、変更またはやり直しをさせた場合は、その内容および理由。
⑧　下請代金の額（下請代金の額として算定方法を記載した場合には、その後定まった下請代金の額を記載しなければならない。また、その算定方法に変更があった場合、変更後の算定方法、その変更後の算定方法により定まった下請代金の額および変更した理由を記載しなければならない）。
⑨　下請代金の支払期日。
⑩　下請代金の額に変更があった場合は、増減額およびその理由。
⑪　支払った下請代金の額、支払った日および支払手段。
⑫　下請代金の全部または一部の支払につき、手形を交付した場合は、その手形の金額、手形を交付した日および手形の満期。
⑬　下請代金の全部または一部の支払につき、一括決済方式で支払うこととした場合は、金融機関から貸付けまたは支払を受けることができることとした額および期間の始期並びに親事業者が下請代金債権相当額または下請代金債務相当額を金融機関へ支払った日。
⑭　下請代金の全部または一部の支払につき、電子記録債権で支払うこととした場合は、電子記録債権の額、支払を受けることができることとした期間の始期および電子記録債権の満期日。
⑮　原材料等を有償支給した場合は、その品名、数量、対価、引渡しの日、決済をした日および決済方法。

71

第1部　フリーランスにまつわる法制の概要　　第2　フリーランスにまつわる主要な法律

⑯　下請代金の一部を支払または原材料等の対価の全部もしくは一部を控除した場合は、その後の下請代金の残額。

⑰　遅延利息を支払った場合は、遅延利息の額および遅延利息を支払った日。

4　遅延利息の支払義務（下請法4条の2）

親事業者は、下請代金の支払期日までに下請代金を支払わなかったときは、下請事業者に対し、下請事業者の給付を受領した日（役務提供委託の場合は、下請事業者がその委託を受けた役務の提供をした日）から起算して60日を経過した日から支払をする日までの期間について、その日数に応じ、当該未払金額に年率14.6%を乗じた金額を遅延利息として支払わなければならない（下請4条の2、下請法4条の2遅延利息規則）。

5　親事業者の禁止行為（下請法4条）

⑴　概　要

親事業者は、下請事業者に対して、以下の事項をしてはならない。これらの行為は、たとえ下請事業者に承諾を得ていても認められない。

- ・受領拒否の禁止（下請4条1項1号）
- ・下請代金の支払遅延の禁止（下請4条1項2号）
- ・下請代金の減額の禁止（下請4条1項3号）
- ・返品の禁止（下請4条1項4号）
- ・買いたたきの禁止（下請4条1項5号）
- ・購入・利用強制の禁止（下請4条1項6号）
- ・報復措置の禁止（下請4条1項7号）
- ・有償支給原材料等の対価の早期決済の禁止（下請4条2項1号）
- ・割引困難な手形の交付の禁止（下請4条2項2号）
- ・不当な経済上の利益の提供要請の禁止（下請4条2項3号）
- ・不当な給付内容の変更および不当なやり直しの禁止（下請4条2項4号）

⑵　受領拒否の禁止（下請法4条1項1号）

親事業者は、下請事業者の責めに帰すべき理由がないのに、下請事業者の給

付の受領を拒むことができない。「受領を拒む」とは、下請事業者の給付の全部または一部を納期に受け取らないことである。発注の取消しや契約解除によって商品を受け取らないことや納期を延期することで発注時に定められた納期に商品を受け取らないこともこれに含まれる。役務提供委託に受領拒否は適用されないが、下請事業者が要した費用を親事業者が負担せずに契約を打ち切ることは、不当な給付内容の変更に該当する。

⑶　下請代金の支払遅延の禁止（下請法 4 条 1 項 2 号）

　親事業者は、下請代金をその支払期日の経過後なお支払わないことは許されず、受領日（役務提供日）から起算して 60 日以内に定めた支払期日までに下請代金を全額支払わなければならない（下請 2 条の 2 第 1 項）。下請事業者と合意した場合（例えば、下請事業者からの翌月納入分として扱ってほしい旨の依頼に基づいて翌月納入として扱い、下請代金も翌月分として支払った場合）や下請事業者が請求書を発行しない場合であっても同様である。また、例えば、運送委託において配達報告書を受領した日を役務提供日と扱うことはできず、役務を提供した日が支払期日の起算日である。

　なお、下請事業者の責めに帰すべき事由により適法にやり直しをさせる場合には、当該やり直しにかかる目的物の受領日（役務提供日）が支払期日の起算日となる。また、仮に下請事業者から納期前に納品された場合であっても、それを仮受領として受け取った場合には、納期を受領日とすることができる場合がある。

　なお、継続的取引において、「毎月末日納品締切、翌月末日支払」といった締切制度を採用することがある。月によっては 31 日の月もあり、受領から 61 日目または 62 日目に下請代金が支払われることがあるため、かかる制度では厳密には 60 日以内の支払期日に違反するようにも思えるが、公正取引委員会は「受領後 60 日以内」を「受領後 2 か月以内」とし、31 日の月も 30 日の月も同じく 1 か月として運用しているため、支払遅延として問題にはならない（フリーランス法施行令案（パブコメ・考え方）2–2–14 参照）。

⑷　下請代金の減額の禁止（下請法 4 条 1 項 3 号）

　親事業者は、下請事業者の責に帰すべき理由がないのに、下請代金の額を減ずることができない。「歩引き」や「リベート」、「協賛金」等の減額の名目、

第1部 フリーランスにまつわる法制の概要 第2 フリーランスにまつわる主要な法律

方法（減額相当額を親事業者の口座に振り込ませることも含まれる）、金額の多少を問わない。あらかじめ契約書で歩引きとして5%を差し引く旨の合意をして現に差し引くこと、下請事業者との間で単価の引下げを合意した場合に、合意日前に旧単価で発注されているものについて、新単価を遡及適用してその差額分を支払わないこと、消費税・地方消費税額相当額を支払わないこと、合意なく振込手数料相当額を差し引くこと、端数を1円以上の単位で切り捨てて支払うこと、親事業者からの客先からのキャンセルを理由に不要品となった分の対価を支払わないこと、下請代金の総額をそのままに数量を増加させること等も不当な減額になる。

「下請事業者の責に帰すべき理由」があり、減額が認められるのは、以下の類型に限られる（下請法運用基準第4・3(2)参照）。

- 下請事業者の責めに帰すべき理由（瑕疵の存在、納期遅れ等）があるとして、受領拒否または返品することが下請法違反とならない場合に、受領拒否または返品をして、その給付に係る下請代金の額を減ずるとき。
- 下請事業者の責めに帰すべき理由があるとして、受領拒否または返品することが本法違反とならない場合であって、受領拒否または返品をせずに、親事業者自ら手直しをした場合に、手直しに要した費用など客観的に相当と認められる額を減ずるとき。
- 下請事業者の責めに帰すべき理由があるとして、受領拒否または返品することが本法違反とならない場合であって、受領拒否または返品をせずに、瑕疵等の存在または納期遅れによる商品価値の低下が明らかな場合に、客観的に相当と認められる額を減ずるとき。

なお、合理的な理由に基づく割戻金が一切否定されるものではなく、合理的理由を有する一定のボリュームディスカウントは適法である。具体的には、発注数量の増加によるコスト低減のために、割戻金を支払ってもなお下請事業者が利益を得られる場合には、以下の条件を満たせば、代金減額には当たらない（下請法運用基準第4・3(1)参照）。

---

① 親事業者が、下請事業者に対し、一定期間内に、一定数量を超えた発注を達成した場合に、下請事業者が親事業者に対して支払う割戻金である。

74

第4章　下請法

② あらかじめ当該割戻金の内容が取引条件として合意・書面化されている。
③ 当該書面における記載と3条書面に記載されている下請代金の額とを合わせて実際の下請代金の額とすることが合意されている。
④ 3条書面と割戻金の内容が記載されている書面との関連付けがなされている。

　また、例えば親事業者の物流センターを利用させることの対価としてセンターフィーを差し引くことがある。下請事業者が納入すべき場所が当該物流センターであれば物流センターから各店舗に納品するコストを負担すべき理由はないことから負担させることは減額に該当する。他方、下請事業者が各店舗に納入すべき義務を負う場合には物流センターから各店舗に配送するコストを負担すべきであるので、減額に該当しない余地がある。すなわち、下請事業者が物流センターを利用するか否かを自由に選択でき、さらにセンターフィーの額についてその自由意思に基づく交渉の上決定されるなどの事情の下、物流センターへ一括納品して各店舗への納品は親事業者に任せることで、物流コストの軽減につながるなどの利益を下請事業者が得られるといった事情が認められれば、センターフィーを下請代金から差し引くことが認められる。

(5) 返品の禁止（下請法4条1項4号）

　親事業者は、下請事業者の責めに帰すべき理由がないのに、下請事業者の給付を受領した後、下請事業者にその給付に係る物を引き取らせることができない。親事業者の取引先からのキャンセルや商品の入替え等の名目や数量の多寡を問わず、また、仮に親事業者と下請事業者との間で返品することについて合意があったとしても、下請事業者の責めに帰すべき理由なく返品することはできない。再び受け取ることを約束したとしても、認められない。

　「下請事業者の責に帰すべき理由」があり、返品が認められるのは、以下の類型に限られる（下請法運用基準第4・4(2)参照）。

○下請事業者の給付の内容が3条書面に明記された委託内容と異なる場合。
○下請事業者の給付に瑕疵等がある場合。
　ただし、いずれの場合であっても以下に該当するときを除く。
　・3条書面に委託内容が明確に記載されておらず、または検査基準が明確でない等のため、下請事業者の給付の内容が委託内容と異なることが明

75

第1部　フリーランスにまつわる法制の概要　　第2　フリーランスにまつわる主要な法律

らかでない場合。
・発注後に恣意的に検査基準を変更し、従来の検査基準では合格とされた給付を不合格とした場合。
・給付に係る検査を省略する場合、または、給付に係る検査を親事業者が行わず、かつ、当該検査を下請事業者に文書で委任していない場合。

　返品が認められる場合であっても、以下に述べる期間内に行わなければならない。すなわち、下請事業者の給付後直ちに発見することができる瑕疵がある場合には受領後速やかに、下請事業者の給付後直ちに発見することができない瑕疵がある場合は給付の受領後6か月以内（下請事業者の給付を使用した親事業者の製品について一般消費者に対して6か月を超えて保証期間を定めている場合には、その保証期間に応じて最長1年以内）に返品すべきとされる（下請法運用基準第4・(2)ウエ参照）。

(6)　買いたたきの禁止（下請法4条1項5号）

　親事業者は、下請事業者の給付の内容と同種または類似の内容の給付に対し通常支払われる対価に比し著しく低い下請代金の額を不当に定めることができない。「通常支払われる対価」とは、下請事業者の給付と同種または類似の給付について当該下請事業者の属する取引地域において一般に支払われる対価（すなわち、市価のこと）をいう。市価の把握が困難な場合は、下請事業者の給付と同種または類似の給付に係る従来の取引価格をいう。考慮要素は、下請代金の額の決定に当たり、下請事業者と十分な協議が行われたかどうかなど対価の決定方法、差別的であるかどうかなど対価の決定内容、「通常支払われる対価」と当該給付に支払われる対価との乖離状況、当該給付に必要な原材料等の価格動向などである。

　具体的には、多量の発注を前提とした単価で少量の発注を行うこと、発注内容が増えたにもかかわらず単価を見直さないこと、一律に一定比率で単価を引き下げて下請代金の額を定めること、短納期の発注で下請事業者に費用負担が増えるにもかかわらずそれを考慮せず通常の単価より低い下請代金の額を定めること、労務費、原材料価格、エネルギーコスト等のコストの上昇分の取引価格への反映の必要性について、価格の交渉の場において明示的に協議することなく、従来どおりに取引価格を据え置くこと、労務費、原材料価格、エネル

ギーコスト等のコストが上昇したため、下請事業者が取引価格の引上げを求めたにもかかわらず、価格転嫁をしない理由を書面、電子メール等で下請事業者に回答することなく、従来どおりに取引価格を据え置くことなどが買いたたきに該当するおそれがある（下請法運用基準第4・5⑵参照）。

なお、「買いたたき」は、親事業者が下請事業者に発注する時点で生ずるものであるのに対し、「下請代金の減額」は、発注時点で一旦決定された下請代金の額を事後に減ずるものである。

⑺　購入・利用強制の禁止（下請法4条1項6号）

親事業者は、下請事業者の給付の内容を均質にしまたはその改善を図るため必要がある場合その他正当な理由がある場合を除き、自己の指定する物を強制して購入させ、または役務を強制して利用させることができない。

「自己の指定する物」とは、原材料等だけでなく、親事業者または関連会社等が販売する物であって、下請事業者の購入の対象として特定した物が全て含まれる。また、「役務」とは、親事業者または関連会社等が提供するものであって、下請事業者の利用の対象となる役務が全て含まれる。例えば、自社の取引先である特約店や卸売店等の保険、リース、インターネット・プロバイダ等のサービスも含まれる。「強制して」購入させるまたは利用させるとは、物の購入または役務の利用を取引の条件とする場合、購入または利用しないことに対して不利益を与える場合のほか、下請取引関係を利用して、事実上、購入または利用を余儀なくさせていると認められる場合も含まれる。

具体的には、購買・外注担当者等下請取引に影響を及ぼすこととなる者が下請事業者に購入・利用を要請すること、下請事業者ごとに目標額または目標量を定めて購入・利用を要請すること、下請事業者に対して、購入または利用しなければ不利益な取扱いをする旨示唆して購入・利用を要請すること、下請事業者が購入・利用する意思がないと表明したにもかかわらず、またはその表明がなくとも明らかに購入・利用する意思がないと認められるにもかかわらず、重ねて購入・利用を要請すること、下請事業者から購入する旨の申出がないのに、一方的に下請事業者に物を送付することなどが購入・利用強制に該当するおそれがある（下請法運用基準第4・6⑵参照）。

第1部　フリーランスにまつわる法制の概要　　第2　フリーランスにまつわる主要な法律

⑻　**報復措置の禁止（下請法4条1項7号）**

　親事業者は、下請事業者が公正取引委員会または中小企業庁長官に対し下請法違反行為があったことを知らせたことを理由として、取引の数量を減じ、取引を停止し、その他不利益な取扱いをすることができない。

⑼　**有償支給原材料等の対価の早期決済の禁止（下請法4条2項1号）**

　親事業者は、自己に対する給付に必要な半製品、部品、附属品または原材料（以下「原材料等」という）を自己から購入させた場合に、下請事業者の責めに帰すべき理由がないのに、当該原材料等を用いる給付に対する下請代金の支払期日より早い時期に、支払うべき下請代金の額から当該原材料等の対価の全部もしくは一部を控除し、または当該原材料等の対価の全部もしくは一部を支払わせることによって、下請事業者の利益を不当に害してはならない。基本的には、請負代金の支払と当該請負の対象となる完成品に用いられた有償支給原材料等の対価の決済が「見合い相殺」になる仕組みが望ましい。なお、相殺によらず、別途支払わせることでも問題ないが、原材料等を用いて製造した製品の下請代金よりも早く支払わせてはならない。なお、下請事業者が納入すべき給付に必要な原材料等を、親事業者以外の者から購入させた場合には本規定は適用されないが、購入・利用強制の規定は適用され得る。また、下請事業者が下請取引とは無関係に独自に使用するものについては、本規定は適用されない。

　「下請事業者の責めに帰すべき事由」とは、以下のとおりである[4]。

> ・下請事業者が支給された原材料等を毀損し、または損失したため、親事業者に納入すべき物品の製造が不可能となった場合。
> ・支給された原材料等によって不良品や注文外の物品を製造した場合。
> ・支給された原材料等を他に転売した場合。

⑽　**割引困難な手形の交付の禁止（下請法4条2項2号）**

　親事業者は、下請代金の支払につき、当該下請代金の支払期日までに一般の金融機関による割引を受けることが困難であると認められる手形を交付することによって、下請事業者の利益を不当に害してはならない。「割引を受けるこ

---

4)　公正取引委員会＝中小企業庁・前掲注2)78頁。

とが困難であると認められる手形」とは、一般的にいえば、その業界の商慣行、親事業者と下請事業者との取引関係、その時の金融情勢等を総合的に勘案して、ほぼ妥当と認められる手形期間を超える長期の手形と解される。従来、公正取引委員会の運用では繊維業は90日（3か月）、その他の業種は120日（4か月）を超える手形期間の手形を長期の手形としていたが、2024年4月30日に「手形が下請代金の支払手段として用いられる場合の指導基準の変更について」を発出し、業種を問わず60日に改められた。

(11) 不当な経済上の利益の提供要請の禁止（下請法4条2項3号）

　親事業者は、自己のために金銭、役務その他の経済上の利益を提供させることによって、下請事業者の利益を不当に害してはならない。「金銭、役務その他の経済上の利益」とは、協賛金、従業員の派遣等の名目の如何を問わず、下請代金の支払とは独立して行われる金銭の提供、作業への労務の提供等を含む。下請事業者が、「経済上の利益」を提供することが製造委託等を受けた物品等の販売促進につながるなど、直接の利益になる（経済上の利益を提供することにより実際に生じる利益が不利益を上回るもの。将来の取引が有利になるというような間接的な利益を含まない）ものとして、自由な意思により提供する場合には「下請事業者の利益を不当に害する」ものであるとはいえない。これに対し、親事業者の決算対策等を理由とした協賛金の要請など下請事業者の直接の利益とならない場合や、下請事業者による「経済上の利益」の提供と下請事業者の利益との関係を親事業者が明確にしないで提供させる場合（負担額および算出根拠、使途、提供の条件等について明確になっていない場合。虚偽の数字を示して提供させる場合も含む）には、「下請事業者の利益を不当に害する」ものとして問題となる。

　具体的には、購買・外注担当者等下請取引に影響を及ぼすこととなる者が下請事業者に金銭・労働力の提供を要請すること、下請事業者ごとに目標額または目標量を定めて金銭・労働力の提供を要請すること、下請事業者に対して、要請に応じなければ不利益な取扱いをする旨示唆して金銭・労働力の提供を要請すること、下請事業者が提供する意思がないと表明したにもかかわらず、またはその表明がなくとも明らかに提供する意思がないと認められるにもかかわらず、重ねて金銭・労働力の提供を要請すること、無償で技術指導や試作品の

製造等を行わせること、金型の製造委託において下請事業者が作成した金型の図面を無償で提供させること、デザインの作成委託において複数のデザインを提出させ、そのうち一部を採用した場合に、採用しなかったデザインの知的財産権まで譲渡させることなどが不当な経済上の利益の提供要請に該当するおそれがある（下請法運用基準第4・7(3)参照）。

　下請事業者に知的財産権が発生することがある。親事業者が下請事業者に発生した知的財産権を、委託の目的たる使用の範囲を超えて無償で譲渡・許諾させること、親事業者が、情報成果物の二次利用について、下請事業者が知的財産権を有するにもかかわらず、収益を配分しなかったり、収益の配分割合を一方的に定めたり、利用を制限するなどして下請事業者の利益を不当に害することは不当な経済上の利益の提供要請に該当するおそれがある（下請法運用基準第4・7(4)参照）。また、製造委託において、発注時に下請事業者の給付の内容になかった知的財産権やノウハウが含まれる技術資料を無償で提供させるなどして下請事業者の利益を不当に害することも同様に問題となり得る。

⑫　不当な給付内容の変更および不当なやり直しの禁止（下請法4条2項4号）

　親事業者は、下請事業者の責めに帰すべき理由がないのに、下請事業者の給付の内容を変更させ、または下請事業者の給付を受領した後に（役務提供委託の場合は、下請事業者がその委託を受けた役務の提供をした後に）給付をやり直させることによって、下請事業者の利益を不当に害してはならない。

　「下請事業者の給付の内容を変更させること」とは、給付の受領前に、3条書面に記載されている給付の内容を変更し、当初委託した内容とは異なる作業を行わせることであり、発注を取り消すこと（契約の解除）も「給付内容の変更」に該当する。発注量を増加させることは、新たな発注に該当し、給付内容の変更には該当しないため、新たに3条書面の交付等の対応が必要である。また、「受領後に給付をやり直させること」とは、給付の受領後に、給付に関して追加的な作業を行わせることである。これらによって、下請事業者がそれまで行った作業が無駄になった場合や追加的な作業が発生した場合には、その費用を親事業者が負担する必要があり、それを負担しない場合には下請事業者の利益を不当に害することになる。

80

第4章　下請法

「下請事業者の責めに帰すべき理由」があるとして、親事業者が費用を全く負担することなく、給付内容の変更またはやり直しをさせることが認められるのは、以下の場合に限られる（下請法運用基準第4・8⑶参照）。

・給付を受領する前に、下請事業者の要請により給付の内容を変更する場合。
・給付を受領する前に下請事業者の給付の内容を確認したところ、給付の内容が3条書面に明記された委託内容とは異なることまたは下請事業者の給付に瑕疵等があることが合理的に判断され、給付の内容を変更させる場合。
・下請事業者の給付の受領後、下請事業者の給付の内容が3条書面に明記された委託内容と異なるためまたは下請事業者の給付に瑕疵等があるため、やり直しをさせる場合。

　他方、以下の場合には、親事業者が費用の全額を負担することが必要である（下請法運用基準第4・8⑶参照）。

・下請事業者の給付の受領前に、下請事業者から給付の内容を明確にするよう求めがあったにもかかわらず親事業者が正当な理由なく仕様を明確にせず、下請事業者に継続して作業を行わせ、その後、給付の内容が当初委託した内容と異なることになる場合。
・取引の過程において、委託内容について下請事業者が提案し、確認を求めたところ、親事業者が了承したので、下請事業者が当該内容に基づき製造等を行ったにもかかわらず、給付の内容が当初委託した内容と異なるとする場合。
・恣意的に検査基準を厳しくし、当初委託した内容と異なるまたは瑕疵等があるとする場合。
・通常の検査で瑕疵等のあることまたは委託内容と異なることを直ちに発見できない下請事業者からの給付について、受領後1年を経過した場合（ただし、親事業者が顧客等（一般消費者に限られない）に対して1年を超えた瑕疵担保期間を契約している場合に、親事業者と下請事業者がそれに応じた瑕疵担保期間をあらかじめ定めている場合は除く）。

Ⅳ　エンフォースメント

1　報告・立入検査について

公正取引委員会は、親事業者の下請事業者に対する下請法が適用される委託

取引を公正ならしめるため必要があると認めるときは、親事業者または下請事業者に対しその取引に関する報告をさせることができる。また、公正取引委員会の職員は親事業者または下請事業者の事務所・事業所に立ち入り、帳簿書類その他の物件を検査することができる（下請9条1項）。中小企業庁も同様の権限を有する（同条2項）。さらに、親事業者または下請事業者の営む事業を所管する主務大臣も、中小企業庁長官の調査に協力するため特に必要があると認めるときは、公正取引委員会や中小企業庁と同様の調査を行うことができる（同条3項）。

2　勧告等について

　公正取引委員会は、違反親事業者に対して違反行為の是正やその他必要な措置をとるべきことを勧告することができる。すなわち、公正取引委員会は、①親事業者が受領拒否、支払遅延または報復措置の禁止の規定に違反していると認めるときは、その親事業者に対し、速やかにその禁止行為をやめるべきこと（支払遅延の場合は、遅延利息の支払〔下請4条の2〕も）その他必要な措置をとるべきことを（下請7条1項）、②親事業者が代金減額、返品、買いたたき、購入・利用強制の規定に違反したと認めるときは、速やかに、減額した金額の支払いなど禁止行為による下請事業者に対する損害を回復する行為その他必要な措置をとるべきことを（同条2項）、③親事業者について有償支給原材料等の対価の早期決済、割引困難な手形の交付、不当な経済上の利益の提供要請、不当な給付内容の変更および不当なやり直しに該当する事実があると認めるときは、その親事業者に対し、速やかにその下請事業者の利益を保護するため必要な措置をとるべきことを（同条3項）、それぞれ勧告する。

　また、中小企業庁長官は、親事業者が下請法4条規定の禁止行為を行った事実があるかどうかを調査し、その事実があると認めるときは、勧告の権限を有する公正取引委員会に対し、この法律の規定に従い勧告をとるべきことを求めることができる（措置請求。下請6条）。

　下請法においては行政処分（排除措置命令や課徴金納付命令）は認められていないが、親事業者が公正取引委員会の勧告に従わない場合には、独占禁止法に基づく排除措置命令や課徴金納付命令が行われることがあり得る。また、勧告

第4章　下請法

【図表1-2-4-3】下請法の運用状況

定期調査の実施

下請取引においては、親事業者の下請法違反行為により下請事業者が不利益を受けている場合であっても、その取引の性格から、下請事業者からの自発的な情報提供が期待しにくい実態にあるため、親事業者及び当該親事業者と取引のある下請事業者に対して、定期的な調査を実施することにより、違反行為の発見に努めている。

令和5年度における定期調査は、親事業者80,000名に実施し当該親事業者と取引のある下請事業者330,000名を対象に実施した。

第1表　定期調査の状況

年　度	親事業者調査(名)	下請事業者調査(名)
令和3年度	65,000	300,000
製造委託等	37,280	169,318
役務委託等	27,720	130,682
令和4年度	70,000	300,000
製造委託等	37,993	176,799
役務委託等	32,007	123,201
令和5年度	80,000	330,000
製造委託等	46,900	199,138
役務委託等	33,100	130,862

下請法違反被疑事件の処理状況

令和5年度においては、勧告13件及び指導8,268件の措置を講じている。

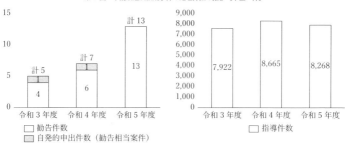

第1図　下請法違反被疑事件の処理件数の推移［単位：件］

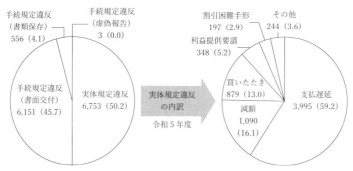

第2図　勧告・指導の行為類型別件数［単位：件（％）］

(注1)　1つの事案において複数の行為類型について勧告又は指導を行っている場合があるので、違反行為の類型別件数の合計と、第1図の勧告・指導の合計件数とは一致しない。
(注2)　書面交付義務違反については、発注書面の不交付のほか、記載不備も含まれる。

○　令和5年において下請事業者が被った不利益について、総額37億2789万円相当の原状回復が行われた。

主な違反行為類型の内訳	減額	支払遅延	返品	全違反行為類型の合計
返還等を受けた下請事業者数	3,747名	1,800名	330名	6,122名
現状回復の金額	33億2274万円	2億4795万円	6968万円	37億2789万円

出典：公正取引委員会事務総局「公正取引委員会の最近の活動状況」（2024年4月）27頁（https://www.jftc.go.jp/houdou/panfu_files/katsudou.pdf〔2025年1月15日閲覧〕）

した場合は、公正取引委員会のウェブサイトにおいて、原則として事業者名、違反事実の概要、勧告の概要等を公表される[5]。かかる公表が事実上大きな抑止力となっている。

公正取引委員会または中小企業庁が当該違反行為に係る調査に着手する前に、親事業者から当該違反行為の自発的な申出がなされ、かつ、一定の事由が認められた場合には、勧告（公正取引委員会）または措置請求（中小企業庁）を行わない運用がなされている（下請法リニエンシーと呼ばれることがある）。

なお、こうした公正取引委員会による立入検査・調査や勧告については、2022年、2023年と続けて策定された「中小企業者等取引公正化推進アクションプラン」[6]により、執行強化が掲げられていたところ、実際に、定期調査は、2023年度は親事業者8万社、下請事業者は33万社と、親事業者6.5万社だった2021年度に比べると、調査対象とされた親事業者が増えている。また、立入検査の実績数は明らかではないが、立入検査の結果行われる勧告は、2023年度は13件と、4件であった2021年度、6件であった2022年度と比べると、徐々に増えてきていることが認められる。また、独占禁止法ではあるが、特別調査も行われていることからすると、今後も適切な価格転嫁を新たな商慣習としてサプライチェーン全体で定着させていくため、取引環境の整備として、下請法をはじめとする公正取引委員会による積極的かつ厳正な対処が進められていくものと考えられる。

3　罰　則

以下の下請法上の義務に違反する行為に対しては、50万円以下の罰金が科される。代表者・行為者（担当者）個人が罰せられるほか、会社（法人）も罰せられる（両罰規定。下請10条～12条）。

---

5)　公正取引委員会「下請法勧告一覧」（https://www.jftc.go.jp/shitauke/shitaukekankoku/index. html〔2025年1月15日閲覧〕）。
6)　公正取引委員会「『令和5年中小事業者等取引公正化推進アクションプラン』の策定について」（2023年3月1日）（https://www.jftc.go.jp/houdou/pressrelease/2023/mar/230301_r5ac tionplan.html〔2025年1月15日閲覧〕）、同「『令和4年中小事業者等取引公正化推進アクションプラン』の策定について」（2022年3月30日）（https://www.jftc.go.jp/houdou/pressrelease/ 2022/mar/220330_kigyoutorihikika_01.html〔2025年1月15日閲覧〕）。

第 4 章　下請法

- ・書面の交付義務違反
- ・書類の作成および保存義務違反
- ・報告徴収に対する報告拒否、虚偽報告
- ・立入検査の拒否、妨害、忌避

85

第2 フリーランスにまつわる主要な法律

第5章
下請振興法

Ⅰ 概 要

下請振興法の目的は、下請関係にある中小企業者が自主的にその事業を運営し、かつ、その能力を最も有効に発揮することができるよう下請中小企業の振興を図ることである。

同法の柱となるのは以下の5点である[1]。

> ① 下請中小企業の振興のための下請事業者、親事業者のよるべき振興基準の策定とそれに定める事項についての指導および助言。
> ② 下請事業者がその親事業者の協力を得ながら作成し、推進する振興事業計画制度。
> ③ 2以上の特定下請事業者（下請事業者のうち、その行う事業活動についてその相当部分が長期にわたり特定の親事業者との下請取引に依存して行われている状態として経済産業省令で定めるものにあるもの）が、有機的に連携し、新製品の開発や新たな生産方式の導入等の新事業活動を行うことにより、特定の親事業者以外の者との取引を開始・拡大することで、特定の親事業者への依存の状態の改善を図る特定下請連携事業計画制度。
> ④ 下請中小企業の取引機会を創出する事業者を認定する制度（自らが親事業者等から一括して発注を受けた上で、提携する下請中小企業の中から、発注内容に最適な企業を選定し再発注する事業を行う者であって、一定の基準を満たす場合には認定を受けることができる制度）。
> ⑤ 下請中小企業と親事業者との取引円滑化のための下請企業振興協会の業務の充実・強化。

---

1) 中小企業庁「下請中小企業振興法」(https://www.chusho.meti.go.jp/keiei/torihiki/shinko.html 〔2025年1月15日閲覧〕)。

第 5 章　下請振興法

　下請企業振興協会の業務は、下請取引のあっせんを行うこと、下請取引に関する苦情または紛争について相談に応じ、その解決についてあっせんまたは調停を行うこと、下請中小企業の振興のために必要な調査または情報の収集もしくは提供を行うことである。②、③、④については、金融上の支援措置も準備されている。

　下請法と下請振興法は、同じく下請事業者との取引の適正化を図ることを目的とするが、下請法は規制法規であるのに対し、下請振興法は下請中小企業を育成・振興する支援法としての性格を有する法律である。したがって、下請振興法は、下請法よりも対象となる取引の概念は広いが、他方で、理念的な側面も強い。もっとも、下請振興法には、主務大臣が「下請中小企業の振興を図るため必要があると認めるときは、……振興基準に定める事項について指導及び助言を行なう」規律が設けられており（下請振興 4 条）、実際に下請振興法による指導も実施されているとおり[2]、一切の行政機関によるアクションが予定されていないわけではない。また、「下請中小企業の振興を図るために必要があると認めるときは、振興基準に定める事項に関する調査を行い、その結果を公表する」規律が令和 3 年改正により追加されたところ（下請振興 26 条）、これに基づき、中小企業庁が主導する価格交渉月間に係るフォローアップ調査が実施され、その結果として 10 社以上の受注側中小企業から主要な取引先として挙げられた場合には、企業リストとして、4 つの区分の評価と企業名が公表されている[3]。さらには、振興基準の内容を遵守することとなるパートナーシップ構築宣言をした場合に、下請法に抵触するなどによりパートナーシップ構築宣言の掲載取りやめも公表されていることからすると、育成・振興する支援法の性格を有する法律ではあるものの、企業名公表といったレピュテーションリスクに鑑みると、一定の目配りをする必要があるものと考えられる。

　フリーランスとの関係においては、適用範囲および振興基準が重要であるの

---

2)　第 209 回国会衆議院経済産業委員会第 2 号 2022 年 9 月 30 日会議録〔発言：21 番〕（西村康稔）「価格交渉促進月間として、フォローアップのそうした調査の結果を踏まえて、評価が芳しくない親事業者に対して、下請振興法に基づく指導助言、9 月、今月にも二十数社、指導助言を実施したところであります」。

3)　中小企業庁「価格交渉促進月間の実施とフォローアップ調査結果」（https://www.chusho.meti.go.jp/keiei/torihiki/follow-up/index.html〔2025 年 1 月 15 日閲覧〕）。

87

第1部　フリーランスにまつわる法制の概要　　第2　フリーランスにまつわる主要な法律

で、この点について、以下概説する。

Ⅱ　適用対象

　下請振興法では、「親事業者」を、資本金または出資金（個人の場合は従業員数）が自己より小さい中小企業者に対し、次の①〜⑤のいずれかに掲げる行為を委託することを業として行う法人または個人と定義し、「下請事業者」を、資本金等が自己より大きい法人または個人から委託を受けて、次の①〜⑤のいずれかに掲げる行為を業として行う中小企業者と定義している（下請振興2条2項・4項）。

---

①　その者が業として行う販売もしくは業として請け負う製造（加工を含む。以下同じ）の目的物たる物品（その半製品、部品、附属品もしくは原材料を含む。以下「物品等」という）、業として行う物品の修理に必要な部品もしくは原材料、またはその者が業として使用しもしくは消費する物品等の製造。

②　その者が業として行う販売または業として請け負う製造の目的物たる物品等の製造のための設備（またはこれに類する器具）の製造（①に掲げるものを除く）または修理。

③　その者が業として請け負う物品の修理の行為の全部もしくは一部またはその者がその使用する物品の修理を業として行う場合におけるその修理の行為の一部（②に掲げるものを除く）。

④　その者が業として行う提供もしくは業として請け負う作成の目的たる情報成果物またはその者が業として使用する情報成果物の作成の行為の全部もしくは一部。

⑤　その者が業として行う提供の目的たる役務を構成する行為の全部または一部。

　下請法とは、適用範囲が異なる。下請振興法は、親事業者に資本金等に一定の絶対的区分を設けることなく、資本金等または従業員の大小で相対的に対象事業者を画定する。また、親事業者自ら使用する製造設備、物品、情報成果物について、親事業者自らが業として製造・修理しない場合にも適用される。さらに、俳優の役務のように他社に提供する情報成果物の作成に必要な役務の委託にも適用される。他方で、下請振興法は、下請法と異なり、継続的な委託関

88

係があることが前提である。また、下請振興法では、公益法人や事業協同組合等は下請事業者にあたらない。

Ⅲ　振興基準

　経済産業大臣は、下請中小企業の振興を図るため下請事業者および親事業者のよるべき一般的な基準（以下「振興基準」という）を定めている。振興基準には、次に掲げる事項を定めるものとされる（下請振興3条）。主務大臣は、下請中小企業の振興を図るため必要があると認めるときは、下請事業者または親事業者に対し、振興基準に定める事項について指導および助言を行うものとされる（同法4条）。

---

①　下請事業者の生産性の向上および製品もしくは情報成果物の品質もしくは性能または役務の品質の改善に関する事項。
②　発注書面の交付その他の方法による親事業者の発注分野の明確化および親事業者の発注方法の改善に関する事項。
③　下請事業者の施設または設備の導入、技術の向上および事業の共同化に関する事項。
④　対価の決定の方法、納品の検査の方法その他取引条件の改善に関する事項。
⑤　下請事業者の連携の推進に関する事項。
⑥　下請事業者の自主的な事業の運営の推進に関する事項。
⑦　下請取引に係る紛争の解決の促進に関する事項。
⑧　下請取引の機会の創出の促進その他下請中小企業の振興のため必要な事項。

振興基準は、中小企業庁のウェブサイト等で公表されている[4]。

Ⅳ　パートナーシップ構築宣言

　「パートナーシップ構築宣言」は、サプライチェーンの取引先や価値創造を

---

4)　「振興基準」（https://www.chusho.meti.go.jp/keiei/torihiki/shinkoukijyun/zenbun.pdf〔2025年1月15日閲覧〕）。

図る事業者との連携・共存共栄を進めることで、新たなパートナーシップを構築することを、「発注者」側の立場から企業の代表者の名前で宣言するものである。同宣言では、サプライチェーン全体の共存共栄と規模・系列等を越えた新たな連携親事業者と下請事業者との望ましい取引慣行（下請振興法に基づく「振興基準」）の遵守を宣言し、ポータルサイト[5]に掲載することで、各企業の取組みの「見える化」を行うこととされる。宣言を公表した企業においては、自社が宣言された内容について取引先にもしっかりと周知をするとともに、自社内の調達・購入部門の担当者を含め関係者にも宣言内容を周知して認識させることで、宣言内容の着実かつ円滑な実施に努めることとされる。

　ポータルサイトで「宣言」を公表した企業は指定のロゴマークを広報等に使用することができ、政府においては「宣言」を行った企業に対する補助金の採択に当たって加点措置が受けられたり、賃上げ促成税制の適用が受けられたりする優遇措置がある。

---

5)　https://www.biz-partnership.jp/（2025 年 1 月 15 日閲覧）。

第2 フリーランスにまつわる主要な法律

第6章
労働組合法

I 労働者概念の相対性

1 総 論

労働関連法規において、「労働者」の概念は一律の定義がある訳ではなく、法律ごとに相対的である。例えば、労基法は「事業又は事務所……に使用される者で、賃金を支払われる者」（9条）と定義しており、これを受けて、最低賃金法（2条1号）、労働安全衛生法（2条2号）、賃金支払確保法（2条2項）は労基法を引用する定義を法文上置いている。

また、労災保険法は明文規定はないものの、解釈上[1] 労基法と同様であるとされる。ただし、労災保険においては労働者でなくとも一人親方（独立して個人として建設業務を請け負う職人）等の特別加入制度（労災33条以下）が認められている点に特徴がある。なお、特別加入制度の対象範囲は自動車運転業、建設業、漁業、林業などに限定されていたが、令和3年9月の改正により、ITフリーランスやUber Eatsのような「自転車を使用して貨物運送事業を行う者」等も特別加入の対象とされた（労災施行規則46条の17第1号・46条の18第8号）[2]。

---

1) 労使関係法研究会「労使関係法研究会報告書（労働組合法上の労働者性の判断基準について）」（平成23年7月）5頁、横浜南労基署長（旭紙業）事件・最一小判平成8・11・28労判714号14頁参照。
2) 2024年11月1日より、フリーランス（特定受託事業者）が企業等（業務委託事業者）から業務委託を受けて行う事業（特定受託事業）またはフリーランスが消費者（業務委託事業者以外の者）から委託を受けて行う特定受託事業と同種の事業（他に特別加入可能な事業または作業を除く）が特別加入の対象として認められるようになり、フリーランス法の適用範囲については労災がカバーされるようになった（令和6年厚労省令22号による改正。労災施行規則46条の17第12号）。

91

2　労基法上の労働者性

ここで、判例[3]および行政見解[4]によれば労基法上の労働者性の本質的要素は、①使用従属性（指揮命令関係）と②報酬の労務対償性である。例えば、①は逐一使用者の指示を受けて業務を遂行する、②は仕事の完成に対する対価ではなく、労務提供それ自体の対価（時給など）となっているか否かなどである。

フリーランスの場合、多様な形態があるが、単に労働契約で行うべきことを法形式上、委任契約・業務委託契約・請負契約に変更しているに過ぎないものは「偽装請負」や「偽装フリーランス」と呼ぶべきものであり、これらは労基法・職安法[5]違反等として取り締まるべきである（この点は第1部第1第3章、第3部第4章参照）。

労基法上の労働者性は裁判例等により多少の拡大が見られるが、後述する労組法に比べると、その範囲は狭い。

【図表1-2-6-1】労働者概念の相対性

---

[3]　藤沢労基署長事件・最一小判平成19・6・28労判940号11頁、横浜南労基署長（旭紙業）事件・前掲注1)、朝日新聞社事件・東京高判平成19・11・29労判951号31頁、NHK神戸放送局事件・大阪高判平成27・9・11労判1130号22頁、新宿労基署長（映画撮影技師）事件・東京高判平成14・7・11労判832号13頁など。

[4]　労働基準法研究会報告「労働基準法の『労働者』の判断基準について」（昭和60年12月19日）。

[5]　偽装請負の場合、違法派遣として派遣法違反、もしくは他人の労働者供給事業を行ったとして職安法44条の労働者供給としての罰則があり得る（職安64条10号）。

第 6 章　労働組合法

　なお、世界的に見て、フリーランスの全てを労働法上の「労働者」と扱っている国は現在のところ見当たらないため、労基法の労働者性のみでフリーランス問題を考えると、その範囲を外れたフリーランスを保護対象外とすることになり、保護範囲を却って矮小化させる危険がある点に留意すべきである。

Ⅱ　労働組合法上の労働者性

1　労組法上の労働者概念

　次に、わが国の判例上、労組法の「労働者」性の方が、労基法上の「労働者」性よりも広く解される傾向にある[6]ため、労基法上の労働者と認められなくとも、労組法上の労働者といえる場合があり得る。労組法上の労働者性のみが肯定された場合においては、労基法や労働安全衛生法など労働実体法の直接的な保護は及ばないものの、労働組合として団結した上で、団体交渉を通じて具体的な就業条件に関する集団的交渉を行うことが可能となる。労働組合として認められると、その団体交渉は、これを正当な理由なく拒否すると不当労働行為（労組 7 条）として使用者が制裁を受けるため、事実上の強制力がある。そのため、個人では交渉力が低いフリーランスも、団体として交渉することにより、発注者（実質的使用者）に対して交渉力を持ち得ることとなる。

　また、労基法は全国一律の最低条件を定める刑罰法規・行政取締法規であるのに対し、労組法は労働条件等の規律はなく、団体交渉や団体行動などの枠組みについて定めるのみであるため、職種・業種ごとの実態に応じた柔軟な就業条件の向上に資する可能性が高い点も重要である。

2　労組法上の労働者概念における判断要素

　そこで、労組法上の「労働者」性について検討するに、労組法上の労働者性については「主体となって労働組合を結成する構成員として（労働組合法第 2 条参照）、使用者との間で団体行動権の行使を担保とした団体交渉法制による

---

6)　労働組合法 3 条の「労働者」の定義には、「使用され」という要件が含まれていないため、失業者であっても、同法の「労働者」に該当し得る。

第1部　フリーランスにまつわる法制の概要　　第2　フリーランスにまつわる主要な法律

保護が保障されるべき者を指す」と解釈[7]されている。

そして、労組法上の「労働者」性に関する各種判例からすれば、労働者性の判断要素は、①業務組織への組み入れ、②契約内容の一方的・定型的決定、③報酬の労務対価性、④業務の依頼に応ずべき関係、⑤広い意味での指揮監督下の労務提供、一定の時間的場所的拘束、⑥顕著な事業者性のないこと、とされる。その結果、労組法上の労働者概念は、労働契約に基づく労働者のみならず、一部の独立自営業者や芸術家[8]（例えば管弦楽団の演奏者、電機メーカーの保守点検を行う作業を業務委託で請け負っている者、オペラ歌手など）にも及ぶ形で拡張されてきた。

なお、上記判断要素を図示すると図表1-2-6-2のとおりとなる。留意点としては、以下の判断要素を総合勘案して労組法の趣旨から労働者性を判断するものであり、①・②・③がまず基本的判断要素となる。ただし、仮に①から③までの基本的判断要素の一部が充たされない場合であっても直ちに労働者性が

【図表1-2-6-2】労組法上の労働者性の判断要素

```
                    ┌──────────────┐
                    │  基本的判断要素  │
                    └──────────────┘
  ┌─────────────────────────────────────────────────┐
  │  ① 事業組織への組み入れ   ② 契約内容の        ③ 報酬の労務対価性  │
  │                           一方的・定型的決定                        │
  └─────────────────────────────────────────────────┘
         ⬆ 補強          ┌──────────────┐         ⬆ 補完
                         │  補充的判断要素  │
                         └──────────────┘
  ┌─────────────────────────────────────────────────┐
  │  ④ 業務の依頼に応ずべき関係   ⑤ 広い意味での指揮監督下の労務提供    │
  │                                一定の時間的場所的拘束              │
  └─────────────────────────────────────────────────┘

                         ┌──────────────┐
                         │  消極的判断要素  │
                         └──────────────┘
                  ┌──────────────────────────┐
                  │         ⑥ 顕著な事業者性        │
                  └──────────────────────────┘
```

---

7)　労使関係法研究会・前掲注1）5頁。

8)　CBC管弦楽団労組事件・最一小判昭和51・5・6民集30巻4号437頁、新国立劇場事件・最三小判平成23・4・12民集65巻3号943頁、INAXメンテナンス事件・最三小判平成23・4・12労判1026号27頁、ビクターサービスエンジニアリング事件・最三小判平成24・2・21民集66巻3号955頁、国・中労委（ソクハイ）事件・東京地判平成24・11・15労判1079号128頁など。

94

否定されるものではない。

　次に、各要素を単独に見た場合にそれ自体で直ちに労働者性を肯定されるとまではいえなくとも、④および⑤の補充的判断要素を含む他の要素と合わせて総合判断することにより労組法上の労働者性を肯定される場合もある。そして、各判断要素の具体的検討にあたっては、契約の形式のみにとらわれるのではなく、当事者の認識（契約の形式に関する認識ではなく、当該契約の下でいかに行動すべきか、という行為規範に関する認識）や契約の実際の運用を重視して判断すべきとされている。以下、各要素について解説する。

3　①業務組織への組み入れ

　この判断要素は労基法上の労働者性とは異なる点であるが、相手方の業務の遂行に不可欠ないし枢要な労働力として組織内に確保されており、労働力の利用をめぐり団体交渉によって問題を解決すべき関係があることを示すものとして、基本的判断要素と解されている。例えば、契約の目的が労働力確保のためであるか、組織への組み入れ状況が質量共に枢要である、相手方が労務供給者のシフト等を管理している、第三者に対する表示が相手方の名称である、相手方以外からの業務を受託するのに契約上・事実上の制約があるなどの事情がある場合、この要素が肯定され得る。

4　②契約内容の一方的・定型的決定

　この要素も、労基法とは異なる点であるが、相手方に対して労務供給者側に団体交渉法制による保護を保障すべき交渉力格差があることを示すものとして、基本的判断要素とされている。例えば、契約更新の際に労働条件に変更を加える余地が事実上なく一方的な労働条件の決定があること、定型的な契約様式が用いられていることなどが挙げられる。

5　③報酬の労務対価性

　この要素は、労働組合法３条の労働者の定義規定の文言上明示された「賃金、給料その他これに準ずる収入」に対応した要素であり、労務供給者が自らの労働力を提供して報酬を得ていることを示すものとして、基本的判断要素と

第1部 フリーランスにまつわる法制の概要 第2 フリーランスにまつわる主要な法律

されている。その報酬の労務対価性を基礎づけるものとして、例えば、仕事の完成以外に評価に応じた報奨金であったり、時間外手当、休日手当に類するものが支払われる、業務量が時間給である、報酬が一定期日に定額支払われているなどが該当し得る。

6 ④業務の依頼に応ずべき関係

この要素は、①事業組織への組み入れを補強する補充的判断要素である。ここでは、契約書の記載のみならず、実態として諾否の自由などがあったかどうかが検討される。その際の視点としては、受注しない場合の不利益取扱いの可能性、業務の依頼拒否の可能性が存在したか、実際に業務の依頼拒否が存在するかなどが検討される。

7 ⑤広い意味での指揮監督下の労務提供、一定の時間的場所的拘束性

この要素は、労基法上の労働者性ほどの指揮命令に至らないようなものでも労組法上の労働者性を補強する要素になる。例えば、労務供給の態様についてマニュアルで詳細に指示される、作業手順違反について制裁がある、業務遂行において相手方の従業員との差異が無い、裁量の余地がない、定期報告など監督を行う、出勤や待機の拘束の有無・程度などが検討される。

8 ⑥顕著な事業者性のないこと

最後に、この要素は、労組法上の労働者性を消極方向に判断させる消極的判断要素である。例えば、独自に営業活動を行っている、業務における損益の負担や他人労働力の利用可能性・実態がある、他の主たる事業を行っている、機材、材料の負担などが検討される。

以上より、フリーランスにおいても、上記の労働者性要素を検討した上で、労組法上の労働者として保護される場合がある。

9 ギグワーカーへの適用 (Uber Eats Japan 事件)

ここで、労組法上の労働者性について、いわゆるギグワーカーの類型である

96

第 6 章　労働組合法

「Uber Eats」での就労者については東京都労働委員会により、労組法上の労働者性を認める命令[9] が発出されている。同命令でも上記①ないし⑥に従って検討がなされているが、④業務の依頼に応ずべき関係については、アプリをオフにすれば配送業務を行うか否かは全くの自由である点をどう評価するかについて今後も争われるものと予想される。今後最高裁[10] までの経過が注目される。

10　労組法上の使用者性議論とは異なる点に注意

　なお、労組法上の労働者性議論と似て非なるものとして、「使用者」性に関する議論があるので区別のため紹介しておきたい。朝日放送事件（最三小判平成 7・2・28 民集 49 巻 2 号 559 頁）がリーディングケースであり、「雇用主以外の事業主であっても、雇用主から労働者の派遣を受けて自己の業務に従事させ、その労働者の基本的な労働条件等について、雇用主と部分的とはいえ同視できる程度に現実的かつ具体的に支配、決定することができる地位にある」という部分的使用者概念に特徴がある。ただし、これは直接契約関係にない、派遣先（派遣労働者との関係）、親会社（子会社労働者との関係）、請負発注企業（請負受注企業の労働者との関係）、ファンド[11]（投資先企業従業員との関係）など、労務提供者個人としては「労働者」性があることは明らかである（全て労働契約関係がある）が、団体交渉等の相手先が労働契約関係上の使用者ではないため、「使用者」性が問題となるものである。したがって、「使用者」性の議論は、労働者性の議論とは区別する必要がある。

Ⅲ　労働者概念拡張論の限界

　上記のように、労組法上の労働者概念は判例等により拡張されてきたが、あ

---

9)　都労委令和 4・11・25 命令。なお、現在は中央労働委員会にて係争中とのこと。

10)　なお、労働委員会での紛争は①地方労働委員会、②中央労働委員会、③（行政処分取消訴訟として）地方裁判所、④高等裁判所、⑤最高裁判所という最大五審制となる。

11)　厚生労働省「投資ファンド等により買収された企業の労使関係に関する研究会報告書」（2006 年 5 月）。

97

くまで「労働者」という枠組みを前提とする結果、自ずからその拡張にも限界がある。これを端的に示したのがコンビニフランチャイズ契約に関する中労委命令[12]で、同命令は、コンビニ本部との間で、フランチャイズ契約の一方当事者であるコンビニオーナーの労働者性が問題となるも、それを否定した事案である。

　コンビニオーナーはフランチャイズ本部との関係で24時間営業や無休を求められたり、一定のロイヤルティを支払うなど事実上の拘束や契約内容の一方的決定は認められるものの、これはあくまでフランチャイズ契約の性質に基づく拘束性である一方、コンビニオーナーは自らが雇用主であり、また事業を営む者であるので、顕著な事業者性が認められるという判断であった。

　このように、労組法上の労働者性の議論を巡っては、フリーランスまでこれを拡大すべきであるという見解[13]や、一定の限界があるとする見解[14]など様々な捉え方があるが、上記判断要素からすれば、顕著な事業者について労働者性は認め得ないため、その拡大には一定の限界がある。ただし、労組法上の労働者に該当しない者であるからといって、「働く人」であることに変わりはなく、事実上の拘束性や経済的従属性が認められる立場の者に対する要保護性自体は看過されるべきものではない[15]だろう。

---

12)　セブン−イレブン・ジャパン事件（中労委平成31・3・15命令）、ファミリーマート事件（中労委平成31・3・15命令）。

13)　関口達矢「クラウドワークをめぐる現状と課題──組織化と法規制の在り方に向けて」DIO連合総研レポート366号（2021年）16-19頁。

14)　第一東京弁護士会・会長 若林茂雄「意見書──デジタルプラットフォーム時代の就労者保護の在り方について」（2020年2月28日）（https://www.ichiben.or.jp/data/0ae5e24d7f5916bf2f2de5f798726540649b212c.pdf〔2025年1月15日閲覧〕）。

15)　前掲注12)のセブン−イレブン・ジャパン事件、ファミリーマート事件において中労委は「本件における加盟者は、労組法による保護を受けられる労働者には当たらないが、上記のとおり会社との交渉力格差が存在することは否定できないことに鑑みると、同格差に基づいて生じる問題については、労組法上の団体交渉という法的な位置付けを持たないものであっても、適切な問題解決の仕組みの構築やそれに向けた当事者の取り組み、とりわけ、会社側における配慮が望まれることを付言する。」として、何らかの社会的保護や紛争解決の仕組みの構築が必要であることに言及した結果、公正取引委員会が独占禁止法上の問題として課題解決に当たっている。

第 6 章　労働組合法

Ⅳ　労働者性議論の先にあるもの

　以上検討したように、形式的にはフリーランスとしての契約であったとして
も、その実質が労基法の労働者であるものは偽装フリーランスとして労基署や
労働局が取り締まるべき問題である。また、労組法上の労働者となり得るフリ
ーランスは、集団交渉が法的に保障されているため、集団的交渉により就業条
件の向上を確保すれば良い。

　他方で、この両者に該当しない場合に何らの保護を要しない訳ではない。む
しろ、交渉力の格差や集団交渉の必要性自体は認められる場合が存在する（後
述する中小企業等協同組合法〔第 1 部第 2 第 7 章〕や本書の中心論点であるフリ
ーランス法がまさに保護範囲とする者である）。

　したがって、今後の課題としては労働者とも独立自営自業者とも異なる、第
三類型として、集団交渉に馴染むフリーランス、という類型をどの範囲で認め
ていくかが検討されるべきであろう。労組法と同じ集団交渉による就業条件の
交渉は、「労働者」だけの特権であるべきではなく、働き方の形式による格差
は是正されるべき [16) だろう。

---

16)　なお、日本労働組合総連合会からは、「どのような就労形態であっても安心して働くことが
　　できる労働関係法規・社会基盤の整備を求めていくとともに、集団的労使関係の輪を広げる運動
　　を展開していく。」との談話が示され（2019 年 3 月 20 日）、労組法上の労働者と認められない
　　場合の保護も想定している。

99

第2 フリーランスにまつわる主要な法律

第7章
中小企業等協同組合法・家内労働法

I 中小企業等協同組合法

1 中小企業等協同組合法の概要

　この法律は、日本の労働分野ではあまり注目されていなかった法律[1]であるが、事業主が協同して、組合を設立することにより、協同組合と取引関係のある事業者との間で団体的な交渉を可能とするという意味で、労組法と類似の集団的関係の形成を促しこれを規律しようとするものである。同法に基づく協同組合の具体例としては、個人事業主であるが同一ブランドの下、運送業を行っている全国赤帽軽自動車運送協同組合連合会、煎餅製造者達で結成される草加せんべい振興協議会、薩摩焼制作者で結成される薩摩焼協同組合などが挙げられる。

　同法9条の2第12項においては、協同組合の組合員と「取引関係がある事業者」は、「その取引条件について」、「団体協約を締結するため交渉をしたい旨を申し出たときは、誠意をもつてその交渉に応ずるもの」とされ、誠実交渉義務の規定が存在する。そのため、仮にフリーランスが「協同組合」を設立すれば、取引条件そのもののみならず、その業務遂行に付随する就業条件等についても幅広く、集団的交渉の枠組みを利用して改善することが可能となる。

　そして、協同組合は、取引先と「団体協約」を締結することが可能であるが、当事者間での交渉が調わない場合には、同法9条の2の2によりあっせんまたは調停を申請[2]することができるとされている。

---

1) 同法は適用事例が乏しく、実務的研究が進んでいないのが現状である。
2) 申請先は、当該産業の主務官庁であるが、特段の該当がない場合には中小企業庁とのことである。ただし、あっせんの実例は現在のところ不見当である。

100

2 中小企業等協同組合法をフリーランス問題解決に用いる場合の実務的課題

ただし、中小企業等協同組合法には、フリーランス実務的に活用する上で大きな課題が4つある。

第1は、労組法における不当労働行為のような強制力（労組法における団交応諾義務や不当労働行為制度の類）がないことである。そのため、フリーランスに対する発注者・注文者は、協同組合に対し「誠意をもつてその交渉に応ずる」こととはされているものの、現実に交渉を拒否した場合のサンクションがないため、相手方が交渉拒否という態度を取った場合の対抗手段が存在せず（労働組合の場合は団体交渉拒否は不当労働行為となる）、就業条件向上などの実効性に欠けるという点にある。そのため、現状においては、フリーランスの団体が集団的交渉を求めたとしても、これを拒否すればそれで終わりとなってしまう点が課題であるため、労働組合が行う団体交渉のように何らかの形で強制力を持たせる必要がある。

第2に、労働組合の場合は単に団体交渉による話し合いのみならず、労働三権に基づく団体行動権を有するため、ストライキなどの対抗手段に出た場合に、会社に損害が発生したり、何らかの刑事犯罪に触れる行為があったとしても、それが労働組合の正当な目的に沿った相当な態様で、適切な手続を経ている限り、民事・刑事免責を受けることになる（労組1条2項・8条）が、協同組合にはこれが存在しない。そのため、フリーランスの協同組合が抗議活動・争議行為などを行った際に、発注者からの契約違反による損害賠償請求やプラットフォーマーからの契約打切りなど民事上の問題、また行為態様により威力・偽計業務妨害罪（刑233条・234条）や建造物侵入罪（刑130条）など刑事上の訴追リスクを抱えることとなる。そのため、仮に協同組合と発注者・注文者との話し合いが行われたとしても、平行線となった場合、その状況を解消し得るだけの団体行動（適法な争議行為）が存在せず、デッドロックとなる可能性が高いということである。

第3に、現行法における紛争解決手段は、あくまで任意での話し合いでの場を提供する「あっせん」に留まり（中協9条の2の2）、裁判所の裁判手続や労働委員会における不当労働行為救済手続のように参加を強制し得るものでは

ない。また、中小企業等協同組合法における「あっせん」手続の担当機関は当該産業の主務官庁（運送業であれば国土交通省、食品関係であれば厚生労働省など、特段の主務官庁が無い場合は中小企業庁）とのことであるため、裁判所や労働委員会のような専門の紛争調整機関がない。

　この点、「労働者」であれば、使用者との個別労働紛争について労働審判手続により、簡易迅速かつ強制力を持って実効的に（8割が和解で終了する）解決を図ることができる。また、集団的労使紛争であれば、労働委員会により専門的な判断を受けることが可能である。しかし、これとは対照的に中小企業等協同組合法における「あっせん」はあくまで任意の話し合いとして設けられる場である。そのため、仮にフリーランスの協同組合があっせんを申し立てたとしても、発注者・注文者がこれを無視すればそれで終了となる。

　裁判所や労働委員会のように、強制力を持った判決・命令を出し得る紛争解決機関の存在こそが、話し合いによる解決を促進するという側面を有するため、フリーランスとの個別・集団的交渉が決裂した場合の判断機関を別途設ける必要があろう。

　第4に、協同組合設立認可（中協27条の2）のハードルが実務上高いとの指摘もある。

　なお、労組法の団交応諾の義務付けのため労働者性を拡大する方策も考えうるところであるが、これはフリーランスの労働者性が肯定されることを前提とするため、その範囲には自ずから限界がある。全てのフリーランスに労働者性を肯定することは困難である以上、わが国の現状からはフリーランスについて協同組合型でその組合員構成とすることが社会的にも理解が得られやすいものと考えられる。

3　中小企業等協同組合法活用の可能性

　このように、課題も多い中小企業等協同組合法であるが、それでも上記課題が立法的解決を見た場合には、フリーランスの就業条件向上にとっても大いに資する可能性を秘めている。すなわち、同業のフリーランスが連帯して、集団的に就業条件に関する交渉を行うことは、法律による全国一律の規制とは異なり、職種・業種・地域的特性などを考慮し、現実に必要な議論を直接的に発注

者・注文者ないしはプラットフォームとの間で行うことが可能となる。フリーランスの多様性からすれば、真に必要な交渉事項は、例えば運送業と在宅ワークでは全く異なるため、実効的な解決は当該職種ごとの集団的交渉の中で行われるべきである。

　また、単に就業条件の側面に限らず、フリーランスと発注者との間には圧倒的な交渉力格差があり、様々な場面で保護を検討する必要がある。ここでフリーランスの就業にあたり検討すべき事項を挙げれば図表 1-2-7-1 のとおりとなるが、フリーランスの協同組合との集団的交渉が実現すれば、これらについても就業環境の改善に繋がることが期待できよう。

【図表 1-2-7-1】フリーランスの就業に関する課題

- ・契約条件の明示
- ・契約内容の決定・変更・終了のルールの明確化、契約の履行確保
- ・フリーランス側からの契約中途解約に対する過度な損害賠償、請負の場合の解除不可問題（労働者における退職・転職の自由との均衡）
- ・報酬額の適正化
- ・スキルアップやキャリアアップ
- ・出産、育児、介護等と業務の両立
- ・メンタル不全、私傷病対応
- ・発注者からのハラスメント等の防止
- ・発注者からの手数料、システム利用料その他の負担の問題
- ・業務上負傷し又は疾病に罹患して就労不能となった場合の支援
- ・業務行為による第三者賠償責任
- ・労災保険加入の範囲
- ・紛争が生じた際の相談窓口、労働審判に準ずる実効性ある紛争解決機関、団体交渉やこれを強制する行政の介入（労働委員会など）、国内に事業所が無い発注者・プラットフォーム対応
- ・セーフティネットの脆弱性、社会保障の在り方（健康保険・厚生年金・雇用保険・失業保険）

出典：西村純＝前浦穂高「『独立自営業者』の就業実態」JILPT 調査シリーズ 187 号（2019）を参考に筆者作成。

4　中小企業等協同組合法と独占禁止法

　中小企業等協同組合法に基づき設立される「組合」の組合員たる資格を有する組織以外の者とは、「組合の地区内において商業、工業、鉱業、運送業、サービス業その他の事業を行う」①資本金の額または出資の総額が3億円（小売業またはサービス業を主たる事業とする事業者については5000万円、卸売業を主たる事業とする事業者については1億円）を超えない法人たる事業者、②常時使用する従業員の数が300人（小売業を主たる事業とする事業者については50人、卸売業またはサービス業を主たる事業とする事業者については100人）を超えない事業者、または③①もしくは②以外の事業者であって公正取引委員会が認定した事業者であって、その定款で定めるものとされている（中協8条1項）。

　この定めからすると、「小規模の事業者」とは、必ずしも前記①または②（中協7条1項1号イ・ロ）の範囲内のものに限らず、この基準を超える事業者についても、業界によっては小規模と認められる事業者も存在し得ることから、組合員となり得る余地が認められている。そうすると、中小企業の相互扶助や、弱い立場を補完して対等な立場による交渉の実現を目的とする組合の組合員として、かかる基準を超える大企業のような事業者が含まれるとしても、適格組合として、独占禁止法の適用除外がなされ得る場合もあると解される（独禁22条、中協7条1項・2項）。そのため、大企業が協同組合の組合員だからといって、独占禁止法の適用除外の適用がないとは断言できないといえる。

　他方で、前記①または②の基準を超える事業者が組合員である場合、当然に、適格組合として、独占禁止法の適用除外の規律が適用されるわけではなく、公正取引委員会による判断がなされていない間においては、なお、独占禁止法の適用があり得る点について留意すべきであると考えられる。

　なお、審決等においては、1者でも、前記①または②の基準を超える事業者がいる場合、「小規模の事業者」ではない事業者が組合員であるため、独占禁止法の適用除外となる規律の適用がないと判断されていること（例えば、東京木材市売問屋協同組合連合会等に対する件・公取委勧告審決平成4・4・17審決集39巻53頁、岐阜生コンクリート協同組合に対する件・公取委審判審決昭和50・12・23審決集22巻105頁、東京都パン協同組合連合会に対する件・公取委審判審決昭和38・9・4審決集12巻1頁等）、あえて明確な数値基準を設けている（中

協 7 条 1 項 1 号イ・ロ）ことからすると、基本的には、前記①または②の基準を満たさない事業者が組合員となっている場合には、独占禁止法の適用除外の規律は適用されないものとして対応するのが望ましいと考えられる。

II　家内労働法（補論）

　最後に、分野としては労働法の範疇であるが、家内労働法についても紹介しておきたい。そもそもわが国においては、第二次世界大戦以前から、使用者が工場法の適用や疾病傷病の責任負担を回避するために法形式的には自営業者である一方で社会経済的状況は一般労働者よりも遙かに厳しい「内職」と呼ばれる職層（家内労働者）があり、これは現在でもなお存在する。家内労働者は、自営業者扱いとなり、形式的には労働契約ではないため、戦前の工場法、現代では労働基準法の適用外であるが、経済的・安全衛生的保護など社会的な保護の必要性から、家内労働者に関する家内労働法がある[3]。同法は、最低賃金類似の最低工賃[4]（家労 8 条）、委託者が委託する業務内容、工賃単価、支払期日を明記した家内労働手帳の発行（家労 3 条）、健康確保の観点からの就業時間制限（家労 4 条）、解雇予告制度類似の委託打ち切り予告制度（家労 5 条）、労基法の賃金原則[5]類似の制度（家労 6 条）を定めている。

　同法をそのままフリーランスに適用することはできないが、法形式上は自営業者である一方で社会経済的には一般労働者よりも厳しい現状が多い[6]という中間的な形態の就労者であるフリーランスについては家内労働法の趣旨の多くが妥当する部分が多い。

　既に支払遅延防止、業務内容の明確化などその一部は、フリーランス法で実現しているが、最低工賃などの部分が課題として残る。そのため、家内労働法

---

3)　濱口桂一郎「雇用類似の働き方に関する現状と課題」日本政策金融公庫論集 47 号（2020 年）41-58 頁。

4)　労働契約ではなく賃金ではないため。

5)　通貨払、全額払、物品受領から 1 か月以内定期払、不当な支払遅延の禁止。

6)　内閣官房日本経済再生総合事務局「フリーランス実態調査結果」（20202 年 5 月）（https://www.cas.go.jp/jp/seisaku/atarashii_sihonsyugi/freelance/dai1/siryou13.pdf〔2025 年 1 月 15 日閲覧〕）。

をベースとして、フリーランス法の再整備を行うことも有効である[7] と解される。

---

7) 菅野和夫「労働法の未来」週刊経団連タイムス 3411 号（2019 年）において、フリーランス就業者に対しても、家内労働法における最低工賃の仕組みの検討が提唱されている。

第2 フリーランスにまつわる主要な法律

第8章
商　法

I　「商行為」性、「商人」性

　フリーランスの取引に商法の適用があると、後述の相当報酬請求（商512条）、マッチング業者に対する仲立人への規制（商543条以下）など、商事に関する特別なルール（商法）が適用される。商法の適用があるかどうかは、当該取引が「商行為」にあたるか、または、フリーランスと発注者が「商人」にあたるか、によって異なる。

　「商行為」には、絶対的商行為（商501条）、営業的商行為（商502条）、附属的商行為（商503条）とがある。例えば、「他人のためにする製造又は加工に関する行為」（商502条2号）[1]、「作業又は労務の請負」（同条5号）[2]、「撮影に関する行為」（同条6号）などは、営業としてするときは、専ら賃金を得る目的で物を製造しまたは労務に従事するものでない限り、営業的商行為になる（商502条）。

　「商人」とは、自己の名をもって「商行為」をなすことを業とする者である（商4条1項）。フリーランスや発注者が法人成りして、株式会社や合同会社形態となっている場合には、商人性は容易に認められる。会社がその事業としておよび事業のためにする行為は商行為となるので（会社5条）、会社は、自己の名をもって商行為をなすことを業とする者として、商法4条1項により商

---

1) 「他人から材料の給付をうけ、または他人の計算で材料を買い入れ、これを製造加工することを引き受け、これに対し報酬を受けることを約する行為」とされる（服部榮三＝星川長七編『基本法コンメンタール（別冊法学セミナー）商法総則・商行為法〔第4版〕』（日本評論社、1997年）87頁〔山崎悠基〕）。

2) 「作業の請負」とは、「不動産または船舶に関する工事の請負契約をいい」、鉄道の建設、家屋の建築、整地、船舶の建造・修繕を請け負う行為がこれらの例として挙げられる（服部＝星川編・前掲注1）88頁〔山崎〕）。

人となるからである [3]。他方で、フリーランスや発注者が自然人である場合には、「商人」とされるためには上記の「商行為」を業としていることが示される必要がある。

Ⅱ　相当報酬請求（商法512条）等

　フリーランスの取引においては、当事者間で報酬について明確な合意が定められていない場合、そもそも契約書を取り交わす前に作業を開始した場合には、報酬の不払、不当に低廉な報酬の支払といった問題が生じがちである。合意がないから全く報酬を支払わなくてよいということにはならず、フリーランスが、商法512条に基づく相当報酬請求権を行使する事態も考えられる。商法512条は、「商人がその営業の範囲内において他人のために行為をしたときは、相当な報酬を請求することができる」と規定し、当事者間で報酬支払や額について明確に合意されていない場合であっても、「相当な」額の報酬を請求することを認めている。

　相当報酬請求を行うには、フリーランス自身が「商人」といえなければならない。この点はⅠを参照されたい。もっとも、商人ではないとしても、例えば弁護士に依頼したが報酬の合意はしていないときにも無償ということにはならず、当事者の意思を解釈して相当報酬額を定めるように [4]、商法512条によらずに相当報酬を請求する余地もある。

　そのうえで、フリーランスが「その営業の範囲内において」「他人のために行為をした」ことが必要となる。「他人のために」とは、委任契約がある場合のみならず、契約の締結がない場合であっても含み得るとするのが判例である [5]。契約がない場合にもなお「他人のために行為をした」と認められる場合としては、事務管理が成立する場合がある [6]。

---

3)　最二小判平成 20・2・22 民集 62 巻 2 号 576 頁。

4)　最一小判昭和 37・2・1 民集 16 巻 2 号 157 頁。

5)　大判昭和 8・9・29 民集 12 巻 2376 頁、最一小判昭和 44・6・26 民集 23 巻 7 号 1264 頁、京都地判平成 6・10・31 判タ 879 号 241 頁も参照

6)　牧山市治「判解」『最高裁判所判例解説民事篇昭和 50 年度』（法曹会、1979 年）662 頁・665 頁、西原寛一『商行為法』（有斐閣、1960 年）117 頁、小町谷操三『商行為法』（日本評論社、

第 8 章　商　法

　相当報酬は、当該業界の基準、当事者間に推認される合理的意思、業務の規模、内容および程度等の諸事情を総合的に勘案して判断するとする裁判例がある[7]。近時の裁判例では、以下のような具体的要素が勘案されている。

> ①　業界団体が定めた料金算定基準[8]
> ②　従前当事者の間で実際に行っていた報酬額の計算方法[9]
> ③　当該案件の見積額とその相当性（当該見積額と他者の見積の比較、実際にかかった手数や出費等で判断）[10]
> ④　報酬算定方法についての協議内容[11]
> ⑤　案件額、事務の内容等[12]
> ⑥　実際に業務を行った時間・日数・工数[13]
> ⑦　コンペ式の場合の当選者の代金額[14]

　1940 年）48 頁。

7)　東京地判平成 24・10・9 判タ 1407 号 295 頁：土地開発許可申請業務の事案。

8)　大阪地判平成 27・9・24 判時 2348 号 62 頁：ピクトグラムのデザインの事案、前掲東京地判平成 24・10・9：建築設計業務等の事案、東京地判平成 3・5・30 判時 1408 号 94 頁：建築設計業務の事案。

9)　東京地判令和 2・1・15LLI/DB L07530066：イベント企画等の業務と思われる。

10)　東京地判平成 26・11・5 金判 1460 号 44 頁：レプリケーション・クラスターの構築業務の事案、東京地判平成 8・8・29 判タ 946 号 221 頁：出版物制作供給業務の事案。ただし、当該案件の見積書を提出しただけでは十分でないとされる可能性がある。衣料品のデザインやサンプル業務の相当報酬請求がなされた事案で、当該案件の見積書を証拠提出したものの、その内容が不相当に高額で、他に相当報酬額を算定する証拠がないと述べるのに加えて、「一般の商取引ないし商慣習上、継続的な取引の継続を期待した商品供給者（売主）が、購入予定者に対して開発した商品を提示した上で契約締結の交渉に当たることはまれではない」とも述べて、相当報酬請求を棄却した裁判例がある（東京地判平成 24・10・18 LEX/DB25498185）。

11)　福岡高判平成 2・3・28 判時 1363 号 143 頁：建築設計業務の事案。

12)　東京地判平成 28・5・13 判時 2340 号 83 頁：M&A 助言業務の事案。

13)　前掲東京地判平成 28・5・13、東京地判平成 28・4・28 判時 2313 号 29 頁：システム開発のコンサルテーション業務の事案、京都地判平成 5・9・27 判タ 865 号 220 頁：建築設計図作成業務の事案。

14)　京都地判平成 6・10・31 判タ 879 号 241 頁：コンペ落選者の行ったホテル新築企画設計業務の事案。

Ⅲ　仲立人に対する規制

　マッチング業者が、フリーランスと発注者の間の受発注に関する契約の締結を「媒介」する場合、商法上の仲立契約としての規制を受ける可能性がある。この点は、第3部第5章Ⅴで詳述する。

第 2 部　フリーランス法

第1章
法律の概要

　フリーランス法（正式名称：特定受託事業者に係る取引の適正化等に関する法律〔令和5年法律25号〕）は、2023年5月12日に公布された法律で、2024年11月1日から施行されている（令和6年政令199号）。

　フリーランス法は、個人やいわゆる「一人会社」で業務委託を受ける事業者たるフリーランスを「特定受託事業者」と位置づけた上（フリーランス2条1項）、フリーランスに業務委託する委託者に対し下請法と同様の規制を課すほか、限定的にではあるが労働者類似の保護を与え、これらの違反に広く行政の指導等を可能とするものである。

　すでに下請法対策やハラスメント防止対策等をとっている大企業は、そうした対策の範囲をフリーランスに拡張することで対応できるものも多いため、負担が大きいとまではいえない。他方、資本金が1千万円に満たず下請法の適用がなかったなどの理由から、そうした対策をしてこなかった中小企業にとっては、新法対応のための社内制度をゼロから作り上げる必要があり、負担が大きいといえる。

第2章
立法の経緯と同法の位置づけ

　フリーランスは、個人で業務を遂行して生計を立てる弱い存在でありながら、必ずしも労働者ではないあいまいな存在であり、その保護のあり方が長年政府で議論されてきた（図表2-2-1）。

　古くは、2005年の厚生労働省「今後の労働契約法制の在り方に関する研究会」で議論がなされていたが、複数の省庁がこぞって議論を本格化させたのはここ数年のことである。その嚆矢は、経済産業省「『雇用によらない働き方』に関する研究会」（2017年3月）の議論である。

　一言で「フリーランス」といってもその実態は多様であるため、内閣官房日本経済再生総合事務局は、2020年2月～3月に「フリーランス実態調査」を実施し、その結果を同年5月に公表した[1]。これによれば、フリーランスは462万人と試算されるとともに、事業者から業務委託を受けて仕事を行うフリーランスの37.7%が取引先とのトラブルを経験したことがあり、そのうち63.1%が取引条件を十分に明示されていなかったことや、事業者から業務委託を受けて仕事を行うフリーランスの40.4%が1社とのみ取引している実態などが明らかとなった。

　こうした調査結果も踏まえ、2020年6月25日の全世代型社会保障検討会議第2次中間報告、同年7月17日の令和2年度成長戦略実行計画は、フリーランスガイドライン策定の方向性を示した。また、同日に閣議決定された規制改革実施計画は、雇用類似の働き方（フリーランス等）に関するワンストップの相談窓口を整備・周知し、相談支援の充実を図る旨を示した。これにより、2020年11月25日から、フリーランス・トラブル110番が設置され、第二東京弁護士会により運営されている。

---

1)　https://warp.ndl.go.jp/info:ndljp/pid/11547454/www.kantei.go.jp/jp/singi/zensedaigata_shakai hoshou/dai7/siryou1.pdf（2025年1月15日閲覧）。

第 2 章　立法の経緯と同法の位置づけ

【図表 2-2-1】これまでの政府の議論

日時	主体	ガイドライン・報告書等
2005/9/15	厚労省	今後の労働契約法制の在り方に関する研究会報告書
2010/4/28	厚労省	個人請負型就業者に関する研究会報告書
2015	厚労省	今後の在宅就業施策の在り方に関する検討会報告書 平成 27 年度
2017/3	経産省	「雇用関係によらない働き方」に関する研究会報告書
2018/1	**厚労省**	**副業・兼業の促進に関するガイドライン（のち、2020/9 に改訂）**
2018/2	厚労省	自営型テレワークの適正な実施のためのガイドライン（「在宅ワークの適正な実施のためのガイドライン」を改定）
2018/2/15	**公取委**	**人材と競争政策に関する検討会報告書**
2018/3/30	厚労省	「雇用類似の働き方に関する検討会」報告書
2019/6/28	厚労省	雇用類似の働き方に係る論点整理等に関する検討会中間整理
2019/9/20	厚労省	「働き方の多様化を踏まえた社会保険の対応に関する懇談会」における議論のとりまとめ
2020/6/25	内閣官房	全世代型社会保障検討会議第 2 次中間報告
2020/7/17	内閣	令和 2 年度成長戦略実行計画、同規制改革実施計画
2020/12/25	厚労省	雇用類似の働き方に係る論点整理等に関する検討会 これまで（令和元年 6 月中間整理以降）の議論のご意見について
<u>2021/3/26</u>	4 省庁*	**フリーランスとして安心して働ける環境を整備するためのガイドライン（のち 2024/10/18 に改定）**
2021/6/18	内閣	成長戦略実行計画
2022/6/7	内閣	新しい資本主義のグランドデザイン及び実行計画，経済財政運営と改革の基本方針 2022
2022/9/13	内閣官房	フリーランスに係る取引適正化のための法制度の方向性
2022/12/16	内閣官房	全世代型社会保障構築会議報告書
<u>2023/5/12</u>	（法律）	**フリーランス法（特定受託事業者に係る取引の適正化等に関する法律）公布**
2023/10/27	厚労省	個人事業者等に対する安全衛生対策のあり方に関する検討会報告書
2024/1/19	公取委	特定受託事業者に係る取引の適正化に関する検討会報告書
2024/5/22	厚労省	特定受託事業者の就業環境の整備に関する検討会報告書

＊内閣官房・公取委・中企庁・厚労省

　2021 年 3 月 26 日、内閣官房・公正取引委員会・中小企業庁・厚生労働省の 4 省庁が合同で「フリーランスとして安心して働ける環境を整備するためのガイドライン」（フリーランスガイドライン）を制定し、一定の結実を見た。

115

第 2 部　フリーランス法

　ところが、フリーランスガイドラインは、既存の法律の適用関係を明らかに
したものにすぎず、既存の法制度では解決できない問題に対処するためには、
新しく法律を作る必要があった。2021 年 6 月 18 日の成長戦略実行計画は、
書面での契約のルール化など、フリーランスに関する新法制定の方向性を示し
た。

　「新しい資本主義のグランドデザイン及び実行計画」および「経済財政運営
と改革の基本方針 2022」（いずれも 2022 年 6 月 7 日閣議決定）では、相談体制
の充実や、事業者がフリーランスと契約する際の契約の明確化など、取引適正
化のための法制度について検討し、早期に国会に提出する等の方向性を示した。

　その後、内閣官房の新しい資本主義実現本部事務局に「フリーランス取引適
正化法制準備室」を設置し、関係省庁と連携して法律の立案作業にあたり、フ
リーランスに関する実態調査結果、上記フリーランス・トラブル 110 番の相
談内容、様々な関係者との意見交換の結果を踏まえ、2022 年 9 月、新法の方
向性を示した「フリーランスに係る取引適正化のための法制度の方向性」が示
され、パブリック・コメントに付された [2]。

　新法の法案は、2022 年の臨時国会に提出されようとしたが、与党での法案
審査において、本法案の性格、本法案において保護の対象とするフリーランス
の考え方について議論があったため、さらに検討を継続すべく、法案の提出を
見送ることとした。その後、政府において与党とも議論をしながら検討を進め、
まず、本法案については、従業員を使用せず一人の個人として業務委託を受け
る受託事業者と、従業員を使用して組織として事業を行う発注事業者との間の
取引について、交渉力などに格差が生じるということを踏まえ、下請法と同様
の規制を行い、最低限の取引環境を整備するものであるという法案の性格と、
フリーランスは一般に特定の組織に属さず個人で業務を行うことをいう一方で、
本法案で保護対象となるフリーランスについては、フリーランス全体というこ
とではなく、このうち事業者から業務委託を受けるフリーランスであるという

――――――――――

2)　渡辺正道ほか「特定受託事業者に係る取引の適正化等に関する法律の概要」ジュリ 1589 号
　（2023 年）46-47 頁、岡田博己ほか「特定受託事業者に係る取引の適正化等に関する法律」公正
　取引 873 号（2023 年）31-32 頁、松井佑介ほか「特定受託事業者に係る取引の適正化等に関す
　る法律の概要」NBL1246 号（2023 年）36 頁。

ことを明確にするために（フリーランス法の適用のないフリーランスの具体例は、第2部第3章I1参照）、フリーランスの名称を「特定受託事業者」とするといった点で整理を行い、与党の了承も得て、本法案を2023年通常国会に提出した[3]。

本法案は、2023年4月5日の衆議院内閣委員会の審議を経て、同月6日の衆議院本会議で同院を通過し、参議院においても、同月21日の参議院本会議、同月25日・27日の参議院内閣委員会の審議を経て、同月28日の参議院本会議で同院を通過し、フリーランス法が成立した。同法は同年5月12日に公布された。

フリーランス法の下位法令の内容のうち、公正取引委員会の所管部分は、同委員会に設置された「特定受託事業者に係る取引の適正化に関する検討会」で審議され、2024年1月19日に報告書としてまとめられた。厚生労働省の所管部分は、同省に設置された「特定受託事業者の就業環境の整備に関する検討会」で審議され、2024年5月22日に報告書としてまとめられた。

かかる審議を経て、フリーランス法施行令、公取委フリーランス法施行規則、厚労省フリーランス法施行規則、フリーランス的確表示等指針、解釈ガイドライン、執行ガイドラインの各案が、2024年4月12日に一括してパブリック・コメントに付され、その結果をも踏まえて、各下位法令は同年5月31日に公布された。フリーランス法本体とともに、同年11月1日に一括施行されている。

3）　第211回国会衆議院内閣委員会第10号2023年4月5日会議録〔発言：4番、31番〕、松井ほか・前掲注2）36頁。

第3章
適用範囲

Ⅰ　フリーランス＝「特定受託事業者」の意義

　フリーランス法は、その適用対象となるフリーランスを「特定受託事業者」という語で表現しており（フリーランス2条1項）、その定義は以下のとおりである。

> ①　「業務委託」の相手方である「事業者」の個人であって、「従業員」を使用しないもの（フリーランス2条1項1号）
> ②　「業務委託」の相手方である「事業者」の法人であって、1名の代表者以外に「役員」がおらず、かつ、「従業員」を使用しないもの（同項2号）

　この定義からすると、世間でフリーランスと呼ばれる働き手のすべてが含まれるわけではないものの、極めて広範な零細事業者が「特定受託事業者」に該当し得ることになる。以下では、注目すべきポイントをいくつか解説する。

1　「業務委託」

　「業務委託」とは、①製造委託、情報成果物作成委託（フリーランス2条3項1号）、②役務提供委託（フリーランス2条3項2号）のことをいい、より具体的には以下のとおり定義されている。個々の語の意義は、解釈ガイドライン第1部1(2)をも参照されたい。特に②は、受託者が委託者に対し直接役務を提供する類型の役務（いわゆる自家利用役務）を含むことが明示されている[1]。

---

1)　解釈ガイドライン第1部1(2)ウ(ア)、渡辺正道ほか「特定受託事業者に係る取引の適正化等に関する法律の概要」ジュリ1589号（2023年）47-48頁、岡田博己ほか「特定受託事業者に係る取引の適正化等に関する法律」公正取引873号（2023年）32頁、松井佑介ほか「特定受託事業者に係る取引の適正化等に関する法律の概要」NBL1246号（2023年）37頁。

第 3 章　適用範囲

> ①「事業者」がその事業のために[2)]「他の事業者」に物品の製造（加工を含む）または情報成果物の作成を委託すること（フリーランス2条3項1号）。
> ②「事業者」がその事業のために「他の事業者」に役務の提供を委託すること（他の事業者をして自らに役務の提供をさせることを含む）（同項2号）。

なお、下請法では、業務委託の類型として「製造委託」「修理委託」「情報成果物作成委託」「役務提供委託」の4つを定め（下請2条1項〜4項）、それぞれにおいて親事業者と下請事業者の資本金要件を分けているが（同条7項・8項）、フリーランス法では、①と②のいずれに当たるかによって特に同法の規定の適用関係が変わるわけではないので、いずれかを区別する実益は乏しい。

「業務委託」の定義上、規制対象となる業種の制限はない。したがって、あらゆる業種業態の発注者が、あまねく適用対象となる。

【図表2-3-1】フリーランス・トラブル110番の相談者属性

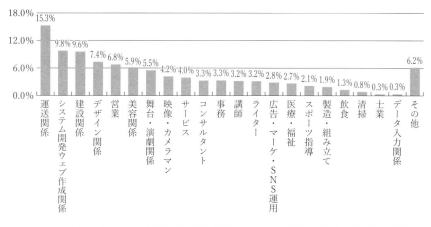

（※）「その他」に含まれる業種の例：通訳・翻訳、ポスティング、検査・点検員、編集、教育、林業など
N＝8,986（令和5年4月〜令和6年3月の相談において業種を回答した8,986件）

出典：厚生労働省統計資料3頁[2)][3)]

---

2)　当該事業者が行う事業の用に供するために、という意味である（フリーランスガイドライン第1部1(2)）。
3)　https://warp.da.ndl.go.jp/info:ndljp/pid/13734660/www.mhlw.go.jp/content/001194256.pdf（2025年1月15日閲覧）。

第2部　フリーランス法

　フリーランス・トラブル110番の2023年4月〜2024年3月の相談実績（図表2-3-1）を見ると、配送業、システム開発・ウェブ作成関係、建設業、デザイン・ライター・映像・カメラマンなどのクリエイター関係、舞台・演劇などの芸能関係、コンサルタント、講師業、スポーツ指導業といった業種が相談件数の上位を占めており、特にこれらの業態の発注者は、その規模にかかわらずフリーランス法対応が急務といえる。

　ただし、「特定受託事業者」は「業務委託」の相手方であるため、業務委託以外の取引を生業とするフリーランス、例えば、業務委託によらずに物品や成

【図表2-3-2】フリーランス法の適用対象

> - 本法律は、（特定）業務委託事業者と特定受託事業者との間の「業務委託」に係る取引に適用される。
> - 「業務委託」とは、事業者がその事業のために他の事業者に物品の製造、情報成果物の作成または役務の提供を委託することをいい、委託とは、物品・情報成果物・役務の仕様・内容等を指定してその製造や作成・提供を依頼することをいう。
> - つまり、**事業者間（BtoB）における委託取引**が対象であり、下の図の灰色の矢印の取引が本法律の対象となる。

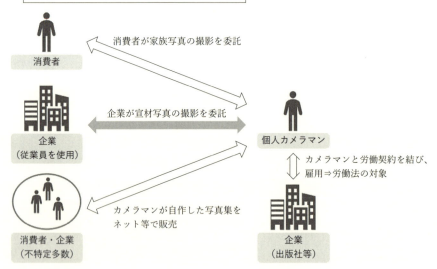

出典：内閣官房新しい資本主義実現本部事務局ほか3省庁「特定受託事業者に係る取引の適正化等に関する法律（フリーランス・事業者間取引適正化等法）説明資料」4頁を一部加工[4]

果物を作成し販売することを生業とするフリーランスは、「特定受託事業者」
に含まれないことになる。

　また、ここでいう「業務委託」は、「事業者」が行うものに限られるため、
消費者が業務委託する場合には含まれない。したがって、個人から直接依頼を
受けて家族写真を撮影するカメラマンなど、消費者から業務委託を受けて収入
を得るフリーランスは「特定受託事業者」に含まれないことになる。

2 「事業者」

⑴ 意 義

　「特定受託事業者」は、「事業者」である必要がある。逆に、「事業者」とは
呼べないフリーランスは、「特定受託事業者」ではないことになる。

　「事業者」の語の定義は、フリーランス法には置かれていないが、解釈ガイ
ドラインは、「商業、工業、金融業その他の事業を行う者」と定義しており
（同第1部1）、独禁法と同じ定義（独禁2条1項）を採用している。

⑵ 労 働 者

　「事業者」とは呼べないフリーランスの典型例は、実態としては労働基準法
上の「労働者」に当たるフリーランス、いわゆる「偽装フリーランス」である。
政府見解も、フリーランスが実態として労働基準法上の労働者に当たる場合に
は、フリーランス法の適用がないことを明らかにしている（フリーランスQ&A
5)[5]。

　他方、「特定受託事業者」であるフリーランスであっても、労働組合法上の
労働者性が否定されるものではない（フリーランスQ&A 5)[6]。

　本業では雇用契約で働いていても、副業・兼業として業務委託で働いている
フリーランスは、本業との関係では「特定受託事業者」に当たらなくても、副
業・兼業との関係ではなお「特定受託事業者」に該当し得る（フリーランス
Q&A 14）。取引毎に「特定受託事業者」に該当するかが変わり得ることになる。

---

4)　https://warp.da.ndl.go.jp/info:ndljp/pid/13830743/www.mhlw.go.jp/content/001270862.pdf
　　（2025年1月15日閲覧）。

5)　第211回国会参議院内閣委員会第12号2023年4月27日会議録〔発言：8番〕。

6)　第211回国会参議院内閣委員会第11号2023年4月25日会議録〔発言：199番〕。

第2部　フリーランス法

(3)　役員・執行役員

では、法人の役員は、「特定受託事業者」にあたるか。また、執行役員のうち雇用型の者は、労働基準法上の労働者として「事業者」性を欠くと考えられるものの、委任型の執行役員はどうか。

フリーランス法施行令案（パブコメ概要・考え方）は、「株式会社と取締役、会計参与、監査役、会計監査人や、いわゆる委任型の執行役員との間の契約関係は、当該株式会社の内部関係にすぎず、これらの者は当該株式会社にとっての他の事業者とはいえないため、本法上の『業務委託』には該当しません」との見解を明確にした[7]。フリーランス Q&A 19 も同旨を記載する。

3　「従業員」の使用

(1)　「従業員」の意義

フリーランスは、個人であれ法人であれ、「従業員」を使用していれば、「特定受託事業者」ではない。そこで、「従業員」とは何かが問題となるが、以下に述べるとおり、その意味はそれほど明確ではない。

「従業員」は、短時間・短期間等の一時的に雇用される者は含まず、具体的には、週労働 20 時間以上かつ 31 日以上の雇用が見込まれる、労基法上の労働者を指す（解釈ガイドライン第 1 部 1 (1)）。フリーランスが派遣労働者を受け入れている場合には、派遣労働者も「従業員」に該当し得る（解釈ガイドライン同掲箇所）。「従業員」は、同居の親族を含まない（解釈ガイドライン同掲箇所）。

フリーランスが元請として、他のフリーランスに下請として業務をさせる例が、フリーランス・トラブル 110 番の相談現場ではたまに見受けられる。このように他のフリーランスを用いるケースでは、元請のフリーランスと下請の他のフリーランスとの間の契約が、実態として労働契約である（下請のフリーランスが「偽装フリーランス」である）のであれば、臨時短期の契約でない限り、元請のフリーランスは「従業員」を使用していると扱われる。他方で、下請の他のフリーランスが真正なフリーランスなのであれば、元請のフリーランスは「従業員」を使用しているものとはいえない。この趣旨は、フリーランス法の

---

7)　フリーランス法施行令案（パブコメ概要・考え方）1-2-29。

122

政省令等のパブリック・コメントへの回答でも明確にされている[8]。

2つ以上の業務を営むフリーランスが、ある1つの業務につき従業員を使用しているが他の業務では従業員を使用していないというケースでは、当該他の業務との関係では従業員を使用しないものと扱われるかという問題もあるが、政府見解は、フリーランスが行う個別の業務委託単位ではなく、フリーランスの事業を単位として、従業員を使用しているか否かを判断するため、この場合でも従業員を使用しているものと扱われるとのことである（フリーランスQ&A 10）[9]。

⑵ 「従業員」要件が要求される趣旨

なぜ「従業員」の内実が以上のように解されるのかといえば、それは、フリーランス法が、「個人」であるフリーランスと、従業員を使用して「組織」として事業を行う発注者の間の、「個人」対「組織」の交渉力や情報収集力の格差に着目して規制を設けているからである。「個人」と「組織」の格差というキーワードは、政府がフリーランス法の国会審議で繰り返し強調してきたものである[10]。フリーランスガイドラインも、特定受託事業者とは「組織としての実態を有しないもの」だと位置づけている（同第1部1）。逆に、フリーランス自身が「組織」であれば、そうした趣旨が妥当しないので、フリーランス法で保護する必要がない。そして、「組織」かどうかを明確に分けるため、1人でも「従業員」を使用しているかどうかで分けることとしたのである。

「組織」に対し「個人」が交渉力や情報収集力で格差があるから、「個人」側を保護する必要があるということは理解できないわけではないが、この格差の有無を、従業員を1人でも使用しているかどうかで截然と区別できるかと言われれば、それほど単純な話ではないであろう。限界事例において「特定受託事業者」に当たるかどうかを検討する際には、「個人」と「組織」の格差とい

---

8) フリーランス法施行令案（パブコメ概要・考え方）1–2–9。

9) 第211回国会衆議院内閣委員会第10号2023年4月5日会議録〔発言：89番〕。

10) 第211回国会衆議院内閣委員会第10号2023年4月5日会議録〔発言：5番・19番・31番・33番・89番〕、第211回国会参議院本会議第17号2023年4月21日会議録〔発言：12番〕、第211回国会参議院内閣委員会第11号2023年4月25日会議録〔発言：38番・73番・95番・99番・107番・159番・167番〕、第211回国会参議院内閣委員会第12号2023年4月27日会議録〔発言：37番・56番・62番〕。

123

第2部　フリーランス法

うキーワードを念頭において解釈を検討することが必要となる。

⑶ 「従業員」の有無の判断の基準時

⒜ 業務委託時か、問題行為時か

「従業員」の有無の判断の基準時について、政府見解は、取引の安定に配慮して、フリーランスおよび発注者の双方にとって明確な時点を考える観点から、業務委託時および問題行為時の双方で「従業員」を使用していない場合にのみ、「特定受託事業者」に当たるとしている[11]。これを表にすると、以下のとおりである。

【図表2-3-3】「従業員」の有無の判断の基準時（政府見解）

	業務委託時	問題行為時	特定受託事業者該当性
A	従業員あり	従業員あり	×
B	**従業員あり**	**従業員なし**	<u>×</u>
C	従業員なし	従業員あり	×
D	従業員なし	従業員なし	○

　フリーランスQ&Aとフリーランス法施行令案（パブコメ概要・考え方）も、発注時点で「特定受託事業者」に該当しない場合には、その後に「特定受託事業者」の要件を満たすようになったときであっても、フリーランス法は適用されないことを明確にしており[12]、上表のA・Bのパターンの帰結を再確認している。

　特に発注者の側に立てば、フリーランス法の適用がないと考えてフリーランスに業務委託したにもかかわらず、事後的に同法が適用されるとされてしまえば、取引の安全性を害するから、上記のように2時点で判断する必要性は理解できないわけではない。ひとりフリーランス法の行政当局によるエンフォースメントのみを念頭に置くだけであれば、この政府見解に沿って行動しておけば、行政からお咎めを受けることはないであろう。

　しかし、「従業員を使用しない」という同法の文言自体から、上記のように2時点を基準とするとの解釈を導き出すことは困難である。文言だけを読めば、

---

11)　第211回国会衆議院内閣委員会第10号2023年4月5日会議録〔発言：17番〕。
12)　フリーランスQ&A 8、フリーランス法施行令案（パブコメ概要・考え方）1-2-10。

第 3 章　適用範囲

フリーランス法の適用が問題となる時点でこれに該当するかどうかを判断すると解釈するのが素直である。

　より実質的に考えても、特に上記図表のBのパターンの場合には、不当な帰結が生じやすいように思われる。例えば、業務委託時は「従業員」を使用しており、したがって「特定受託事業者」ではなかったフリーランスが、問題行為時、例えば妊娠・出産・育児・介護という事象が発生した時には「従業員」を使用しなくなっていた場合に、当該フリーランスが妊娠・出産・育児・介護への配慮を求めても、発注者はこれを全く無視することが許されることになる。同様のことが禁止行為の規制にも当てはまる。業務委託時は「従業員」を使用しており、したがって「特定受託事業者」ではなかったフリーランスが、その後「従業員」を使用しなくなっていた場合に、発注者が一方的に受領の拒否をしたり、報酬を減額したり、返品したり、やり直しを強要したりしても、フリーランス法に違反しないことになる。そして、業務委託時と問題行為時との時間的間隔が長ければ長いほど、これらの弊害は大きくなる。はるか昔に「従業員」を使用していたことの一事をもって、その後どのような事情変更があろうと一律にフリーランス法の保護が受けられないことになるからである。

　以上のように考えると、民事事件・刑事事件が裁判所に係属してフリーランス法を解釈することになった際に、法律の解釈適用の最終的権限を有する裁判所が政府見解と同じ解釈をするかどうかは、不透明というほかない。

　私見としては、業務委託時に「従業員」を使用していたかどうかにかかわらず、問題行為時に「従業員」を使用していなければ「特定受託事業者」に当たり、フリーランス法の適用を受けることができると解釈しておいた方が安全であると考える。これを表にすると、以下のとおりである。Bのパターンのみ、政府見解と異なる。

【図表2-3-4】「従業員」の有無の判断の基準時（私見）

	業務委託時	問題行為時	特定受託事業者該当性
A	従業員あり	従業員あり	×
B	**従業員あり**	**従業員なし**	○
C	従業員なし	従業員あり	×
D	従業員なし	従業員なし	○

第2部　フリーランス法

　私見のように考えると、発注者は、業務委託時には想定していなかったフリーランス法の適用を事後的に受けるという不測の事態に直面しかねないと、抽象的には危惧されるかもしれない。しかし、以下のように具体的に考えていけば、このような危惧は当たらない。

　契約条件明示の規制（フリーランス3条）は、業務委託時がまさに問題行為時であり、そもそも両者の齟齬の問題が生じない。

　報酬支払期限の規制（フリーランス4条）も、業務委託時に契約またはフリーランス法の定めによって報酬支払期日が定まる構造となっているのであり、やはり業務委託時と問題行為時の齟齬の問題が生じない。

　禁止行為（フリーランス5条）は、受注者側が「特定受託事業者」であろうがなかろうが、いずれにしても（独禁法上、下請法上、また通常の商慣習上）望ましくないと判断される可能性のある行為ばかりであり、かかる規制の適用を受けないことが正当な利益とはいいがたい。

　ハラスメント対策（フリーランス14条）は、個々のフリーランスとの取引に対する規制というよりは、恒常的にある一定の体制を整備することを求めるものであり、個々のフリーランスが「従業員」を使用しているかどうかが問題になる局面は少ないものと思われる。

　妊娠・出産・育児・介護への配慮（フリーランス13条）にしても、受注者側が「特定受託事業者」であろうがなかろうが、人として当たり前の配慮を求めるものに過ぎず、かかる規制の適用を受けないことが正当な利益とはいいがたい。

　的確表示（フリーランス12条）は、広告等で多数のフリーランスを募集する際の規制であり、個々のフリーランスが「従業員」を使用しているかどうかは問題とならない。

　このように考えてくると、発注者を保護すべきものと考える余地があるのは、せいぜい、契約解除・不更新の際の30日前予告の規制（フリーランス16条）が事後的に不意打ち的に適用されるケースに留まるものと考えられる。そして、これとて、第2部第6章Ⅰ4で詳述するとおり、フリーランス側に帰責事由がある場合等には即時解除が認められるので、上記のようなケースでフリーランス法の適用を認めても、発注者に大きな不利益が生じるとまではいえないよう

126

第 3 章　適用範囲

に思われる。

　(b)　業務委託時とは

　フリーランス法施行令案（パブコメ概要・考え方）では、業務委託契約が更新される場合（自動更新される場合を含む）には、改めて業務委託があったものと考えるため、（自動）更新時にフリーランスが「特定受託事業者」に該当すれば、更新後の業務委託にはフリーランス法の適用があることになるとされる [13]。

　実務上、フリーランスとの契約は、期間の定めのないものも散見されるが、期間の定めのある契約が更新されていくパターンも多い。このようなパターンの場合、政府見解を前提とすると、たとえ当初発注時点でフリーランスが「特定受託事業者」に該当しないことを確認できたとしても、その後全くフリーランス法の適用を免れるわけではなく、契約更新の際、もっというと、契約が自動更新され新たな契約書を作成しないような場合でも、更新時のステータスでフリーランス法の適用の有無が変化してしまうことになる。

　フリーランス法施行令案（パブコメ概要・考え方）でも、「特定業務委託事業者において、定期的に受注事業者が『特定受託事業者』に該当するかを確認する義務はありません」といいつつも、「受注事業者の『従業員』の有無について、業務委託をする時点で確認するほか、給付の受領、報酬の支払、契約の更新等のタイミングなど、発注事業者に本法上の義務が課される時点でも適宜確認することが望まれます」としている [14]。

　結局のところ、「従業員」を使用しているか否かなど、フリーランスのステータスの変更の都度、発注者が確認しなければならないことに変わりはない。

　(4)　「従業員」の有無の判断方法

　発注者は、「従業員」の有無をどのように判断すればよいのか。

　フリーランス法施行令案（パブコメ概要・考え方）は、電子メールや SNS のメッセージ機能等での確認など、当事者に過度な負担とならず、かつ記録が残る方法で入手した情報で従業員の有無等を判断すれば足りるとする [15]。フリ

---

13)　フリーランス法施行令案（パブコメ概要・考え方）1-2-15。フリーランス Q&A 33 も参照。

14)　フリーランス法施行令案（パブコメ概要・考え方）1-2-19。

15)　フリーランス法施行令案（パブコメ概要・考え方）1-2-16。フリーランス Q&A 7 も同旨。

127

第 2 部　フリーランス法

ーランスの言い分のみによって「従業員」の有無等を判断することになる。従
業員の有無等について何か客観的な証明手段がないし、これ以上の証明を求め
ることは取引上負担が大きすぎるので、実務上致し方ないであろう。

　しかしこれでは、フリーランスが事実と異なる説明をした場合（フリーラン
スが従業員を使用していないのに使用しているかのように説明した場合、あるいは
逆に、フリーランスが従業員を使用しているのに使用していないかのように説明し
た場合）にどうなるのか、という問題が生じる。政府見解は、従業員の有無と
いうのは客観的な基準であり、フリーランスの回答内容にかかわらず、従業員
を使用していなければ特定受託事業者に該当するとしている[16]。フリーラン
ス法施行令案（パブコメ概要・考え方）においても、「発注事業者が、受注事業
者から『役員』や『従業員』の有無について事実と異なる回答を得たため、当
該発注事業者が本法に違反することとなってしまった場合であっても、当該発
注事業者の行為については是正する必要があるため、指導・助言（行政指導）
は行うことがあります」としている[17]。

　そのうえで、「勧告（行政指導）や命令（行政処分）を直ちに行うものでは」
ないとされ[18]、フリーランスが従業員の有無について虚偽を述べたことが明
らかであると認められる場合には、勧告や命令の措置は行わない想定であり、
従業員の有無等について虚偽を述べた場合に業務委託契約の解除が認められる

【図表 2-3-5】「従業員」の有無の実態とフリーランスの説明による帰結（政府見解）

	実態	フリーランスの説明	特定受託事業者該当性
A	従業員・他の役員あり	従業員・他の役員あり	×
B	**従業員・他の役員あり**	**従業員・他の役員なし**	<u>×</u>
C	**従業員・他の役員なし**	**従業員・他の役員あり**	<u>○</u> ただし、勧告命令等はなし？
D	従業員・他の役員なし	従業員・他の役員なし	○

---

16)　第 211 回国会参議院内閣委員会第 11 号 2023 年 4 月 25 日会議録〔発言：12 番〕。
17)　フリーランス法施行令案（パブコメ概要・考え方）1-2-19。フリーランス Q&A 13 も同旨。
18)　フリーランス法施行令案（パブコメ概要・考え方）1-2-19。フリーランス Q&A 13 も同旨。

かは、フリーランス法に特段の規定はなく、民法の規定や当事者間の契約内容によるとしている[19]。政府見解に基づく帰結は、図表2-3-5のとおりである。

このように、「従業員」の有無は、フリーランスの説明内容にかかわらず客観的実態で判断される以上、発注者としては、特に上表のCのパターンのように、実態は従業員等がいないのにフリーランスは従業員等がいるかのように説明した結果、発注者はフリーランス法を遵守せず、結果として違法状態を発生させるリスクがぬぐえないことになる。もちろん政府見解は、このような場合には勧告命令等を「直ちに行うものでは」ないとするが、「直ちに」は行わないとするのみであり、個々のケースで勧告命令等が行われないことを保障するものでもない。さらに、フリーランス法に違反した場合のサンクションは、勧告命令等の行政上の措置だけでなく、私法上のものもあり得るのであって、後者については、政府見解が何を言おうが、最終的には裁判所の判断によることになる。

もちろん、フリーランスとの間の契約書等において、フリーランスが従業員を使用している・していない事実を表明保証させ、表明保証違反が発覚した場合に発注者が契約を解除することができる旨の条項を置くこともあり得る。ただ、これとて、解除前の行為についてリスクを全く除去することができるわけではない。また、もともとフリーランス個人の経験や能力、実績等を見込んでフリーランスと取引している以上、従業員の有無といったテクニカルな事情で契約関係自体を解除することまで必要なのか、疑問がないでもない。

これらを踏まえると、フリーランスとの個々の取引において電子メール等で従業員の有無等を確認するフローは実務上必要であるにしても、その申告内容を鵜呑みにすることなく、厳密には特定受託事業者にあたらない零細事業者一般にフリーランス法を遵守した対応をとる態勢を整えておくことの方が、よほど実務的に簡明で、リスクが少ないといえる。

---

19) 第211回国会参議院内閣委員会第11号2023年4月25日会議録〔発言：12番〕。

第 2 部　フリーランス法

4　法人であって、「代表者」のほかに「役員」がいない

(1)　法人が特定受託事業者となる場合

　法人であっても、特定受託事業者に該当する可能性がある。逆に、取引の相手方が株式会社、合同会社、一般社団法人などの法人であるというだけで、フリーランス法の適用対象とならないと即断することはできない。

　そして、法人であっても、「代表者」1 名のほかに「役員」がいないことが要件となっているため、逆に、「代表者」以外に「役員」が 1 人でもいれば、特定受託事業者に該当しないことになる。

　しかし、以下に詳述するとおり、これを確定することにも困難が伴う。

(2)　「代表者」の意義

　フリーランス法には、「代表者」の定義が存在しない。文言だけを見れば、「代表者」とは法人を代表する権限を有する者を指すように思われる。株式会社や一般社団法人等であれば、法人を代表し得るのは自然人しかいないが（会社 331 条 1 項 1 号・349 条、一般法人 65 条 1 項 1 号・77 条等）、合同会社その他の持分会社は、法人であっても代表権を持つことができる（会社 598 条参照）。そこで、「代表者」とは法人を含むのか、それとも自然人に限られるのかが問題となる。

　フリーランス法の政省令等のパブリック・コメントへの回答は、「本法上の『代表者』は自然人のみを指し、法人である代表者は含まない」ことを明確にしている[20]。これを前提として、Ⅲでは、複雑になりやすい事例をいくつか想定して、特定受託事業者に該当するか検討している。

(3)　「役員」の意義

　フリーランス法における「役員」は、「理事、取締役、執行役、業務を執行する社員、監事若しくは監査役又はこれらに準ずる者」と定義されている（フリーランス 2 条 1 項 2 号）。

　ある法人に「理事、取締役、執行役、業務を執行する社員、監事若しくは監査役」が存在するかどうかは、商業登記を見れば客観的に明らかになる。そこで、法人フリーランスと取引する際には、商業登記を確認したりそれを法人フ

---

20)　フリーランス法施行令案（パブコメ概要・考え方）1-2-2。

130

リーランスに提出するよう求めたりする実務フローは容易に思いつく。もっとも、フリーランスとの取引1件1件で商業登記を確認することは、非現実的な場合も多いかもしれない。

また、「役員」には取締役等「に準ずる者」を含むとされているため、この外延が不明確である。問題となり得るポイントを検討する。

第1に、「準ずる者」には、正式には取締役に選任されていないのに事実上会社の業務を執行している者、例えば、いわゆる事実上の取締役等が含まれる可能性がある。そうなると、商業登記を見ても明確に表れていない「役員」が存在し得ることになる。こうした意味での役員の有無をどのように確認するのかという問題が生じ得るが、これは3で述べた「従業員」の有無の確認と同等以上の困難さがある。むしろ、従業員の有無という形式的な問題ではなく、個人の事業へのかかわり方の実態が事実上の取締役等にあたるかという実質的判断を迫られる点で、確認の困難さはさらに大きいといえる。

第2に、合同会社その他の持分会社にあっては、法人であっても「業務を執行する社員」として「役員」となる余地がある（会社598条参照）。また、株式会社であっても、会社法上「役員」として位置づけられる「会計参与」（会社329条1項）は、法人にも就任資格がある（会社333条）。そこで、法人が「役員」にあたるかという点も問題になり得る。

フリーランス法がフリーランスに対し特に保護を与えているのは、フリーランスが、生身の自然人が自らの労働力のみによって生計を立てるという意味での「個人」であるからである。自然人である「代表者」1名以外に「役員」が存在する場合には、当該「役員」が自然人であろうと法人であろうと、もはや「代表者」の労働力のみによって事業が運営されているとはいえず、フリーランス法の趣旨が妥当しないと考えることができる。したがって、「役員」には、自然人のみならず法人も含まれると解することができる。

これを前提として、IIIでは、複雑になりやすい事例をいくつか想定して、特定受託事業者に該当するか検討している。

第2部　フリーランス法

Ⅱ　発注者＝「業務委託事業者」「特定業務委託事業者」の意義

　フリーランス法は、その適用対象となる発注者を、「業務委託事業者」と「特定業務委託事業者」という2種類の語で表現している（フリーランス2条5項・6項）。

1　「業務委託事業者」

　「業務委託事業者」とは、特定受託事業者（フリーランス）に業務委託をする事業者と定義される（フリーランス2条5項）。フリーランスに対し業務委託をした者であれば、消費者でない限り、幅広くこれに該当するだろう。特に注意すべきは、発注者がフリーランスであったとしても、「業務委託事業者」に含まれるという点である。

　なお、「事業者」の定義は、Ⅰ2を参照されたい。

2　「特定業務委託事業者」

　「特定業務委託事業者」とは、「業務委託事業者」のうち、以下のいずれかに該当するものをいう（フリーランス2条6項）。

> ①　個人であって、「従業員」を使用するもの（フリーランス2条6項1号）
> ②　法人であって、2人以上の「役員」がおり、または「従業員」を使用するもの（同項2号）

　簡単にいえば、発注者のうち、自身はフリーランスではない者ということができる。「従業員」を1人でも使用していたり、役員が2名以上いたりすれば、その発注者は「特定業務委託事業者」である。

　上記の定義中の「従業員」や「役員」の意義は、Ⅰ3、4を参照されたい。

3　発注者に適用されるフリーランス法の規定

　フリーランス法は、主として、発注者ではあるが自らはフリーランスではない事業者に適用されるが、契約条件明示義務に限っては、例外的に、発注者自

132

身がフリーランスであっても課されることになる。わかりやすいように表に示せば、以下のとおりとなる（フリーランス3条・4条・5条・12条・13条・14条・16条）。

【図表2-3-6】フリーランス法が適用される発注者

項　目		フリーランスである発注者	フリーランスでない発注者
下請法と同様の規制	**契約条件明示**	**適用あり**	適用あり
	報酬支払期限	適用なし	適用あり
	禁止行為	適用なし	適用あり
労働者類似の保護	契約解除・不更新の事前予告	適用なし	適用あり
	ハラスメント対策	適用なし	適用あり
	妊娠・出産・育児・介護への配慮	適用なし	適用あり
	募集情報の的確表示	適用なし	適用あり

Ⅲ　判断に迷う事例

1　自然人1名が「代表社員」である合同会社で、その同居の配偶者が存在する場合

　ある自然人AがAら100％の持分を保有する合同会社Bにおいて、Aの同居の配偶者CがB社の業務に従事している場合、B社は特定受託事業者たり

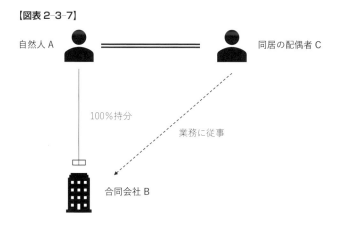

【図表2-3-7】

第2部　フリーランス法

得るか。AがB社の唯一の代表社員（業務を執行する社員）として「代表者」となるから（会社599条）、あとは、同居の配偶者Cが「従業員」や「役員」となるかが問題となる。

Ｉ3(1)で述べたとおり、同居の親族は「従業員」にあたらないと解されているから、Cは「従業員」ではないのかもしれない。

しかし、同居の配偶者Cの事業に対する関与の度合い、主体性等の事情は様々である。AがみずからB社として行っている事業をCが手伝っているということもあるかもしれないし、逆に、Aは代表社員として名義を貸しているだけであり、実際にはB社の事業はCのものであり、Cが主宰している場合もあり得るだろう。このような事情によっては、Cが事実上の役員であって、「業務を執行する社員……に準ずる者」（フリーランス2条1項2号）として「役員」に該当するとされ、特定受託事業者に該当しない可能性もある。

同居の配偶者Cが登記上取締役や監査役とされている場合には、Aの他に「役員」がいるから、B社は特定受託事業者ではないことになる。フリーランスQ&A 18も、同居親族が役員である場合には「他の役員」にあたるとする。Cが実際にはB社の業務に従事せず、登記上の肩書が名目上のものにすぎない場合であっても、同様である。登記の記載を超えて実質的に業務に従事しているかを確認することは非現実的であるし、フリーランス法の適用関係が不明確になるからである。

2　株式会社1社が「代表社員」である合同会社で、当該株式会社の唯一の株主・取締役である自然人が合同会社の職務執行者とされている場合

合同会社Bは、株式会社Cが100%の持分を保有しており、C社の唯一の株主かつ取締役が自然人Aである事例を想定する。B社は特定受託事業者たり得るか。

この場合、C社がB社の唯一の代表社員（業務を執行する社員）となる（会社599条）。ただしこの場合は、代表社員が法人であるため、業務を執行する社員の職務を行うべき自然人（職務執行者）を選任しなければならない（会社598条）。そこで、親会社Cの唯一の株主・取締役である自然人Aが合同会社

134

【図表2-3-8】

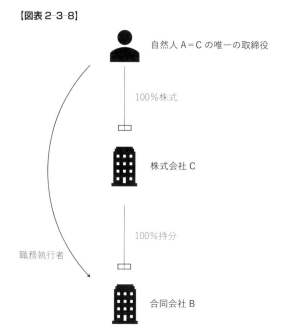

の職務執行者として選任されていることとしよう。

　この場合に、合同会社Bの「代表者」とはいったい誰なのか、そもそも「代表者」が存在すると考えてよいのかが問題となる。合同会社の代表権を有するのは株式会社であるが、Ⅰ4(2)でみたとおり、フリーランス法上の「代表者」とは自然人のみを指すものと解釈すれば、C社が「代表者」にあたるとすることはできない。

　では、職務執行者となった親会社の唯一の株主・取締役Aが「代表者」というべきか。職務執行者は代表権を有する法人たる社員の業務をあくまで代行する存在に過ぎず、「代表者」にはあたらないと考えることができる（甲説）。甲説によるならば、B社には、「代表者」が一名も存在しないことになるから、フリーランス法2条1項2号の要件を満たさず、特定受託事業者に該当しないことになる。しかし、C社にもB社にもA以外に従業員や役員がおらず、両社の事業をいずれもA1人のみで運営しているようなケースでは、ただ単に法人を1つ（C社）挟んだだけでフリーランス法の適用を受けられないことになり、妥当な帰結なのか、疑問が生じ得る。

第2部 フリーランス法

　逆に、職務執行者こそが実際には合同会社の代表者としての権限を行使するのであるから、職務執行者が「代表者」にあたると考えることもできる（乙説）。しかし、乙説によっても疑問が生じる場合がある。例えば、C社においては従業員を多く使用しており、B社の業務もC社に業務委託とする形で事実上C社（の従業員）が担っているが、B社本体では従業員が存在しないようなケースを想定すると、確かにB社には「代表者」（職務執行者）たるAしかおらず、他に従業員も役員も存在しないけれども、実際にはB社の事業はC社の「組織」によって担われているのであって、生身の自然人が自らの労働力のみによって生計を立てるという意味でのフリーランスを保護する新法の趣旨が妥当する場面ではないように思われる。

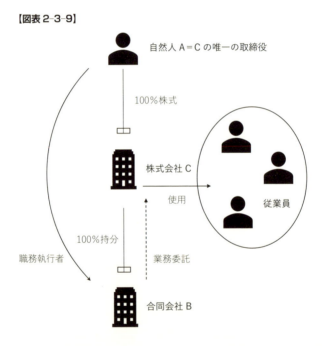

【図表2-3-9】

　そうだとすると、職務執行者自身が、かつ、職務執行者のみで、合同会社の業務を行う場合に限って、職務執行者を「代表者」と認め、特定受託事業者と認める考え方（丙説）もあり得る。ただ、こう考えてしまうと、合同会社や職務執行者の業務実態等によって特定受託事業者に該当するか否かが変わってき

第 3 章　適用範囲

てしまい、I 3 で述べた「従業員」の有無の確認の困難さと全く同じ問題が生じかねない。むしろ、従業員の有無という形式的な問題ではなく、実態として「組織」が事業を担っているのかという実質的判断を迫られる点で、確認の困難さはさらに大きいといえる。

　いずれかの説を 1 つ選ぶのだとすれば、甲説が相対的には弊害が少ないだろう。フリーランスがいくつも法人を持っているケースが通常というわけではない一方、複数の法人の資本関係上、1 人の「代表者」以外に「役員」がいないけれども実態として「組織」が業務を担っている法人が生じる場合に、フリーランス法の適用から排除することができるからである。とはいえ、甲説でも救われるべき者が救われないケースが絶無ではないし、こうしたことを個々の事例で検討すること自体煩雑なので、やはり、厳密には特定受託事業者にあたらない零細事業者一般にフリーランス法を遵守した対応をとる態勢を整えておくことが実務対応としては望ましいといえる。

　なお、上記と同様の事例ではあるが、合同会社 B の 100％ 持分を保有するのは一般社団法人 C であり、C 法人の唯一の代表理事が B 社の職務執行者を

【図表 2-3-10】

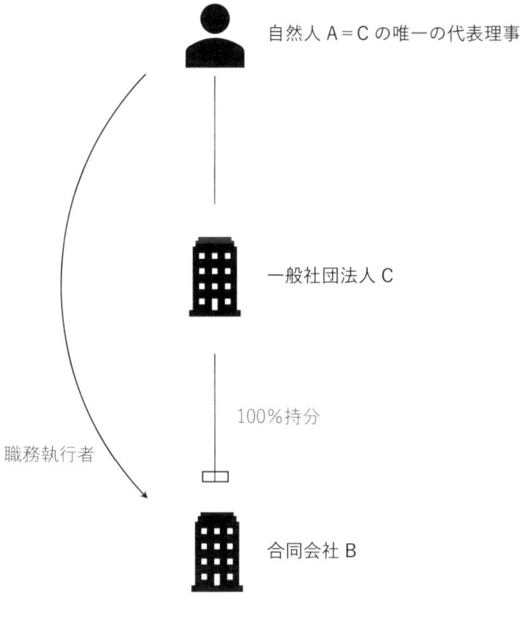

自然人 A ＝ C の唯一の代表理事

一般社団法人 C

100％持分

職務執行者

合同会社 B

第 2 部　フリーランス法

兼務する事例を想定する。この場合も、上記と同様に考えることができるであろう。

3　株式会社 1 社が「代表社員」である合同会社で、当該株式会社の従業員 1 名が合同会社の職務執行者とされている場合

2 と同じく、合同会社 B は、株式会社 C が 100% の持分を保有しており、C 社の唯一の株主かつ取締役が自然人 A である事例を想定する。しかしこちらでは、A ではなく、C 社の従業員である D が合同会社 B の職務執行者として選任されていることとしよう。

2 と同じく甲・乙・丙説に従って考えてみると、甲説による場合には、職務執行者は「代表者」にあたらず、B 社には「代表者」が存在しないこととなるから、B 社は特定受託事業者にあたらない。

他方乙説による場合には、D が「代表者」にあたり、他に B 社に「従業員」がいない限り、B 社は特定受託事業者に該当することになる。ただ、D は自らフリーランスとして B 社の業務に従事しているわけではなく、C 社の「組

【図表 2-3-11】

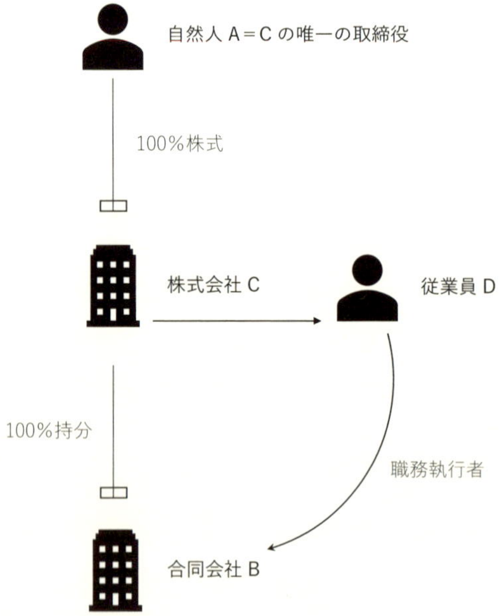

自然人 A ＝ C の唯一の取締役

100％株式

株式会社 C　　　従業員 D

100％持分

職務執行者

合同会社 B

織」に組み込まれた存在として業務に従事しているのであり、2の場合よりいっそう、フリーランス法で保護すべき場合にあたらないだろう。

　丙説によれば、DのみがB社の業務に従事しており、他のC社従業員の関与がない場合には、Dは「代表者」であり、B社は特定受託事業者にあたるという余地があることになるが、乙説と同じく、そもそもD自身が自らフリーランスとして業務に従事しているわけではなく、あくまでC社の「組織」に組み込まれた存在に過ぎないことを考えると、フリーランス法を適用する意味に乏しいように思われる。

4　自然人1名と法人1社がいずれも「代表社員」である合同会社の場合

　合同会社Bは、株式会社Cが51％の持分を、自然人Aが49％の持分を、いずれも保有しており、AとC社のいずれもが、B社の代表社員である事例を想定する。B社は特定受託事業者にあたり得るか。

　この場合、合同会社Bの「代表者」とはいったい誰なのか、「一の代表者」のみが存在すると考えてもよいかが問題となる。B社の代表者としてAとC社の2名がいるため、「一の代表者」というフリーランス法の要件を満たさず、B社は特定受託事業者にあたらないと考えることもできる。他方で、法人は同法にいう「代表者」や「役員」にあたらないのだとすれば、自然人たる代表者はA1名のみであり、「一の代表者」のみが存在すると考えることもできる。

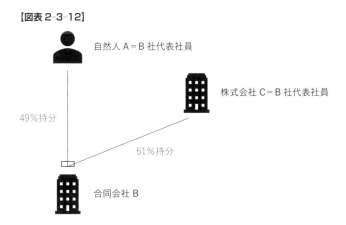

【図表2-3-12】

いずれにしても、Ⅰ4(3)で述べたとおり、「役員」には法人を含むと解するならば、A以外にC社という「業務を執行する社員」が存在する以上、他に「役員」がいないという要件を満たさず、B社は特定受託事業者にあたらないことになろう。

5　自然人1名が「代表社員」である一方、法人1社も（代表権のない）社員である合同会社の場合

合同会社Bは、株式会社Cが51%の持分を、自然人Aが49%の持分を、いずれも保有していることは4と同様であるが、AのみがB社の代表社員であり、C社は代表権・業務執行権のない社員にとどまる事例ではどうか。

この場合、B社の「一の代表者」がAであり、かつ、C社に業務執行権がない以上、他に「役員」がいないということになり、B社は特定受託事業者にあたり得ることになる。

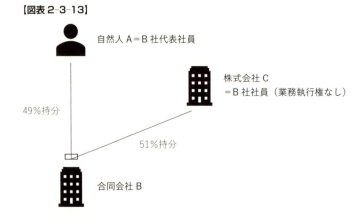

【図表2-3-13】

6　自然人1名が唯一の取締役である株式会社で、会計参与が選任されている場合

ある自然人Aが、株式会社Bの唯一の取締役であるが、このほかB社には公認会計士Cが会計参与として選任されている事例を想定する。なお、B社には従業員は存在しないものとする。B社は特定受託事業者にあたるか。

この場合には、Aが「代表者」である。他に「役員」がいなければ、B社は

第3章　適用範囲

特定受託事業者に該当することになる。あとは、会計参与として自然人である公認会計士Ｄが選任されているから、会計参与が「役員」に該当するかが問題となる。

　会社法上は、会計参与は「役員」に含まれるが（会社329条1項）、フリーランス法上の「役員」には、会計参与は明示的には含まれていない（フリーランス2条1項2号）。あえて除外したのだと考えれば、会計参与はフリーランス法上の「役員」には含まれないと解することもできる。他方で、会計参与は、取締役と共同して計算書類等を作成する会社法上の機関であるから（会社374条）、同じく計算書類等を作成することとなる「取締役」に「準ずる者」として、「役員」にあたると解することもできる。

　会計参与を選任しているフリーランスが多く存在するとは思われないので、この問題が顕在化することはあまりないであろうが、仮に答えを出すとすれば、会計参与は「役員」に含まれると解しておいた方が、実務上の混乱は少ないであろう。なぜなら、会計参与は商業登記上記載されており（会社911条3項16号）、これを見た発注者としては、「役員」として認識するのが通常だろうからである。

　以上のことは、会計参与として監査法人その他の法人が選任されていた場合でも同様であり、監査法人が会計参与に選任されていれば、他に「役員」がいるものとして特定受託事業者にはあたらないと解される。Ⅰ4(3)でみたように、

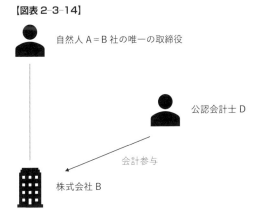

【図表2-3-14】

第 2 部　フリーランス法

「役員」は自然人に限られず法人も含まれると考えるからである。

7　任意組合

以下では、任意組合（民 667 条以下）がフリーランス法上どのように位置づけられるか検討する。

⑴　任意組合の法的性質

まず、任意組合とはどのような法的性質を有するかを押さえておく必要がある。会社などの社団は、その法律効果は社団自体に帰属するのに対し、任意組合においては、法律効果は各組合員に帰属する[21]。任意組合においては、資産は各組合員の所有であり、ただ団体的拘束を受ける（合有）に過ぎず、負債も各組合員の負債である[22]。

これを前提とすると、任意組合がフリーランスに対し業務委託を行う場合、または、発注者から任意組合が業務委託を受ける場合いずれにおいても、業務委託に係る契約関係やそれに基づき発生する各種権利義務は、各組合員に帰属することになる。

同時に、「従業員」の使用の要件との関係では、任意組合が従業員を使用している場合には、当該使用に係る契約関係やそれに基づき発生する各種権利義務は、各組合員に帰属することになる。

⑵　「事業者」該当性

任意組合は、各当事者が出資をして共同の「事業」を営む契約であるし（民 667 条 1 項）、現実に世の中に存在する任意組合を見ても、法律事務所のような士業の共同事務所や、建設工事請負における共同企業体（ジョイントベンチャー）、投資組合、映画製作委員会などが思い当たるが[23]、いずれも「事業者」と呼ぶべき実質を備えている。任意組合が「事業者」にあたらないというのは困難と思われる。

とはいえ、上記⑴からすると、任意組合自体が「事業者」と取り扱われるのではなく、任意組合の個々の組合員が「事業者」と取り扱われるものと思われ

---

21)　我妻榮『債権各論中巻二』（岩波書店、1962 年）754–755 頁。

22)　我妻・前掲注 21) 755 頁。

23)　中田裕康『契約法〔新版〕』（有斐閣、2021 年）561 頁。

第 3 章　適用範囲

る。

⑶　「特定受託事業者」該当性

任意組合が業務委託を受ける場合を想定すると、任意組合やその組合員は「特定受託事業者」（フリーランス 2 条 1 項）に該当するか。「特定受託事業者」には個人（自然人）と法人との 2 つしか観念されておらず、任意組合自体がいずれにあたるのか、それともいずれにもあたらないのかも含めて問題となる。

上記⑴の整理からすると、任意組合自体が「特定受託事業者」と取り扱われるのではなく、任意組合の個々の組合員が「特定受託事業者」に該当するかが問われることになると思われる。

そして、上記⑴のとおり、発注者から任意組合が業務委託を受ける場合、当該業務委託に係る契約関係やそれに基づき発生する各種権利義務は、各組合員に帰属することになるから、各組合員が業務委託を受けたことになるものと思われる。

さらに、任意組合が従業員を使用している場合には、当該使用に係る契約関係やそれに基づき発生する各種権利義務は各組合員に帰属するから、各組合員が「従業員」を使用しているものとして、特定受託事業者にあたらないものと考えられる。政府見解も、任意組合たる事務所が雇用主となってアシスタントスタッフを雇用している場合には、各組合員が「従業員を使用」しているものとして、各組合員への業務委託はフリーランス法の適用対象とならない旨明示する（フリーランス Q&A 12）。

他方で、従業員を使用していない任意組合（例えば、2 人以上の弁護士が組合形態で営む法律事務所が、事務員を一人も雇用していない場合）は問題が大きい。当該組合の個々の組合員が自然人である場合、同組合員が独自に「従業員」を使用していない限り、特定受託事業者に該当すると解するのが、フリーランス法の文言をそのまま適用した帰結とも思われる。しかし、そもそも任意組合は、複数の自然人が共同して事業を営むもので（民 667 条 1 項）、互いの労働力を互いに利用し合って、「組織」性を帯びているから、その組合員も含め、フリーランス法で保護すべき客体とは本来いえないように思う。

⑷　「業務委託事業者」「特定業務委託事業者」該当性

⑶とは逆に、任意組合がフリーランスに対し業務委託をする場合を想定する

143

第 2 部　フリーランス法

と、任意組合やその組合員は「業務委託事業者」「特定業務委託事業者」（フリーランス 2 条 5 項・6 項）に該当するか。

上記(1)の整理からすると、任意組合自体が「業務委託事業者」と取り扱われるのではなく、任意組合の個々の組合員が「業務委託事業者」「特定業務委託事業者」に該当するかが問われることになる。

そして、上記(1)のとおり、任意組合がフリーランスに対し業務委託を行う場合、当該業務委託に係る契約関係やそれに基づき発生する各種権利義務は、各組合員に帰属することになるから、各組合員が「業務委託事業者」に該当するものと思われる。

あとは、各組合員が「特定業務委託事業者」に該当するかという問題が残るが、これは、(3)と同様である。すなわち、任意組合において従業員を使用している場合には、各組合員が「従業員」を使用しているものとして、「特定業務委託事業者」にあたるものと考えられる。

他方で、従業員を使用していない任意組合の問題も(3)と同様である。当該組合の個々の組合員が自然人である場合、同組合員が独自に「従業員」を使用していない限り、「特定業務委託事業者」にあたらず、したがって、契約条件明示義務以外のフリーランス法上の義務を負わないと解するのが、同法の文言をそのまま適用した帰結とも思われる。しかし、そもそも任意組合は「組織」性を帯びており、その組合員も含め、フリーランス法上の各種義務を負わせなくてよいのか、疑問は残る。

Ⅳ　実務対応のポイント

1　広く零細事業者にフリーランス法対応をとる場合

以上検討してきたように、発注者としては、目の前のフリーランスがフリーランス法上の「特定受託事業者」に該当するかどうかを確定することは困難であり、いったん確定しても、その後従業員や役員が加わったり、一旦加わった従業員や役員が辞めてしまったりと、状態は容易に変化し得る。したがって、実務対応としては、個別の取引で相手方が「特定受託事業者」に該当するかどうかを逐一確認する手間を取るよりは、広く個人を含む零細事業者と取引する

144

第3章 適用範囲

場合一般について、フリーランス法に対応できるようにしておくことが現実的と考える。

厳密にはフリーランス法の適用対象とならない事業者も含めて広く零細事業者に対しフリーランス法対応をする場合のチェックポイントは、図表 2-3-15 のとおりである。①契約が業務委託契約かそれ以外の契約か、②取引相手が個人名義か、③（法人の場合）従業員や役員がいると特に調べずとも確信できるか、という3つのポイントを想定している。

【図表 2-3-15】

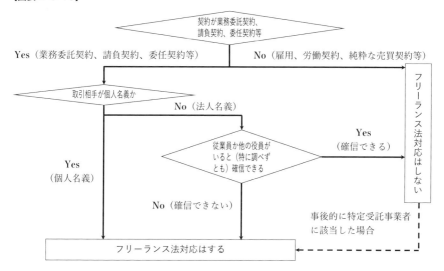

②取引相手が個人名義であれば、従業員の有無にかかわらず（従業員がいる旨申告があった場合でも）、なおフリーランス法対応をしておくことを想定している。従業員がいる旨申告があっても、それが事実と合致しているかを確認しようがないし、申告させてもその後従業員の有無が変わり得るからである。

③従業員や役員がいると特に調べずとも確信できるかどうかが、もしかするとわかりにくいかもしれない。例えば取引先が上場企業であることが特に調べずともわかるような場合には、およそ特定受託事業者に該当する例はないと確信してよい。取引先の担当者が一定数（全く従業員がいなくなる事態が起こりそ

第2部　フリーランス法

うにないほど十分な数）以上出てきたのであれば、他に従業員か役員が存在する
はずであり、やはり特定受託事業者にあたらないものと考えてよい。他方で、
おそらくは従業員や役員はいそうだけれども、確信までには至らないのであれ
ば、フリーランス法対応をとることでよいものと思われる。

　業務委託時点では特定受託事業者に該当しなかったが、事後的に特定受託事
業者に該当することとなったことが明らかになった場合には、フリーランス法
対応の対象に加えることが必要となる。

　なお、広く零細事業者にフリーランス法への対応をする場合であっても、
個々のフリーランスから従業員や役員が存在する・しない旨の申告を電子メー
ル等で受けるように実務フローを構築しておくこと自体は、無益ではないであ
ろう。

2　フリーランス法の適用対象のみに対応を限定する場合

　他方で、フリーランス法の適用範囲となる特定受託事業者のみに同法対応を
厳密に限局し、それにあたらないフリーランスないし零細事業者にはフリーラ
ンス法対応をしないようにしたいという場合のチェックポイントは、図表2-3
-16のとおりである。①契約が業務委託契約かそれ以外の契約かでふるい分け
をしたうえで、②従業員や役員が存在する旨の申告書等を、法人の場合には登
記を添付させて提出させ、提出がなければフリーランス法対応の対象とし、③
提出があれば、その内容が事実と異なることが判明しない限り、いったんフリ
ーランス法対応はしないこととする。

　しかし、申告書の内容が事実と異なり、フリーランスが業務委託時当初から
特定受託事業者であることが事後的に判明した場合や、業務委託時点では特定
受託事業者に該当しなかったが、事後的に特定受託事業者に該当することとな
ったことが明らかになった場合には、フリーランス法対応の対象に加えること
が必要となる。1の場合と比べると、この対応をする必要が生じる例が多くな
ることが想定される。

　②の申告書等については、法人の場合には登記上役員の有無は明確になるの
で、これを添付させることが望ましいであろう。もちろん、発注者側で都度登
記を確認できるのであればそれに代えてもよい。いずれにしても、それなりの

第 3 章　適用範囲

【図表 2-3-16】

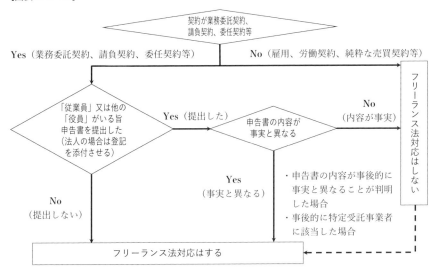

手間になることが想定される。

申告書という書面が必要ということではなく、政府見解が述べるように、従業員や役員が存在する・しない旨を電子メール等で申告させることでも差し支えない。

3　申告書等のひな形

従業員や役員の有無をフリーランスに申告させる申告書のひな形、電子メール等で申告させる場合に当該申告を要請するメッセージひな形は、以下のとおりである。

【図表 2-3-17】申告書のひな形

●●株式会社　御中

申　告　書

下記署名欄記載の者（以下「申告者」といいます。）は、貴社と業務委

147

第2部　フリーランス法

託契約を締結するにあたり、以下のとおり申告します。

　　注：以下のチェック欄のうち該当するものにチェックをつけてください。

1　従業員の有無

　　申告者は、従業員を使用して　□　います。　／　□　いません。

注：従業員とは、週労働20時間以上かつ継続して31日以上の雇用が見
　　込まれる者のみであり、これに該当しない者は従業員にあたりません。
　　また、同居の親族も従業員に該当しません。
　　他方で、派遣労働者を受け入れている場合には、週労働20時間以上
　　かつ継続して31日以上の雇用が見込まれる者である限り含まれます。
　　判断に迷う場合は、ご相談ください。

2　役員の有無

　　申告者は、　□　個人事業主　／　□　法人　です。

注：「法人」にチェックをつけた場合のみ、以下にもチェックをつけてく
　　ださい。

　　申告者には、氏名：＿＿＿＿＿＿＿＿＿以外に、役員が　□　います。
／　□いません。

注：氏名欄には、法人の代表者の方のお名前を記載してください。
　　役員とは、理事、取締役、執行役、業務を執行する社員、監事若しく
　　は監査役又はこれらに準ずる者を指します。判断に迷う場合は、ご相
　　談ください。
　　申告者の履歴事項全部証明書を本申告書に添付してください。

　　以上の内容は、真実と相違ありません。以上の内容が真実と相違した場
合には、貴社との間の業務委託契約が解除されたとしても、異議がありま
せん。

　　　　　　年　　　月　　　日

　　　　　　　　申告者

第 3 章　適用範囲

氏名・名称　＿＿＿＿＿＿＿＿＿＿＿＿＿＿＿＿＿＿＿

住所　＿＿＿＿＿＿＿＿＿＿＿＿＿＿＿＿＿＿＿＿＿＿

（法人の場合）代表者氏名　＿＿＿＿＿＿＿＿＿＿＿＿＿

【図表2-3-18】メッセージのひな形

　●●様

　この度は、当社とお取引を開始していただくことになりまして、誠にありがとうございます。
　お取引の開始に際し、法令遵守の観点から、以下の事項を電子メール、LINE 等にてご返信いただけますでしょうか？

1　貴殿が従業員を使用しているかどうか。

　注：従業員とは、週労働 20 時間以上かつ継続して 31 日以上の雇用が見込まれる者を指し、これに該当しない者は従業員にあたりません。
　また、同居の親族も従業員に該当しません。
　他方で、派遣労働者を受け入れている場合には、週労働 20 時間以上かつ継続して 31 日以上の雇用が見込まれる者である限り含まれます。
　判断に迷われる場合は、ご相談ください。

2　貴殿が個人事業主であるか、それとも法人であるか。法人である場合には、代表者のお名前と、その代表者以外に役員がいらっしゃるか否か。

　注：役員とは、理事、取締役、執行役、業務を執行する社員、監事若しくは監査役又はこれらに準ずる者を指します。判断に迷われる場合は、ご相談ください。

　貴殿が法人である場合、貴社の履歴事項全部証明書を添付してお送りいただけましたら幸甚です。

149

第2部　フリーランス法

> 　なお、上記の事項をご返信いただくのは、フリーランス法の適用の有無を確認し、法令遵守を確保するためのものです。ご返信いただいた内容が真実と相違した場合には、貴殿との間の業務委託契約を解除させていただく場合もございますので、その点をご理解いただけましたら幸いです。
>
> 　ご不明な点がございましたら、●●までお気軽にお問い合わせください。
>
>

V　国際的適用範囲

1　政府見解

　2023年4月21日の参議院本会議における後藤茂之大臣の答弁によれば、国・地域をまたがるフリーランスへの業務委託については、「その業務委託の全部又は一部が日本国内で行われていると判断され」ればフリーランス法が適用されるとし、例えば、以下の3つの場合が含まれるとする[24]。

> ①　日本に居住するフリーランスが海外所在の発注事業者から業務委託を受ける場合（ケースA）。
> ②　海外に居住するフリーランスが日本所在の発注事業者から業務委託を受ける場合について、委託契約が日本国内で行われたと判断される場合（ケースB）。
> ③　業務委託に基づきフリーランスが商品の製造やサービスの提供等の事業活動を日本国内で行っていると判断される場合（ケースC）。

　しかし、このような帰結になる理由や理論的背景は説明されていないし、「委託契約が日本国内で行われたと判断される場合」「業務委託に基づきフリーランスが商品の製造やサービスの提供等の事業活動を日本国内で行っていると判断される場合」とは具体的にどのような場合なのか、解釈の基準も見えない。

---

[24]　第211回国会参議院本会議第17号2023年4月21日会議録〔発言：15番〕。

第 3 章　適用範囲

そこで以下では、フリーランス法の基になった各種法律の国際的適用範囲を概観した上、フリーランス法そのものの国際的適用範囲を、理論的観点から論じる。

2　独占禁止法・下請法の国際的適用範囲

独禁法の公法的側面の域外適用について、ブラウン管カルテル事件（最三小判平成 29・12・12 民集 71 巻 10 号 1958 頁）は、「国外で合意されたカルテルであっても、それが我が国の自由競争経済秩序を侵害する場合には、同法の排除措置命令及び課徴金納付命令に関する規定の適用を認めて」おり、「価格カルテル（不当な取引制限）が国外で合意されたものであっても，当該カルテルが我が国に所在する者を取引の相手方とする競争を制限するものであるなど，価格カルテルにより競争機能が損なわれることとなる市場に我が国が含まれる場合には，当該カルテルは，我が国の自由競争経済秩序を侵害する」ものとして、日本国外で行われた価格カルテル合意の当事者たるマレーシア法人への課徴金納付命令を認めた。

民事的適用場面では、東京地裁平成 19 年 8 月 28 日決定（判時 1991 号 89 頁）は、当事者間に韓国法を準拠法とする合意が存在したにもかかわらず、「独占禁止法は強行法規である」ことを理由に、日本の独禁法を適用し、同法 24 条に基づく差止請求につき自らの国際裁判管轄を認め、契約の更新拒絶が優越的地位の濫用等に該当するかどうかを審理判断した（結論は否定）。かかる裁判例を前提とすれば、独禁法上の優越的地位の濫用規制は、絶対的強行法規に属すると解すべきものと思われる。

独禁法上の優越的地位濫用規制は、優越的地位濫用の相手方が日本に所在するのであれば適用されるとする見解がある[25]。

下請法は、「下請事業者の利益を保護」（下請 1 条）することを直接の目的としていることから、親事業者の所在地にかかわらず、下請事業者が日本に所在する場合には下請法が適用されるが、下請事業者が外国に所在する場合には下

---

25)　長澤哲也『優越的地位濫用規制と下請法の解説と分析〔第 4 版〕』（商事法務、2021 年）114 頁。

第 2 部　フリーランス法

請法は適用されないとする見解がある [26]。他方で、下請事業者が日本にいる場合に下請法が適用されることを肯定しつつ、下請事業者が海外にいる場合であっても、海外の下請先から搾取した発注者が不当に有利な立場に立つことを防ぐため、下請法は適用されるとする見解 [27]、下請事業者が外国に所在する場合に下請法が適用されないということでよいのか明確ではないとする見解もある [28]。

3　労働法規の国際的適用範囲

労働法規の国際的適用範囲は、古くから議論されてきた論点であるが、詳細は、宇賀神崇ほか編『Q&A 越境ワークの法務・労務・税務ガイドブック』(日本法令，2023 年) コラム 1〜3 を参照されたい。

(1)　準拠法アプローチと絶対的強行法規アプローチ

ある法規の国際的適用範囲を考えるに当たっては、国際私法の準拠法選択ルール (日本では法の適用に関する通則法) によって決する準拠法アプローチと、法廷地国が社会的・経済的政策目的の実現のために定めた一定の「絶対的強行法規」について、その地理的適用範囲を確定する絶対的強行法規アプローチとが考えられる。

いずれのアプローチを用いるのかには、様々な帰結があり得る。労働法規の中でも、刑事法・行政法的効力を持たない純粋な私法的規定であれば、準拠法アプローチをとることが通常である。例えば、民法、労働契約法、労働契約承継法のほか、強行法的性格を有する判例法理も、これに含まれる。

他方、絶対的強行法規アプローチの対象となる絶対的強行法規とは、法廷地においてはその内容が貫徹されるべきであるという法規であることから、これに該当するかどうかは、一般に、当該法規の趣旨・目的に示される強行性ないし公権力性によるとされる [29]。山川隆一教授は、一歩進んで、以下の諸要素

---

26)　池田毅「下請法の実務に明るい弁護士による『ケーススタディ下請法』(第 3 回) 下請法の適用範囲②」公正取引 788 号 (2016 年) 54、59-60 頁、長澤・前掲注 25) 127 頁。

27)　内田清人ほか『下請法の法律相談』(青林書院、2022 年) 61-68 頁〔石井林太郎、菅野みずき〕。

28)　道垣内正人「国内法の国際的適用範囲」自由と正義 61 巻 5 号 (2010 年) 20 頁、24 頁。

29)　櫻田嘉章＝道垣内正人編『注釈国際私法第 1 巻』(有斐閣、2011 年) 36 頁〔横溝大〕。土田

152

を考慮して、いずれのアプローチをとるか決するとの見解を提唱している[30]。

> ① 規律の目的は私人間の利益調整か、あるいはそれを超えた国家の特定の政策（社会政策ないし経済政策）の実現か（いずれに重点が置かれるか）。
> ② 問題となっている法規の規律の対象が私人間の権利義務関係か、政府と事業主その他の私人との（規制）関係か。
> ③ 法の実現の方法として、裁判による権利の実現のみが予定されているか、刑罰や行政取締などのより権力的な関与や特別の行政手続が予定されているか。
> ④ 立法者が当該法規の地域的適用範囲を自ら限定したとみられる他の事情は存在するか。
> ⑤ それぞれのアプローチによりもたらされる結果は当該法規の趣旨に照らして妥当なものか。

労働基準法のような、刑事法・行政法的側面と共に民事法的側面をも有する混合的規定については、刑事法・行政法的側面のみならず民事法的側面も含めてすべて絶対的強行法規アプローチをとるべきとの見解[31]、刑事法・行政法的側面は絶対的強行法規アプローチをとりつつも、民事法的側面は準拠法アプローチを用いる見解[32]とが対立する。

ある一つの法律であっても、性質の異なる複数の規範からなることが多いことから、いずれにアプローチをとるかは、法律単位ではなく、個別の規範ごとに決すべきものと考えられる[33]。

(2) 準拠法アプローチの帰結

労働法規の国際的適用範囲を準拠法アプローチで考える場合には、当事者の

道夫編『企業法務と労働法』（商事法務、2019）286 頁〔土田道夫〕も、刑罰や行政監督等の国家的・公法的制裁の有無を重視して判断するとしている。

30) 山川隆一『国際労働関係の法理』（信山社出版、1999 年）173 頁。
31) 土田道夫『労働契約法〔第 3 版〕』（有斐閣、2024 年）1112-1113 頁、山川・前掲注 30）180-182 頁
32) 水町勇一郎『詳解労働法〔第 3 版〕』（東京大学出版会、2023 年）1387-1389 頁、野川忍『労働法』（日本評論社、2018 年）122-123 頁、村上愛「法の適用に関する通則法 12 条と労働契約の準拠法」一橋法学 7 巻 2 号（2008 年）319 頁以下。
33) 西谷祐子「消費者契約及び労働契約の準拠法と絶対的強行法規の適用問題」国際私法年報 9 号（2007 年）42 頁。

第2部　フリーランス法

準拠法選択があればそれにより（法適用7条）、当事者の選択がない場合には最密接関係地法が準拠法となる（法適用8条）。

　ただし、「労働契約」については特則がある。当事者の準拠法選択がない場合、「労務を提供すべき地の法」（労務提供地を特定できない場合には、労働者を雇い入れた事業者所在地の法。以下「労務提供地法」という）が最密接関係地法と推定され、この推定が覆されない限り、労務提供地法が準拠法となる（法適用12条3項）。当事者の準拠法選択がある場合であっても、最密接関連地法（労務提供地法）中の「強行規定」も重畳的に適用される（法適用12条1項・2項）。

(3)　絶対的強行法規アプローチの帰結

　労働法規の国際的適用範囲を絶対的強行法規アプローチで考える場合には、地理的適用範囲をどのように画するかで、さらに見解が枝分かれする。

　労働基準法の行政解釈は、古くから、日本国内に「事業」がある場合には、海外で労働者が作業に従事する場合であっても日本の労働基準法が適用されるとして、事業所在地を基準とする見解を示している（事業所在地説）[34]。多くの見解も事業所在地説をとるように見える[35]。

　他方、労働者が労務を提供すべき地が日本国内にある場合に日本の労働基準法が適用されるとの前提に立つ見解（労務提供地説）もある[36]。

　両説の折衷的な見解として、事業所在地か労務提供地のいずれかが日本国内にあれば労働基準法の適用を認めるかのような見解もある[37]。

4　フリーランス法の国際的適用範囲

(1)　フリーランス法の性格

　フリーランス法は、「個人が事業者として受託した業務に安定的に従事することができる環境を整備するため」に、取引の適正化と就業環境の整備を図ることを直接の目的とし、これにより、「国民経済の健全な発展に寄与」するこ

---

34)　昭和25年8月24日基発776号。

35)　菅野和夫＝山川隆一『労働法〔第13版〕』（弘文堂、2024年）201頁、山川・前掲注30）178-179頁。

36)　西谷・前掲注33) 45頁等。インターナショナル・エア・サービス事件・東京地決昭和40・4・26労民集16巻2号308頁も参照。

37)　土田編・前掲注29) 286頁、313頁〔土田〕。

とを究極の目的とする（フリーランス1条）。個々のフリーランス・発注者間の利益調整に資する側面がないとはいえないが、全体としては経済・社会政策的な性格と位置付けることができる。

フリーランス法の規制内容を見ても、全体として、個々のフリーランス・発注者間の権利義務関係を定めたというよりは、業務委託事業者ないし特定業務委託事業者に対し義務を負わせる規定が多い。報酬の支払期日を定める4条、妊娠・出産・育児・介護に対する配慮義務を定めた13条、解除・不更新の30日前予告義務を定める16条のように、個々のフリーランス・発注者間の権利義務関係を定めたものと読む方が文言上素直な規定も散見されるが、このような規定でさえ、立案担当者は、報酬の支払期日の規制（フリーランス4条2項）には民事上の効果はないとするなど[38]、公法的な規制にとどまるものと考えられる。

フリーランス法のエンフォースメントのあり方を見ても、指導・助言（フリーランス22条）、勧告（フリーランス8条）、命令（フリーランス9条）、罰則（フリーランス24条以下）といった行政法的、刑事法的手段のみが定められており、その規定上、私法上の効力を明記するものはない。

このように見てくると、フリーランス法全体が絶対的強行法規だと考える方が素直だということになる。

他方、第2部第9章で後述するとおり、フリーランス法に私法的効力を認める場合には、同法の民事法的側面に限っては、準拠法アプローチが用いられる余地があることになる。

(2) 絶対的強行法規アプローチ

絶対的強行法規アプローチに立つと、フリーランス法が適用される地域的適用範囲は、どのように画されるか。

(a) 独禁法・下請法と同様の考え方

フリーランス法に下請法由来の規制を盛り込んでいることを重視して、独禁法や下請法と同様に解釈することが考えられる。

下請事業者が日本に所在する場合にのみ下請法の適用を考える見解をとる場

---

38)　渡辺ほか・前掲注1）48頁、岡田ほか・前掲注1）33頁、松井ほか・前掲注1）39頁。

合、同様に、フリーランス（特定受託事業者）が日本国内にいればフリーラン
ス法が適用されるが、日本国外にいる場合にはフリーランス法は適用されない、
という解釈があり得る。同法が「個人」として業務に従事するフリーランスの
保護を意図していること（フリーランス1条）からすれば、このような帰結は
素直なものに映る。

　このような帰結からストレートに説明し得るのは、**1**で紹介した政府見解で
フリーランス法の適用があるものとされたケースのうち、ケースA（日本に居
住するフリーランスが海外所在の発注事業者から業務委託を受ける場合）、ケースC
（業務委託に基づきフリーランスが商品の製造やサービスの提供等の事業活動を日本
国内で行っていると判断される場合）である。いずれも、フリーランスが日本国
内に所在しているからである。

　他方で、**1**で紹介したケースB（海外に居住するフリーランスが日本所在の発
注事業者から業務委託を受ける場合について、委託契約が日本国内で行われたと判
断される場合）は、フリーランスは海外に所在しているため、上記の解釈から
はやや奇異に映る。「委託契約が日本国内で行われた」というポイントが重要
ということなのかもしれないが、いかなる場合に「委託契約が日本国内で行わ
れた」と判断できるのか不明である。契約締結時にフリーランスが日本国内に
物理的に所在した場合はわかりやすいが、フリーランスが契約締結時に日本国
外にいながら、日本に所在するサーバーを経由してメールベースで委託契約を
締結した場合なども「委託契約が日本国内で行われた」と判断してしまうと、
上記の帰結からは距離があるものといえる。

(b)　労働法規と同様の考え方

　他方で、フリーランス法が労働法規由来の規制を盛り込んでいることを重視
すると、労働法規と同様に、事業所在地や労務提供地を基準に考えることがで
きる。

　事業所在地を基準に考えるのであれば、フリーランスではなく、発注者の所
在地がむしろ基準となる。この基準からすれば、**1**で紹介したケースB（海外
に居住するフリーランスが日本所在の発注事業者から業務委託を受ける場合につい
て、委託契約が日本国内で行われたと判断される場合）がフリーランス法の適用
範囲に含まれることは容易に説明することができる。ただし、「委託契約が日

第3章　適用範囲

本国内で行われた」という要素は不要である。委託契約の締結地が日本国内国外にかかわらず、発注者が日本国内にいれば十分だからである。他方で、ケースA・Cは、発注者が日本国内に所在しないか、所在地が不明であり、事業所在地基準で説明することは困難である。

　労務提供地を基準に考えるのであれば、フリーランスの所在地を基準とすることになる。これは、(a)と同様の帰結になる。すなわち、ケースA・Cはフリーランス法が適用されることをストレートに説明しやすいが、ケースBにフリーランス法が適用される理由が説明しづらくなる。

　発注者の事業所在地かフリーランスの労務提供地のいずれかが日本国内にあればよいと考えるのであれば、ケースA〜Cいずれにもフリーランス法が適用されることを容易に説明することができる。

　(c)　検　討

1で紹介した政府見解のケースA〜Cが理論的に基礎づけられるかを表にまとめると、以下のとおりである。

	ケースA	ケースB	ケースC
独禁法・下請法	○	△	○
事業所在地基準	×	○	×
労務提供地基準	○	△	○
事業所在地・労務提供地基準	○	○	○

　結局のところ、政府見解のA〜Cのすべてを理論的に説明するためには、発注者かフリーランスのいずれかが日本国内にいることがフリーランス法の適用の条件と考えることになろう。政府見解の「業務委託の全部又は一部が日本国内で行われていると判断され」るとは、この意味で理解されることになる。

(3)　**準拠法アプローチ**

　フリーランス法の適用関係を準拠法アプローチで検討する余地は、上記(1)の整理からするとあまり存在しないように見えるが、仮に同アプローチをとる場合に問題となる論点をいくつか検討する。

　まず、法適用通則法12条の適用対象となる「労働契約」に、フリーランスと発注者との間の業務委託契約が含まれるか、という論点があり得る。「労働

157

第 2 部　フリーランス法

契約」が、労働契約法上の労働者性が認められる場合と同じ範囲を意味するのであればわかりやすいが、前者の方が後者より広い可能性がある場合には、フリーランスが「労働者」でなくても、その業務委託契約が「労働契約」に該当する余地が生じることになる。もっとも、有力な見解は、「労働契約」にあたるかどうかは、交渉力格差に鑑みて労働者の保護を図るという同条の趣旨を前提にすれば、労働者が使用者の指揮命令に服するかどうかを主たる基準とすべきであり、具体的判断要素としていわゆる昭和 60 年報告（労働基準法研究会報告「労働基準法の『労働者』の判断基準について」〔1985 年 12 月 19 日〕）類似の要素を列挙しており [39]、実質的には第 1 部第 1 第 3 章で述べた労働者性の判断と大差ないように思われる。

　また、最密接関連地法や労務提供地法をどのように確定するのかという問題もあり得る。フリーランスがある 1 か所にとどまり業務に従事しているならわかりやすいが、一定期間ごとに滞在場所を転々としながら業務に従事するいわゆる「デジタルノマド」[40] のような働き方をするフリーランスの場合には、労務提供地（労務を提供すべき地）の確定に困難が生じる場合もあり得る。

---

[39]　櫻田＝道垣内編・前掲注 29）276 頁〔高杉直〕。
[40]　デジタルノマドの税務上の問題点を論じたものとして、小山浩ほか「デジタルノマドの展望」税務弘報 71 巻 11 号（2023 年）121 頁。

第4章
義　務

I　概　要

　フリーランス法は、特定受託事業者に係る取引の適正化のために、業務委託事業者側に一定のルールを定めている。大きく分けて、①契約内容の明示に関するルール（フリーランス3条）、②報酬の支払に関するルール（フリーランス4条）、③特定受託事業者との取引条件・対応におけるルール（フリーランス5条）とがある。概要は以下のとおりである。

　①契約内容の明示に関するルールは、特定受託事業者に対し事業のために業務委託をする場合のすべてに適用されるものである。業務委託事業者は、特定受託事業者に対して一定の業務を委託した場合には、原則として、直ちに、給付内容や報酬の額等の公取委フリーランス法施行規則で定める事項（以下「明示事項」という）を、書面または一定の電磁的方法（明示方法）によって明示することが義務付けられている（フリーランス3条1項）。かかる明示を書面ではなく電磁的方法によって行うに当たっては、下請法とは異なり特定受託事業者の承諾は必要ない（下請3条2項参照）。もっとも、特定受託事業者から書面の交付を求められた際には、原則として、遅滞なく、これを交付しなければならない（フリーランス3条2項）。

　②次に、報酬の支払に関するルールは、組織対個人の関係、特定業務委託事業者と特定受託事業との業務委託の場合に適用されるものである。特定業務委託事業者は、特定受託事業者への報酬の支払期日を、特定受託事業者から給付を受領した日（役務の提供を委託した場合には役務の提供を受けた日。以下同じ）から起算して60日以内の、できる限り短い期間に設定しなければならず、仮に報酬の支払期日を定めなかった場合には「給付を受領した日」が、上記に違反して支払期日を定めたときは「給付を受領した日から起算して60日を経過

159

第 2 部　フリーランス法

する日」が支払期日と定められたものとされる（フリーランス 4 条 1 項・2 項）。また、特定業務委託事業者が、他の発注者から仕事を請け（元委託）、その仕事をさらに特定受託事業者に委託した場合（すなわち、再委託の場合）には、特定業務委託事業者においても、元委託者から支払がなされる前に、特定受託事業者に対する支払が生じると、資金繰りに窮する懸念があることから、例外的に、一定の条件を満たすときに限り、設定する支払期日として、給付を受領等した日から起算して 60 日以内ではなく、元委託に係る支払期日を起算日として 30 日以内とすることも許容している（フリーランス 4 条 3 項・4 項）。具体的には、給付の内容等の明示をする際に、再委託である旨、元委託をした事業者の商号等および元委託に係る対価の支払期日を併せて明示したときに限り（公取委フリーランス法施行規則 6 条各号）、例外として、特定受託事業者への報酬の支払期日は、元委託の支払期日から起算して 30 日以内に、かつ、できる限り短い期間内に設定することができる（フリーランス 4 条 3 項）。仮に報酬の支払期日を定めなかった場合には元委託の報酬の支払期日が、30 日を超えて支払期日が設定された場合には元委託の報酬の支払期日から起算して 30 日を経過する日が、それぞれ再委託を受けた特定受託事業者に対する報酬の支払期日とされる（同条 4 項）。再委託の場合において、特定業務委託事業者が元委託者から前払金の支払を受けたときは、再委託をした特定受託事業者に対して、資材の調達等の業務の着手に必要な費用を前払金として支払うよう、適切な配慮をしなければならない（フリーランス 4 条 6 項）。上記にかかわらず、誤った金融機関の口座番号を伝えていた等、特定受託事業者の責めに帰すべき事由によって報酬を支払うことができなかったときには、当該事由が消滅した日から起算して 60 日（上記の再委託の場合には 30 日）以内に、報酬を支払わなければならない（フリーランス 4 条 5 項）。なお、法文上は「60 日」あるいは「30 日」と規定されているが、締切制度により支払期日を明示する場合には、月によって 31 日の月があるため、実際の運用では、それぞれ、2 か月、あるいは 1 か月として運用することは、フリーランス法上問題としないとされている[1]。

　③そして、特定受託事業者との取引条件・対応におけるルールは、組織対個

---

1)　フリーランス法施行令案（パブコメ概要・考え方）2-2-14。

第 4 章　義　務

人の関係があり、かつ、1 か月以上継続した取引関係のある特定業務委託事業者と特定受託事業との間に適用されるものである（フリーランス 5 条 1 項柱書、フリーランス法施行令 1 条）。特定受託事業者に対し、1 か月以上継続して業務委託をした特定業務委託事業者は、特定受託事業者の責めに帰すべき事由がない限り、給付について受領を拒否したり（受領拒否・フリーランス 5 条 1 項 1 号）、合意なく振込手数料を差し引いて支払う等一旦決めた報酬の額を事後に減じたり（報酬の減額・同項 2 号）、一度受領した給付を引き取らせたり（返品・同項 3 号）してはならないといった、特定受託事業者の利益保護のための 7 項目の禁止事項に係る義務を負う。これらの禁止事項については、たとえ、特定受託事業者の了解を得ていたとしても——例えば、委託した取引とは関係のない作業を依頼し、特定受託事業者が普段からお世話になっているため快諾していたといった事情があったとしても——、結果として規定に抵触する場合には、フリーランス法に反することになる（フリーランス 5 条。詳細は第 2 部第 5 章）。

Ⅱ　契約内容の明示に関するルール

1　概　要

　契約内容の明示については、発注する側の規模を問わず、特定受託事業者に対し事業のために業務委託をする場合のすべてに適用される。そのため、たとえ、単独で業務を遂行する個人であっても、自らが行う事業のために、特定受託事業者に業務委託をする場合には、フリーランス法 3 条の適用があるため、留意が必要である。

　この規律は、業務委託事業者は、特定受託事業者に対して一定の業務を委託した場合には、原則として、直ちに、給付内容や報酬の額等の事項を、書面または一定の電磁的方法によって明示すること（以下「3 条通知」という）を義務付けるものである。例外的に、その内容が定められないことについて正当な理由があるものについては、当該事項につき、内容が定められた後直ちに書面または一定の電磁的方法によって明示をすれば足りる（フリーランス 3 条 1 項）。

　また、業務委託事業者は、電磁的方法によって明示を行った場合において、特定受託事業者から明示した事項について書面を交付するよう求められたとき

161

第2部　フリーランス法

は、一定の例外を除いて、遅滞なく、これを交付しなければならない（フリーランス3条2項）。

　フリーランス法3条が適用されるのは、「業務委託事業者」、すなわち、特定受託事業者に業務委託をする事業者であれば足り（フリーランス2条5項）、発注者側が特定受託事業者である場合（従業員を使用していない場合等）にも適用されることに注意が必要である（詳細は第2部第3章Ⅰ参照）。

　特定受託事業者との取引では口頭で発注される場合も少なくなく、契約内容が不明確となり、業務委託事業者と特定受託事業者との間で業務内容や報酬額等に関する認識の齟齬が発生し、トラブルとなるという実態があった。フリーランス法3条は、特定受託事業者に対して業務を委託した場合において、業務委託事業者から契約内容を明示させることで、トラブルを未然に防止することを目的としたものである（3条違反の効果については下記6参照）。

　なお、下請法においては、取引記録の書類作成・保存が義務化されているが（下請5条）、フリーランス法においては義務化されていない。委託事業者の負担が大きくなりすぎること、フリーランス法3条の明示義務によってトラブルの未然防止が図られること等から、義務化は見送られた。

2　明示時期──いつまでに明示しなければならないか

(1)　契約締結時の明示について

　業務委託事業者は、特定受託事業者に対し「業務委託をした場合」は、「直ちに」、給付の内容、報酬の額等公取委規則で定める事項を明示しなければならない（フリーランス3条1項）。

　「直ちに」とは、時間的即時性が強く、最優先で遂行すべき趣旨と解され[2]、「特定受託事業者に係る取引の適正化等に関する法律の考え方」（解釈ガイドライン）においては、「すぐにという意味で、一切の遅れを許さないことをいう」とされる（解釈ガイドライン第2部第1・1(2)）。

　「業務委託をした場合」とは、業務委託事業者と特定受託事業者との間で、業務委託をすることについて合意した場合をいうとされ（解釈ガイドライン第2

---

　2)　林修三『法令用語の常識』（日本評論社、1975年）30頁。

部第1・1(1))、言い換えると、業務委託に係る契約を締結した場合を指すと解される。この点、どのような場合に契約を締結したといえるのかが問題となる。法的には、当事者間において申込みの意思表示と承諾の意思表示が合致したときが契約の成立時点となるので（民522条1項）、基本的にはそのタイミングで3条通知をする必要があるが、正式な発注を行った段階で、併せて明示事項を提示しておくことが考えられる。また、合意がなされるまでの過程において、特定受託事業者から見積書が出され、これを踏まえて業務委託事業者が公取委フリーランス法施行規則1条に定める明示事項が明示された注文書を交付し、これに対して特定受託事業者が請書を提出したような場合には、合意後に、改めて3条通知をする必要があるわけではない。3条通知は、契約内容が不明確であることから生じるトラブルを防止することを目的としているものであり、注文書の内容に変更のないまま請書が提出された場合には、注文書の内容がそのまま合意した契約条件となるため、合意した後、重ねての3条通知をしなくとも、注文書が3条通知となり、これによって給付内容等の明示事項が明らかにされているといえるためである。

　以上のような場合のほか、契約締結に向けた交渉が行われる中で徐々に給付の内容が明確になっていくといった事情があるため、どの時点で合意が成立したのか・承諾がなされたのかについての判断はケースバイケースとなり、合意を基準とすると、3条通知をすべき時点が必ずしも明らかではない場合も想定される。業務委託事業者にとってそのようなつもりがなかったとしても、発注に至る交渉過程を第三者が事後的に評価した結果、契約交渉のどこかのタイミングで契約が成立したと評価される可能性があるため、正式な発注の前段階での交渉がある場合には、あらかじめ、業務委託事業者として正式な発注を行うまでは契約を申し込むものではないことを明示しておいた方が無難である。

　実務上、特に継続的な取引が予定されている場合には、あらかじめ基本契約（個別契約に共通して提供される事項等の取決め）を締結しておき、個々の取引に際しては、発注書や請書等をやり取りして、具体的な業務を委託し、その詳細を定めることがある。このような場合、多くは、基本契約を締結しただけでは少なくとも特定の業務に関して具体的な債権債務関係が生じることはないと考えられるため、基本的には、発注書や請書等をやり取りしたタイミングで個別

第2部　フリーランス法

契約が成立し、その時点において3条通知として契約条件を明示すべきということになろう（解釈ガイドライン第2部第1・1(1)も同旨）。このように、基本契約に基づき個々の発注を行う場合に、基本契約に公取委フリーランス法施行規則1条に定める明示事項が定められているときには、個々の発注を行うときの発注書等の3条通知には、基本契約と紐づける記載および有効である期間を記載する必要がある（詳細は、3(9)参照）。このような基本契約を適用する場合に、基本契約の存続期間の上限等に関する規律はフリーランス法には置かれていないため、期間の定めのない基本契約を締結することも許容される。もっとも、基本契約に、予定している給付の内容の概要について定めている場合には、フリーランス法5条の禁止事項、13条の育児・介護等に対する配慮および16条の中途解除等の予告の規律が適用される一定期間以上継続して行う契約であるかどうかについて、基本契約の期間を基準に継続期間を判断されることとなるため、基本契約の期間について、フリーランス法上、期間の上限に関する制限が無いとしても、期間の定めを置かない等とするのではなく、場合によっては、禁止事項等の適用の有無を考慮に入れて期間を決定することも検討することが考えられる（詳細は、第2部第5章II2参照）

(2)　特定受託事業者から書面の交付を求められた場合の明示について

業務委託事業者は、電磁的方法によって3条通知を行った場合において、特定受託事業者から明示した事項について書面を交付するよう求められたときは、既に書面を交付しているなど、一定の例外を除いて（公取委フリーランス法施行規則5条。詳細は、4(3)参照。）、「遅滞なく」、これを交付しなければならない。

この点、「遅滞なく」とは、時間的即時性は強く要求されるが、正当な、または、合理的な理由に基づく遅滞は許される。すなわち、事情が許す限り最も速やかにという趣旨と解される[3]。

3　明示事項——何を明示する必要があるのか

(1)　総　論

業務委託事業者が特定受託事業者に対して明示しなければならない事項は、

---

3)　林・前掲注2) 30頁。

第4章　義務

【図表2-4-1】「その他事項」（フリーランス3条1項）の内容

項　目	内　容 ※（　）内の条文番号は公取委フリーランス法施行規則。
①【委託者の名称等】	業務委託事業者および特定受託事業者の商号、氏名もしくは名称または事業別に付された番号、記号その他の符号であって業務委託事業者および特定受託事業者を識別できるもの（1条1項1号）
②【委託日】	業務委託をした日（1条1項2号）
③【委託内容】	特定受託事業者の給付の内容（役務提供委託の場合は、提供する役務の内容）（1条1項3号）
④【納期・委託期間】	特定受託事業者の給付を受領する期日または役務の提供を受ける期日（期間を定めるものにあっては、当該期間）（1条1項4号）
⑤【（納入）場所】	特定受託事業者の給付を受領する場所・役務提供を受ける場所（1条1項5号）
⑥【検査完了日】	特定受託事業者の給付の内容について検査をする場合は、その検査を完了する期日（1条1項6号）
⑦【報酬の額・支払期日】	報酬の額および支払期日（1条1項7号）。具体的な金額の明示をすることが困難なやむを得ない事情がある場合には、報酬の具体的な金額を定めることとなる算定方法の明示で足りる（1条3項）
⑧【手形による支払時の記載事項】	報酬の全部または一部の支払につき手形を交付する場合には、その手形の金額および満期（1条1項8号）
⑨【一括決済方式による支払時の記載事項】	報酬の全部または一部の支払につき、業務委託事業者、特定受託事業者および金融機関の間の協約に基づき、特定受託事業者が債権譲渡担保方式またはファクタリング方式もしくは併存的債務引受方式により金融機関から当該報酬の額に相当する金銭の貸付けまたは支払を受けることができることとする場合には、当該金融機関の名称、当該金融機関から貸付けまたは支払を受けることができることとする額、当該報酬債権または当該報酬債務の額に相当する金銭を当該金融機関に支払う期日（1条1項9号）
⑩【電子記録債権による支払時の記載事項】	報酬の全部または一部の支払につき、業務委託事業者および特定受託事業者が電子記録債権の発生記録をしたは譲渡記録をする場合は、当該電子記録債権の額、電子記録債権法16条1項2号に規定する当該電子記録債権の支払期日（1条1項10号）
⑪【電子マネー等デジタル払い（資金移動業者の口座への支払）時の記載事項】	報酬の全部または一部の支払につき、業務委託事業者が、第一種資金移動業を営む資金移動業者の第一種資金移動業に係る口座、第二種資金移動業を営む資金移動業者の第二種資金移動業に係る口座、第三種資金移動業を営む資金移動業者の第三種資金移動業に係る口座への資金移動を行う場合には、当該資金移動業者の名称、当該資金移動に係る額（1条1項11号）

165

第 2 部　フリーランス法

特定受託事業者の給付の内容、報酬の額、支払期日その他の事項とされる。「その他の事項」は、公正取引委員会関係特定受託事業者に係る取引の適正化等に関する法律施行規則（令和 6 年公正取引委員会規則 3 号。公取委フリーランス法施行規則）で定めることとされる。具体的には、図表 2-4-1 のとおりである。

　なお、下請法と異なり、原材料等を有償支給する場合の、その品名、数量、対価および引渡しの期日ならびに決済期日および決済方法（下請法 3 条書面規則 1 条 8 号）については、フリーランス法では有償支給原材料等の対価の早期決済の禁止（下請 4 条 2 項 1 号）が規定されていないことから、明示事項として義務付けられていない。

　明示事項は、業務委託をした場合に直ちに明示する書面等にすべて明示されている必要があり、業務委託事業者の顧客との金額が決まっていないため、報酬の額を明示できないなどの事情があるとしても、明示しないことは許容されない。しかし、例えば、委託後に特定受託事業者とともに詳細な具体的仕様を決定する場合にまで明示しなければならないわけではない。例外として、業務委託をしたときに公取委フリーランス法施行規則 1 条に定める明示事項について決定することができないと客観的に認められる理由がある場合には、「その内容が定められないことにつき正当な理由がある」として、内容が定められない事項（以下「未定事項」という）に限り明示をしないことが許容される（フリーランス 3 条 1 項ただし書）。この場合には、未定事項に限り明示しないことが認められるにとどまり、それ以外の事項については、業務委託をしたときにすべて明示する必要があり、未定事項があることを理由に、他の部分を含めて明示しないことが許容されるわけではない点に留意が必要である。

　また、未定事項として明示しないことが許容される「正当な理由がある」場合でも、業務委託をしたときに明示する書面等に、未定事項が定められない理由および未定事項を定めることとなる予定期日を明示しなければ（公取委フリーランス法施行規則 1 条 4 項、解釈ガイドライン第 2 部第 1・1 (3)ケ(イ)）、フリーランス法 3 条が求める明示としては不十分である点に注意が求められる。この未定事項が定められない理由については、詳細な記載が求められているわけではなく、「最終ユーザーの詳細仕様が未確定のため」といった簡潔な記載で足

りると考えられる。また、予定期日については、年月日や発注後○日といった具体的な日付がわかるような記載が必要と考えられるところ、あくまで"予定"期日のため、予定期日ぴったりに、内容を確定させた上で、追加の明示をしなければならないわけではなく、あるいは、予定期日と異なる日に、確定した事項を明示したとしても、フリーランス法3条に反するわけではない。

このように、未定事項がある場合に、その後、未定事項について定められたときには、直ちに、当該事項を明示しなければならない（フリーランス3条1項）。また、未定事項が定まり、定まった未定事項を明示する場合には、例えば、当初明示したときの年月日や注文番号を記載するなどして、当初の3条通知との関連性を確認することができるようにしなければならない（公取委フリーランス法施行規則4条。詳細は後記(9)参照）。

また、これらの明示事項が一定期間における業務委託について共通のものであるとして、あらかじめ、書面の交付または電磁的方法によって示されたときは、当該事項については、その期間内における業務委託に係る明示は、あらかじめ示されたところによる旨を明らかにすることで足りる（公取委フリーランス法施行規則3条）。すなわち、業務委託の都度明示することまでは不要となる。ただし、この場合、フリーランス法3条に基づく通知には、例えば、「定めがない事項については○年○月○日付取引基本契約書による」、「支払条件は、現行の『支払方法等について』による」など、あらかじめ明示した共通事項との関連性を明示しなければならない。また、共通事項の明示にあたっては、当該共通事項が有効である期間も併せて明示する必要がある。例えば、基本契約の場合には、基本契約に定める有効期間が、共通事項の有効である期間になると考えられる。また、具体的に、○年○月○日から△年△月△日まで、といった具体的な日付を記載することも考えられるが、必ずしも特定の日付を記載しなければならないわけではなく、新たな共通事項の明示が行われるまでは有効である旨の明示も可能である。なお、解釈ガイドラインによると、業務委託事業者においては、年に1回、明示済みの共通事項の内容について、自ら確認し、または社内の購買・外注担当者に周知徹底を図ることが望ましいとされている（以上、解釈ガイドライン第2部第1・1(3)コ）。この点については、あくまで「望ましい」とされるにとどまり、フリーランス法において義務付けられてい

第2部　フリーランス法

るわけではないため、確認や、周知徹底を行っていないとしても、フリーランス法に基づき勧告や命令の対象となるわけではないと考えられる。

(2)　業務委託事業者および特定受託事業者の名称について

　業務委託事業者は、業務委託事業者と特定受託事業者を識別できる情報を明示する必要があるが、かかる情報は、氏名または登記されている名称に限らないこととされる。これは、業務委託事業者および特定受託事業者の名称については、ハンドルネーム等を使って取引をしている特定受託事業者が自身の氏名を明らかにすることは個人情報の観点から非常に強い抵抗があること等を踏まえ、業務委託事業者および特定受託事業者を識別できる何らかの情報を明示事項とすることは必要ではあるものの、実際の氏名までも明示事項として義務付けることが必要とまではされなかったものと考えられる[4]。この点、実際の氏名等の身元が明らかでなければ、何らかのトラブルが発生した場合、訴訟等の紛争解決手段を利用することが困難になる可能性がある。解釈ガイドラインにおいては、何らかのトラブルが発生した場合の備えとして、あらかじめ互いに業務委託の相手方の氏名または登記されている名称を把握することが望ましいとされるとあり（解釈ガイドライン第2部第1・1(3)ア）、相手方の身元を把握しておくことが望ましい。もっとも、それらの情報の開示を強制することはできないと考えられ、相手方が身元を明らかにしない場合には、取引を行わないか、または、責任追及が困難になるリスクも踏まえた上で取引を行うか、いずれかを自己の責任で判断することとなろう。

(3)　業務委託をした日について

　「業務委託（法第2条第3項に規定する業務委託をいう。以下同じ。）をした日」（公取委フリーランス法施行規則1条1項1号）とは、業務委託事業者と特定受託事業者との間で、業務委託をすることについて合意した日をいう（解釈ガイドライン第2部第1・1(3)イ）。

　上記のとおり、業務委託をした場合には、直ちに明示事項を明示しなければならないところ、解釈ガイドラインでは「業務委託をすることについて合意し

---

[4]　特定受託事業者に係る取引の適正化に関する検討会「特定受託事業者に係る取引の適正化に関する検討会報告書」（2024年）第2・1。

168

第 4 章 義 務

た日」とあるが、明示事項の検討過程では、「下請法においても、同様に、トラブルの未然防止の観点から、発注時の取引条件等を記載した書面の交付を義務付けている。そのため、少なくとも下請法3条の書面の記載事項〔下請法3条書面規則1条1項各号を参照〕とされている項目については、本法においても明示事項とすることが適当と考えられる。」[5] とあることからすると、「業務委託をした日」とは、下請法における必要的記載事項である「製造委託、修理委託、情報成果物作成委託又は役務提供委託……をした日」（下請法3条書面規則1条1項2号）と同義であると解する余地があると考えられる。そして、「製造を自己のために行ってくれるように他人に依頼すること自体、すなわち、依頼するという事実行為そのものをいうのであるから、依頼する者とその依頼を受ける者との取引において、法律関係が生ずるためには、更に、このような事実関係を基礎にして両当事者間において明示か暗黙かその形は問わないが何らかの形において契約がむすばれるということが必要なのであるが、『製造委託』の概念は、これらの契約の形式とも何ら関係はないのである」[6] とあるとおり、下請法における「製造委託……をした日」とは、契約の成立を前提としているものではなく、親事業者による依頼という単独の行為それ自体を捉えていると解される。

　また、特定受託事業者から見積書が示され、これに基づき業務委託事業者が注文書を交付し、そして特定受託事業者が請書を提出するといった過程を経て、業務委託事業者から特定受託事業者に対し業務委託がなされる場合に、請書が提出された後、改めて3条通知をしなければならないとすると、特定受託事業者に対する発注控えが生じるなど、かえって不利な状況を生じさせ、フリーランス法の目的とは真逆の結果が導かれることに鑑みれば、下請法よりも重い手続を予定することは、法の予期すべきところではないと考えられることも併せ考えると、請書の提出後に改めて3条通知を行うことは予定されておらず、注文書そのものが3条通知として有効なものとして認められることになると考えられる。そうすると、単に合意がなされた後、契約を締結する場合には、

---

5)　特定受託事業者に係る取引の適正化に関する検討会・前掲注4）第2。
6)　公正取引委員会事務局編『「下請代金支払遅延等防止法」解説』（公正取引協会、1956年）50頁。

169

第2部　フリーランス法

契約締結日が「業務委託をした日」となるが、前記のような見積書、注文書、請書といった過程を経る業務委託をする場合には、業務委託事業者が特定受託事業者に対し注文書を交付した日が「業務委託をした日」となると考えられる。この場合、注文書と請書との日付が異なるとしても、注文書を交付した日が基準になると解するのが自然であると考える。

　このように、業務委託をした日を明示することによって、明示までに要した期間が明らかになると同時に、後日、取引や3条通知を特定し、あるいは、3条通知とは別の明示との関連付けをするための符号にもなる。

(4)　特定受託事業者の給付の内容

　「給付（法第2条第3項第2号の業務委託の場合は、提供される役務……）の内容」（公取委フリーランス法施行規則1条1項3号）とは、業務委託事業者が特定受託事業者に委託した業務が遂行された結果、特定受託事業者から提供されるべき物品および情報成果物（役務の提供をした場合にあっては、特定受託事業者から提供されるべき役務）であり、品目、品種、数量、企画、仕様等を明確に記載する必要がある。また、委託に係る業務の遂行過程を通じて、給付または役務の提供に関し、特定受託事業者の知的財産権が発生する場合において、業務委託事業者は、目的物を給付させる（役務提供においては役務を提供させる）とともに、業務委託の目的たる使用の範囲を超えて知的財産権を自らに譲渡・許諾させることを「給付の内容」とすることがある。この場合は、業務委託事業者は、「給付の内容」の一部として、当該知的財産権の譲渡・許諾の範囲を明確に記載する必要がある（以上、解釈ガイドライン第2部第1・1(3)ウ）。なお、委託により知的財産権が生ずる場合の対価については、譲渡等に係る費用を勘案せずに定めた場合、買いたたきに該当し得るおそれがあるため留意すべきである（詳細は第2部第5章Ⅲ5参照）。

(5)　特定受託事業者の給付を受領する場所・役務提供を受ける場所

　業務委託事業者は、特定受託事業者の給付を受領する場所・役務提供を受ける場所を明示する必要がある。実際に物が納品される、物品の製造を依頼する場合は、自社の住所や、納品すべき倉庫の住所を記載することとなり、また、主に情報成果物の作成委託について想定されるが、電子メール等（電子メール等、具体的な方法については、4(2)参照）を用いて給付を受領する場合には、情

170

報成果物の提出先として電子メールアドレス等を明示すれば足りる。なお、常に3条通知において明示する必要があるわけではなく、主に役務提供の場合に想定されるところだが、委託内容において給付を受領する場所等が明示されている場合や、給付を受領する場所等の特定が不可能な業務委託の場合は、場所の明示は要しない（解釈ガイドライン第2部第1・1(3)オ）。

委託内容において給付を受領する場所等が明示されている場合とは、例えば、運送を依頼する場合に、「貨物積み込み先：○○倉庫（○○区○○町所在）→配達先：○○株式会社（△△区△△町所在)」というように、委託内容として場所が含まれており、委託内容において場所が特定されている場合等が考えられる。また、給付を受領する場所等の特定が不可能な業務委託の場合とは、例えばSNSの運用代行業務の場合やSNSにおいてマーケティングを行う場合等が考えられる。

(6)　報酬の額および支払期日について

「報酬の額」とは、業務委託事業者が特定受託事業者に委託した業務が遂行された結果、特定受託事業者の給付に対し支払うべき代金の額をいう。「支払期日」とは、特定受託事業者の給付に係る報酬の支払日をいい、具体的な日付が特定できるものでなければならない。そのため、「○月○日」や「毎月末日締切、翌月○日」であれば具体的な日付が特定できるため認められるが、「○月○日まで」・「受領後○日以内」といった期限を示す場合には、具体的な日付を特定することができないため、認められないことになる。

「報酬の額」は、具体的な金額を記載する必要があるが、具体的な金額の明示をすることが困難なやむを得ない事情がある場合には、例外的に、報酬の額として、報酬の具体的な金額を定めることとなる算定方法を明示することが認められる（公取委フリーランス法施行規則1条3項）。もっとも、「明示することが困難なやむを得ない事情」があるとして、算定方法を明示する場合であっても、算出方法であれば常に許容されるわけではない。時間単価が定まっており、実際に業務遂行に要した時間が確定すれば具体的な報酬の額が算出できるものなど、その算定方法は、報酬の額の算定根拠となる事項が確定すれば、具体的な金額が自動的に確定するものでなければならない。また、報酬の具体的な金額が確定した場合には、速やかに特定受託事業者に当該金額を明示する必要が

第2部　フリーランス法

ある。

　ここにいう「具体的な金額の明示をすることが困難なやむを得ない事情がある場合」とは、例えば、①原材料等が外的な要因によって変動し、これらに連動して報酬の額が変動する場合（例えば、為替相場に応じて変動させるなど）、②プログラム作成委託において、プログラム作成に従事した技術者の技術水準によってあらかじめ定められている時間単価および実際の作業時間に応じて報酬が支払われる場合（いわゆるタイムチャージ制の場合）、③例えば、運送を依頼する場合に、あらかじめ運送する区間ごとに異なる料金を定め、実際に運送した各区間の回数を代入することで、報酬の額が算定できるようにするなど、一定期間を定めた役務提供であって、当該期間における提供する役務の種類および量に応じて報酬の額が支払われる場合（ただし、提供する役務の種類および量当たりの単価はあらかじめ定められている必要がある）等が考えられる。なお、こうした算定方法について、3条通知とは別の書面等により通知する場合には、3条通知には、「報酬の額については『算定方法について』による」との記載を付すなど、算定方法を通知した書面等と3条通知との関連性を明らかにしておく必要がある。

　また、例えば、ゲームで利用するデジタルイラストを新たに描いてもらい、そのデータの提供を依頼する場合など、業務委託の目的たる給付に関して、特定受託事業者において知的財産権が生じる場合、目的たる給付に加えて、当該知的財産権を譲渡・許諾させることがあるが、このような場合には、当該知的財産権の譲渡・許諾に係る対価も報酬に加える必要がある。なお、知的財産権の譲渡・許諾に係る対価については、それらの費用も含んだ対価を決定しなければ買いたたきに該当するおそれがあり、また、当初定めた3条通知の範囲を超えて、知的財産権の譲渡・許諾を依頼するようなときには、不当な経済上の利益の提供要請に該当し得るので留意が必要である（詳細は、買いたたきについては、第2部第5章Ⅲ5、不当な経済上の利益の提供要請については、第2部第5章Ⅲ7参照）。

　さらに、特定受託事業者が業務を遂行する際に、費用等（例えば、材料費、交通費、通信費等）を要することがある。これらの費用については、下請法3条においても必要的記載事項とされていないこと、また、新たな負担が生ずる

172

第4章　義務

と発注控えが生じる懸念があったこと等から、明示事項には含まれていない[7]。しかし、トラブル防止の観点から、業務委託事業者と特定受託事業者との間で協議をした結果、特定受託事業者がそれらの費用を負担する場合には、本来の報酬の額に加え、当該費用を加算した総額を「報酬の額」として明示する必要がある（解釈ガイドライン第2部第1・1⑶キ⑺）。このとき、法律上要求されるものではないが、「特定受託事業者に対するわかりやすさの観点から、報酬の額には交通費等の費用も含む」といった記載を加えることや、「報酬の額○円、費用等の額○円」と分けて記載することも考えられる。また、このように、特定受託事業者が費用等を負担することとなった場合に、3条通知をする時点では、費用等の発生の有無やその具体的金額が明らかではないときがある。このようなときには、「報酬の額」と同様に、具体的な金額を定めることとなる算定方法を明示することや、未定事項と整理した上で、具体的な金額等が確定した場合に明示することが考えられる（解釈ガイドライン第2部第1・1⑶キ⑺）。

　他方、3条通知に費用等に関する明示がなされていない場合には、3条通知にて明示した「報酬の額」のみを支払う旨を明示したこととなる。そのため、3条通知に費用等に関する明示がない場合には、基本的には、特定受託事業者は費用等の支払を請求できないものと解される。費用等の負担は時に大きなものとなるため、その負担の有無や範囲等について、あらかじめ十分に協議することが望ましい（解釈ガイドライン第2部第1・1⑶キ⑺）。

　また、事前に特定受託事業者と業務委託事業者との間で費用等の負担についての合意がなされていないにもかかわらず、一方的に、業務委託事業者が、特定受託事業者に対する報酬から諸経費を差し引いて、報酬を支払う場合には、減額として問題となり得るため（フリーランス5条1項2号）、費用等が生じる可能性がある場合には、費用等について業務委託事業者が負担するか、あるいは、特定受託事業者において負担する旨を取り決めた上で、報酬の額として明示するべきであると考えられる。

⑺　現金以外の方法によって支払う場合について

　現金以外の方法によって報酬を支払う場合には、その支払方法に応じて、明

---

7)　特定受託事業者に係る取引の適正化に関する検討会・前掲注4) 第2・4。

第2部　フリーランス法

【図表 2-4-2】報酬を現金以外の方法によって支払う場合

項　目	内　容 ※（　）内の条文番号は公取委フリーランス法施行規則。
【手形】 報酬の全部または一部の支払につき手形を交付する場合	その手形の金額および満期（1条1項8号）
【いわゆる一括決済方式】 報酬の全部または一部の支払につき、業務委託事業者、特定受託事業者および金融機関の間の協約に基づき、特定受託事業者が債権譲渡担保方式またはファクタリング方式もしくは併存的債務引受方式により金融機関から当該報酬の額に相当する金銭の貸付けまたは支払を受けることができることとする場合	当該金融機関の名称、当該金融機関から貸付けまたは支払を受けることができることとする額、当該報酬債権または当該報酬債務の額に相当する金銭を当該金融機関に支払う期日（1条1項9号）
【電子記録債権】 報酬の全部または一部の支払につき、業務委託事業者及び特定受託事業者が電子記録債権の発生記録をしまたは譲渡記録をする場合	当該電子記録債権の額、電子記録債権法16条1項2号に規定する当該電子記録債権の支払期日（1条1項10号）
【電子マネー等のデジタル払】 報酬の全部または一部の支払につき、業務委託事業者が、第一種資金移動業を営む資金移動業者の第一種資金移動業に係る口座、第二種資金移動業を営む資金移動業者の第二種資金移動業に係る口座、第三種資金移動業を営む資金移動業者の第三種資金移動業に係る口座への資金移動を行う場合	当該資金移動業者の名称、当該資金移動に係る額（1条1項11号）

示すべき事項がある（図表 2-4-2 参照）。

　報酬の一部についてのみ、現金以外の支払方法を用いることもでき、その場合には、当該現金以外の支払方法によって支払う金額を明示する方法のほか、現金によって支払う金額と現金以外の支払方法によって支払う金額との比率を明示することも認められる（解釈ガイドライン第2部第1・1(3)ク）。

(8)　明示事項とされなかった事項について

(a)　検品・検収方法（納品・検収基準）

　特定受託事業者に係る取引の適正化に関する検討会（以下、「検討会」とする）においては、納品・検収の方法やその基準を明示事項とすることも検討さ

れたが[8]、結果として明示事項とはされていない。明示がなされなければ、当事者間においてこの点が不明確となり、結果として、特定受託事業者による給付が業務委託事業者側において想定していたものとは異なる等を理由に、受領拒否や支払遅延等のトラブルにつながるとの懸念もあり得る。もっとも、業務委託事業者側は、特定受託事業者が具体的に何をすべきか把握できるよう「給付の内容」を特定して明示しなければならないため、納品・検収の方法やその基準までも明示事項とせずとも、これによってトラブルは一定程度防止できるものと思われる。業務委託事業者側としては、納品・検収の方法やその基準を明確にしたい場合には、「特定受託事業者の給付の内容（役務提供委託の場合は、提供する役務の内容）」等の明示事項のひとつとして特定して明示しておく必要があり、仮にそのように明示していないにも拘わらず想定していた納品・検収の方法やその基準に従わないものであるとして、特定受託事業者による給付を拒むことは受領拒否（フリーランス5条1項1号）として、特定受託事業者に対する報酬の額を減ずることは報酬減額（フリーランス5条1項2号）として、問題となり得る。

(b) いわゆる罰金を含めた違約金等

また、検討会においては、罰金等の違約金についても明示事項とすることが検討されたが[9]、結果として明示事項とはされていない。事前の取決めなく、特定受託事業者に対する報酬から違約金を差し引いて、報酬を支払う場合には、減額（フリーランス5条1項2号）として問題となり得るので注意が必要である。

(c) その他の項目（中途解除の際の費用等）

さらに、検討会においては、業務委託に係る契約の終了事由、中途解除の際の費用、やり直しが生じ得る場合の条件・範囲等も明示事項とするか検討されたものの、明示事項として義務付けられることで、発注控えにつながり、受注側にとって必ずしも有利となるわけではない等の理由により、結果として、明示事項として義務付けることが必要とまでは考えられないとされた[10]。もっ

---

8) 特定受託事業者に係る取引の適正化に関する検討会・前掲注4）第2・3。
9) 特定受託事業者に係る取引の適正化に関する検討会・前掲注4）第2・5。
10) 特定受託事業者に係る取引の適正化に関する検討会・前掲注4）第2・7。

第2部　フリーランス法

とも、明示事項に含まれないとしても、不測のトラブルを避けるためにはあらかじめ明示しておいた方が望ましいと考えられる。なお、中途解約の際の費用や、やり直しが生じ得る場合の条件・範囲に関しては、仮に明示したとしても、特定受託事業者に帰責事由がないのに、業務委託事業者側において費用を負担することなくやり直しをさせた場合には、不当な給付内容の変更および不当なやり直しとして問題となり得る点は留意が必要である。

(9)　未定事項がある場合について

　原則として、3条通知には、明示事項がすべて含まれていなければならない。もっとも、例外的ではあるが、明示事項のうち、その内容が定められないことにつき正当な理由があるものとして、業務委託をしたときに明示しない事項（未定事項）がある場合には、当該事項については明示を要しないことも許容されている。このように、明示を要しないことが許容される場合となるために必要な「正当な理由」とは、業務委託の性質上、業務委託をした時点では当該事項の内容について決定することができないと客観的に認められる理由がある場合をいう（解釈ガイドライン第2部第1・1(3)ケ(ア)）。具体的には、放送番組の作成委託において、タイトル、放送時間、コンセプトについては決まっているが、委託した時点では、放送番組の具体的な内容については決定できず、「報酬の額」が定まっていない場合（フリーランスQ&A 3）や、ソフトウェア作成委託において、委託した時点では最終ユーザーが求める仕様が確定しておらず、特定受託事業者に対する正確な委託内容を決定することができないため、「特定受託事業者の給付の内容」を定められない場合等が想定される。業務委託事業者の顧客との間で単に価格が決まっていないために、報酬の額を決定できない等、客観的には定めることができるのに、単に定めなかっただけでは、「正当な理由」には該当しない。また、具体的な報酬の額の決定は困難であっても、その算定基準を定めることが可能な場合においても、「正当な理由」があるとは認められない。他方、仮に「正当な理由」がある場合であっても、未定事項として3条通知に明示することが不要となるのは、「正当な理由」が認められる事項のみであり、それ以外の事項については明示する必要がある。そのため、「正当な理由」があることをもって、3条通知のすべてが不要になるというわけではない。

176

第 4 章　義　務

さて、「正当な理由」が認められるとして、一部の明示事項について、未定事項のまま 3 条通知をすることが許容されるとしても、業務委託事業者は、未定事項以外の事項のほか、未定事項の内容が定められない理由および未定事項の内容を定めることとなる予定期日の明示をしなければならない（公取委フリーランス法施行規則 1 条 4 項）。この、未定事項が定められない理由については、詳細な記載が必要とされているわけではなく、「ユーザー仕様が未確定のため」というような、簡潔な記載で足りると考えられる。また、未定事項の内容を定めることとなる予定期日については、「発注後○日後」というように具体的な日付を記載する必要があるが、実際に未定事項を定め、改めて明示をするに際しては、「予定」期日とあるとおり、予定として目安を特定受託事業者に与えるもので、必ず 3 条通知に明示した予定期日に行わなければならないわけではない。

また、未定事項として 3 条通知をする際には、明示をしないことが認められているとしても、そのままの状態に置かれることまで許容されているわけではない。未定事項については、特定受託事業者と十分な協議をした上で、速やかに定めなくてはならない（解釈ガイドライン第 2 部第 1・1⑶ケ⑷）。そして、協議により、未定事項が定められた場合には、業務委託事業者は、特定受託事業者に対し、直ちに、書面または電磁的方法により当該事項を明示しなければならない（フリーランス 3 条 1 項）。このとき、内容が定められた未定事項を明示する場合には、例えば、当初の 3 条通知がなされたときの年月日や注文番号を記載するなどして、3 条通知との関連性を確認することができるようにしなければならない（公取委フリーランス法施行規則 4 条）。

⑩　再委託の場合の例外的な支払期日を適用するための追加的明示事項について

特定業務委託事業者が特定受託事業者に対し業務委託をした場合、本来であれば、給付を受領した日から 60 日以内のできる限り短い日を支払期日として定める義務があるが（フリーランス 4 条 1 項）、特定受託事業者に委託した業務が再委託である場合には、例外的に、再委託に係る対価の支払期日を起算日として 30 日以内のできる限り短い日を支払期日として設定することが許容されている（同条 3 項）。この例外的な支払期日が適用されるためには、通常の明

177

第2部　フリーランス法

示事項に加えて、①再委託である旨、②元委託者の氏名または名称、③元委託業務の対価の支払期日を明示することが必要となる（公取委フリーランス法施行規則1条2項・6条）。仮にこの明示を欠いた場合にはかかる例外規定は適用されず、原則どおり、特定受託事業者から給付を受領した日から60日以内に支払う必要がある。

　追加して明示すべき①「再委託である旨」（公取委フリーランス法施行規則6条1号）とは、特定受託事業者において、当該業務が再委託であることを把握し得る程度のもので足りる（解釈ガイドライン第2部第1・1(4)ア）。元委託業務の内容や元委託業務のどの部分を構成するものであるかについては、明示をすることは要しないものと解される。ただし、この例外規定が適用されるためには、特定受託事業者に再委託される業務と元委託業務との関連性および対価の関連性があることが必要となる[11]。そのため、仮に公正取引委員会による立入検査が行われたときに、関連性を明らかにできない場合には、原則どおり、給付の受領から60日以内の支払をしていなければ、フリーランス法に反することになる点には留意が必要である。そこで、3条通知において、特定受託事業に委託する業務は元委託業務の○○に関する業務の一部であることや、複数の業務が含まれる場合には、それぞれの支払期日を定め、各業務に対応する支払期日を明示しておくなど、後に関連性を明らかにすることができるような内容を明示しておくことが望ましい。

　なお、建設業法にも30日ルールと同種の規定があるが、下請負人が施工した工事が、注文者から元請負人に請け負わせた工事の一部であることについては、請負契約書の記載事項とされていない。

　次に、②元委託者の氏名または名称について、公取委フリーランス法施行規則では、「元委託者の商号、氏名若しくは名称又は事業者別に付された番号、記号その他の符号であって元委託者を識別できるもの」でもかまわないとされている（公取委フリーランス法施行規則6条2号）。そのため、必ずしも、戸籍記載の氏名や登記されている名称に限らないが、トラブル防止の観点からは、特定受託事業者は、あらかじめその氏名または登記されている名称を把握して

---

11)　フリーランス法施行令案（パブコメ概要・考え方）2-2-22。

おくことが望ましい（解釈ガイドライン第2部第1・1⑶ア）。

そして、③「元委託業務の対価の支払期日」（公取委フリーランス法施行規則6条3号）とは、元委託者から特定業務委託事業者に元委託業務の対価を支払う日として定められた期日をいう。元委託業務の対価の支払期日が明示事項とされていることから、元委託者は、速やかに元委託支払期日を確定させることが望ましいとされる（解釈ガイドライン第2部第1・1⑷ウ）。

4　明示方法──どのように明示することが求められているのか

⑴　書面または電磁的方法による明示の方法について

業務委託事業者は、書面または一定の電磁的方法によって、給付内容や報酬の額等の事項を明示することが義務付けられている（フリーランス3条1項）。書面によって明示する場合の方法は書面の"交付"であり、電磁的方法によって明示する場合の方法は電磁的方法による"提供"であるとされる[12]。書面の交付には、受信と同時に書面により出力されるファクシミリへ送信する方法も、書面の交付として認められるとされる（解釈ガイドライン第2部第1・1⑸ア）。

⑵　電磁的方法について

電磁的方法とは、電子情報処理組織を使用する方法その他の情報通信の技術を利用する方法であって公正取引委員会規則で定めるものをいう（フリーランス3条1項本文）。電磁的方法による明示をした場合には、特定受託事業者の使用に係る通信端末機器等により受信した時に、当該特定受託事業者に到達したものとみなされる（公取委フリーランス法施行規則1条5項）。また、電磁的方法であっても、Webメールやクラウドサービスなど、特定受託事業者が使用する通信端末機器そのものにデータが保存されず、到達しないものもあるところ、これらの方法による場合には、"通常であれば、特定受託事業者が3条通知の内容を確知し得る状態"になったときに、「通信端末機器等により受信した」といえるため、このような場合でも、特定受託事業者に到達したものとみなされることになる。

---

12)　特定受託事業者に係る取引の適正化に関する検討会・前掲注4）第4・3。

第 2 部　フリーランス法

　この点に関連し、電磁的方法により明示するとしても、特定受託事業者は電子メールを、業務委託事業者はショートメッセージサービスを想定していた場合に、ショートメッセージサービスにより 3 条通知をした場合には、それが特定受託事業者の端末で受信されたときには特定受託事業者に到達したことになるが、特定受託事業者がショートメッセージサービスで通知されることを予測せず、業務委託がなされたことに気が付かない結果、業務委託事業者が望んだ期日までに、給付が提供されないといったトラブルが生じ得る。そこで、このようなトラブルを防止するために、どの電磁的方法により明示するかについて、電子メール等あらかじめ記録に残る形で、特定受託事業者の受信設備を確認することも考えられる。

　なお、3 条通知について、電磁的方法による提供を行う場合、下請法では、下請事業者の承諾が必要となるが（下請 3 条 2 項）、フリーランス法では、特定受託事業者から事前に承諾を得る必要はない。

　電磁的方法とは具体的には、①電子メールその他のその受信をする者を特定して情報を伝達するために用いられる電気通信（有線、無線その他の電磁的方式により、符号、音響または影像を送り、伝え、または受けること）により送信する方法、②電磁的記録媒体（電磁的記録に係る記録媒体）をもって調製するファイルに明示事項を記録したものを交付する方法が認められる（公取委フリーランス法施行規則 2 条 1 項）。

　①としては、電子メールのほか、ショートメッセージサービスやソーシャルネットワーキングサービスのメッセージ機能等のうち、送信者が受信者を特定して送信することができるもの（ダイレクトメッセージなど）をいい、ブログやウェブサイトへの書き込み等はこれに含まれない。

　このように電子メール等を送信することで明示事項を明示する場合には、法律上要求されているものではないが、業務委託事業者は、明示事項を一括して確認できるようにする等して、明示事項をわかりやすく認識できる方法によることが望ましいとされている。また、フリーランス法では、下請法と異なり、業務委託事業者には書類の保存義務（下請 5 条）の規定がないため、特定受託事業者としてはトラブル防止の観点からその内容を記録・保存することが望ましいと考えられる。具体的には、明示事項を記載したファイルを添付して自ら

180

第 4 章　義　務

のパソコンの HDD に保存できるよう、メール送信する方法、ソーシャルネットワーキングサービスの第三者が閲覧できないメッセージ機能によって明示事項を記載したメッセージを送信する方法、明示事項の一部（利用規約等の定型的な事項）をウェブページ上で公開した上、他の明示事項とともに、当該ページの URL を記載してメールを送信する方法、明示事項等を記載した書面等を電磁的記録をファイルに記録する機能を有するファクシミリへ送信する方法のほか、明示事項を表示した電子媒体の画面をスクリーンショット等により保存し、画像ファイルとして上記同様の手段を講ずるなどが考えられる。（以上、解釈ガイドライン第 2 部第 1・1 (5)イ(ア)）。

　②としては、例えば、明示事項を記載したファイルのデータを保存した USB メモリや CD–R 等を特定受託事業者に交付することをいう。

　その他、電磁的方法による提供としてどのような行為まで含まれるのかは必ずしも明らかではないところがあるが、書面の交付に類似した行為が想定されていると解され、例えば、Web 会議において明示事項を記載した書面を画面共有しただけでは、「明示」したことにはならないと解される。この点、送信したメッセージやファイルを事後的に削除できる媒体やフリーランスのアカウントが停止される等して事後的に明示事項を確認できなくなる事態が生じ得る媒体を、「電磁的方法」として認められるかが問題となるが、検討会の報告書によると、事後的に削除できる媒体も電磁的方法に含まれることを前提に、送信データを事後的に削除できる媒体を使用する際の留意点（明示事項が示された際のメッセージのスクリーンショット機能を用いた保存等を受注者側で行うことの推奨等）をガイドライン等で明らかにするとともに、アカウントの利用停止という状況が発生した場合に採り得る対応を当事者間で取り決めておくことが望ましい旨をガイドライン等で明らかにすることが期待されるとされている [13]。したがって、このような事後的にアクセスできなくなる可能性のある媒体を「電磁的方法」として用いること自体は否定されないように思われる。

　また、フリーランス法 3 条による明示として送信したメッセージ等を事後的に削除することや送信したメッセージやファイルに保存年限を設けること

---

13)　特定受託事業者に係る取引の適正化に関する検討会・前掲注 4) 第 4・2。

第2部　フリーランス法

（自動削除）の可否が問題となるが、条文上はあくまでも「特定受託事業者に対し業務委託をした場合」に明示することを求めるものであることや、書面の保存が明文で義務付けられていないこと等からすると、明示した書面等を保存することまでは求められていないと解される。したがって、フリーランス法3条による明示として送信したメッセージ等を事後的に削除することや送信したメッセージやファイルに保存年限を設けること（自動削除）も許されると解される。もっとも、電磁的方法によって明示を行った場合において、特定受託事業者から明示事項を記載した書面の交付を求められたときは、特定受託事業者の保護に支障を生ずることがない場合として公正取引委員会規則に定める場合を除いて、書面を交付しなければならない。例えばソーシャルネットワークサービスのダイレクトメッセージ機能を利用して明示していたところ、特定受託事業者自ら、当該サービスのアカウントを削除したような場合には書面交付に応じる必要はない。他方、特定受託事業者が送信したメッセージ等に返信した後、業務委託事業者が直ちにメッセージを削除して、明示事項を確認できない状態に置く場合等、フリーランスの保護に欠ける態様である場合には、書面交付請求が認められるものと考えられる。

　なお、下請法上、親事業者は、電磁的方法により明示事項を明示しようとする場合には、下請事業者の承諾が必要である（下請3条2項）。下請事業者が、フリーランス法が適用される特定受託事業者でもあった場合、親事業者（フリーランス法上の業務委託事業者）は下請事業者の承諾なく電磁的方法によって明示することができるかが問題となる。「特定受託事業者に係る取引の適正化等に関する法律と独占禁止法及び下請法との適用関係等の考え方」（執行ガイドライン）において、フリーランス法と下請法との適用関係に関する考え方が示されているものの、この点については必ずしも明らかにされていない。この点、フリーランス法は特定受託事業者を保護するための法律であるところ、下請法の適用を排除することがフリーランスの保護につながるとは考えられないため、下請法は従前どおり適用され、業務委託事業者（親事業者）が電磁的方法によって明示する場合には、下請法との兼ね合いにおいて、特定受託事業者（下請事業者）に対して承諾を求める必要があると解される。

(3) 電磁的方法によって明示した場合の書面交付請求について

　業務委託事業者は、電磁的方法によって明示した場合において、特定受託事業者から明示事項を記載した書面の交付を求められたときは、遅滞なく、公正取引委員会規則の定めるところにより、これを交付しなければならない（フリーランス3条2項）。この点、特定受託事業者は、いずれの業務委託に係る明示であるのか等、業務委託事業者が書面の交付を求める対象を特定し得る程度の情報を示す必要がある（解釈ガイドライン第2部第1・1(6)ア）。

　明示事項に関するルールは、書面交付請求がなかった場合と同様である（公取委フリーランス法施行規則5条1項）。

　電磁的方法によることとしていた場合に書面交付を求められると書面の準備に一定の時間を要するものと考えられることから、「直ちに」に比べると時間的即時性が弱い「遅滞なく」とされる。

　ただし、特定受託事業者の保護に支障が生じない場合として公正取引委員会規則で定める場合は、この限りではない。具体的には、①特定受託事業者からの電磁的方法による提供の求めに応じて、明示をした場合（電磁的方法によって明示された後に、特定受託事業者がその責めに帰すべき事由がないのに明示事項を閲覧できなくなったときを除く）、②業務委託事業者により作成された定型約款（民548条の2第1項）を内容とする業務委託が、インターネットのみを利用する方法により締結された契約に係るものであり、当該定型約款がインターネットを利用して特定受託事業者が閲覧することができる状態に置かれている場合（電磁的方法によって明示された後に、特定受託事業者がその責めに帰すべき事由がないのに明示事項を閲覧できなくなったときを除く）、③既に書面を交付している場合には、書面を交付する必要がない（公取委フリーランス法施行規則5条2項）。

　なお、「電磁的方法によって明示された後に、特定受託事業者がその責めに帰すべき事由がないのに明示事項を閲覧できなくなったとき」としては、例えば、ソーシャルネットワーキングサービスで第三者が閲覧することができないメッセージ機能を用いて明示した場合に、当該ソーシャルネットワーキングサービスのサービスが終了し、メッセージが閲覧できなくなった場合（他方、特定受託事業者においてアカウントを削除した結果閲覧できなくなった場合はこれに

第 2 部　フリーランス法

該当しない）等が考えられる（解釈ガイドライン第 2 部第 1・1 (6)イ）。

5　明示の効力について

　業務委託事業者と特定受託事業者との間で協議が行われ、契約条件について合意されたにもかかわらず（例：報酬 100 万円）、その後業務委託事業者から明示された事項が合意された契約条件と異なっていた（例：報酬 50 万円）といったケースがあり得る。

　フリーランス法 3 条はあくまで業務委託事業者に契約に関する一定の事項について明示すべき公法上の義務を課すものであって、契約の有効性や内容等の私法上の効力に関する規定ではないと解される。そのため、口頭で合意された契約条件（例：報酬 100 万円）によって契約が締結されたのであれば、基本的には当該口頭で合意された契約条件（例：報酬 100 万円）が契約の内容になり、業務委託事業者は誤った内容（例：報酬 50 万円）で明示を行った（明示義務に違反した）ことになると解される。もっとも、契約者による書面または電磁的方法による明示は、契約内容に関する有力な証拠のひとつであり、契約内容を推認させるものであると思われ、上記のケースでは、報酬が 100 万円であることに対する消極証拠になるとともに、報酬が 50 万円であることに対する積極証拠となると解される。

　仮に、明示した事項が契約内容となっている場合には、その明示事項を変更するためには、基本的には特定受託事業者の同意が必要であると解される。

　なお、業務委託事業者が誤った内容を明示した場合には、直ちに正しい内容で明示を行うべきである。この場合に、客観的には、誤った部分のほかは、同一の内容が明示された 3 条通知が 2 つ存在するため、2 つの業務委託が行われたとも解されかねない。そのため、単に正しい内容による明示をするのみでは足りず、誤った内容を明示した 3 条通知を取り消す旨も併せて明示するなど、誤った内容を明示した 3 条通知は無効である旨が後日明らかになるような対応を講ずるべきである。このとき、例えば、給付内容が誤っており、正しい内容による明示がなされるまでに時間を要し、先にした誤った内容を明示した 3 条書面に基づき、特定受託事業者が既に業務遂行に着手しており、それまで行った特定受託事業者の作業が無駄になるようなときには、その無駄になった作

184

第 4 章　義　務

業に相当する費用を補填しなければ、不当な給付内容の変更および不当なやり直しの禁止に該当し得るため、注意が必要である（不当な変更・やり直しの詳細については、第 2 部第 5 章Ⅲ 8 参照）。

6　フリーランス法 3 条に違反した場合

　公正取引委員会は、業務委託事業者がフリーランス法 3 条の規定に違反したと認めるときは、当該業務委託事業者に対し、速やかに同条 1 項の規定による明示または同条 2 項の規定による書面の交付をすべきことその他必要な措置をとるべきことを勧告することができ（フリーランス 8 条 1 項）、当該勧告を受けた者が、正当な理由がなく、当該勧告に係る措置をとらなかったときは、当該勧告を受けた者に対し、当該勧告に係る措置をとるべきことを命ずることができる（フリーランス 9 条 1 項）。かかる命令にかかる命令書や、当該命令の取消し・変更の決定に係る決定書（併せて、以下「措置命令書等」という）は、その謄本を名宛人または代理人に送達しなければならず（公取委フリーランス法施行規則 7 条 1 項）、措置命令書等には取消しの訴えを提起することができる場合には、その旨を記載した通知書を添付するものとされる（同条 2 項）。公正取引委員会は、当該命令をした場合には、その旨を公表することができる（フリーランス 9 条 2 項）。また、当該命令に違反した場合には、当該違反行為をした者は、50 万円以下の罰金に処される可能性がある（フリーランス 24 条 1 号）。さらに、法人の代表者または法人もしくは人の代理人、使用人その他の従業者が、その法人または人の業務に関し、フリーランス法 24 条の違反行為をしたときは、行為者を罰するほか、その法人または人に対して同条の刑を科されることとなっている（フリーランス 25 条。両罰規定）。

　これに対し、下請法では、勧告の対象となるのは、買いたたき等を禁ずる禁止事項（下請 4 条）に反した場合のみで、下請法 3 条に定める必要的記載事項が記載された書面を交付しなかった場合には、勧告は行われない（下請 7 条参照）。また、フリーランス法では、命令に従わない場合にはじめて罰則の適用がなされ得るが、下請法では、直接 50 万円以下の罰金が課されることが予定されている（下請 10 条 1 号）。なお、実際の運用においては、独占禁止法や中小企業庁設置法に基づき所掌事務としての「行政指導」が行われており、下請

第2部　フリーランス法

法3条違反を理由とする刑事罰が科された例は見受けられない。

そして、フリーランス法では、「命令をした場合には、その旨を公表することができる」規定が設けられており（フリーランス9条2項）、事業者名、違反事実の概要、命令の概要等が公表される予定である。さらに、公正取引委員会が勧告をした場合（フリーランス8条）について、フリーランス法では、何ら規定を設けていないが、下請法に基づく勧告（下請7条）と同様、事業者に対し、違反行為に対する措置に係る予見可能性を付与し、また、違反行為の未然防止の観点から、事業者名、違反事実の概要、勧告の概要等が公表されることとされている[14]。また、指導（フリーランス22条）をした場合については、フリーランス法の運用状況等を公表する場合等において、必要に応じて、概要等を公表することがあるとされている。

なお、下請法における勧告の公表については、勧告の内容のほか、被勧告者の名称、行為の概要、違反法条、勧告年月日等が公正取引委員会のウェブサイト上で法律の規定なく公表されている。これは、情報成果物作成委託等が追加された平成15年法律87号による下請法改正時に、従前行われてこなかった公表について、どのような行為が下請法違反となるのか明らかにし、事業者の予測可能性を高めるために、「勧告に従わなかつたときは、その旨を公表することができる」規定が削除され、情報提供として行われるようになったものである。そのため、勧告がなされる案件については当然に、中小企業庁が公正取引委員会に措置請求をしたときも（下請6条）、すべて公表されている。

7　下請法等の関連法令を踏まえた対応について

取引先が個人であっても従業員を使用していれば特定受託事業者には該当せず、フリーランス法に従った対応は不要であるものの、取引先であるフリーランスが従業員を雇っているか否かは、必ずしも明らかではない。また、仮に、フリーランスから従業員を雇っているか否かについて確認をしても、フリーランスが誤った回答をし、本来であれば特定受託事業者に該当するにもかかわら

---

14)　公正取引委員会「特定受託事業者に係る取引の適正化等に関する法律第2章違反事件に係る公正取引委員会の対応について」（2024年10月1日）（https://www.jftc.go.jp/houdou/pressrelease/2024/oct/241001_freelance2.pdf〔2025年1月15日閲覧〕）。

186

第4章　義　務

ず、該当しないとして3条通知を行わなかった等の場合であっても、所掌事務としての行政指導を行うことがあるとされ、加えて、「勧告……や命令……を直ちに行うものではありません」との回答もあることから、勧告等もなされ得る可能性も否定できないと解される[15]。したがって、個人のフリーランスを相手方とする取引においては、フリーランス法が適用されることを前提とした対応を行うべきであり、フリーランス（を含む零細事業者）に対し発注を行う際に、上記の契約条件を明示することができるよう、契約書、発注書、利用規約等の書式を整備し、実際に発注時にこれをフリーランスに交付する仕組みづくりが求められる。

　この点、フリーランス法上の明示義務に関する規制は下請法の規制の範囲内であるため、下請法への対応ができていれば、その対象をフリーランスに拡張することで対応することができると考えられる。しかし、報酬の支払方法については注意が必要である。

　下請法では、支払手段については、現金によることを原則としつつも、手形による支払は、下請代金の支払期日までに割引による現金化が可能なものである場合、また、一括決済方式および電子記録債権による支払についても、一般の金融機関において下請代金の支払期日までに現金化が可能な場合には、現金による支払と同様の効果があるものとみなし、支払方法として認められ[16]、これらの現金以外の方法による支払を行うときには、下請法におけるいわゆる3条書面において、手形の金額とその満期等、現金払の場合とは異なり、加えて記載すべき事項がある（下請法3条書面規則1条5号〜7号）。そして、フリーランス法においても、特定受託事業者に対する報酬の支払について、下請法と同様に原則は現金としつつも、現金以外の方法で報酬を支払う場合の明示事項が定められていることからも（公取委フリーランス法施行規則1条1項8号〜11号）、既に定着している現金以外の方法による支払が許容されている。さらに、フリーランス法では、下請法で現金と同様の効果があるとして認められている

15）　フリーランス法施行令案（パブコメ概要・考え方）1-2-19。
16）　公正取引委員会・中小企業庁「下請代金の支払手段について」（2016年12月14日）（https://www.jftc.go.jp/houdou/pressrelease/h28/dec/161214_2_files/161214_02.pdf〔2025年1月15日閲覧〕）。

187

第2部　フリーランス法

手形、一括決済方式そして電子記録債権のほかに、いわゆるデジタル払いが認められている。そのため、デジタル払いを選択する場合には、下請法・フリーランス法の適用関係について留意し、下請法も併せて適用されるときには、下請法を遵守する観点からすると、選択しないことも検討することが考えられる。

　また、建設業法上、下請負人が施工した工事が、注文者から元請負人に請け負わせた工事の一部であることについては、請負契約書の記載事項とされていないが、フリーランス法は、建設工事を特定受託事業者に請け負わせる場合にも重畳して適用され得るため 17)、再委託の場合の例外的な支払期日を利用する場合には、フリーランス法の施行に際して対応が必要であるので、留意が必要である。

　そして、従業員数や資本金等、企業規模の大小があれば適用される下請振興法3条に基づき定められる振興基準上は、下請事業者が長期的な需要見通しの下に経営方針を立てること、安定的かつ合理的な生産または提供を行うこと等ができるように、下請振興法上の親事業者の下請事業者に対する発注に関して、契約条件の明示に留まらず、以下の事項を求めている（振興基準第2の1～8）。

・発注分野の明確化
・長期発注計画の提示および発注契約の長期化
・発注の安定化、リードタイムの確保等
・納期および納入頻度の適正化等
・設計図、仕様書等の明確化による発注内容の明確化
・契約条件の明確化および書面等の交付
・発注の手続事務の円滑化等
・取引停止の予告

　なお、下請振興法4条では、振興基準に定める事項について、主務大臣による指導・助言を行う旨が定められており、振興基準に抵触する取引を行った場合には、下請法の勧告のように公表されることはないが、行政指導がなされ得る。

---

17)　フリーランス法施行令案（パブコメ概要・考え方）4-6。

Ⅲ　報酬の支払に関するルール

1　概　要

　報酬の支払に関するルールは、組織対個人の関係、特定業務委託事業者と特定受託事業との業務委託の場合に適用されるものである。

　この規律は、業務委託事業者が特定受託事業者に対し業務委託をした場合における報酬につき、業務委託事業者が特定受託事業者に対し業務委託をした場合における支払期日の設定および支払に関する義務を定めている。これにより、報酬を手元に得られる時期の予見可能性と確実性を付与し、特定受託事業者が安定して経営できるようにすることを狙いとするものである。

　特定受託事業者に委託した業務が、再委託の場合と、そうではない場合とで、規制が異なり得る。

　まず、再委託ではない場合、業務委託事業者は、報酬の支払時期を、給付の内容について検査をするかどうかを問わず、特定受託事業者の給付を受領した日から起算して 60 日の期間内において、かつ、できる限り短い期間内において、定めなければならない（フリーランス 4 条 1 項）。そして、報酬の支払期日が定められなかったときは特定受託事業者から給付を受領した日が、同項の規定に違反して報酬の支払期日が定められたときは特定受託事業者の給付を受領した日から起算して 60 日を経過する日が、それぞれ報酬の支払期日と定められたものとみなされる（同条 2 項）。業務委託事業者は、これらの支払期日までに報酬を支払わなければならないが、特定受託事業者が誤った金融機関口座を通知していた等、特定受託事業者の責めに帰すべき事由により支払うことができなかったときは、当該事由が消滅した日から 60 日以内に報酬を支払うこととされる（同条 5 項）。

　他方、再委託の場合、すなわち、元委託業務の全部または一部について特定受託事業者に再委託をした場合であって、3 条通知において再委託である旨、元委託者の氏名または名称、元委託業務の対価の支払期日を明示事項と併せて特定受託事業者に対し明示したときには、当該再委託に係る特定受託事業者に対する報酬の支払期日は、元委託支払期日から起算して 30 日の期間内におい

第2部　フリーランス法

て、かつ、できる限り短い期間内において、定めることができる（同条3項）。類似の規定を持つ建設業法では、元請負人が支払を受けた日から「一月以内で、かつ、できる限り短い期間内に支払わなければならない」（建設24条の3第1項）とされているのに対し、フリーランス法では、特定業務委託事業者が支払を受けているか否かを問わず、元委託業務に係る予定支払期日（元委託支払期日）から起算して30日以内となっており、差異がある点に留意が必要である。

　なお、再委託の場合であっても、再委託である旨等、必要な明示を3条通知において行っていないときには、例外的な支払期日の規律は適用されず、原則どおり、給付を受領した日から起算して60日以内のできる限り短い期間内に支払期日を定める必要がある。

　この再委託における例外的な支払方法が適用される場合に、報酬の支払期日が定められなかったときは元委託支払期日が、フリーランス法4条3項の規定に違反して報酬の支払期日が定められたときは元委託支払期日から起算して30日を経過する日が、それぞれ報酬の支払期日と定められたものとみなされる（フリーランス4条4項）。業務委託事業者は、これらの支払期日までに報酬を支払わなければならないが、特定受託事業者の責めに帰すべき事由により支払うことができなかったときは、当該事由が消滅した日から30日以内に報酬を支払うこととされる（同条5項）。また、この支払方法を採用した場合には、業務委託事業者は、元委託者から前払金の支払を受けたときは、元委託業務の全部または一部について再委託をした特定受託事業者に対して、資材の調達その他の業務委託に係る業務の着手に必要な費用を前払金として支払うよう適切な配慮をしなければならないこととされる（同条6項）。もっとも「配慮」が要請されているのであって、前払金として支払うことが義務とはされていないため、特定業務委託事業者は、元委託者から前払金の支払を受けている中、特定受託事業者に対し前払金として支払っていないとしても、これのみをもって、勧告や命令の対象に直ちになるとは考え難い。

　なお、（下請法とは異なり）支払遅延は禁止行為とされていないものの、フリーランス法4条5項において支払期日に支払を行うことが特定業務委託事業者の義務として規定されている。これは、仮に禁止行為を定めるフリーランス法5条に規定すると継続的業務委託にしか適用されなくなってしまうが、支

190

第4章 義 務

払遅延の禁止はひろく特定業務委託事業者全体を規制する必要があることによる。

	パターン	支払期日
原　則	給付を受領した日から起算して60日以内に支払期日を定めたとき	その定められた支払期日
	支払期日を定めなかったとき	給付を受領した日
	給付を受領した日から起算して60日を超えて支払期日を定めたとき	給付を受領した日から起算して60日を経過した日の前日
再委託の例外 （3条通知において必要な事項を明示したときに限る）	元委託の支払期日から起算して30日以内に支払期日を定めたとき	その定められた支払期日
	支払期日を定めなかったとき	元委託支払期日
	元委託支払期日から起算して30日を超えて支払期日を定めたとき	元委託支払期日から起算して30日を経過した日の前日

　また、フリーランス法が施行される前から取引関係がある場合に、再委託における例外的な支払方法が適用されることで、従前の取引における支払期日よりも遅い支払期日を設定することが可能となり得るときがある。このようなときに、フリーランス法が施行されることのみを理由に、ことさらに現状設定されている支払期日よりも遅い支払期日を新たに設定したときには、「できる限り短い期間内」に支払期日を定めたとはいえないとして、フリーランス法4条に反することになるため、注意が必要である[18]。

2　支払期日の設定について

⑴　「支払期日」について

　「支払期日」とは、特定受託事業者が提供した業務委託に係る報酬の弁済期を意味し、具体的な日付が特定できるものでなければならないと解される。したがって、「○月△日まで」「○月△日から□月○日までの間」や「納品後○日以内」という期日では、支払期日として認められない。この場合には、「支払期日が定められなかったとき」として、フリーランス法4条2項により、「給付を受領した日が……報酬の支払期日と定められたものとみな」されることに

18）　フリーランス法施行令案（パブコメ概要・考え方）2-2-20。

191

なる。他方で、「○月○日」という特定の支払期日を定める場合のみならず、「毎月 20 日締め、翌月 10 日払い」といった締切制度により支払日を定めるのであれば、支払期日として認められる。もっとも、このように締切制度を定める場合であっても、給付を受領した日から 60 日を超える日が設定されていた場合には、4 条 2 項が適用されることになる。

(2) 「給付を受領した日」について

(a) 「受領した日」

「給付を受領した日」が支払期日の起算日となるが、その具体的なタイミングは業務委託の目的によって異なり得る。

①物品の製造を委託した場合

物品の製造委託の場合には、特定受託事業者の給付の目的物を検査するかにかかわらず、受け取り自己の占有下に置いた日のことをいうと解される。目的物の物理的な占有を移転しない場合・移転できないよう場合であっても、例えば、特定業務委託事業者の検査員が特定受託事業者の事務所やその仕事の提供場所に出張し検査を行うようなときには当該検査員が検査を開始すれば「受領した」ことになる。

②情報成果物の作成を委託した場合

情報成果物の作成委託の場合には、情報成果物の受け渡しに電磁的記録媒体（FD、CD–ROM や USB 等）を用いる場合には委託した情報成果物が記録されている電磁的記録媒体を受け取り自己の占有下に置いた日を、電磁的記録媒体を用いない場合には、例えば、クラウドストレージに保存されたデータを特定業務委託事業者の PC の HDD に保存するなど、電気通信回線を通じて特定業務委託事業者の用いる電子計算機内に記録した日が、それぞれ「受領した日」となると解される。もっとも、情報成果物の場合は、物品の製造とは異なり、受領した時点では外形的にはおよそその内容を把握することができないため、受領した時点でその目的物たる情報成果物が契約の内容に適合するか、合意した品質・水準を満たしているか明らかではなことがある。そのような場合に、当該情報成果物の質を確認した時点を「受領」とする旨の合意が事前になされている場合には、特定業務委託事業者の占有下に置かれたのみでは「受領した日」とはされず、品質・水準を満たしていることを実際に確認した日が、支払

第4章 義　務

【図表2-4-3】

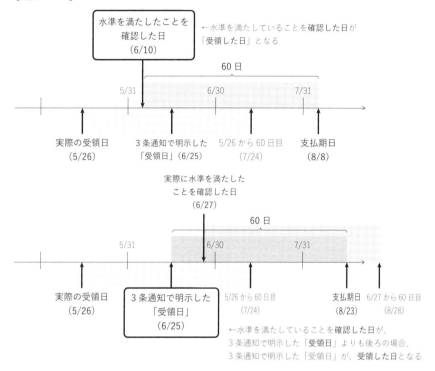

期日の起算日とする例外が認められる。もっとも、品質等を確認する必要があるからといって、いつまでも無制限に、受領した日を後ろ倒しにできるわけではない。当初の3条通知に明示した給付を受領する日（いわゆる納期）（公取委フリーランス法施行規則1条1項4号）よりも、内容に適合するか・品質を満たすかどうかの確認完了が遅れる場合には、確認が完了しているか否かを問わず、3条通知で明示した納期が「受領した日」となる（解釈ガイドライン第2部第2・1(1)イ）。

③役務の提供を委託した場合

役務提供委託の場合、契約上どのような役務提供が予定されているかによって異なるが、原則として、特定受託事業者から当該役務提供を受けた日が「受領した日」となる。アニメ制作における監督を依頼する場合など、ひとつの役務を提供するために日数を要し、複数日にまたがって提供する場合には、一連

193

第 2 部　フリーランス法

の役務の提供が終了した日が役務提供を受けた日となる。また、ビルの清掃や、ロングランの演劇への出演など、個々の役務が一定期間継続して提供されることが予定されている場合がある。そのような場合には、①報酬の支払は、特定受託事業者と協議の上、月単位で設定される締切対象期間の末日までに提供した役務に対して行われることがあらかじめ合意され、その旨が 3 条通知に明確に記載されていること、②3 条通知に、当該期間の報酬の額または報酬の具体的な金額を定めることとなる算定方式（役務の種類・量当たりの単価があらかじめ定められている場合に限る）が明確に記載されていること、③特定受託事業者が連続して提供する役務が同種のものであることという要件をいずれも満たせば、月単位で設定された締切対象期間の末日（個々の役務が連続して提供される期間が 1 か月未満の役務の提供委託の場合には、当該期間の末日）に当該役務が提供されたものと取り扱い、当該日から起算して 60 日以内に報酬を支払うことが認められる（解釈ガイドライン第 2 部第 2・1(1)ウ）。

　なお、役務の提供の場合に限られないが、原則は、給付を受領した日あるいは役務の提供を受けた日から 60 日以内に報酬を支払わなければならないところ、継続的な取引において、月単位の締切制度を採用している場合には、月によって 30 日の月、31 日の月があることを踏まえ、運用上、給付を受領した日あるいは役務の提供を受けた日から 2 か月以内としても、問題とされない[19]。これは、下請法でも同じ運用がなされているものである[20]。

　(**b**)　「給付」

　「給付」とは債務の履行を指すところ、給付された目的物や役務が契約に適合しない場合には、特定業務委託事業者がそれらを受領したとしても、「給付を受領」したことにはならないと解される。例えば、特定受託事業者による給付が 3 条通知で明示した求められる品質・性能に適合しない場合等、特定受託事業者の責めに帰すべき事由があって、報酬の支払前にやり直しをさせることができる場合には、やり直しをさせた後の物品または情報成果物を受領した日、役務提供の場合には当該やり直しにかかる役務を提供した日が、支払期日

---

19)　フリーランス法施行令案（パブコメ概要・考え方）2-2-14。
20)　公正取引委員会＝中小企業庁「下請取引適正化推進講習会テキスト」（2024 年 11 月）46 頁。

194

の起算日となる（解釈ガイドライン第2部第2・1(1)エ）。なお、後述第2部第5章Ⅲ8のとおり、不当な給付のやり直しや特定受託事業者の責めに帰すべき事由がないのに、特定受託事業者の給付の受領を拒むことは禁止されている（フリーランス5条1項1号・2項2号）。

　また、アイドルに対しライブでの歌唱を依頼する場合における特定業務委託事業者による会場の設営など、特定受託事業者が役務提供を行うには、業務委託事業者の協力が必要な場合がある。そのようなケースでは、業務委託事業者が協力しない結果、特定受託事業者が役務を提供することができず、「受領した日」が到来しないといった事態が想定される。そのような場合には、特定業務委託事業者の指示があれば、特定受託事業者が役務を提供できるような状態であれば、「受領した日」と解すべきように思われる。

3　再委託の場合の支払期日の設定について

　フリーランス法4条3項および4項は、特定業務委託事業者から特定受託事業者に対する業務委託が再委託に該当する場合、一律に受領後60日以内の支払を求めると、特定業務委託事業者の資金繰り悪化や特定受託事業者への発注控えが生じることを防止する目的で、支払期日の延期を可能とする趣旨である。

　特定業務委託事業者が特定受託事業者に対して業務委託をした場合であっても、当該特定業務委託事業者が他の事業者から業務委託を受け、当該特定業務委託事業者が当該業務の全部または一部を特定受託事業者に委託する場合、すなわち再委託（特定受託事業者が下請）の関係にある場合には、特定業務委託事業者が特定受託事業者に対して①再委託である旨、②元委託者の氏名または名称、③元委託業務の対価の支払期日を、明示事項に追加して3条通知において明示すれば（追加的明示事項について詳細は、Ⅱ3⑽参照）、元委託業務の対価の支払期日から30日以内のできる限り短い期間内で特定受託事業者に対する報酬の支払期日を定めることができる（フリーランス4条3項）なお、再委託の場合の明示事項については、Ⅱ3⑽のとおりであり、これらの事項をあらかじめ明示しなければ、再委託の場合の例外規定は適用されず、原則として特定受託事業者から給付を受領した日から起算して60日を経過する日が報酬の

第2部　フリーランス法

支払期日とみなされる。このとき、元委託業務の対価の支払期日が、「毎月○日締切翌月末日払」というように、締切制度により記載されていた場合でも、特定受託事業者において、自らへの報酬がいつ支払われるかについて把握でき、それが、毎月決まった業務が再委託されているときには、業務および対価の関連性が認められるため、再委託の場合の例外規定を適用することができると考えられる。他方で、特定受託事業者に再委託された元委託業務が、定期的な業務ではなく、複数の業務が含まれ、それぞれの業務ごとに対価が定められているような場合には、それぞれの業務と対価とを対応させた支払期日を明らかにする必要があると考えられる。それにもかかわらず、締切制度による支払期日が記載されていたときには、対価の関連性を認めることができないため、再委託の場合の例外規定は適用できないと考えられる。

　また、元委託業務の対価の支払期日から起算して30日以内に支払うことが求められているところ、仮に、特定業務委託事業者が元委託者から従前定めた支払期日よりも早く報酬の支払を受けた場合であっても、再委託にかかる報酬の支払が前倒しになるものではない（解釈ガイドライン第2部第2・1(2)イ(ア)）。翻って、建設業法24条の3第1項のように、元請負人から支払を受けてから30日以内に支払わなければならないとする規律ではないため、仮に、特定業務委託事業者が元委託者から元委託業務に係る対価の支払を受けていない場合であっても、特定業務委託事業者は、3条通知に記載された元委託業務の対価の支払期日から起算して30日以内に特定受託事業者に対し報酬を支払わなければならない。

　特定受託事業者に対する報酬の支払期日が定められなかったときは元委託支払期日が、フリーランス法4条3項の規定に違反して報酬の支払期日が定められたときは元委託支払期日から起算して30日を経過する日が、それぞれ報酬の支払期日と定められたものとみなされる（フリーランス4条4項）。

Column　再委託30日ルールの立法論上の妥当性

　再委託30日ルールにより直接的に保護されるのは、フリーランスではなく、フリーランスに再委託する小規模な事業者の利益です。フリーランス法全体がフリーランスたる「個人が事業者として受託した業務に安定的に従事する」ための法律であることを考えると（フリーランス1条）、法律全体の趣旨に合わ

第 4 章 義 務

ない規制という印象を受けます。もちろん、立案担当者も、小規模な事業者が
フリーランスに対する再委託を忌避する結果、フリーランスの受注機会が損な
われることを防止しようとする点で、なおフリーランスの利益保護につながる
と考えているのでしょう。しかし、60日ルールを一律に適用することによっ
てフリーランスの受注機会が損なわれるなどという関係がなぜ認められるのか、
立法事実が存在するようには思えません。

　最も重要な問題は、再委託30日ルールは、フリーランスが再受託した業務
を行ったにもかかわらず、役務提供日等後60日を超えてなお長期間報酬をも
らえないことを、法的に是認してしまっていることです。フリーランス・トラ
ブル110番における筆者の相談経験からしても、元委託者→中間の受託者
（再委託者）→フリーランスと順次再委託されたケースで、中間の受託者（再
委託者）が、元委託者から報酬を支払ってもらえないなどの理由でフリーラ
ンスへの報酬支払を遅らせたり拒んだりするケースは少なくありません。この
ような現実を見ている筆者からすれば、小規模な発注者とはいえ従業員や他の
役員が存在し組織としての実態を有する事業者の利益を優先して、それよりも
立場の弱いフリーランスの利益を害することに、合理性があるとは思えません。

　以上述べたような理由で、私見〔宇賀神執筆〕は、立法論として再委託30
日ルールは削除すべきものと考えています。

　なお、特定受託事業者への委託が再委託であるか否かについて、判断が難し
い場合もあり得るように思われる。すなわち、元委託業務がそのまま特定受託
事業者に委託されるのであれば再委託であることは多くの場合明らかと考えら
れるが、実務上、元委託業務をいくつかの業務に分解して複数の特定受託事業
者に対して再委託することがあり、このような場合に、再委託の該当性が問題
となり得る。再委託であるか否かは具体的な事実関係に基づいて判断されるも
のと解され、業務の関連性（元委託業務の一部を構成するか等）や対価の関連性
（特定受託事業者に再委託された業務と元委託業務の対価との対応関係等）等により
判断すべきと解される[21]。仮に再委託であると整理して60日ルールが適用さ
れない前提で取引を進めたものの、事後的に再委託ではなかったと判断された
場合には、フリーランス法4条3項違反があったと認定されてしまうため、
慎重な判断が必要となる。

---

21)　フリーランス法施行令案（パブコメ概要・考え方）2-2-22。

197

第2部　フリーランス法

4　特定受託事業者の責めに帰すべき事由により支払うことができなかったとき

特定業務委託事業者は、支払期日までに報酬を支払わなければならないが、特定受託事業者の責めに帰すべき事由により、支払期日までに報酬を支払うことができなかったときは、当該事由が消滅した日から起算して60日（再委託の例外の場合には30日）以内に報酬を支払うことになる（フリーランス4条5項）。

この点、特定受託事業者の責めに帰すべき事由とは、例えば、特定受託事業者が誤った口座番号を特定業務委託事業者に伝えていたため、支払期日に間に合うように報酬の支払手続を行ったものの、特定受託事業者が報酬を受け取ることができなかったような場合が考えられる。これに対し、実務においては、受託者から発行される請求書に基づき支払を行う場合が多いと考えられるところ、特定受託事業者から請求書が提出されず、または提出予定日から遅れて提出されたために、支払期日に間に合わなかったときは、「特定受託事業者の責めに帰すべき事由」に該当しないと解される。このことは、下請法で、下請事業者による請求書の提出がなされないことを理由に支払が遅れることは許容されていないこと（下請代金支払遅延等防止法に関する運用基準第4・2〈製造委託、修理委託における違反行為事例〉2-4）、請求書の提出がないとしても、3条通知に報酬の額が明示されており、報酬の支払にあたっての妨げとならないことが根拠になると考えられる。

この場合、特定受託事業者が正しい報酬の支払先口座の情報を伝える等して支払が可能となった場合には、その時点から起算して60日以内（再委託の場合には30日以内）に報酬を支払う必要がある（解釈ガイドライン第2部第2・1(3)）。

5　再委託の場合の前払金について

再委託として一定の事項を明示して報酬の支払期日を元委託支払期日から起算して30日以内を支払期日とした場合、特定業務委託事業者は、元委託者から前払金の支払を受けたときは、元委託業務の全部または一部について再委託をした特定受託事業者に対して、資材の調達その他の業務委託に係る業務の着

198

手に必要な費用を前払金として支払うよう適切な配慮をしなければならない（フリーランス4条6項）。特定受託事業者は、業務の着手にあたって費用を要する場合、前払金の支払を受けられなければ、報酬が支払われるまでの間、当該費用相当額を負担することになるが、再委託の場合には支払期日が遅く定めることが可能となるところ、特定受託事業者にとって過度の負担となる可能性があるため、特定業務委託事業者が元委託者から前払金の支払を受けた場合に、特定受託事業者が業務の着手に必要な費用の範囲で、特定受託事業者に対して前払金として支払うよう適切な配慮をしなければならない旨を定めたものである。

「前払金」とは、業務委託の対価の支払期日より前に支払われる金銭のうち、業務委託の相手方事業者（再委託先を含む）が、当該業務の遂行に要し、または要した費用の全部または一部として支払われるものをいい、支払われる金銭の名目は問わない。前払金の支払時期は、特定業務委託事業者または特定受託事業者による元委託業務の着手の有無や、元委託業務の完成の前後は問わない。

特定業務委託事業者としては、元委託者から支払を受けた前払金について、特定受託事業者との間で適切に分配する等の配慮が必要であり、例えば、業務委託に係る業務の着手に当たって特定業務委託事業者が負担すべき費用がない場合には、前払金のすべてを特定受託事業者に対して支払うことが望ましいと考えられる。特定受託事業者としては、特定受託事業者と十分な協議をした上で、分配金額等を定めることが必要である（以上、解釈ガイドライン第2部第2・1(4)）。

6　支払期日が金融機関の休業日である場合の運用について

公正取引委員会は、報酬の支払期日が金融機関の休業日にあたることがあるが、支払を順延する期間が2日以内である場合であって、特定業務委託事業者と特定受託事業者との間で支払日を金融機関の翌営業日に順延することについてあらかじめ書面または電磁的方法で合意しているときは、結果として給付を受領した日から起算して60日以内（再委託の場合には元委託者支払期日から30日以内）を超えて報酬が支払われても問題としない運用とするとのことである（図表2-4-4参照）。また、順延後の支払期日が給付を受領した日から起算し

て60日以内（再委託の場合には元委託者支払期日から30日以内）となる場合には、特定業務委託事業者と特定受託事業者との間であらかじめ書面または電磁的方法で合意していれば、金融機関の休業日による順延期間が2日を超えても問題としないとのことである（以上、解釈ガイドライン第2部第2・1(5)、図表2-4-5参照）。

【図表2-4-4】金融機関が休業日となる場合の順延（締切制度採用時）

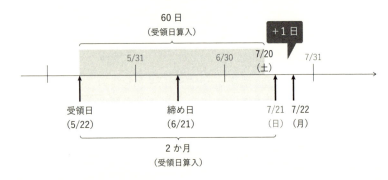

【図表2-4-5】2日以上順延する場合

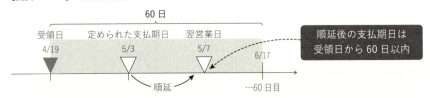

　なお、法文上は「60日」あるいは「30日」と規定されているが、締切制度により支払期日を明示する場合には、月によって31日の月があるため、実際の運用では、それぞれ、2か月、あるいは1か月として運用され、フリーランス法上問題としないとされている[22]。

---

22) フリーランス法施行令案（パブコメ概要・考え方）2-2-14。

第 4 章　義　務

7　フリーランス法 4 条に違反した場合

　公正取引委員会は、業務委託事業者がフリーランス法 4 条の規定に違反したと認めるときは、当該特定業務委託事業者に対し、速やかに報酬を支払うべきことその他必要な措置をとるべきことを勧告することができ（フリーランス 8 条 2 項）、当該勧告を受けた者が、正当な理由がなく、当該勧告に係る措置をとらなかったときは、当該勧告を受けた者に対し、当該勧告に係る措置をとるべきことを命ずることができる（フリーランス 9 条 1 項）。かかる命令に係る命令書や、当該命令の取消し・変更の決定に係る決定書（併せて、以下「措置命令書等」という）は、その謄本を名宛人または代理人に送達しなければならず（公取委フリーランス法施行規則 7 条 1 項）、措置命令書等には取消しの訴えを提起することができる場合には、その旨を記載した通知書を添付するものとされる（同条 2 項）。公正取引委員会は、当該命令をした場合には、その旨を公表することができる（フリーランス 9 条 2 項）。また、当該命令に違反した場合には、当該違反行為をしたものは、50 万円以下の罰金に処される可能性がある（フリーランス 24 条 1 号）。さらに、法人の代表者または法人もしくは人の代理人、使用人その他の従業者が、その法人または人の業務に関し、前条の違反行為をしたときは、行為者を罰するほか、その法人または人に対して同条の刑を科されることとなっている（フリーランス 25 条。両罰規定）。

　公正取引委員会による公表に関して、命令がなされた場合には、事業者名、違反事実の概要、命令の概要等が公表される（フリーランス 9 条 2 項）。また、勧告がなされた場合にも、条文上の根拠はないが、事業者に対し、違反行為に対する措置に係る予見可能性を付与し、また、違反行為の未然防止の観点から、事業者名、違反事実の概要、勧告の概要等が公表されることになる[23]。

　公表の態様については、現在、下請法に基づく勧告について、公正取引委員会のウェブサイト上で公表されていることから、フリーランス法に基づく勧告の場合においても同様に、公正取引委員会のウェブサイト上で公表されると考えられる。

---

23)　公正取引委員会・前掲注 14)。

第5章
禁止行為

I　概　要

　特定受託事業者との取引条件・対応におけるルールは、1か月以上継続した取引関係のある特定業務委託事業者と特定受託事業との間に適用されるものである（フリーランス5条1項柱書、フリーランス法施行令1条）。

　特定業務委託事業者は、受領拒否や報酬減額等、フリーランスに不利益となる下記の一定の行為が禁止されるとともに（フリーランス5条1項各号）、経済上の利益を提供させ、または、フリーランスの責めに帰すべき事由がないのに給付のやり直し等をさせることによって、フリーランスの利益を不当に害することが禁止されている（同条2項）。

　すなわち、特定業務委託事業者は、特定受託事業者に対し、継続的な業務委託をした場合は、以下の行為（役務提供委託の場合には、受領拒否および返品の禁止を除く）をしてはならない（フリーランス5条1項）。

【図表2-5-1】

受領拒否	特定受託事業者の責めに帰すべき事由がないのに、特定受託事業者の給付の受領を拒むこと（役務提供委託を除く）。
代金減額	特定受託事業者の責めに帰すべき事由がないのに、報酬の額を減ずること。
不当返品	特定受託事業者の責めに帰すべき事由がないのに、特定受託事業者の給付を受領した後、特定受託事業者にその給付に係る物を引き取らせること（役務提供委託を除く）。
買いたたき	特定受託事業者の給付の内容と同種または類似の内容の給付に対し通常支払われる対価に比し著しく低い報酬の額を不当に定めること。
購入・利用強制	特定受託事業者の給付の内容を均質にし、またはその改善を図るため必要がある場合その他正当な理由がある場合を除き、自己の指定する物を強制して購入させ、または役務を強制して利用させること。

また、特定業務委託事業者は、特定受託事業者に対し、継続的な業務委託を
した場合は、次に掲げる行為をすることによって、特定受託事業者の利益を不
当に害してはならない（フリーランス5条2項）。

【図表2-5-2】

不当な経済上の利益の提供要請	自己のために金銭、役務その他の経済上の利益を提供させること。
不当な給付内容の変更・やり直し	特定受託事業者の責めに帰すべき事由がないのに、特定受託事業者の給付の内容を変更させ、または特定受託事業者の給付を受領した後（フリーランス法2条3項2号に該当する役務提供委託をした場合にあっては、特定受託事業者から当該役務の提供を受けた後）に給付をやり直させること。

これらに違反した場合には、勧告等の対象となる（フリーランス8条・9条）。

Ⅱ　継続的業務委託に適用されること

フリーランス法5条は、政令で定める期間以上の期間行う業務委託（当該業
務委託に係る契約の更新により当該政令で定める期間以上継続して行うこととなる
ものを含む）に適用される。「政令で定める期間」は、1か月である（フリーラ
ンス法施行令1条）。この継続して行う業務委託は、対象となる特定受託事業者
との関係で行われている必要がある。そのため、特定受託事業者Aと継続し
て業務委託を行う特定業務委託事業者Xがいる場合に、当該Xが特定受託事
業者Bに1日だけ作業をお願いするというような単発の仕事を依頼したとして
も、Bとの関係ではフリーランス法5条の規制は及ばないことになる。

物品の納品を目的とする製造委託の場合に、業務委託をした日から納品日ま
での間が1か月以上あるときや、特定業務委託事業者がライブを主催し、ア
イドルに出演を依頼する場合に、ライブが1日しか開催されないときであっ
ても、業務委託をした日からライブ開催日までの間が1か月以上あるときな
ど、業務委託を行ってから納期までの間が、1か月以上の期間がある業務委託
に適用されるのみならず、ロングラン公演でバックダンサーとしての出演を依
頼し、公演期間が1か月以上であるなど、期間が1か月以上となる業務委託
や契約更新によって1か月以上の期間行うこととなる予定の業務委託も、フ

203

リーランス法5条の適用対象である（解釈ガイドライン第2部第2・2(1)。「更新」として認められる場合については、後記2参照）。

1か月以上の期間行う業務委託に該当するか、当該期間の算定に関して、単一の業務委託または業務委託の給付の内容について少なくともその概要が定められている基本契約による場合と契約の更新によって継続して行うこととなる場合とで分けて考える。

1　単一の業務委託または基本契約による場合

単一の業務委託の期間が1か月以上である場合には、フリーランス法5条の適用対象となる。このとき、継続的業務委託に該当するかどうかの期間の計算にあたっては、初日を算入して計算することになる点に留意が必要である（解釈ガイドライン第2部第2・2(1)）。

また、期間の計算の対象となるのは、個別の業務委託のほか、基本契約がある。ここで期間の計算の対象とされるのは、一般に基本契約と称されるものがすべて含まれるわけではなく、名称や形式は問わないものの、少なくとも給付の内容についてその概要が定められている必要がある。そのため、守秘義務等、給付の内容に言及のないものについては、期間の計算のための基準としては用いられず、当該基本契約に基づき締結される個別契約の期間が、計算の基準となる。

こうした基本契約が締結される場合には、当該基本契約が1か月以上の期間であればフリーランス法5条の適用対象となる。なお、業務委託に係る契約または基本契約につき、期間の定めがないなど、終了する日を定めなかったときは、1か月以上の期間であるものとされる（解釈ガイドライン第2部第2・2(1)ア）。

(1)　始　期

当該期間の始期は、業務委託に係る契約を締結した日（フリーランス法3条に基づき書面または電磁的記録により明示する〔以下「3条通知」とする〕「業務委託をした日」〔公取委フリーランス法施行規則1条1項2号〕）または基本契約を締結した日のうち、いずれか早いものである（解釈ガイドライン第2部第2(1)ア(ア)）。

204

第5章　禁止行為

【図表2-5-3】単一の業務委託の期間が1か月以上ある場合

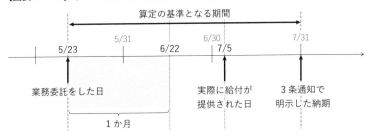

【図表2-5-4】業務委託の給付内容に係る概要が定められている基本契約を締結している場合

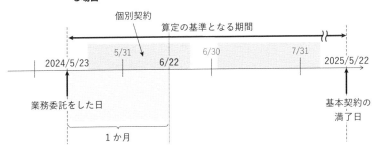

【図表2-5-5】業務委託の給付内容に係る概要が定められている基本契約を締結している場合であって、当該基本契約に基づく個別契約の終了日が基本契約の満了日よりも遅れて到来するとき

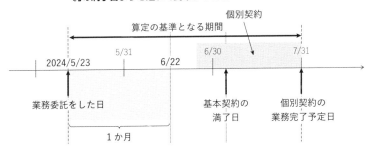

(2) 終　期

当該期間の終期は、以下のうち、いずれか遅いものである（解釈ガイドライン第2部第2(1)ア(イ)）。

・3条通知により明示する「特定受託事業者の給付を受領し、または役務の提供を受ける期日」（期間を定めるものでは、当該期間の最終日）

第2部　フリーランス法

・業務委託に係る契約の終了する日を定めた場合には同日
・基本契約が終了する日

2　契約の更新により継続して行うこととなる場合

複数の業務委託を連続して行うことが契約の更新により継続して行うこととなる場合に該当し、業務委託の期間が通算して1か月以上となる場合には、更新後の業務委託はフリーランス法5条の適用対象となる。

「契約の更新により……継続して行うこととなる」とは、業務委託に係る契

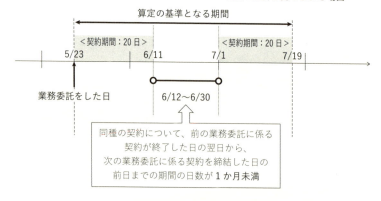

【図表2-5-6】更新によって継続しているとして、期間の通算が認められる場合

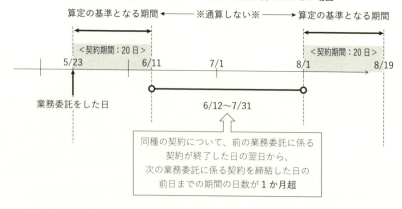

【図表2-5-7】更新によって継続しておらず、期間の通算が認められない場合

第5章　禁止行為

約が、①前契約と次の契約の当事者が同一であり、その給付または役務の提供の内容が少なくとも一定程度の同一性を有し、かつ、②単一の業務委託の終了した日等、前記1⑵にいう終期の翌日から、次の業務委託に係る契約または基本契約を締結した日の前日までの期間の日数が1か月未満であるものをいう。

　更新に該当するかについて、①給付または役務の提供の内容の同一性は、機能、効用、態様等を考慮要素とし、日本標準産業分類の小分類（3桁分類）を参照して、前後の業務委託に係る給付等の内容が同一の分類に属するか否かで判断することとなる。もっとも、常にかかる分類に従い同一であるか否かが判断されるわけではなく、それが適当ではないと考えられる事情がある場合――例えば、当事者間のこれまでの契約や特定業務委託事業者における同種の業務委託に係る契約の状況等に鑑みると、通常、前後の業務委託は一体のものとして行われている状況がある等――には、機能、効用、態様等を考慮要素とし、個別に判断される。

　更新により継続して行うこととなる連続する業務委託として認められた場合には、その契約期間は、最初の業務委託に係る業務委託をした日（前記1⑴にいう始期）から、次の業務委託にかかる契約が終了する日（前記1⑵にいう終期）までである。そのため、2つの契約の間に、契約関係が存在しない期間が

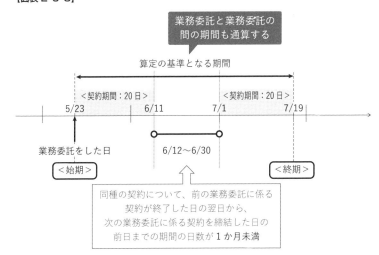

【図表2-5-8】

介在するとしても、その期間も含めて、期間の算定の対象となる（以上、解釈ガイドライン第2部第2・2(1)イ）。

図表2-5-8の例でいうと、5月23日から7月19日までの58日間が期間算定の対象となるのであって（初日算入）、最初の契約期間20日と次の契約期間20日を合算した40日間ではない。

なお、フリーランス法の施行期日との関係で、①施行期日前に契約期間が満了するが、契約満了日の翌日から、施行期日後に締結した同じ内容の契約の締結日との間が1か月未満の場合（図表2-5-9参照）、また、②施行期日よりも前から存続し、施行期日後に契約期間が満了したところ、契約満了日の翌日から、施行期日後に締結した同じ内容の契約の締結日との間が1か月未満の場合（図表2-5-10参照）、それぞれの契約期間が通算されて期間の計算対象となるのかについて論点となり得ると考えられる。この点、フリーランス法は、施行後に"新たに"行われた業務委託が対象となるため[1]、①の場合については、施行期日前に契約期間が満了する契約には、フリーランス法が適用されないため、施行日後に新たに締結された同内容の契約の期間のみが、計算の基準となると考えられる。また、②の場合についても、施行期日前から存続する契約についてもまた、フリーランス法が施行されてから"新たに"行われた業務委託とは

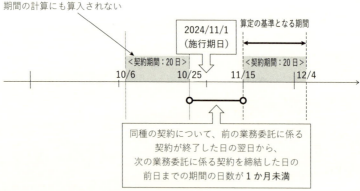

【図表2-5-9】

---

1) フリーランス法施行令（パブコメ概要・考え方）2-1-4。

【図表2-5-10】

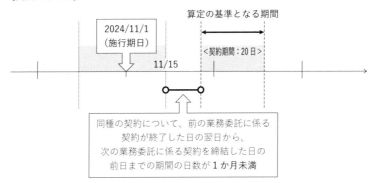

いえないため、フリーランス法の適用はなく、①と同様、施行日後に新たに締結された同内容の契約の期間のみが、計算の基準となると考えられる。

Ⅲ 禁止行為

1 概　要

　特定業務委託事業者は、以下のとおり、禁止行為が定められている。
　特定受託事業者は、組織として情報収集や分業が可能な特定業務委託事業者と比べると、営業や経理等、事業にまつわるあらゆる業務を一人で行う必要がある。また、特定受託事業者は、単独で事業を遂行するがゆえに、特定の事業者との取引に依存しやすく、生活の糧が、当該事業者からの報酬に依存することも多く、取引継続のため、自己に不利な条件であっても、特定業務委託事業者から要請があった場合には、構造的に受け入れざるを得ない地位にある。そのため、これらの行為を禁止事項として定めることで、特定受託事業者の保護を図ろうとしている。かかる構造的な格差があり、特定受託事業者が不利益な内容の合意をせざるを得ない状況に陥りやすいことから、これらの行為については、特定受託事業者の同意を得ていたとしても、特定受託事業者の責めに帰すべき事由がない限り、許容されることはない。また、禁止事項に抵触すると判断されるにあたり、特定業務委託事業者の故意・過失等の主観や責めに帰すべき事由は考慮されない。なお、フリーランス法5条に違反した場合の効果

第2部　フリーランス法

については後記Ⅳ参照。

　ただし、下記の行為は、フリーランス法の執行に際し、行政機関との関係で禁止事項とされるのであって、特定業務委託事業者が禁止事項に抵触する行為をしていたからといって、特定受託事業者において民事上の責任を免れるわけではない。

【図表2-5-11】

禁止行為	概　要 ※（　）内の条文番号はフリーランス法。
受領拒否の禁止	注文した物品または情報成果物の受領を拒むこと（5条1項1号）
報酬の減額の禁止	あらかじめ定めた報酬を減額すること（5条1項2号）
返品の禁止	受け取った物を返品すること（5条1項3号）
買いたたきの禁止	類似品等の価格または市価に比べて著しく低い報酬を不当に定めること（5条1項4号）
購入・利用強制の禁止	特定業務委託事業者が指定する物・役務を強制的に購入・利用させること（5条1項5号）
不当な経済上の利益の提供要請の禁止	特定受託事業者から金銭、労務の提供等をさせること（5条2項1号）
不当な給付内容の変更および不当なやり直しの禁止	費用を負担せずに注文内容を変更し、または受領後にやり直させること（5条2項2号）

　なお、同種の規制を置く下請法とは、以下のような異同がある。

①支払遅延（下請4条1項2号）

　下請法は、支払期日の経過後なお支払わないことを禁止している。特定受託事業者においてもこのような支払遅延は非常に重要な問題であり、特定受託事業者への業務委託全般に規律を課す必要がある。しかしながら、禁止行為を定めるフリーランス法5条では継続的な業務委託に限定して規律を課しているため、報酬支払義務（フリーランス4条）の中で支払期日までに支払う義務を課し、5条では下請法4条1項2号に相当する規定は設けないこととされた。

②報復措置（下請4条1項7号）

　下請法は、フリーランス法5条各号に相当する行為のみを対象に、それらを行政機関に申告したことをもって不利益取扱いをすることを禁じている。もっとも、フリーランス法においては、書面の交付または電磁的記録の提供の義

210

務（フリーランス3条）等、他の義務にかかる申告を原因とする不利益扱いも想定される。そのため、別にフリーランス法6条を設け、申告を受け付ける規定および不利益な扱いを禁ずる規定を設けることとしたため、5条では下請法4条1項7号に相当する規定は設けないこととされた。

③有償支給材の早期決済（下請4条2項1号）

特定受託事業者に対する業務委託においては、製造委託が中心の下請法のように、原材料等を有償で支給して製造を行わせるといった取引は少なく、問題事例も規律を設ける必要性を肯定するほどには確認されていなかった。そのため、フリーランス法においては、下請法4条2項1号に相当する規定は設けないこととされた。

④割引困難手形（下請4条2項2号）

特定受託事業者に対する業務委託における支払手段として手形を利用している実態はほとんどなく、問題事例も規律を設ける必要性を肯定するほどには確

【図表2-5-12】

禁止事項	内容	フリーランス法	下請法
支払遅延	報酬をその支払期日の経過後もお支払わないこと	・禁止事項としての5条は継続的業務委託の場合にのみ適用されるため、別条として規定 ・(再委託の場合の例外規定がある)	4条1項2号
報復措置	法律に違反する事実を知らせたことを理由として、取引停止その他の不利益な取扱いをすること	・禁止事項としての5条は継続的業務委託の場合にのみ適用されるため、別条として規定 ・禁止事項のほか、条件明示についても対象	4条1項7号
有償支給材の早期決済	給付に必要な部品・原材料等を購入させた上で、下請事業者の責めに帰すべき理由がないのに、当該部品・原材料等の費用を支払期日前に控除すること	・規定なし (問題事例が少なかったため)	4条2項1号
割引困難手形	一般金融機関では割引が困難な手形で代金を支払うこと	・規定なし (手形の利用例・問題事例が少なかったため)	4条2項2号

第2部　フリーランス法

認されていなかった。そのため、フリーランス法においては、下請法4条2項2号に相当する規定は設けないこととされた。

2　受領拒否の禁止

特定業務委託事業者は、特定受託事業者の責めに帰すべき事由がないのに、特定受託事業者の給付の受領を拒むことが禁止される（フリーランス5条1項1号）。

(1)　「受領を拒む」

「給付の受領」に関する考え方は、フリーランス法4条における受領の考え方と同様であり（解釈ガイドライン第2部第2・2(2)ア(ア)）、物品の製造委託の場合には、特定受託事業者の給付の目的物を検査するかにかかわらず受け取り、自己の占有下に置くことをいうと解される。情報成果物の作成委託において、情報成果物の受渡しに電磁的記録媒体（FD、CD-ROM や USB 等）を用いる場合には、委託した情報成果物が記録されている電磁的記録媒体を受け取り自己の占有下に置くことを、電磁的記録媒体を用いない場合には、電気通信回線を通じて特定業務委託事業者の用いる電子計算機内に記録することが、それぞれ受領と解される。役務の提供委託の場合、原則として本号の対象とならないが、役務の提供委託であっても、例えば、建物の建造[2] など、給付の目的物が存在する場合には、特定受託事業者から当該目的物の提供を受けることが受領となる（詳細は第2部第4章Ⅲ2(2)参照）。

「受領を拒む」とは、特定受託事業者の給付の全部または一部を納期に受け取らないことをいう。具体的には、特定受託事業者が納期に給付の提供をしたときに、この受領を拒むことが想定されるところ、他にも、特定業務委託事業者において、特定受託事業者が給付の提供をする前から「受領しない」などと、受領をあらかじめ拒んでいる場合もこれに含まれる。また、業務委託を取消しまたは解除する等して業務委託時に定めた納期に受け取らないことや、納期を

---

[2]　下請法において、製造委託の対象たる「物品」は「有体物たる動産を言うのであるから、これに不動産が含まれないのは当然」とされており（公正取引委員会事務局編『「下請代金支払遅延等防止法」解説』（公正取引協会、1956年）46頁）、フリーランス法2条3項1号の「物品の製造」も同旨であると考えられ、「建物の建造」は役務の提供に含まれる。

延期することにより業務委託時に定めた納期に受け取らないことも含まれる（解釈ガイドライン第2部第2・2(2)ア(イ)）。なお、下請法上、下請事業者が正式な発注に基づかずに見込みで製品を作成した場合には、発注していないものについて受領を拒むことは問題ないとされるところ[3]、フリーランス法においても同様に解される。

　ここでは、"納期に"受け取らないことが禁じられているため、3条通知で明示した納期よりも前に、特定受託事業者から給付が提供された場合に、給付を受領しなかったとしても、「受領を拒む」ことには該当しない。なお、3条通知で明示した納期よりも前に、自己の占有下に給付を置いた場合には、その時点で「受領」したことになると解されるため[4]、その日が支払遅延の起算日となり、また以降、返品等の問題が生じることとなる。

(2)　「特定受託事業者の責めに帰すべき事由」

　「特定受託事業者の責めに帰すべき事由」とは、次の場合に限られる（解釈ガイドライン第2部第2・2(2)ア(ウ)）。

---

①　特定受託事業者の給付の内容が委託内容と適合しないこと等がある場合

　ただし、①に該当する場合であっても、以下の場合には、受領拒否は認められない。
- 3条通知に委託内容が明確に記載されておらず、または検査基準が明確でない等のため、特定受託事業者の給付の内容が委託内容と適合しないことが明らかでない場合。
- 業務委託後に検査基準を恣意的に厳しくすることにより、委託内容と適合しないとして、従来の検査基準であれば合格とされたものを不合格とする場合。
- 取引の過程において、委託内容について特定受託事業者が提案し、確認を求めたところ、特定業務委託事業者が了承したので、特定受託事業者が当該内容に基づき製造等を行ったにもかかわらず、給付の内容が委託内容と適合しないとする場合。

---

3)　公正取引委員会＝中小企業庁「下請取引適正化推進講習会テキスト」（2024年11月）42頁。
4)　公正取引委員会＝中小企業庁・前掲注3）51頁（④納期前納入品を受領していたことによる支払遅延）。

第2部　フリーランス法

> ②　特定受託事業者の給付が3条通知に記載された納期までに行われなかったため、そのものが不要となった場合
>
> ──────
>
> ただし、②に該当する場合であっても、以下の場合には、受領拒否は認められない。
> - ・3条通知に納期が明確に記載されていない等のため、納期遅れであることが明らかでない場合。
> - ・納期が特定受託事業者の事情を考慮せずに、無理な期限を一方的に決定されたものである場合。

3　報酬の減額の禁止

特定業務委託事業者は、特定受託事業者の責めに帰すべき事由がないのに、一度決定した報酬の額を減ずることが禁止される（フリーランス5条1項2号）。

減額の名目、方法、金額の多寡を問わず、業務委託後どの時点であっても、減額することは認められない。また、仮に特定受託事業者との合意のもとであっても、特定受託事業者の責めに帰すべき事由がない場合には、フリーランス法5条に違反することになる。これは、取引上の立場が弱い特定受託事業者においては、一方的に、一度定められた報酬の額を後から減ずるよう要請されやすく、また、取引関係を継続させるため、合意せざるを得ず、要請に応ずるほかない状況に置かれやすいことから、特定受託事業者を保護するために設けられた規定である。また「責めに帰すべき事由」も限定的な事由に限ることで、より厚い保護を及ぼそうとするものである。

この減額の禁止は下請法でも同じ規定が定められているところ（下請4条1項3号）、フリーランス法においても、下請法においても、業界慣行として一定の手数料等の差し引きが行われているとしても、一定率を差し引くことが当然の前提とされていても、また、事前に特定受託事業者との間で例えば一定の歩引を行う旨契約条項になっていたとしても、報酬を減ずる前に合意されているか、報酬を減じた後に合意されているか、合意の有無は関係なく、「責めに帰すべき事由」があるかどうかが問題であり、責めに帰すべき事由が認められない限り、法違反となる。

第 5 章　禁止行為

(1)　「報酬の額を減ずる」

「報酬の額を減ずる」とは、一度決定された報酬の額を事後的に減ずることをいい、その方法としては、報酬の額から、一方的に、一定額を差し引いて支払うほか、特定業務委託事業者の金融機関口座に一定額を振り込ませるなど、報酬の一部を返金させることも減額に該当する（解釈ガイドライン第 2 部第 2・2(2)イ(ア)）。「報酬の額を減ずる」に該当するためには、実際に、特定受託事業者が受け取る報酬が減じられる必要がある。そのため、単に、特定受託事業者に対し、報酬の減額を要求するにとどまる場合には、「報酬の額を減ずる」とはいえない。

　具体的には、以下のような場合には、報酬を減じることになると考えられる（解釈ガイドライン第 2 部第 2・2(2)イ(イ)等参照）。

・特定受託事業者との間で単価の引下げについて合意して単価改定した場合に、単価引下げの合意日前に旧単価で発注したものについても新単価を遡及適用し、旧単価と新単価との差額を報酬の額から差し引くこと。

・消費税や地方消費税額相当分を支払わないこと。

・特定受託事業者と書面または電磁的方法で合意することなく、報酬の振込手数料を特定受託事業者に負担させ、報酬の額から差し引くこと。

・報酬の振込手数料を特定受託事業者に負担させることを書面または電磁的方法で合意している場合に、金融機関に支払う実費を超えた振込手数料の額を報酬から差し引くこと。

・特定業務委託事業者による必要な原材料等の支給が遅れたこと、または、無理な納期を指定したことによって生じた納期遅れについて、納期遅れによる商品価値の低下分を報酬の額から減じること。

・1 円以上の端数を切り捨てて報酬を支払うこと。
　※ 1 円"未満"の端数処理は問題とならない。ただし、1 円未満の端数処理が複数行われ、合計した結果、1 円を超える場合には、問題となる。

・客先からのキャンセル、市況変化等によって不要品となったことを理由に、不要品の対価相当額を報酬から差し引くこと。

・単価の引下げ要求に応じない特定受託事業者に、あらかじめ定められた一定の割合または一定額を報酬の額から差し引くこと。

・報酬の額を増加させることなく、発注数量を増加させること。

・特定受託事業者の業務遂行に要する費用を特定業務委託事業者が負担する旨

215

第2部　フリーランス法

を明示していた場合に、当該費用相当額を支払わないこと。
・再委託の場合において、元委託業務の実施にあたり、特定業務委託事業者が締結した保険契約の保険料の一部を特定受託事業者が負担する旨の取決めを行っていなかったにもかかわらず、当該保険料の一部相当額を報酬から差し引くこと。
・業務委託に係る契約の更新は義務となっておらず、かつ、契約を更新しなかった場合には違約金等が発生する旨の合意がされていなかったにもかかわらず、特定受託事業者が契約の更新を拒んだ場合に、違約金等の名目で一定額を報酬から差し引くこと。
・実際に稼働した時間が反映されずに報酬が算定され、実際の稼働時によって計算した報酬の額よりも少ない報酬の額が支払われること。

①インボイス制度との関係

　上記の(1)の表にある「消費税や地方消費税額相当分を支払わないこと」との例は、報酬の総額を11万円として明示していたにもかかわらず、仕入税額控除が認められない消費税等相当額1万円を差し引いて支払うなど、免税事業者に該当する特定受託事業者との関係で、主に問題になり得るものと考えられる。また、税抜き金額で発注金額を定めた場合であっても、3条通知に明示する「報酬の額」には消費税および地方消費税も含まれるため、表示された報酬の総額が、消費税等を含む額になる。この場合に、一方的に税抜価格を報酬の額として決定する行為がフリーランス法5条2項4号の問題となり得ると考えられる。そのため、税抜き金額で発注金額を定めようとする場合には、具体的な報酬の額とは別に、①報酬の額は、消費税・地方消費税抜きの金額である旨、②支払期日に消費税・消費税額を加算して支払う旨を記載し、最終的に支払われる金額に消費税等が含まれることとなるよう、留意する必要があると考えられる。

②クラウドソーシングサイトの手数料等

　クラウドソーシングサイトは、発注者と受注者とをつなぐ仲介サービスであり、契約関係は、発注者と受注者との間に成立するため、クラウドソーシングサイトを利用して、特定受託事業者に業務を委託することとなる場合には、フリーランス法の適用対象になる。このとき、報酬を支払について、クラウドソーシングサイトを通じて支払うプラットフォームもあるところ、その報酬が、

第 5 章 禁止行為

クラウドソーシングサイト特有のポイント等、現金ではない方法で支払われる場合がある。下請法における下請代金の支払は、原則として現金払いによるものとされ、手形や一括決済方式等は、支払期日までに現金化が可能なものであれば、現金による支払と同様の効果があるものとみなし、支払方法として認められているものである[5]。このことは、フリーランス法も同様に当てはまると考えられるところ、前記のようなポイント等による支払による場合、一定のポイントを積み上げなければ現金化できないといった制限が課されているものもあり、手形等と同じように、支払期日までに現金化が可能であるとは必ずしも認め難いこと、そして、代物弁済による支払方法について、下請法およびフリーランス法で一般に許容しているとはいえないことからすると、クラウドソーシングサイト独自のポイントによる支払は、フリーランス法上、報酬を支払ったと認められない可能性があると考えられる。

また、クラウドソーシングサイトを通じて、報酬が現金によって支払われる場合に、特定受託事業者の金融機関口座に振り込むにあたって、振込手数料に相当する手数料が必要となるときがある。報酬の振込手数料については、業務委託をする前に、特定受託事業者が負担する旨の合意があり、かつ、実際に特定業務委託事業者が金融機関に支払う実費の範囲内で差し引くことについては、「報酬の額を減ずること」に該当しないとされている（解釈ガイドライン第 2 部第 2・2(2)イ(ウ)）。また、下請法では、インターネットバンキングに変更したことで、窓口において振込みをするときよりも、実際に負担する振込手数料が少なくなっている場合に、従前どおり窓口振込による振込時の振込手数料を差し引くことは減額に該当するとされている[6]ところ、このことは、フリーランス法においても同様に適用されると考えられる。そうすると、クラウドソーシングサイトを通じて、特定業務委託事業者が特定受託事業者に対し、報酬を支払う場合には、前提として、特定受託事業者が振込手数料を負担する旨の合意が必要であることに加え、実際に特定業務委託事業者が負担している手数料

---

5) 公正取引委員会・中小企業庁「下請代金の支払手段について」（平成 28 年 12 月 14 日）（https://www.jftc.go.jp/houdou/pressrelease/h28/dec/161214_2_files/161214_02.pdf〔2025 年 1 月 15 日閲覧〕）。

6) 公正取引委員会 = 中小企業庁・前掲注 3) 57 頁。

第2部　フリーランス法

よりも、特定受託事業者が負担する振込手数料に相当する手数料が高い場合には、「報酬の額を減ずること」に該当する可能性があると考えられる。

　なお、クラウドソーシングサイトのような仲介事業者について、フリーランス法の立法検討過程においては、仲介事業者に対する規律を設けることも検討されたが、フリーランス法は、まずは、フリーランスと発注事業者の間の取引の適正化を目指すものであるとして、仲介事業者に係る規制は置かないこととされた[7]。もっとも、形式的には仲介と称している場合であっても、委託の内容への関与の状況、金銭債権の内容および性格、債務不履行時の責任主体等を、契約および取引実態から総合的に考慮した上で、実質的に特定受託事業者に業務委託をしているといえる場合には、かかる仲介として関与している事業者が「業務委託事業者」に該当することもある[8]。そのため、仲介事業者においては、形式的に仲介を行っていることのみをもって当然にフリーランス法の対象外となるわけではなく、実態に即して判断されることに留意が必要である。

　③報酬の額を据え置いたまま、発注数量を増加させること

　上記の(1)の表にある「報酬の額を増加させることなく、発注数量を増加させること」は、例えば、当初想定していた給付の量が100であり、これに応じて報酬の額として500万円と定められていたものであるところ、これを事後的に給付の量を増やし、200とした場合、支払うこととなる報酬の額について変更はないが、給付の1つあたりの単価についてみると、当初は、5万円であったのに対し、増加後は、2.5万円と、事後的に半額になっているといえる。そのため、たとえ支払う報酬の額がそのままであっても、発注数量を増加させた場合には「報酬の額を減ずること」に該当することになる。

　また、このことは、報酬の額を減ずることに該当するだけでなく、発注後に、当初の発注数量を増加させることは、増加分について、新たな発注をしたと認められることになると解される[9]。そのため、増加分について、新たに3条

---

7)　内閣官房新しい資本主義実現本部事務局「『フリーランスに係る取引適正化のための法制度の方向性』に関する意見募集に寄せられた御意見について」（https://public-comment.e-gov.go.jp/pcm/download?seqNo=0000242184〔2025年1月15日閲覧〕）。

8)　フリーランス法施行令案（パブコメ概要・考え方）1-2-44。

9)　公正取引委員会＝中小企業庁・前掲注3）88頁。

218

通知をしない場合には、フリーランス法3条に反することにもなる。そこで、適法に発注数量を増加させるためには、増加分について、相応の報酬の額を決定し、新たに3条通知をする必要がある。

④違約金の扱い

前記のとおり、特定受託事業者の責めに帰すべき事由なく、当初定めた報酬の額から差し引いて支払うことは、「報酬の額を減ずること」に該当するところ、「報酬の額を減ずること」は、報酬から一定額を差し引く方法のほか、減ずる金額について、特定業務委託事業者の金融機関口座に振り込ませるなど、別途支払わせる方法による場合も対象となる（解釈ガイドライン第2部第2・2(2)イ(ア)）。そのため、例えば、本部手数料や販売協力金などの名称で、一定額を特定受託事業者に支払わせるような場合についても、「報酬の額を減ずること」として、フリーランス法5条1項2号の問題となり得ることになる。

⑵　「特定受託事業者の責めに帰すべき事由」

「特定受託事業者の責めに帰すべき事由」がある場合として認められるのは、特定受託事業者の責めに帰すべき事由があるとして、受領拒否または返品することがフリーランス法違反とならない場合で、以下の①〜③いずれかに該当するときに限られる（解釈ガイドライン第2部第2・2(2)イ(エ)）。

---

①受領拒否または返品をして当該給付に係る報酬を減ずること。
②受領拒否または返品をせずに、特定業務委託事業者自ら手直しをして、手直しに要した費用相当額として客観的に相当と認められる額を報酬から減ずること。
③受領拒否または返品をせずに、委託内容と適合しないこと等または納期遅れによる商品価値の低下が明らかな場合に、客観的に相当と認められる額を報酬から減ずること。

⑶　代金減額に当たらない例

①ボリュームディスカウントをする場合

下請法上、一定の場合にはボリュームディスカウントは代金減額には当たらないとされる。すなわち、①例えば、親事業者が、下請事業者に対し、一定期間内に、一定数量を超えた発注を達成した場合に、下請事業者が親事業者に対

第2部　フリーランス法

して支払う割戻金であって、あらかじめ、②当該割戻金の内容が取引条件として合意・書面化されており、③当該書面における記載と3条書面に記載されている下請代金の額とを合わせて実際の下請代金の額とすることが合意され、かつ、④3条書面と割戻金の内容が記載されている書面との関連付けがなされている場合には下請代金の減額には当たらないとされる[10]。かかる解釈はフリーランス法においても同様に妥当するように思われる。なお、対象品目が特定されていない発注総額の増加のみを理由に割戻金を求めることはボリュームディスカウントに該当せず、また、単に将来の一定期間における発注予定数量を定め、発注数量の実績がそれを上回っただけでは割戻金を求めることはできない。

　②サービス対価としての費用

　下請法上、一定の場合には物流センターの利用料等としてセンターフィーを下請代金から差し引くことが認められている。すなわち、下請事業者が商品を納品すべき場所が各店舗である場合には、下請事業者が物流センターを利用するか否かを自由に選択でき、さらにセンターフィーの額についてその自由意思に基づく交渉の上決定されるなどの事情の下、物流センターへ一括納品して各店舗への納品は親事業者に任せることで、物流コストの軽減につながるなどの利益を得られるのであれば、下請事業者が物流センターのサービスを受ける別の取引がある。その場合のセンターフィーはそのサービスの対価であると評価することが可能であり、こうした評価が可能であれば、センターフィーを下請代金から差し引いたとしても、下請代金の減額には当たらないとされる[11]。かかる解釈はフリーランス法においても同様に妥当するように思われる。特定受託事業者との取引において想定され得るケースについて検討すると、例えば、業務遂行に必要となる資材・機器等について特定業務委託事業者において用意した上で、これらの費用を特定受託事業者の報酬を支払う際に差し引くことについては、その費用を特定受託事業者が負担する合意がなされていた場合には、差し引いたとしても、何ら問題はないが、合意なく一方的に差し引いて報酬を

---

10)　公正取引委員会＝中小企業庁・前掲注3) 55-56頁。
11)　公正取引委員会＝中小企業庁・前掲注3) 58頁。

220

支払う場合には、「報酬の額を減ずること」に該当することになる。他方、特定受託事業者においてサービス等の利益を享受している場合、例えば、長期の地方ロケにおいて撮影を委託されたが、宿泊施設が無く、特定業務委託事業者の所有する建物で宿泊をして、撮影を日々行っている場合には、特定受託事業者は、宿泊というサービス受けており、宿泊費相当については、その対価と評価することはできる。そのため、撮影の対価としての報酬から宿泊費相当を差し引いたとしても、「報酬の額を減ずること」には該当しないと考えられる。ただし、他にも宿泊施設があるにもかかわらず、特定業務委託事業者の所有する建物の利用を強いるときには、後述**6**の購入利用強制にも該当し、問題となり得るため、常に許容されるわけではない点に注意が必要である。

なお、費用について特定受託事業者が負担することとした場合には、特定受託事業者が費用等の額を含めた総額が把握できるよう「報酬の額」を明示する必要がある（解釈ガイドライン第2部第1・1(3)キ(ウ)）。また、「報酬の額を減ずること」に該当しない、サービス等の対価として評価できる場合であっても、後のトラブル防止の観点から、当該サービス等の対価の額についても、3条通知に明示することが望ましい。

③金融機関口座に振り込む際の振込手数料

業務委託をする前に、報酬を金融機関口座に振り込む際の振込手数料について、特定受託事業者の負担とすることについて、書面または電磁的方法により合意をしている場合には、報酬から振込手数料相当額を差し引いて振り込み支払っても「報酬の額を減ずること」には該当しない。この点、下請法では、インターネットバンキングに変更したことで、窓口において振込みをするときよりも、実際に負担する振込手数料が少なくなっている場合に、従前どおり窓口振込による振込時の振込手数料を差し引くことは減額に該当するとされている[12]ところ、このことは、フリーランス法においても同様に適用されると考えられる。そのため、実際に特定業務委託事業者が負担している手数料よりも、特定受託事業者が負担する振込手数料に相当する手数料が高い場合には、「報酬の額を減ずること」に該当する可能性があると考えられる。

---

12) 公正取引委員会＝中小企業庁・前掲注3) 57頁。

第2部　フリーランス法

4　返品の禁止

　フリーランス法上許容される返品は、「特定受託事業者の責めに帰すべき事由」があり、かつ、返品できる期間（後述(3)）内に行った場合に限られる。

　委託に基づき物品を製造し、または情報成果物を作成した場合、特定業務委託事業者のための特別仕様であるなど、他に転売することが難しい目的物であることが多く、これが返品されると、特定受託事業者にとって、それまでに行った作業が無駄になるだけでなく、報酬が支払われないなどの不利益を被る可能性が高いため、返品を禁止し、保護を図ることにしたものである。

　また、特定受託事業者は、その立場上、特定業務委託事業者の意思に従わざるを得ない状況に置かれやすく、形式的に同意していたとしても、取引継続のためやむを得ず同意せざるを得なかったということが多く想定されるところである。そのため、名目や、数量の多寡を問わず、また、特定受託事業者の合意があったとしても（例えば、再度受け取ることを約束していったん返品すること等）、特定受託事業者の責めに帰すべき事由なく返品することはフリーランス法5条違反となる。

　もっとも、フリーランス法上、「返品」が認められない場合であっても、フリーランス法の執行に際し、行政機関との関係で禁止事項とされるにとどまり、民事法上の責任を免れさせる効果は有しないため、特定業務委託事業者がフリーランス法の禁止事項に抵触する行為をしていたからといって、特定受託事業者は、民事上の責任を免れるわけではない。もっとも、「返品」は、給付そのものを引き取らせるほか、同様の効果が生ずることとなる買戻しも含まれるため、検査を実施していないなど、特定受託事業者の責めに帰すべき事由がない場合には、契約不適合責任を理由に損害賠償請求をすることも、実質的に制限されることになると考えられる。他方、「返品」が認められない場合であっても、買戻しとは評価できない、給付とは別に課された義務違反を理由とする損害賠償請求など、それ以外の契約上の債務不履行の責任を問うことは許容され得る余地があると考えられる。

(1)　返品（「給付に係る物を引き取らせること」）

　特定業務委託事業者は、特定受託事業者の責めに帰すべき事由がないのに、特定受託事業者の給付を受領した後、特定受託事業者にその給付に係る物を引

き取らせることが禁止される（フリーランス5条1項3号）。「返品」は、給付そのものを引き取らせるほか、買戻しを求めることも、返品と同様の効果が生じるため、「返品」に含まれる。

なお、役務提供委託は、フリーランス法5条1項3号（返品）の適用対象ではないが、不当なやり直し等は適用されることに留意が必要である（後記8参照）。

(2) 「特定受託事業者の責めに帰すべき事由」

「特定受託事業者の責めに帰すべき事由」とは、

・特定受託事業者の給付の内容が委託内容と適合しない場合
・特定受託事業者の給付の内容が、3条通知で明示した給付の内容と異なる場合

をいう。ただし、委託内容と適合していないとしても、少なくとも検査を実施していることが必要であり、検査を実施していない場合には、「特定受託事業者の責めに帰すべき事由」があるとは認められない。具体的には、以下の場合に、委託内容と適合しないことを理由として返品することは認められない（解釈ガイドライン第2部第2・2ウ(ア)）。

---

①3条通知に委託内容が明確に記載されておらず、または検査基準が明確でない等のため、委託内容に適合しないことが明らかではない場合。
②業務委託後に検査基準を恣意的に厳しくすることによって、従来の検査基準で合格とされたものを不合格とする場合。
③給付に係る検査を省略する場合。
④給付に係る検査を特定業務委託事業者が行わず、かつ、当該検査を特定受託事業者に書面または電磁的方法によって委任していない場合。

---

(3) 返品できる期間

「特定受託事業者の責めに帰すべき事由」がある場合であっても、無期限に返品することが許容されるわけではなく、委託内容に適合しないことが直ちに発見できるか否かによって、許容される期間が異なる。

まず、①委託内容に適合しないことについて、直ちに発見することができる場合、受領後速やかに返品するときには、フリーランス法上許容されることになる。ただし、特定業務委託事業者が意図的に検査期間を延ばし、その後に返

第2部　フリーランス法

品することは認められない。次に、②委託内容との不適合を直ちに発見することができない場合には、給付受領後6か月以内であれば、フリーランス法上、返品は許容されることになる。また、6か月を超える場合であっても、特定受託事業者の給付を使用した特定業務委託事業者の商品について一般消費者に6か月を超えて保証期間を定めているときには、その保証期間に応じて最長1年以内であれば返品することが認められる（以上、解釈ガイドライン第2部第2・2(2)ウ(イ)）。

5　買いたたきの禁止

　特定業務委託事業者は、特定受託事業者の給付の内容と同種または類似の内容の給付に対し通常支払われる対価に比し著しく低い報酬の額を不当に定めることが禁止される（フリーランス5条1項4号）。なお、買いたたきは業務委託契約締結時における禁止行為であり、報酬の減額（同項2号）は一度決定された以降における禁止行為である。

　報酬の支払方法は特定業務委託事業者において自由に選択できると解されるが、支払手段は報酬金額の決定にも考慮されるべきものであるところ、一度決定した支払方法を変更する場合には、特定受託事業者と十分に協議して、合意によって変更する必要がある。そうであるにもかかわらず、仮に一方的に支払方法や支払代金を変更した場合には、フリーランス法5条に違反する可能性がある。

(1)　「通常支払われる対価に比し著しく低い報酬の額」

　「通常支払われる対価」とは、特定受託事業者の給付と同種または類似の給付について当該特定受託事業者の属する取引地域において一般に支払われる対価をいう。ただし、通常の対価を把握することができないか、または困難である給付については、例えば、従前に同種または類似の給付が行われていた場合には、以下の額が「通常支払われる対価に比し著しく低い報酬の額」となる（解釈ガイドライン第2部第2・2(2)エ(ア)）。

---

①従前の給付に係る単価で計算された対価に比し著しく低い報酬の額
②経済実態が反映されていると考えられる公表資料（※1）から、給付に係る

224

第 5 章　禁止行為

> 主なコスト（※ 2）の著しい上昇が把握できる場合において、従前から据え
> 置かれた報酬の額

　　※ 1：最低賃金の上昇率、春季労使交渉の妥結額やその上昇率等。
　　※ 2：労務費、原材料価格、エネルギーコスト等。

　どのような場合に「コストの著しい上昇」に該当するかについて、具体的な
例示や判断要素は、公正取引委員会からは示されていない。そこで、従前の買
いたたきに関する勧告事例についてみると、株式会社ホーチキメンテナンスセ
ンターの事案 13)では、下請代金の額から 10.5%〜17.5% 差し引いたこと、株
式会社大創産業の事案 14)では、予定単価を約 59%〜約 67% 引き下げたこと、
株式会社ビッグモーターの事案 15)では、従前の料金よりも 11.1%〜33.3% 引
き下げたことをもって買いたたきとして認定されている。そして、後述すると
おり、政府として買いたたきの抑制に積極的に取り組み、取締りを強化してい
ると解されることからすると、これらの勧告事例よりも低い割合でも勧告され
得る可能性も十分考えられる。加えて、インボイスの関係でも、消費税相当額
が支払えないような価格を設定することは買いたたきとされ、また、消費税転
嫁対策特別措置法では、上昇した消費税相当額である 3% を据え置いたこと
で、同法における買いたたきに該当するとして勧告も行われている 16)。これ
らのことからすると、「コストの著しい上昇」とは、例えば、最低賃金の上昇
などにより労務費が増加し、特定受託事業者に対する報酬に占める労務費の割
合に応じて、最終的に報酬の額が 5〜10% 程度上昇するようなコスト増加が
発生する場合が想定されると思われる。特に、特定受託事業者に対する報酬の

---

13)　公正取引委員会「株式会社ホーチキメンテナンスセンターに対する勧告について」（平成 19
　　年 12 月 6 日）（https://warp.ndl.go.jp/info:ndljp/pid/286894/www.jftc.go.jp/pressrelease/07.
　　december/07120604.html〔2025 年 1 月 15 日閲覧〕）。
14)　公正取引委員会「株式会社大創産業に対する勧告」（平成 26 年 7 月 15 日）（https://warp.
　　ndl.go.jp/info:ndljp/pid/11277366/www.jftc.go.jp/houdou/pressrelease/h26/jul/140715.html
　　〔2025 年 1 月 15 日閲覧〕）。
15)　公正取引委員会「株式会社ビッグモーター及び株式会社ビーエムハナテンに対する勧告等に
　　ついて」（令和 6 年 3 月 15 日）（https://www.jftc.go.jp/houdou/pressrelease/2024/mar/240315_
　　bigmotorandbmhanaten.html〔2025 年 1 月 15 日閲覧〕）。
16)　消費税転嫁対策特別措置法勧告一覧（https://warp.ndl.go.jp/info:ndljp/pid/9374369/www.
　　jftc.go.jp/tenkataisaku/kankokuichiran.html〔2025 年 1 月 15 日閲覧〕）。

225

第2部　フリーランス法

内訳の多くは労務費が占めていることに鑑みると、労務費の上昇は、比較的速やかに影響が生ずる値になると考えられるため、注視して対応していく必要があると考えられる。

(2)　買いたたき該当性の判断

買いたたきに該当するか否かは、以下の要素を勘案して総合的に判断される（解釈ガイドライン第2部第2・2(2)エ(イ)）。

①対価の決定方法（特定受託事業者との十分な協議の有無）
②対価の決定内容（差別的であるか等）
③「通常支払われる対価」と当該給付に支払われる対価との乖離状況
④当該給付に必要な原材料等の価格動向等

(3)　下請法・独占禁止法との関係

「買いたたき」について、独占禁止法、下請法で同様の規律を設けているところ、「買いたたき」に関しては、近年、次のように、政府において積極的な政策が講じられており、今後も継続することが予測される。

まず、2021年度には、下請法における買いたたき（下請4条2項5号）および独占禁止法における優越的地位の濫用（取引の対価の一方的決定・独禁2条9項5号ハ）の考え方については、2022年1月26日に「下請代金支払遅延等防止法に関する運用基準」[17]が、同年2月16日に「よくある質問コーナー（独占禁止法）」[18]が改正され、労務費や原材料費、エネルギーコストなどの上昇分を取引価格に反映せずに据え置く行為が、買いたたきや優越的地位の濫用に該当する可能性が明確化されることになった。そして、これを踏まえ2022年12月27日には、独占禁止法違反の疑いがある事業者名が公表され、続いて、2004年度以降、買いたたきによる勧告および公表がなされたのは2件にすぎなかった[19]ところ、2023年3月27日、そして2024年3月15日に、買い

---

17) https://www.jftc.go.jp/shitauke/legislation/unyou.html（2025年1月15日閲覧）。

18) https://www.jftc.go.jp/dk/dk_qa.html（2025年1月15日閲覧）。

19) 「ホーチキメンテナンスセンターに対する勧告について」・前掲注13）および「株式会社大創産業に対する勧告」・前掲注14）の2件。

たたきによる勧告および公表が行われており、買いたたきによる勧告に力が入れられていることが見受けられる。さらに、2023年11月29日には「労務費の適切な転嫁のための価格交渉に関する指針」[20] が策定され、これを踏まえた特別調査[21] も実施されている。その後、2024年5月27日には「下請代金支払遅延等防止法に関する運用基準」が改正され、「通常支払われる対価に比して著しく低い下請代金の額」に関する基準がより明確化され、執行における事実認定においてネックとされていた、「通常支払われる対価に比し著しく低い下請代金の額」の考え方について、同種・同等の取引をしている場合に、コスト上昇下で価格を据え置いたときには、これに該当するとの考えを明らかにするなど、政府としてもより一層の取組みが行われているとの傾向が見られる。そして、優越的地位の濫用規制の在り方について、下請法を中心に検討することを目的として開催される「企業取引研究会」において、買いたたきおよび取引の対価の一方的決定についての考え方が議論のテーマ[22] として挙げられている。

　以上のとおり、政府においては、下請法の買いたたき、そして独占禁止法における対価の一方的決定について、考え方が改めて明確に、または変更される可能性があると解されるところ、今後、下請法・独禁法の考え方によっては、フリーランス法にも波及すると考えられるため、フリーランス法への影響を考えると、政府の動向を把握していく必要があると考えられる。

⑷　具体例

　買いたたきに該当するおそれのある行為は、以下のとおりである（解釈ガイドライン第2部第2・2⑵エ(ウ)等参照）。

---

20)　内閣官房・公正取引委員会「労務費の適切な転嫁のための価格交渉に関する指針」(https://www.jftc.go.jp/dk/guideline/unyoukijun/romuhitenka.html〔2025年1月15日閲覧〕)。

21)　公正取引委員会『令和6年度価格転嫁円滑化の取組に関する特別調査』の調査票の発送開始及び積極的な情報提供のお願いについて」(令和6年6月7日) (https://warp.ndl.go.jp/info:ndljp/pid/13720403/www.jftc.go.jp/houdou/pressrelease/2024/jun/240607_tokubetsuchosa.html〔2025年1月15日閲覧〕)。

22)　公正取引委員会・中小企業庁「円滑な価格転嫁のための取引環境の整備について」(令和6年7月22日) (https://www.jftc.go.jp/file/03_discussion_1.pdf〔2025年1月15日閲覧〕)。

第2部　フリーランス法

- 継続的な委託を行い大量の発注をすることを前提に単価の見積りをさせたにもかかわらず、その見積価格の単価を短期・少量の委託しかしない場合の単価として用いること。
- 見積段階から給付・提供すべき役務が増えたにもかかわらず、報酬の額を見直さず、当初の見積価格を報酬の額とすること。
- 一律に一定比率で単価を引き下げて報酬の額を定めること。
- 特定業務委託事業者の予算単価のみを基準として、一方的に「通常支払われる対価」に比して低い単価で報酬の額を定めること。
- 短納期の発注を行うにもかかわらず、特定受託事業者に発生する費用増を考慮せずに「通常支払われる対価」に比して低い報酬の額を定めること。
- 合理的な理由なく、特定の特定受託事業者を差別的に取り扱い、他の特定受託事業者より低い報酬の額を定めること。
- 同種の給付について、特定の地域または顧客向けであることを理由に、「通常支払われる対価」より低い単価で報酬の額を定めること。
- 情報成果物の作成委託において給付の内容に知的財産権が含まれている場合、当該知的財産権の対価について、特定受託事業者と協議することなく、一方的に「通常支払われる対価」より低い単価で報酬の額を定めること。
- コスト（労務費、原材料価格、エネルギーコスト等）上昇分の取引価格への反映の必要性につき、価格交渉の場において明示的に協議することなく、従来どおりの報酬に据え置くこと（※）。
- コスト（労務費、原材料価格、エネルギーコスト等）が上昇したため、特定受託事業者が報酬の引上げを求めたにもかかわらず、価格を転嫁しない理由を書面や電子メール等で特定受託事業者に回答することなく、従来どおりの報酬に据え置くこと。
- 委託内容に対応するため、特定受託事業者における品質改善等に伴う費用が増加したにもかかわらず、一方的に「通常支払われる対価」より低い単価で報酬の額を定めること。
- 従前から取引をしていたところ、原材料のコストが上昇しており、現在の価格では原価割れが生じるにもかかわらず、従前の報酬の額のまま据え置くこと。
- 特定受託事業者が課税事業者となったにもかかわらず、免税事業者であることを前提に行われた単価からの交渉に応じず、一方的に従来どおりに単価を据え置いて発注すること。
- 免税事業者である特定受託事業者に対し、給付の内容と同種または類似の内

第 5 章　禁止行為

> 容の給付に対して通常支払われる対価に比べて、特定受託事業者が負担して
> いた消費税額も払えないような報酬の額を一方的に定めること。

　下請法の買いたたきまたは独占禁止法の優越的地位の濫用として問題になる
おそれがあるものとして、上記の表の中の（※）と同じ例が挙げられてい
る[23]。独占禁止法では、単に下請事業者から申出があった場合に、協議の場
を設け、そのときに話題に挙げれば足りるのではなく、発注者のほうが取引上
の立場が強く、受注者からはコスト上昇が生じても価格転嫁を言い出しにくい
状況にあることを踏まえ、発注者によるイニシアチブで協議を明示的に行わな
い場合には、優越的地位の濫用の要件の一に該当するおそれがあると説明され
ている[24]。このことからすると、フリーランス法においても同様に、特定業
務委託事業者が能動的に協議を持ちかける必要があるものと解される。

　また、この協議を行うべき頻度について、発注の都度、価格の交渉を行うこ
とが望ましいと考えられるが、継続的な発注が行われている場合には現実的で
はない。そこで、再び、同様の規律を置く下請法・独占禁止法の考え方につい
てみると、記載されている行動を適切にとっている場合には、下請法・独占禁
止法の問題は生じないとされる「労務費の適切な転嫁のための価格交渉に関す
る指針」[25] の「発注者としての行動②」および「受注者としての行動③」には、
「業界の慣行に応じて 1 年に 1 回や半年に 1 回などの定期的」なタイミングと
あり、その例示として、中小企業庁が主導する毎年 3 月と 9 月の価格交渉促
進月間が挙げられている。また、規制法ではないが、下請振興法に基づき定め
られる振興基準においても、「少なくとも年に 1 回以上の協議を行う」[26] こと
が挙げられていること鑑みると、フリーランス法においても、特に特定受託事

---

23)　「下請代金支払遅延等防止法に関する運用基準」・前掲注 17) 第 4・5、「よくある質問コーナー
　　（独占禁止法）」・前掲注 18) Q20。
24)　公正取引委員会「独占禁止法上の『優越的地位の濫用』に関する緊急調査の結果について」
　　（2022 年 12 月 27 日）（https://www.jftc.go.jp/houdou/pressrelease/2022/dec/221227_kinkyucho
　　sakekka.html〔2025 年 1 月 15 日閲覧〕）。
25)　内閣官房・公正取引委員会「労務費の適切な転嫁のための価格交渉に関する指針」・前掲注
　　20)。
26)　「振興基準」第 4・1(2)。

229

業者と長期にわたり継続して取引をしている場合には、少なくとも、年に1回、価格に関する協議をしなければ、直ちに法違反として勧告（フリーランス8条）がなされることはないとしても、要件に該当するおそれがあるとして、指導（フリーランス22条）がなされる可能性は否定できないと考えられる。また、2022年に実施された緊急調査では、情報提供として企業名が公表されていることを考えると、取引適正化に関する規律についての「行政指導」に係る公表できる規定がないとしても、公表される可能性はゼロではないため、この点留意する必要がある。

6　購入・利用強制の禁止

特定業務委託事業者は、特定受託事業者の給付の内容を均質にし、またはその改善を図るため必要がある場合その他正当な理由がある場合を除き、自己の指定する物を強制して購入させ、または役務を強制して利用させることが禁止される（フリーランス5条1項5号）。

(1)　「正当な理由がある場合」

「正当な理由がある場合」とは、例えば、映像作品の作成を依頼するケースにおいて、品質を維持するために、自社の撮影スタジオを使用させる場合、ポスターのデザインを依頼するケースにおいて、従前のデザインとの統一性を図るため、指定のフォントを基に作字するよう、指定のフォントを購入させる場合や、3DCGの作成を依頼するケースにおいて、異なる制作ソフト間に完全な互換性がなく正しく作動しない可能性があるため、指定の制作ソフトを使用させる場合など、給付の内容の均一性を維持し、または質を確保する等の理由があることをいう。

ただし、正当な理由があるとしても、例えば、一定の役務の利用を要請し、要請に応じることで特定受託事業者において追加のコストが生じる場合に、かかるコスト分を考慮しないまま、著しく低い報酬の額を一方的に定めたときには、買いたたき（フリーランス5条1項4号。詳細は前記5）に該当することになる。そのため、「購入・利用強制」に該当しないとしても、他の規律に抵触する可能性があることについて、留意すべきである。

第5章　禁止行為

⑵　「自己の指定する物」または「役務」

「自己の指定する物」とは、原材料等だけでなく、特定業務委託事業者またはその関連会社等が販売する物であって、特定受託事業者に購入させる対象として特定した物がすべて含まれる。同様に、「自己の指定する」「役務」とは、特定業務委託事業者またはその関連会社等が提供するものであって、特定受託事業者に利用させる対象として特定した役務がすべて含まれる（解釈ガイドライン第2部第2・2⑵オ㋐）。

　強制して利用させる「物」とは、例えば、演奏会への出演を依頼した特定受託事業者に対し、その演奏会のチケットを購入させたり、結婚式場を運営する特定業務委託事業者が、特定受託事業者に対し、結婚式の司会を依頼していたところ、業務とは関係なく、当該式場で行われるディナーショーのチケットを購入させるといったことが挙げられる。また、強制して利用させる「役務」とは、例えば、運送を委託する特定受託事業者に対し、既に車両保険に加入しているにもかかわらず、特定業務委託事業者が指定する保険会社の保険に加入させ、または、既に車両を有しているにもかかわらず、関連会社による車両のリースを利用させるといったことが挙げられる。

⑶　「強制して」

「強制して」物を購入・役務を利用させる場合とは、例えば、購入・利用を取引の条件とする場合や、購入・利用しないことに対して不利益を与える場合、取引関係を利用して、事実上、購入・利用を余儀なくさせている場合（形式的には任意の購入・利用の依頼だとしても、フリーランス法5条に違反する可能性がある）が想定されている（解釈ガイドライン第2部第2・2⑵オ㋑）。

　購入・利用強制に該当するおそれのある行為は、以下のとおりである（解釈ガイドライン同㋒）。

・業務委託先の選定または決定に影響を及ぼすこととなる者（購買・外注担当者等）が特定受託事業者に購入・利用を要請すること（※）。

・特定受託事業者ごとに目標額または目標量を定めて購入・利用を要請すること。

・購入・利用しなければ不利益な取扱いをする旨を示唆して購入・利用を要請

231

第 2 部　フリーランス法

すること。
・特定受託事業者が購入・利用の意思がないと表明したか、または、明らかに
　その意思がないと認められるにもかかわらず、重ねて購入・利用を要請する
　こと。
・特定受託事業者から購入する申出がないのに、一方的に特定受託事業者に物
　を送付すること。

> ※特定業務委託事業者の購買担当者や外注担当者自身は、法律上、会社としての意
> 思決定をする決裁権限を付与されていることは少ないと考えられるが、特定受託
> 事業者と直接やり取りをし、条件交渉を行うなど、会社の窓口となっている場合
> には、特定受託事業者にとっては、それらの担当者がたとえ権限を有していない
> としても、経済的依存関係があることから、その者に従わなければ取引を続けら
> れない状況にあるといえる。そうすると、それらの担当者によって所属する会社
> やその関連会社が販売する物品の購入等を強いることは、「購入・利用強制」に該
> 当することになると考えられる。他方で、購入等を強いる目的物が、所属する会
> 社やその関連会社とは関係のない、個人的な付き合いのある事業者が販売する商
> 品、あるいは、所属する会社とは関係なく、個人的な料亭での接待を要請した場
> 合であっても、特定受託事業者にとって、購入や接待に応ずることを余儀なくさ
> れることになる状況には変わりない。この場合、「自己の指定する物」または「役
> 務」が、前記(2)のとおり、特定業務委託事業者またはその関連会社等が販売する
> 物または提供する役務とされているため、「購入・利用強制」には該当しないと考
> えられるが、別途、利益提供要請（後述 7 ）に該当するものとして問題になり得
> ると考えられる。

7　不当な経済上の利益の提供要請の禁止

特定業務委託事業者は、自己のために金銭、役務その他の経済上の利益を提
供させることによって、特定受託事業者の利益を不当に害することが禁止され
る（フリーランス 5 条 2 項 1 号）。

(1)　「金銭、役務その他の経済上の利益」

「金銭、役務その他の経済上の利益」とは、協賛金、協力金等の名目を問わ
ず、報酬の支払とは独立して行われる金銭の提供、作業への労務の提供等を含
む（解釈ガイドライン第 2 部第 2 ・ 2 (2)カ(ア)）。例えば、写真の撮影を依頼した特
定受託事業者に対し、撮影機材の一部の貸与を依頼したり、ゲームで用いるス
チル（イラスト）を依頼した特定受託事業者に対し、著作権の無償譲渡や著作
人格権の不行使を無償で求めることのほか、都内の倉庫から大阪にある客先へ
の運送のみを依頼された特定受託事業者に対し、荷物の梱包や積み込みを依頼

232

することなどが想定される。

(2) 利益を不当に害する

　特定受託事業者の利益を不当に害するとは、特定受託事業者にとって直接の利益があるとは言い難い場合（特定業務委託事業者の決算対策等を理由とした協賛金の要請や運送を委託された特定受託事業者に対し、無償で荷物の積込みや倉庫の清掃を要請することや、特定受託事業者の名前を出さず、特定業務委託事業者のみの宣伝のため、広告費用として一定額要請すること、当初合意していた範囲を超える著作権の利用を無償で許諾させること等）や、特定受託事業者の利益との関係を明確にしないまま利益提供される場合（負担額および算定根拠、使途、提供の条件等について明確になっていない場合、虚偽の数字を示して提供させる場合、ゲームのプログラム作成を委託されたところ、どのような修正・補修を行うのか明らかにしないデータ調整料として徴収する場合、イラストの作成を委託されたところ、なんら著作権上の制限について合意がないにもかかわらず、自己のイラストをポートフォリオとして利用することを無償で禁止される等）をいう。また、経済上の利益を提供することにより実際に生じる利益が不利益を上回るもので、将来の取引が有利になるというような、間接的な利益しか生じないような場合（例えば、今作のゲームに使用するイラストについて無償で著作権した場合には、次回作を制作するときにも優先的に委託すると約束する、特定業務委託事業者の運営する宣伝サイトに費用を支払って登録させられたが、アクセス数がほとんどなく、広告宣伝効果が得られないときなど）にも、利益を不当に害するものに該当する。

　他方、特定受託事業者がイラスト作成を委託された場合に、著作権を無償で譲渡したことの対価として、著者名がイラストともに表示され、宣伝効果が得られるなど、特定受託事業者が「経済上の利益」を提供することが業務委託を受けた物品の販売促進につながる等、直接の利益になるものとして、自由な意思により提供する場合には、特定受託事業者の利益を不当に害するものであるとはいえない。

　また、業務委託の目的物たる給付に特定受託事業者の知的財産権が発生する場合がある。このような場合に、当該知的財産権を、業務委託の目的たる使用の範囲を超えて無償で譲渡・提供させることは、不当な経済上の利益の提供要請に該当する。例えば、デザイナーに対していくつかデザインを作成させ、そ

第 2 部　フリーランス法

のうちのひとつを採用して、知的財産権を譲渡させる契約であったにもかかわ
らず、採用されなかったデザインの知的財産権も含めて譲渡させることは不当
な経済上の利益の提供要請に該当し得る。また、製造委託において、給付の内
容に含まれていなかった知的財産権やノウハウが含まれる技術資料を無償で提
供させる等して特定受託事業者の利益を不当に害する場合にも、不当な経済上
の利益の提供要請に該当する。さらに、例えば、特定業務委託事業者が、特定
受託事業者が知的財産権を有する情報成果物について、収益を特定受託事業者
に分配しない、収益の配分割合を一方的に定める、特定受託事業者による二次
利用を制限する等して特定受託事業者の利益を不当に害する場合も、不当な経
済上の利益の提供要請に該当する（解釈ガイドライン第 2 部第 2・2(2)カ(ウ)）。

　不当な経済上の利益の提供要請に該当するおそれのある行為は、以下のとお
りである（解釈ガイドライン第 2 部第 2・2(2)カ(エ)等参照）。

・業務委託先の選定または決定に影響を及ぼすこととなる者（購買・外注担当
　者等）が特定受託事業者に金銭・労務等の提供を要請すること（※）。
・特定受託事業者ごとに目標額または目標量を定めて金銭・労務等の提供を要
　請すること。
　　（例えば、保険勧誘を委託した特定受託事業者に対し、月ごとに定めた目標を達成し
　　なかった場合には協力金等として一定額を提供させることや、運送を依頼した特定
　　受託事業者に対し、毎日 1 時間の荷物積込み作業を追加の対価の支払いなく行わせ
　　るなど）
・要請に応じなければ不利益な取扱いをする旨を示唆して金銭・労務等の提供
　を要請すること。
・特定受託事業者が提供の意思がないと表明したか、または、明らかにその意
　思がないと認められるにもかかわらず、重ねて金銭・労務等の提供を要請す
　ること。
・情報成果物等の作成に関して特定受託事業者に知的財産権が発生する場合に
　おいて、3 条通知の「給付の内容」に知的財産権の譲渡・許諾が含まれる旨
　を記載していないにもかかわらず、当該情報成果物等に加えて、無償で、作
　成の目的たる使用の範囲を超えて当該知的財産権を特定業務委託事業者に譲
　渡・許諾させること。
・運送を委託された特定受託事業者に対し、荷物の積込みや倉庫の清掃を要請
　すること。

234

第 5 章　禁止行為

・委託内容になかったゲームプログラムについても、対価を支払わずに提出させること。

※前記 6 ⑶「強制して」における購入・利用強制に該当するおそれのある行為にて述べたとおり、購買・外注担当者等の業務委託先の選定または決定に影響を及ぼすこととなる者が、特定受託事業者に対し、業務委託とは関係のない個人的な依頼を要請する場合には、特定受託事業者の立場からすると、当該特定業務委託事業者とは経済的依存関係にあることが多いため、担当者の意向にも当然従わざるを得ない状況にあることに何ら変わりはないことからすると、たとえ当該担当者の個人的な依頼であっても、不当な利益提供要請に該当することになると考えられる。

8　不当な給付内容の変更および不当なやり直しの禁止

特定業務委託事業者は、特定受託事業者の責めに帰すべき事由がないのに、特定受託事業者の給付の内容を変更させ、または特定受託事業者の給付を受領した後（役務提供委託をした場合にあっては、特定受託事業者から当該役務の提供を受けた後）に給付をやり直させることによって、特定受託事業者の利益を不当に害することが禁止される（フリーランス 5 条 2 項 2 号）。

⑴　給付の内容の変更

「給付の内容を変更させ」るとは、特定業務委託事業者が給付を受領する前に、特定受託事業者に、3 条通知に記載されている給付の内容を変更し、当初の委託内容とは異なる作業を行わせることをいう。業務委託の取消し・解除もこれに該当する（解釈ガイドライン第 2 部第 2・2 ⑵キ㋐）。他方、当初の発注後に発注数量を増加させることは、増量分について新たな発注をしたものと扱われ、不当な給付内容の変更に該当しないが、新たな業務委託に係る 3 条通知が必要となる。

⑵　給付のやり直し

「給付をやり直させる」とは、特定業務委託事業者が給付を受領した後（役務提供委託の場合には、特定受託事業者から当該役務の提供を受けた後）に、特定受託事業者に当該給付に関して追加的な作業を行わせることをいう（解釈ガイドライン第 2 部第 2・2 ⑵キ㋑）。

⑶　利益を不当に害する

特定受託事業者の利益を不当に害するとは、特定受託事業者がそれまでに行った作業が無駄になり、または当初委託された内容にはない追加的な作業が必

第2部　フリーランス法

要となった場合で、特定業務委託事業者がその費用を負担しない場合がこれに
該当し得る。他方、特定業務委託事業者が費用を負担する等して、特定受託事
業者の利益を不当に害しないと認められる場合には、問題とならないと解され
る（解釈ガイドライン第2部第2・2(2)キ(ウ)）。例えば、イラスト・デザインや映
像作品、コラムの作成など、契約当初から複数回のやり直しが想定される場合
で、やり直しを前提とした報酬設定をしている場合などが考えられる。ただし
この場合であっても、無限にやり直しをさせることが許容されるわけではなく、
当初想定していた以上のやり直しを行わせる場合には、追加の費用を支払わな
ければ、利益を不当に害するとして、問題になり得る。

　特定業務委託事業者が費用を全く負担することなく、給付内容の変更ややり
直しをさせることが認められるのは、以下の場合に限られる（解釈ガイドライ
ン第2部第2・2(2)キ(エ)）。

・給付受領前に特定受託事業者の要請により給付内容を変更する場合。
・給付受領前に特定受託事業者の給付内容を確認したところ、給付内容が3
　条通知に記載された「給付の内容」と適合しないこと等があることが合理的
　に判断され、給付内容を変更させること。
・給付受領後に給付内容が3条通知に記載された「給付の内容」と適合しな
　いこと等があるため、やり直しをさせる場合。

　不当な給付内容の変更または不当なやり直しに該当するおそれのある行為は、
以下のとおりである（解釈ガイドライン第2部第2・2(2)キ(オ)）。

・給付受領前に、特定受託事業者から給付の内容を明確にするよう求められた
　にもかかわらず、特定業務委託事業者が正当な理由なくこれを明らかにせず、
　特定受託事業者に継続して作業を行わせ、その後、給付内容が委託内容に適
　合しないとして、やり直しを要請する場合。
・取引の過程において、委託内容について特定受託事業者が提案し、確認を求
　めたところ、特定業務委託事業者が了承したので、特定受託事業者が当該内
　容に基づき、製造等したにもかかわらず、給付内容が委託内容に適合しない
　として、やり直しを要請する場合。
・業務委託後に検査基準を恣意的に厳しくし、給付内容が委託内容に適合しな

いとして、やり直しを要請する場合。

・通常の検査で委託内容に適合しないことを発見できない給付について、受領後 1 年を経過してから、やり直しを要請する場合（ただし、特定業務委託事業者が顧客等〔一般消費者に限らない〕に 1 年を超えて契約不適合責任期間を定めている場合で、特定業務委託事業者と特定受託事業者がそれに応じた契約不適合期間をあらかじめ定めている場合は除く）。

例えば、顧客に対して 1 年の契約不適合責任の期間を定めているところ、特定受託事業者との関係では 3 年間の契約不適合責任の期間を定めているような場合、3 年間の契約不適合期間を定めていること自体は直ちには問題とならないが、顧客に対して保証した 1 年を経過した以降に、特定業務委託事業者が一切の費用を負担することなくやり直しをさせる場合には、不当なやり直しに該当し得るため、留意が必要である[27]。

情報成果物作成委託の場合、特定業務委託事業者の価値判断等によって評価される部分があり、事前に委託内容として給付を充足する条件を明確に 3 条通知に記載することが不可能な場合がある。このような場合において、特定業務委託事業者がやり直し等をさせるに至った経緯等を踏まえ、やり直し等の費用について特定受託事業者と十分な協議をした上で、合理的な負担割合を決定し、当該割合を負担すれば、やり直し等させることは問題にならない（特定業務委託事業者が一方的に負担割合を決定して、特定受託事業者に不利益を与える場合には、不当なやり直し等に該当する）。

Ⅳ　フリーランス法 5 条に違反した場合

公正取引委員会は、特定業務委託事業者が 5 条 1 項の規定に違反したと認めるときは、当該特定業務委託事業者に対し、必要な措置をとるべきことを勧告することができる（フリーランス 8 条 3 項・4 項）。また、特定業務委託事業者が 5 条 2 項の規定に違反したと認めるときは、当該特定業務委託事業者に対し、速やかに当該特定受託事業者の利益を保護するため必要な措置をとるべ

27）　公正取引委員会＝中小企業庁・前掲注 3）88 頁参照。

第2部 フリーランス法

きことを勧告することができる（フリーランス8条5項）。

勧告を受けた者が、正当な理由がなく、当該勧告に係る措置をとらなかったときは、当該勧告を受けた者に対し、当該勧告に係る措置をとるべきことを命ずることができる（フリーランス9条1項）。措置命令書等は、その謄本を名宛人または代理人に送達しなければならず（公取委フリーランス法施行規則7条1項）、措置命令書等には取消しの訴えを提起することができる場合には、その旨を記載した通知書を添付するものとされる（同条2項）。

「勧告」は、「行政指導」（行手2条6号）であるため、これにより勧告に従うべき義務が特定業務委託事業者に生ずるわけではない。「勧告」により違反行為の是正が求められたとしても、その実現は、「勧告」の名宛人となった特定業務委託事業者の任意の協力によってのみ実現されるものであって、「勧告」に従わなかったことをもって、不利益な取扱いをすることは許されない（行手32条1項・2項）。これに対し、「命令」は、法律に基づき行政機関が名宛人の権利を制限しまたは義務を課す「処分」（行手2条2号）である。「命令」は、「処分」であることから、「行政指導」たる「勧告」によっては生じない、公定力、不可争力、不可変更力、そして執行力が生ずる。すなわち、仮に処分の内容に瑕疵がある場合であっても、裁判所等、権限ある機関によって当該処分が取り消されるまで、適法なものとして扱われることになり（公定力）、また、瑕疵や過誤があっても、行政訴訟によってのみ主張することが認められ、原則として、処分があったことを知った日から6か月を経過した場合（行訴14条1項）または処分の日から1年を経過した場合（行訴14条2項）には、正当な理由がない限り、私人のイニシアチブによって当該処分の取り消し等をすることはできなくなる（不可争力）。また、一度した処分については、処分をした行政機関であっても、公益上の必要がなければ変更できなくなる効果も有する（不可変更力）。そして、本来、相手方の意思に反して権利を強制的に実現するためには、裁判所による判決等の執行名義が必要となり、「処分」の場合、法律の規定がある場合には、行政機関自身の名義によって強制的に実現することができるが（執行力）、フリーランス法では、租税滞納時の徴収職員による財産差押え権限のような（税徴47条）、5条違反に関する「命令」を特定業務委託事業者に強制的に遵守させるための行政機関による権限に関する規律は設け

238

られていないため、自己執行力については存しないことになる。

「命令」は「処分」であるため、過誤等が存する場合には、取消訴訟等の抗告訴訟を提起することができ、これにより処分の名宛人となった特定業務委託事業者における権利の救済を図ることができる。行政指導たる「勧告」であっても、行政指導の中止等の求め（行手36条の2）によって、「命令」に先立ち、行政指導を取り消し得るが、行政指導の中止等の求めは、「弁明その他意見陳述のための手続を経てされたものであるとき」には用いることができない（行手36条の2第1項ただし書）。今後、フリーランス法による「指導」（フリーランス22条）、そして「勧告」がなされる場合に、弁明の機会の付与等がなされるか否かについては、今後の実務の蓄積を待つほかないが、弁明の機会等の付与が前提に行われる「勧告」しか予定されておらず行政指導の中止等の求めができない下請法と異なり、フリーランス法では、少なくとも、「命令」が設けられたことで、遅くともその時点で、不服申立てによる権利救済ができることになる。

そして、公正取引委員会は、当該命令をした場合には、その旨を公表することができる（フリーランス19条2項）。

また、当該命令に違反した場合には、当該違反行為をした者は、50万円以下の罰金に処される可能性がある（フリーランス24条1号）。かかる命令違反に対する処罰は、「行為者を罰するほか、その法人」とあるとおり（フリーランス25条）、私人のみならず法人に対する処罰も予定されていることから、行為者個人に対する処罰を予定しているものと解される。さらに、法人の代表者または法人若しくは人の代理人、使用人その他の従業者が、その法人または人の業務に関し、命令違反行為をしたときは、行為者を罰するほか、その法人または人に対して同条の刑を科される可能性がある（フリーランス25条。両罰規定）。

公正取引委員会による公表に関して、命令がなされた場合には、事業者名、違反事実の概要、命令の概要等が公表される（フリーランス9条2項）。また、勧告がなされた場合にも、条文上の根拠はないが、下請法に基づく勧告を公表しているのと同様に、事業者に対し、違反行為に対する措置に係る予見可能性を付与し、また、違反行為の未然防止の観点から、事業者名、違反事実の概要、

第 2 部　フリーランス法

勧告の概要等が公表される[28]。

28）　公正取引委員会「特定受託事業者に係る取引の適正化等に関する法律第 2 章違反事件に係る
　　公正取引委員会の対応について」（2024 年 10 月 1 日）（https://www.jftc.go.jp/houdou/pressrele
　　ase/2024/oct/241001_freelance2.pdf〔2025 年 1 月 15 日閲覧〕）。

第6章
労働者類似の保護

I　契約解除・不更新の30日前予告義務

1　概　要

　フリーランスに業務委託する発注者は、「継続的業務委託」の契約を解除し、または契約期間の満了後に更新しないこととする場合には、原則として、少なくとも30日前までに予告する義務を負う（フリーランス16条1項）。労働基準法20条の30日前の解雇予告の規定が参照されたものと思われる。「30日」とは文字どおり30日を意味し、下請法類似のルールである報酬支払期日に関するフリーランス法4条と異なり、1か月と読み替えることはできない[1]。

　そして、契約解除・不更新予告日から「契約満了日」までに、フリーランスが請求すれば、発注者は、原則として、遅滞なく契約解除・不更新の理由を開示する義務を負う（フリーランス16条2項）。

2　「継続的業務委託」の意義

　30日前予告義務は、「継続的業務委託」の場合にのみ適用される。「継続的業務委託」とは、以下の2つをいずれも含む概念であり、期限の定めのない業務委託も含まれる（フリーランス法施行令3条）。

---

　①6か月以上の期間行う業務委託
　②当該業務委託に係る契約の更新により6か月以上の期間継続して行うこととなる業務委託

　期間の算定は、業務委託に係る契約を締結した日を始期、当該契約が終了す

---

1)　フリーランス法施行令案（パブコメ概要・考え方）2-2-14。

る日を終期とする（フリーランス的確表示等指針第3・1(3)）。この間の期間が6か月以上であるかどうかを考えることになる。終期は、実際の給付受領日が前倒しまたは後ろ倒しとなっても変動しないとされており（解釈ガイドライン第2部第2・2(1)ア(イ)、同第3部2、フリーランスQ&A 61）、要するに契約締結当初から予定されていた契約期間で考えることになる。

契約が更新されることにより複数の業務委託契約が存在する場合であっても、①契約当事者が同一で、給付・役務内容が少なくとも一定程度の同一性を有し、②契約間のインターバル期間が1か月未満であれば、複数の契約全体を一体に見て、最初の業務委託の始期から、最後の業務委託の終期までの期間を算定する（フリーランス的確表示等指針第3・1(3)、解釈ガイドライン第2部第2・2(1)イ(ア)(イ)、フリーランスQ&A 63）。

発注者とフリーランスとが基本契約を締結している場合には、基本契約の締結日を始期、基本契約の終了日を終期とする（フリーランス的確表示等指針第3・1(3)）。

業務委託の始期と終期の考え方は、フリーランス法5条の禁止行為規制におけるものと同様である（解釈ガイドライン第2部第2・2(1)、同第3部2）。

3　予告の方法

30日前予告は、①書面交付、②FAX送信、または③電子メール等の送信のいずれかで行う必要がある（フリーランス16条1項、厚労省フリーランス法施行規則3条1項）。

③電子メール等は、印刷、プリントアウトといった、記録を出力して書面が作成できるものに限られる。SNSも許容される（解釈ガイドライン第3部4(3)）。「記録を出力することにより書面を作成することができる」との要件は、労働基準法上の労働条件明示義務にも存在するところ（労働基準法施行規則5条4項2号）、ここでは、電子メール等の本文または当該電子メール等に添付されたファイルについて、紙による出力が可能であることを指すとされる（平成30年12月28日基発1228第15号）。最低限スクリーンショット等の機能で保存できる必要がある（フリーランスQ&A 113）。

②FAXと③電子メール等による予告は、フリーランスの使用に係るファク

シミリ装置や通信端末機器等により受信した時に到達したものとみなされる（厚労省フリーランス法施行規則3条2項）。

4　30日前予告義務が必要ない場合

　以下の5つのいずれかの場合には、例外的に、発注者はフリーランス法上の30日前予告義務を負わない（フリーランス16条1項ただし書、厚労省フリーランス法施行規則4条）。

---

①災害その他やむを得ない事由により予告することが困難な場合（厚労省フリーランス法施行規則4条1号）
②元委託者→発注者→フリーランスと順に再委託された場合で、元委託契約の全部または一部が解除され、フリーランスに再委託した業務の大部分が不要となった場合など、直ちに再委託を解除しまたは更新しないこととする必要があると認められる場合（同条2号）
③基本契約に基づいて業務委託を行う場合または契約の更新により継続して業務委託を行うこととなる場合であって、契約期間が短期間（30日間以下）である個別契約を解除しようとする場合（同条3号）
④フリーランスの責めに帰すべき事由により直ちに契約を解除することが必要であると認められる場合（同条4号）
⑤基本契約を締結している場合であって、フリーランスの事情により、相当な期間、個別契約が締結されていない場合（同条5号）

---

(1)　フリーランスの「責めに帰すべき事由」

　実務的には、フリーランスの「責めに帰すべき事由」（厚労省フリーランス法施行規則4条4号）があるかどうかが問題になるケースが圧倒的に多くなるだろうと予想される。しかし、労働基準法20条の「責に帰すべき事由」の考え方と同等程度に限定的に解され、軽微な契約違反などがあるだけでは足りないことに留意する必要がある。

　フリーランスの「責めに帰すべき事由」とは、フリーランスの故意、過失またはこれと同視すべき事由である。フリーランス法16条の保護を与える必要のない程度に重大または悪質なものであり、したがって30日前予告をさせることが当該事由と比較して均衡を失するようなものに限られる（解釈ガイドライン第3部4(4)エ）。フリーランスの「責めに帰すべき事由」があるとされる具

第2部　フリーランス法

体例として、ガイドラインは以下を例示している（同）。

- 原則として極めて軽微なものを除き、業務委託に関連して盗取、横領、傷害等刑法犯等に該当する行為のあった場合。
- 一般的にみて「極めて軽微」な事案であっても、発注者があらかじめ不祥事件の防止について諸種の手段を講じていたことが客観的に認められ、しかもなおフリーランスが継続的にまたは断続的に盗取、横領、傷害等の刑法犯等またはこれに類する行為を行った場合。
- 業務委託と関連なく盗取、横領、傷害等刑法犯等に該当する行為があった場合であっても、それが著しく発注者の名誉もしくは信用を失墜するもの、取引関係に悪影響を与えるものまたは両者間の信頼関係を喪失させるものと認められる場合。
- 賭博、風紀紊乱等により業務委託契約上協力して業務を遂行する者等に悪影響を及ぼす場合。
- 賭博、風紀紊乱等の行為が業務委託と関連しない場合であっても、それが著しく発注者の名誉もしくは信用を失墜するもの、取引関係に悪影響を与えるものまたは両者間の信頼関係を喪失させるものと認められる場合。
- 業務委託の際にその委託をする条件の要素となるような経歴・能力を詐称した場合、および、業務委託の際、発注者の行う調査に対し、業務委託をしない要因となるような経歴・能力を詐称した場合。
- フリーランスが、業務委託契約に定められた給付および役務を合理的な理由なく全くまたはほとんど提供しない場合。
- フリーランスが、契約に定める業務内容から著しく逸脱した悪質な行為を故意に行い、当該行為の改善を求めても全く改善が見られない場合。

(2)　元委託の解除により再委託業務が不要となった場合等

元委託契約の全部または一部が解除され、フリーランスに再委託した業務の大部分が不要となった場合など、直ちに再委託を解除しまたは更新しないこととする必要があると認められる場合にも、即時解除が許容される（厚労省フリーランス法施行規則4条2号）。ここでいう「直ちに解除・不更新する必要があると認められる場合」とは、元委託契約の全部または一部が解除され、不要となった再委託業務が一部であったとしても重要な部分であり、大部分が不要になった場合と同視できる程度に、直ちに再委託を解除することが必要であると認められる場合を指すとされる（解釈ガイドライン第3部4(4)イ）。

244

この事由は、いずれにしても、元委託契約の全部または一部が解除され、かつ、フリーランスに再委託した業務が一部でも不要になったというシチュエーションのみを対象とする。逆に、こうしたシチュエーションがないのに、直ちに再委託を解除しまたは更新しないこととする必要があれば即時解除を許容する趣旨ではない。かなり限定的に解釈される。

⑶　災害その他やむを得ない事由

「災害その他やむを得ない事由」（厚労省フリーランス法施行規則４条１号）とは、天災事変に準ずる程度に不可抗力に基づき、かつ、突発的な事由を意味し、事業者として社会通念上採るべき必要な措置をもってしても通常対応することが難しい状況になったために、フリーランスに対して予告することが困難である場合をいう（解釈ガイドライン第３部４⑷ア）。労働契約の解雇予告義務を定めた労働基準法20条１項に規定される「天災事変その他やむを得ない事由」の文言の解釈[2]とほとんど同じである。

労働基準法の「やむを得ない事由」の例を挙げると、例えば、事業場が（事業主の故意・重過失によらずに）火災により焼失した場合、震災に伴う工場、事業場の倒壊、類焼等により事業の継続が不可能となった場合はこれに含まれる[3]。他方、事業主が経済法令違反のため強制収容されたり諸機械・資材等を没収された場合、税金の滞納処分を受け事業廃止となった場合、事業経営上の見通しの齟齬のような事業主の危険負担に属すべき事由に起因して金融難に陥った場合などは、「やむを得ない事由」に含まれない[4]。

実務的には、労働契約であっても「天災事変その他やむを得ない事由」を理由に即時解雇する例はまれであり、フリーランス法にあっても「災害その他やむを得ない事由」があるとされるケースは極めて限定的だろう。

⑷　短期の個別契約の解除・個別契約なき基本契約の解除

基本契約と個別契約を双方締結して業務を受託するフリーランスにあっては、基本契約自体はそれなりに長期で「継続的業務委託」に該当する場合であっても、個別契約自体は30日間以下の短期であるなら、かかる個別契約を即時に

---

2)　厚生労働省労働基準局編『令和３年版労働基準法（上）』（労務行政、2022年）292頁。
3)　厚生労働省労働基準局編・前掲注2) 292頁。
4)　厚生労働省労働基準局編・前掲注2) 292頁。

第2部　フリーランス法

解除することは禁止されない（厚労省フリーランス法施行規則4条3号）。

　他方で、フリーランス側の事情で「相当期間」個別契約が締結されていない場合には、基本契約自体が「継続的業務委託」であっても、即時解除が禁止されない（厚労省フリーランス法施行規則4条5号）。「相当期間」とは、概ね6か月以上を指す（解釈ガイドライン第3部4⑷オ）。ここでは、「フリーランス側の事情」があることがポイントであり、逆に、発注者側がことさらにフリーランスへの個別の発注を控えていたなど、発注者側の事情に起因していた場合には、即時解除は許容されない点に留意されたい。

⑸　合意解約

　発注者とフリーランスとが合意により契約を解消することは、フリーランス法16条の「契約の解除」に該当しないから（解釈ガイドライン第3部4⑵）、合意により即時に契約を解消したとしても、同条1項の違反にはならない。しかし、厚労省は、解約合意がフリーランスの「自由な意思に基づくもの」であるかどうかを慎重に判断する必要があるとする（同）。

　ここでいう「自由な意思」とは、労働者の意思表示の効力が争われた諸判例において用いられてきたフレーズである。例えば、山梨県民信用組合事件（最二小判平成28・2・19民集70巻2号123頁）は、賃金や退職金の減額に対し労働者が合意したというには、単に減額を受け入れる旨の労働者の行為では足りず、当該行為が「自由な意思に基づいてされたものと認めるに足りる合理的な理由が客観的に存在する」必要があるとした。同様の基準で労働者の退職合意の効力を判断した裁判例として、TRUST事件（東京地立川支判平成29・1・31労判1156号11頁）、グローバルマーケティングほか事件（東京地判令和3・10・14労判1264号42頁）がある。

　「自由な意思に基づいてされたものと認めるに足りる合理的な理由が客観的に存在する」か否かの判断要素として、前掲グローバルマーケティングほか事件は、意思表示の動機、具体的言動等を挙げる。前掲山梨県民信用組合事件も、不利益の内容や程度、労働者の受入れ行為の経緯・態様、当該行為に先立つ労働者への情報提供や説明の内容等を挙げる。

　実務対応を考える上では、30日前予告義務に違反せずに契約を即時に解消する手段として合意解約を選択する場合には、ただ単に合意解約の書面にフリ

246

ーランスをしてサインさせるだけでは十分とはいえず、フリーランスが自由な意思に基づいて解約に合意したと認めるに足りる合理的理由を客観的に基礎づけるための材料として、例えば、合意解約をフリーランス側から言い出した場合にはそのことを示す証拠、合意解約の理由を示す証拠、合意解約に先だって正確かつ十分な情報提供や説明を行った証拠などを可能な限り保持しておくことが、のちのトラブル防止の観点からは望ましいだろう。

⑹ **即時解除の契約上の根拠の要否**

厚労省フリーランス法施行規則4条に定める5つの例外事由のいずれかにあたるとしても、単にフリーランス法上の30日前予告義務が課されないというにとどまり、即時解除が必ず許されるということではない。有効に即時解除を行うためには、上記の5つの例外のいずれかにあたるだけでなく、契約上または民事法上即時解除の根拠がある必要がある。

逆に、契約上即時解除を認める条項を置いていた場合であっても、民事法上解除の効力が生じるとしても、上記の5つの例外事由のいずれかにあたらない限り、少なくともフリーランス法上は即時解除は許容されない（解釈ガイドライン第3部4⑵）。フリーランス法違反となる即時解除が、民事法上も効力を失うかどうかは、フリーランス法の私法的効力の問題であるため（フリーランスQ&A 107）、第2部第9章を参照されたい。

5 30日前予告義務の効果

30日前予告義務に違反した場合には、フリーランス法自体が有する行政法上のエンフォースメントの仕組み（第2部第7章）に従って、指導、勧告、命令、公表、刑事罰といった行政上の制裁を受ける可能性があるのは当然である（フリーランス18条・19条・22条・24条）。

フリーランス法上の30日前予告義務を遵守しさえすれば、有効に解除が可能となるわけではない。例えば、実務上より重要な問題なのは、30日前予告義務に違反して契約を解除したり契約を不更新とした場合に、当該契約解消の効力自体が否定され、当該契約が少なくとも30日間は継続するといった効果まで生じるか、そこまでの効果はなくとも、一定の（例えば、30日の報酬額相当額の）損害賠償を請求されるのか、といった私法的効力の有無である。この

第2部　フリーランス法

点は、第2部第9章を参照されたい。

30日前予告義務のほか、契約の解除は、フリーランスの責めに帰すべき事由のない給付受領拒否（フリーランス5条1項1号）か給付内容変更（フリーランス5条2項2号）として許されないとされる余地もある（解釈ガイドライン第2部第2・2(2)ア(イ)、同キ(ア)）。これら禁止行為規制に触れるか否かは、第2部第5章を参照されたい。

さらに、契約の解除が有効となるためには、解除権が契約上または民法などの私法上基礎づけられる必要もある。契約上、任意解約を許容する条項や、一定の場合に解除を許容する条項があれば、これらの条項が定める要件を満たすかが問題となる。また、民法上は、債務不履行解除（民541条〜543条）のほか、準委任契約の任意解約権（民651条1項）、請負契約の任意解約権（民641条）が適用できるかが問題となる。

解除権が存在する場合であっても、いわゆる「継続的契約」の法理により、そもそも解除権の行使が制限され、あるいは損害賠償・補償を命じられる可能性もある。また、フリーランスに労働者性が認められる場合には、解雇権濫用法理（労契16条）や雇止め法理（労契19条）の適用により、解除権が制限される可能性もある。

6　契約終了理由の開示
(1)　理由開示請求のタイミング

契約解消の理由開示が必要となるのは、フリーランスが契約解除・不更新予告日から「契約満了日」までに請求した場合に限られる（フリーランス16条2号）。逆に、契約満了日の後に契約解消の理由開示を請求された場合であっても、フリーランス法上の理由開示義務はないことになる。この点は、退職後であっても理由開示を必要とする労働基準法22条とは異なる。

(2)　理由開示の方法

契約終了の理由開示の方法は、30日前予告の方法と同様であるので（フリーランス16条2項、厚労省フリーランス法施行規則5条）、3を参照されたい。

契約終了の理由開示として、具体的にどの程度の内容の説明が求められるかについて、解釈ガイドラインには何らの記載もない。よって、具体的な説明内

容を考えるに当たっては、なぜ理由開示が義務付けられているのか、その理由にさかのぼって考えてみるのが有益である。厚生労働省によれば、契約解消の理由開示を義務付けている理由は、解除予告を受けたフリーランスが、「契約の存続に向けた交渉、それから別の取引に向けた事業の見直し、またトラブルの回避に資するよう」にするためであるという[5]。フリーランス Q&A 105 も同旨を記載する。これを踏まえると、理由を説明するのであれば、フリーランスとして契約を打ち切られることを任意に受け入れやすいような説明をした方が、トラブルの回避にもつながるし、フリーランスにとっても別の取引をするに参考になるであろうから、このような心構えで理由を考えてみるのが有益である。

⑶　理由開示義務がない場合

契約終了の理由の開示が、第三者の利益を害するおそれがある場合、または、他の法令に違反することとなる場合（具体例はフリーランス Q&A 114 参照）には、例外的に理由開示を要しない（フリーランス 16 条 2 項ただし書、厚労省フリーランス法施行規則 6 条）。

このほか、事前予告の例外事由に該当する場合は、理由開示の請求対象とならない（解釈ガイドライン第 3 部 4⑹）。これをそのまま読めば、30 日前予告義務がないにもかかわらず、あえて予告期間をおいて解除した場合には、解除日まで期間があるにもかかわらず理由開示義務はないとする趣旨とも読める。しかし、フリーランス法 16 条 2 項には、契約解消の予告をしたにもかかわらず、30 日前予告義務がないときを理由開示義務の対象から除外する文言があるとはいえないし、そもそも理由開示はフリーランスとのトラブル回避に資する側面もあるので、保守的に考えて、このような場合にもフリーランスから請求があれば理由を開示することも、一つの実務上の選択肢かと思われる。

---

5)　厚生労働省第 5 回特定受託事業者の就業環境の整備に関する検討会 2023 年 11 月 6 日議事録 5 頁（立石大臣官房参事官発言）（https://www.mhlw.go.jp/content/001173403.pdf〔2025 年 1 月 15 日閲覧〕）。

第2部　フリーランス法

Ⅱ　ハラスメント対策義務

1　全体像

　フリーランスに業務委託する発注者は、フリーランスに対するセクハラ・パワハラ・マタハラの言動により不利益や就業環境の悪化を防ぐため、フリーランスからの相談に応じ、適切に対応するために必要な体制の整備その他の必要な措置を講じる義務がある（フリーランス14条1項）。当該相談をしたことや相談対応協力時に事実を述べたことを理由とする解除その他の不利益取扱いは禁止される（同条2項）。

　同様の規定は、既に労働者について、雇用機会均等法、労働施策総合推進法、育児介護休業法に定められているものである。図表2-6-1は、セクハラ・パワハラ・マタハラに関するフリーランス法の規定と、労働者を対象とする雇用機会均等法、労働施策総合推進法、育児介護休業法の規定の対応関係を示したものである。フリーランス法は、後述のとおり労働者のみが利用できる法律上の制度・措置にかかるものを除いて、これらの条文をフリーランスに引き直したものに過ぎない。

【図表2-6-1】

	セクハラ	パワハラ	マタハラ
フリーランスに対するもの	フリーランス法14条1項1号・2項	フリーランス法14条1項3号・2項	フリーランス法14条1項2号・2項、厚労省フリーランス法施行規則2条
労働者に対するもの	雇用機会均等法11条1項・2項	労働施策総合推進法30条の2第1項・2項	雇用機会均等法11条の3第1項・2項（育児介護休業法25条）

　フリーランス法を受けて定められたフリーランス的確表示等指針第4も、雇用機会均等法、労働施策総合推進法に基づき定められたセクハラ指針[6]、パワハラ指針[7]、マタハラ指針[8]の文言をほぼ引き写している。

---

6)　事業主が職場における性的な言動に起因する問題に関して雇用管理上講ずべき措置等についての指針（平成18年厚労告615号）。

7)　事業主が職場における優越的な関係を背景とした言動に起因する問題に関して雇用管理上講

250

第 6 章　労働者類似の保護

2　フリーランスに対するハラスメントの意義

　フリーランスに対するセクハラは、業務委託に関して、①性的な言動に対するフリーランスの対応により業務委託の条件について不利益を与え、または、②性的な言動により特定受託業務従事者の就業環境を害することをいう（フリーランス 14 条 1 項 1 号）。雇用機会均等法 11 条 1 項における定義とほぼ同一であり、実質的な差はない。

　フリーランスに対するパワハラは、業務委託に関して、取引上の優越的な関係を背景とした言動であって、業務遂行上必要かつ相当な範囲を超えたものにより、フリーランスの就業環境を害することをいう（フリーランス 14 条 1 項 3 号）。労働施策総合推進法 30 条の 2 第 1 項における定義とほぼ同一であり、実質的な差はない。

　フリーランスに対するマタハラは、業務委託に関して、①妊娠、②出産、③妊娠または出産に起因する症状により業務委託に係る業務を行えないこともしくは行えなかったことまたは業務の能率が低下したこと、④妊娠・出産に関する配慮の申出をしまたは配慮を受けたこと（フリーランス 13 条）、の 4 つの事由に関する言動により、フリーランスの就業環境を害することをいう（フリーランス 14 条 1 項 2 号、厚労省フリーランス法施行規則 2 条）。

　フリーランス法 14 条と労働者に対する諸法での最も大きな相違は、労働者のみが利用できる法律上の制度・措置に関するマタハラの規定が、フリーランス法に盛り込まれていないことである。フリーランスは、労働者性がない場合にはかかる制度または措置を利用する余地がないため、あえて除かれているものと思われる。図表 2-6-2 は、中列に記載した事由に関するマタハラについての定めの有無を比較したものである。

　全体として、フリーランスに対するハラスメントの定義は、労働者に対するハラスメントとほとんど異ならない。ゆえに、労働者に対し行うとハラスメントと認められる言動なら、フリーランスに対して行うことも許されない。労働者に対しては許されない言動でもフリーランスだから許されるということはな

　　ずべき措置等についての指針（令和 2 年厚労告 5 号）。
　8)　事業主が職場における妊娠、出産等に関する言動に起因する問題に関して雇用管理上講ずべ
　　き措置等についての指針（平成 28 年厚労告 312 号）。

第2部　フリーランス法

【図表 2-6-2】

労働者	事　由	フリーランス
雇用機会均等法 11 条の 3 第 1 項、同施行規則 2 条の 2 第 1 号	妊娠	フリーランス法 14 条 1 項 2 号、厚労省フリーランス法施行規則 2 条 1 号
雇用機会均等法 11 条の 3 第 1 項、同施行規則 2 条の 2 第 2 号	出産	フリーランス法 14 条 1 項 2 号、厚労省フリーランス法施行規則 2 条 2 号
雇用機会均等法 11 条の 3 第 1 項、同施行規則 2 条の 2 第 3 号	妊娠中・出産後の保健指導・健康診査を受けるための措置（雇均 12 条、同施行規則 2 条の 4）	**なし**
雇用機会均等法 11 条の 3 第 1 項、同施行規則 2 条の 2 第 5 号	坑内業務・危険有害業務の制限（労基 64 条の 2 第 1 号・64 条の 3 第 1 項）	**なし**
雇用機会均等法 11 条の 3 第 1 項、同施行規則 2 条の 2 第 5 号	産前産後休業（労基 65 条 1 項・2 項）	**なし**
雇用機会均等法 11 条の 3 第 1 項、同施行規則 2 条の 2 第 6 号	妊娠中の女性に対する軽易な業務への転換措置（労基 65 条 3 項）	**なし**
雇用機会均等法 11 条の 3 第 1 項、同施行規則 2 条の 2 第 7 号	妊産婦に対する変形労働時間制・フレックスタイム制・時間外労働・休日労働・深夜労働の制限（労基 66 条）	**なし**
雇用機会均等法 11 条の 3 第 1 項、同施行規則 2 条の 2 第 8 号	育児時間（労基 67 条）	**なし**
雇用機会均等法 11 条の 3 第 1 項、同施行規則 2 条の 2 第 9 号	妊娠又は出産に起因する症状により業務を行えないこと・行えなかったことまたは業務能率が低下したこと	フリーランス法 14 条 1 項 2 号、厚労省フリーランス法施行規則 2 条 3 号
なし	妊娠・出産に関する配慮（フリーランス 13 条）	フリーランス法 14 条 1 項 2 号、厚労省フリーランス法施行規則 2 条 4 号
育児介護休業法 25 条、同法施行規則 76 条	育児休業、介護休業、子の看護休暇、介護休暇、時短勤務といった同法に定める制度または措置	**なし**

252

い。

　もっとも、労働者とフリーランスとで、ハラスメントに該当するか否かの判断に微妙な違いが生じ得るものもある。その例の一つが、「通常の取引行為」の範疇にあるかどうかが問題となる言動がパワハラにあたるかどうか、というポイントである。

　例えば、パワハラ指針は、客観的に見て、業務上必要かつ相当な範囲で行われる適正な業務指示や指導は、パワハラに該当しないとするが（同2(1)）、フリーランス的確表示等指針は、客観的に見て、業務遂行上必要な範囲で行われる適正な指示のほか、「通常の取引行為としての交渉の範囲内での話合い」も、パワハラに該当しないとする（同第4・4(1)）。

　また、業務遂行上必要かつ相当な範囲を超えたかどうかの判断要素として、フリーランス的確表示等指針では、パワハラ指針（2(5)）では明記されていない「通常の取引行為と照らした当該言動の妥当性」も挙げられている（同第4・4(3)）。

　フリーランス的確表示等指針では、パワハラ指針とは異なり、「契約内容に基づき成果物を納品したにもかかわらず正当な理由なく報酬を支払わないこと又は減額することを、度を超して繰り返し示唆する又は威圧的に迫ること」、「明確な検収基準を示さずに嫌がらせのために特定受託事業者の給付の受領を何度も拒み、やり直しを強要すること」はパワハラにあたる一方、「事業者間の通常の取引行為の一環として、取引条件の変更について協議を行うこと」、「検収基準を明らかにして指示しているにもかかわらず、当該基準に達しない給付を行う特定受託業務従事者に対し、当該基準に達しない部分を示してやり直しを指示すること」はパワハラに該当しないとする（フリーランス的確表示等指針第4・4(5)ロニ）。

　これらの記載からすると、フリーランス法5条に定める一連の禁止行為なら、「通常の取引行為」とはいえず、その強度や反復継続性にもよるものの、パワハラにも該当し得るように思われる。

3　とるべき措置の内容

　ハラスメント対策としてとるべき措置の具体的内容は、大きく分けて、①方

第 2 部　フリーランス法

針等の明確化・周知・啓発、②相談に適切に対応するための必要な体制の整備、③ハラスメントが発生した場合の事後の迅速かつ適切な対応、④その他の措置、の 4 項目に分けることができる（フリーランス的確表示等指針第 4・5）。例えば、就業規則やその付随規程であるハラスメント防止規程などにおいて、ハラスメントは許されない旨、ハラスメントは懲戒処分の対象となる旨等を明記したり、ハラスメント相談窓口を設けたり、実際にハラスメント通報があった場合には再発防止策等を講じたりすることが含まれる。

いずれも、セクハラ指針（同 4）、パワハラ指針（同 4）、マタハラ指針（同 4）とほぼ同じ内容であるため、実務対応としては、従業員向け相談窓口の利用対象者にフリーランスも加えるなど、労働者につき現状講じている上記①〜④のハラスメント対策をフリーランスへも拡張適用することで対応できるものと思われる（フリーランス的確表示等指針第 4・5 (2) イ参照）。

Ⅲ　妊娠、出産、育児、介護への配慮

1　概　要

フリーランスに業務委託する発注者は、「継続的業務委託」をしているフリーランスの申出があれば、それに応じて、妊娠・出産・育児・介護と両立しつつ業務に従事できるよう、妊娠・出産・育児・介護の状況に応じた「必要な配慮」をする義務を負う（フリーランス 13 条 1 項）。「継続的業務委託」ではない業務委託の場合であっても、「必要な配慮」をする努力義務がある（同条 2 項）。

「継続的業務委託」の意義は、30 日前予告義務と同様であるため、Ⅰ 2 を参照されたい。また、「育児」と「介護」の定義は、育児介護休業法と同様の定義が、フリーランス的確表示等指針第 3・1 (4)(5)に示されている。

2　フリーランスの申出

妊娠・出産・育児・介護の状況に応じた必要な配慮義務は、あくまでもフリーランスからの申出があった場合に限り生じる（フリーランス 13 条）。逆に、フリーランスの申出がないのに、発注者側から積極的に配慮をする義務まではない。

配慮の申出ができるフリーランスは、現に妊娠・出産・育児・介護を行う者で

【図表2-6-3】

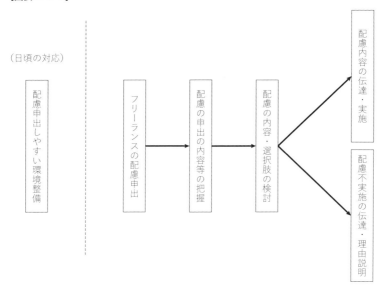

なくても、妊娠・出産・育児・介護を行う具体的な予定のある者も含まれる（フリーランス的確表示等指針第3・1(6)）。

3　行うべき配慮の内容

　最大の問題は、「必要な配慮」とは何かという点である。フリーランス的確表示等指針は、図表2-6-3のとおり、①配慮の申出の内容等を把握し、②配慮の内容やとり得る選択肢を検討し、可能な配慮が存在するのであれば、③配慮の内容を伝達して実施し、他方、配慮を行うことが困難なのであれば、④配慮を実施しない旨伝達するとともに理由を説明する、という一連の流れを行うことを求めている（フリーランス的確表示等指針第3・2(1)）。このほか、妊娠、出産、育児、介護に対する配慮が円滑に行われるようにするため、フリーランスが申出をしやすい環境を整備しておくことが「望ましい」とされる（同第3・2(1)）。

　配慮義務は、フリーランスの申出に応じて、申出の内容を検討し、可能な範囲で対応を講じることを求めるものであり、申出の内容を必ず実現することま

第 2 部　フリーランス法

で求めているものではない[9]。

　他方で、配慮を行わないためには、以下に例示する理由により、「やむを得ず」必要な配慮を行うことができないことを要するし、フリーランスにその旨を伝達し、必要に応じ、その理由も書面や電子メール等でわかりやすく説明することが求められる（フリーランス的確表示等指針第3・2(1)ニ）。

> ・業務の性質や実施体制等に照らして困難であること。
> ・当該配慮を行うことにより業務のほとんどが行えない等、契約目的が達成できなくなること。

　配慮を実施しない理由は、上記の2つに限られるものではないものの、実務上は、上記の2つに準ずるような「やむを得」ない理由を言語化できる必要がある。

4　配慮の具体例

　フリーランス的確表示等指針は、求められる配慮の例として、以下を例示する（同第3・2(2)）。

> ①妊婦健診がある日について、打合せの時間を調整してほしいとの申出に対し、調整した上でフリーランスが打合せに参加できるようにすること。
> ②妊娠に起因する症状により急に業務に対応できなくなる場合について相談したいとの申出に対し、そのような場合の対応についてあらかじめ取決めをしておくこと。
> ③出産のため一時的に発注者の事業所から離れた地域に居住することとなったため、成果物の納入方法を対面での手渡しから宅配便での郵送に切り替えてほしいとの申出に対し、納入方法を変更すること。
> ④子の急病等により作業時間を予定どおり確保することができなくなったことから、納期を短期間繰り下げることが可能かとの申出に対し、納期を変更すること。

---

9)　渡辺正道ほか「特定受託事業者に係る取引の適正化等に関する法律の概要」ジュリ1589号（2023年）50頁、岡田博己ほか「特定受託事業者に係る取引の適正化等に関する法律」公正取引873号（2023年）35頁、松井佑介ほか「特定受託事業者に係る取引の適正化等に関する法律の概要」NBL1246号（2023年）41頁。

第6章　労働者類似の保護

⑤フリーランスからの介護のために特定の曜日についてはオンラインで就業し
　たいとの申出に対し、一部業務をオンラインに切り替えられるよう調整する
　こと。

　もっとも、配慮の内容は個々のフリーランスの状況、業務の性質、発注者の
状況により異なり、多様かつ個別性の高いものなので、上記の例をいつも行わ
なければならないということでもなければ、上記のような対応を取っておけば
許されるというものでもない。結局は個別に対応を検討する必要がある。

5　許されない行為

　フリーランスによる配慮申出を阻害する行為や、フリーランスが配慮申出を
したり配慮を受けたことのみを理由として契約の解除その他の不利益な取扱い
を行うことは、許されない。フリーランス的確表示等指針は、これらの行為は
「望ましくない取扱い」であると位置づけ、あたかも違法ではないかのように
記載しているが（同第3・3）、いずれもマタハラ（フリーランス14条）として
許されない行為である。加えて、内容によっては、禁止行為の規制（フリーラ
ンス5条）、報酬支払期日の規制（フリーランス4条）にも違反することとなる
可能性もある。

　特に、フリーランス的確表示等指針は、以下のような場合は不利益な取扱い
に該当するとしており（同第3・3）、厳に慎むべきである。

①介護のため特定の曜日や時間の業務を行うことが難しくなったため、配慮の
　申出をしたフリーランスについて、別の曜日や時間は引き続き業務を行うこ
　とが可能であり、契約目的も達成できることが見込まれる中、配慮の申出を
　したことを理由として、契約の解除を行うこと。
②フリーランスが出産に関する配慮を受けたことを理由として、現に役務を提
　供しなかった業務量に相当する分を超えて報酬を減額すること。
③フリーランスが育児や介護に関する配慮を受けたことにより、発注者の労働
　者が繰り返しまたは継続的に嫌がらせ的な言動を行い、フリーランスの能力
　発揮や業務の継続に悪影響を生じさせること。

257

第2部　フリーランス法

Ⅳ　募集情報の的確表示義務

1　概　要

　発注者は、フリーランスを「募集」する際、「広告等」で、政令が列挙する一定の募集情報を提供するときは、虚偽の表示、誤解を生じさせる表示をしてはならず、正確かつ最新の内容を保つ義務を負う（フリーランス12条、フリーランス法施行令2条）。職安法令和4年改正により同法に追加された5条の4と同趣旨の規定である。

　「募集」とは、フリーランスに業務委託をしようとする者が、自ら、または他の事業者（マッチング事業者等）に委託して、フリーランスになろうとするものに対し、広告等により広く勧誘することをいうとされる（フリーランス的確表示等指針第2・1⑵）。一つの業務委託に関して、2人以上の複数人を相手に打診する場合には、的確表示義務の対象に含まれるため（フリーランス法施行令案（パブコメ概要・考え方）3-1-1、フリーランスQ&A 84）、例えば、インターネット上のターゲット広告のように、対象者を絞り込んで広告する場合でも該当し得るし、LinkedInのようなSNS上の1対1のダイレクトメッセージ機能のようなものであっても、複数の候補者に求人情報を送信することも該当するであろう。フリーランス法上のフリーランスがおよそ対象とならない募集、例えば、もっぱら労働者を募集したり、従業員を1名でも使用している事業者のみを対象とする募集の場合には、的確表示義務の対象にならないとされる（フリーランス的確表示等指針第2・1⑵）。もっとも、実際にはフリーランスなのか労働者なのか、従業員を使用しているか否かによって截然と区分けして募集を行うことが現実的とはいいがたく、実際には広く的確表示義務の対象となり得る前提で実務対応を考える方がよほど現実的と思われる。

　実務的には、募集段階では記載のなかった事項（例えば違約金の定め等）が契約書に明記されていたことによってトラブルが生じることもある。このようなトラブルでは、募集段階でそもそも一定の情報を表示しないことが的確表示義務違反となるのかが問題となる。的確表示義務は、あくまで募集情報を「提供するとき」に生じる（フリーランス12条）。募集情報を必ず明示しなければ

258

第 6 章　労働者類似の保護

ならないものではないし、特定の事項を表示しないことが的確表示義務違反と
なるものではない（フリーランス法施行令案（パブコメ概要・考え方）3-1-6、3-1
-11 等）。実際、フリーランス的確表示等指針は、的確表示の対象となる募集
情報は、「可能な限り含めて提供することが望ましい」としているのみであり
（同第 2・5）、表示自体を義務付けているわけではない（フリーランス Q&A 89）。

　的確表示義務は、「広告等」で募集情報を提供する場合にのみ発生する。逆
に、「広告等」によらずに募集情報を提供する場合には、的確表示義務はない
ことになる。もっとも、募集情報を提供する媒体として法が定義する「広告
等」には、以下のとおりかなり広範な方法が含まれる（フリーランス 12 条 1 項、
厚労省フリーランス法施行規則 1 条、フリーランス的確表示等指針第 2・1 (3)）。

---

①新聞、雑誌その刊行物に掲載する広告
②文書の掲出または頒布
③書面の交付
④ FAX
⑤電子メールや SNS メッセージ機能を利用したメッセージ
⑥テレビ、ラジオ、ホームページ、クラウドソーシングサービス等が提供され
　るデジタルプラットフォーム、YouTube 等のインターネット上のオンデマ
　ンド放送 [10] など（放送、有線放送または自動公衆送信装置その他電子計算
　機と電気通信回線を接続してする方法）

2　的確表示を求められる募集情報

　的確表示を求められる募集情報は、以下の(1)〜(5)のものに限られる（フリー
ランス 12 条 1 項、フリーランス法施行令 2 条、フリーランス的確表示等指針第 2・
1 (4)）。もっとも、世の中でフリーランスを募集・求人するために提供する情
報なら、ほぼ全部が含まれるものと思われる。また、これ以外の情報をなおざ
りにしてよいわけではないことは、第 3 部第 3 章Ⅲで述べる。

---

[10]　職業安定法上の求人情報的確表示義務（職安 5 条の 4）についての記載であるが、厚生労働
　省職業安定局「職業紹介事業の業務運営要領」（2024 年 10 月）第 9・3 (1)ヘ参照。

第2部　フリーランス法

(1)　業務の内容

まず、業務の内容は的確表示義務の対象となる。より具体的には、以下の内容が含まれるが、フリーランス的確表示等指針に「等」と記載があることから、これらに限られない（フリーランス12条1項、フリーランス法施行令2条、フリーランス的確表示等指針第2・1(4)）。

①業務委託において求められる成果物の内容または役務提供の内容
②業務に必要な能力または資格
③検収基準、不良品の取扱いに関する定め
④成果物の知的財産権の許諾・譲渡の範囲
⑤違約金に関する定め（中途解除の場合を除く）

なお、違約金の定めに中途解除の場合が除かれているのは、中途解除の場合の違約金の定めが後述の契約解除・不更新に関する事項に含まれることによるものである。中途解除の場合の違約金に関する定めが的確表示義務の対象とならないということではない。

(2)　業務に従事する場所・時間・期間に関する事項

次に、業務に従事する場所、時間および期間に関する事項も的確表示義務の対象となる。より具体的には、業務を遂行する際に想定される場所、納期、期間、時間等が含まれるが、「等」とあるとおり、これらに限られない（フリーランス12条1項、フリーランス法施行令2条、フリーランス的確表示等指針第2・1(4)）。

(3)　報酬に関する事項

報酬に関する事項も的確表示義務の対象となる。より具体的には、以下の内容が含まれるが、フリーランス的確表示等指針に「等」と記載があることから、これらに限られない（フリーランス12条1項、フリーランス法施行令2条、フリーランス的確表示等指針第2・1(4)）。

①報酬の額（算定方法を含む）
②支払期日
③支払方法
④交通費や材料費等の諸経費（報酬から控除されるものも含む）

260

> ⑤成果物の知的財産権の譲渡・許諾の対価

⑷　契約の解除・不更新に関する事項

　契約の解除（契約期間の満了後に更新しない場合を含む）に関する事項も的確表示義務の対象となる。より具体的には、契約の解除事由、中途解除の際の費用・違約金に関する定め等が含まれるが、「等」とあるとおり、これらに限られない（フリーランス 12 条 1 項、フリーランス法施行令 2 条、フリーランス的確表示等指針第 2・1⑷）。

⑸　募集者に関する事項

　フリーランスの募集を行う者に関する事項も的確表示義務の対象となる。より具体的には、発注者となる者の名称や業績等が含まれるが、「等」とあるとおり、これらに限られない（フリーランス 12 条 1 項、フリーランス法施行令 2 条、フリーランス的確表示等指針第 2・1⑷）。

3　許されない表示の具体例

　的確表示義務に違反する表示の例として、フリーランス的確表示等指針第 2・2⑴は、以下の例を挙げている。

- ・実際に業務委託を行う事業者とは別の事業者の名称で業務委託に係る募集を行う場合
- ・契約期間を記載しながら実際にはその期間とは大幅に異なる期間の契約期間を予定している場合
- ・報酬額を表示しながら実際にはその金額よりも低額の報酬を予定している場合
- ・実際には業務委託をする予定のないフリーランスの募集を出す場合

　なお、募集情報を必ず明示しなければならないものではないし、特定の事項を表示しないことが的確表示義務違反となるものではない（フリーランス法施行令案（パブコメ概要・考え方）3-1-6、3-1-11 等、フリーランス Q&A 89）とされることとの関係が問題となる。募集情報に明示されていない情報が、明示されていないこと自体で契約条件に盛り込まれないとの誤解を生じさせるものなのであれば、誤解を生じさせる表示にあたる可能性がある。

第 2 部　フリーランス法

4　募集情報と実際の契約条件の齟齬

　他方で、当事者間の合意に基づき、広告等に掲載した募集情報から実際に契約する際の取引条件を変更する場合には、的確表示義務違反ではない（フリーランス的確表示等指針第 2・2 (2)）。

　フリーランス法のパブリックコメントの段階では、募集の際に明示した事項と異なる内容で業務委託をする場合には、その旨を説明しなければならないという規律を設けることが想定されていたが [11]、フリーランス法では結局こうした規律は設けられていないため、かかる説明義務はないことになる。職安法においては、求人時に一旦明示された労働条件を変更して労働契約を締結しようとする場合には、さらに変更の内容を明示する義務を明示的に課しているが（職安 5 条の 3 第 3 項）、この点がフリーランス法と異なる。

11）「フリーランスに係る取引適正化のための法制度の方向性」（2022 年 9 月 13 日公示）（https://public-comment.e-gov.go.jp/servlet/Public?CLASSNAME=PCMMSTDETAIL&Mode=0&bMode=1&bScreen=Pcm1040&id=060830508〔2025 年 1 月 15 日閲覧〕）。

第7章 法律の執行

I　特定受託事業者からの申出等

　特定受託事業者は、フリーランス法3条から5条までの規定に違反する事実がある場合には、公正取引委員会または中小企業庁長官に対し、その旨を申し出て、適当な措置をとるべきことを求めることができ（フリーランス6条1項）、公正取引委員会または中小企業庁長官は、当該申出があったときは、必要な調査を行った上、その申出内容が事実であると認めたときは、適当な措置をとらなければならない（同条2項）。なお、業務委託事業者は、特定受託事業者が当該申出をしたことを理由として不利益な取扱いをしてはならない（同条3項）。

　この規律は、経済的基盤が強くない特定受託事業者との関係で、取引上の問題が生じた場合に問題解決に時間を要すると、たちまち再起不能な状態に陥る可能性が高いため、迅速な改善が求められるところ、問題が生じているかについて、公正取引委員会および中小企業庁においてもできる限りの能動的な把握には務めるものの、あらゆる問題を捕捉できるわけではなく、当事者からの情報提供が重要な端緒となることから、特定受託事業者が情報提供をしやすい環境を整備し、もって効率的な法律の運用がなされるようにするための制度を設けたものである。

　公正取引委員会または中小企業庁長官は、特定受託事業者からの申出があった場合には、当事者から任意に聴取するほか、フリーランス法11条に基づく報告徴収および立入検査による「必要な調査を行」う必要があると考えられる（フリーランス6条2項）。もっとも、公正取引委員会等は、常に法に基づく立入検査をしなければならないわけではなく、案件に応じ、どの程度調査を行うかについては裁量が認められていると解される。また、調査の結果、3条通知

263

第2部　フリーランス法

がなされていない（フリーランス3条）、支払期日に報酬が支払われていない（フリーランス4条）、あるいは、報酬の減額がなされているなど（フリーランス5条）、違反する事実がある場合には、そうした違反を是正するために必要な措置を講じる必要があるが、どのような措置を講ずるかについても裁量が認められると考えられる。具体的には、フリーランス法に基づく勧告、そして命令のほか、所掌事務としての行政指導や、政策周知のための予算措置を講じること、普及啓発といった事実上の施策がなされることが考えられる。特定受託事業者からの申出は、当局の調査の端緒としての情報提供にとどまり、具体的な措置請求権を有するものではないと解される[1]。なお、独占禁止法等の例では、公正取引委員会は、違反事実の申出を受けた場合、当該申出者に対して問合せを行う等して調査を行うこととされている。また、公正取引委員会は、調査が終了した場合には、措置結果の通知を行っている（独禁45条3項）。これに対し、フリーランス法には独占禁止法と同様の規定は設けられておらず、独占禁止法と同様に、措置結果の通知が行われるかは明らかではない。

Ⅱ　フリーランス法に違反した場合

1　概　要

　公正取引委員会は、業務委託事業者がフリーランス法3条（委託内容の明示）、4条5項（報酬の支払）、5条（禁止行為）、6条3項（申出に対する不利益取扱いの禁止）の規定に違反したと認めるときは、当該業務委託事業者または特定業務委託事業者に対し、速やかに必要な措置をとるべきことを勧告することができ（フリーランス8条）、当該勧告を受けた者が、正当な理由がなく、当該勧告に係る措置をとらなかったときは、当該勧告を受けた者に対し、当該勧告に係る措置をとるべきことを命ずることができる（フリーランス9条1項）。

　「勧告」は、フリーランス法上の根拠を有するが、あくまで「行政指導」であり（行手2条6号）、行政指導の内容は、あくまでも相手方の任意の協力によってのみ実現され、行政指導の名宛人の意に反して強制することは認められな

---

1)　鎌田耕一＝長谷川聡編『フリーランスの働き方と法』（日本法令、2023年）141頁。

い（行手32条1項）。また、「処分」（行手2条2号）に該当しない以上、処分の取消しの訴え（行訴3条2項）等、行訴法による抗告訴訟の対象にはならないけれども、それらに代えて、「勧告」がフリーランス法の違反を是正することを内容とするものであるため、弁明その他意見陳述のための手続を経てされたものでない限り、行政指導の中止その他必要な措置をとることを求めることができる（行手36条の2第1項）。

これに対し「命令」は、「処分」（行手2条2号）であり、これにより私人に対する権利義務を形成することが認められる。そのため、「行政指導」たる「勧告」と異なり、私人の意思に反しても、命令の内容に従うよう義務を課すことができる。そして、一度命令がなされた場合には、たとえ違法なものであるとしても、権限のある行政庁や裁判所によって取り消されない限りは有効な行政行為として存続することになる公定力を有することからも、抗告訴訟（行訴3条1項）の対象となることが予定される。

フリーランス法9条1項に基づく命令に関しては、独占禁止法の諸規定（命令の手続、行政不服審査法の適用除外、抗告訴訟〔行訴3条1項〕に係る特則等、行政処分に関する規定）が準用される（フリーランス10条。ただし、独占禁止法上の意見聴取手続に関する規定は準用されていない）。命令書や、当該命令の取消し・変更の決定に係る決定書（併せて、以下「措置命令書等」という）は、その謄本を名宛人または代理人に送達しなければならず（公取委フリーランス法施行規則7条1項）、措置命令書等には取消しの訴えを提起することができる場合には、その旨を記載した通知書を添付するものとされる（同条2項）。公正取引委員会は、当該命令をした場合には、その旨を公表することができる（フリーランス9条2項）。また、当該命令に違反した場合には、当該違反行為をした者は、50万円以下の罰金に処される可能性がある（フリーランス24条1号）。さらに、法人の代表者または法人もしくは人の代理人、使用人その他の従業者が、その法人または人の業務に関し、フリーランス法24条の違反行為をしたときは、行為者を罰するほか、その法人または人に対して同条の刑を科される可能性がある（フリーランス25条。両罰規定）。

下請法では、書面交付義務違反（下請3条）や書類作成保存義務違反（下請5条）、報告徴収に対する報告拒否・虚偽報告、立入検査の拒否・妨害・忌避

第 2 部　フリーランス法

（下請 9 条）に違反した場合に、50 万円以下の罰金が書される可能性があるが（下請 10 条〜12 条）、フリーランス法では、例えば明示義務（フリーランス 3 条）に違反したとしても直ちに罰金の対象となるものではなく、義務違反に対する勧告が行われ、当該勧告に従わなかった場合に勧告に係る措置をとるべきことを命じ、当該命令に違反した場合に、当該命令違反に罰則が定められているものであり、下請法とは異なり、勧告と命令の 2 つの手続が先行する点で異なる。

【図表 2-7-1】

	勧告	命令	罰則
下請法			
3 条違反			罰則
（書面不交付）	──────────────────────→		50 万円以下
4 条違反	勧告		
（禁止事項）──────→	＋	──	──
	公表		
フリーランス法			
3 条（明示せず）	勧告	命令	罰則
4 条（支払期日の支払）──→	＋	＋ ──→	50 万円以下
5 条（禁止事項）	公表	公表	

2　公表について

公正取引委員会による命令の公表に関しては、命令を行った場合には、事業者名、違反事実の概要、命令の概要等が公表されることになる（フリーランス 9 条 2 項）。他方、勧告がなされた場合には、フリーランス法上の定めはないが、違反行為に対する措置についての予見可能性を高め、また、当該違反行為の未然防止を図る目的で、事業者名、違反事実の概要、勧告の概要を公表することとされている[2]。これは下請法に基づく勧告と同様の対応といえる。下請法に基づく勧告については、勧告の内容のほか、被勧告者の名称、行為の概要、違反法条、勧告年月日等が公正取引委員会のウェブサイト上で公表されている。

---

[2]　公正取引委員会「特定受託事業者に係る取引の適正化等に関する法律第 2 章違反事件に係る公正取引委員会の対応について」（2024 年 10 月 1 日）（https://www.jftc.go.jp/houdou/pressrelease/2024/oct/241001_freelance2.pdf〔2025 年 1 月 15 日閲覧〕）。

なお、下請法においては、以下のような内容を含む勧告がなされている[3]。

1　違反行為の取りやめ及び原状回復措置
○　受領拒否を行っている場合
　　親事業者は、下請事業者から、いまだ受領していない給付を速やかに受領すること。
○　下請代金の支払遅延を行っている場合
　　親事業者は、下請事業者に対し、下請代金及び本法〔下請法〕第4条の2の規定による遅延利息を支払うこと。
○　下請代金の減額を行っていた場合
　　親事業者は、下請事業者に対し、下請代金の額から減じていた額を速やかに支払うこと。
○　返品を行っていた場合
　　親事業者は、下請事業者に返品した物について、返品後引き取っていない物を再び引き取り、当該再び引き取った物及び再び引き取ることが見込めない物の下請代金相当額を支払うこと。
○　買いたたきを行っていた場合
　　親事業者は、下請事業者に対する下請代金の額について、下請事業者との間で協議を行い、下請事業者の給付の内容と同種又は類似の内容の給付に対し通常支払われる対価に比し著しく低いものではない相当額まで、当該著しく低いものとした時期に遡って引き上げること。
○　購入利用強制を行っていた場合
　　親事業者は、要請に基づき下請事業者が購入した物を引き取り、当該物の購入金額を下請事業者に支払うこと。
○　不当な経済上の利益の提供要請を行っていた場合
　　親事業者は、下請事業者から提供させた金額を下請事業者に支払うこと。

2　取締役会等での決議
○　親事業者は、下請事業者に対する行為が本法〔下請法〕第4条の規定に違反するものであること及び今後、同様の行為を行わないことを取締役会の決議により確認すること。

3　社内体制の整備
○　親事業者は、今後、同様の行為を行うことがないよう、自社の発注担当者に対する下請法の研修を行うなど社内体制の整備のために必要な措置を講じること。

---

3)　公正取引委員会＝中小企業庁「下請取引適正化推進講習会テキスト」（2024年11月）93頁。

第 2 部　フリーランス法

　　4　役員及び従業員への周知徹底
　　○　親事業者は、前記 1 から 3 までに基づいて採った措置の内容を自社の役
　　　員及び従業員に周知徹底すること。
　　5　下請事業者への通知
　　○　親事業者は、前記 1 から 4 までに基づいて採った措置の内容を取引先下
　　　請事業者に通知すること。

3　勧告と自発的申出の制度について

　「特定受託事業者に係る取引の適正化等に関する法律と独占禁止法および下
請法との適用関係等の考え方」(執行ガイドライン)によると、公正取引委員会
の勧告に関し、公正取引委員会は、業務委託事業者の自発的な改善措置が、特
定受託事業者が受けた不利益の早期回復に資することに鑑み、フリーランス法
8 条に基づく勧告の対象となる違反行為に関する自発的な申出が業務委託事業
者からなされ、かつ、当該業務委託事業者について、以下のような事由が認め
られた場合には、業務委託事業者の法令遵守を促す観点から当該違反行為につ
いて勧告するまでの必要はないものとするとのことである(執行ガイドライン
4)。

> ①公正取引委員会または中小企業庁が当該違反行為に係る調査に着手する前に、
> 　当該違反行為を自発的に申し出ている。
> ②当該違反行為を既に取りやめている。
> ③当該違反行為によって特定受託事業者に与えた不利益を回復するために必要
> 　な措置を既に講じている。
> ④当該違反行為を今後行わないための再発防止策を講ずることとしている。
> ⑤当該違反行為について公正取引委員会が行う調査および指導に全面的に協力
> 　している。

　同様の運用は下請法でも採用されているところ、下請法の運用では、①違反
行為の自発的申出は、申出をする会社が公正取引委員会の担当であれば、公正
取引委員会に、中小企業庁の担当であれば中小企業庁に申出をすることとされ
ている。これは、下請法が公正取引委員会および中小企業庁によって所管され
ていること、また、「調査」に着手するかどうかが基準とされているところ、

268

下請法上、公正取引委員会および中小企業庁の双方に調査権限がそれぞれ付与されていることから（下請9条1項・2項）、それぞれに対する申出が行われることになっているものと解される[4]。翻って、フリーランス法については、下請法のように、公正取引委員会・中小企業庁のそれぞれの担当が分けられているとは、現時点では把握できないものの、フリーランス法は、内閣官房、公正取引委員会、中小企業庁および厚生労働省によって所管されており、また、公正取引委員会および中小企業庁には、取引適正化に関する規律についての調査権限がそれぞれ付与されていること（フリーランス11条1項・2項）に鑑みると、自発的申出の先は、公正取引委員会または中小企業庁のいずれでも足り、また、「調査に着手する前」については、公正取引委員会および中小企業庁のいずれにおいても、調査に着手していないことが必要になると思われる。

また、③不利益を回復するために必要な措置について、下請法では、下請代金を減じていた事案について、減じていた額の少なくとも、過去1年分を返還していたことが挙げられている[5]ことから、フリーランス法においても、同程度の措置が必要になると解される。

下請法における運用実績[6]について、2018年度は73件、2019年度は78件、2020年度は24件、2021年度は32件、2022年度は23件、2023年は39件と、近年減少傾向にあるものの、活発に利用されている。フリーランス法においても活発に利用されることが想定されるが、当該申出はあくまでも事業者の権利であり、疑義行為が発見されたからといって常に自発的申出を行わなければならないというものではないと解される。フリーランス法における自発的申出の詳細については、今後公表されることとなろう。

なお、フリーランス法および下請法のいずれにも違反する行為については、原則としてフリーランス法が優先して適用されるとされているところ（執行ガイドライン3）、あくまで優先的に適用されるのは「原則」であって、必ずフリ

---

4) 中小企業庁「自発的申出FAQ」2頁（https://www.chusho.meti.go.jp/keiei/torihiki/download/zihatuFAQ.pdf〔2025年1月15日閲覧〕）。

5) 公正取引委員会「下請法違反行為を自発的に申し出た親事業者の取扱いについて」（https://www.jftc.go.jp/shitauke/shitauke_tetsuduki/081217_files/081217.pdf〔2025年1月15日閲覧〕）。

6) 公正取引委員会「下請法違反行為を自発的に申し出た親事業者の取扱いについて」（https://www.jftc.go.jp/shitauke/shitauke_tetsuduki/081217.html〔2025年1月15日閲覧〕）。

第 2 部　フリーランス法

ーランス法が優先されるわけではなく、ケースによっては、下請法が適用される場合もあると考えられる。このことからすると、フリーランス法および下請法のいずれにも違反する行為について、フリーランス法のみにつき自発的申出をした場合に、フリーランス法の勧告がなされないとしても、下請法による勧告はなおなされる可能性は否定することができないと考えられる。そのため、フリーランス法および下請法のいずれにも違反する行為について自発的申出をする場合には、両方の法律における自発的申出の手続をとることが望ましいと考えられる。

4　報告徴収と立入検査について

　公正取引委員会は、フリーランス法8条（勧告）および9条1項（命令）の施行に必要な限度において、業務委託事業者、特定業務委託事業者、特定受託事業者その他の関係者に対し、業務委託に関し報告をさせ（報告徴収権限）、またはその職員に、これらの者の事務所その他の事業場に立ち入り、帳簿書類その他の物件を検査させる（立入検査権限）ことができる（フリーランス11条2項）。この点、下請法においては、多数の親事業者および下請事業者に対して調査票による書面調査を実施しているが、フリーランス法においても当該調査が行われるかは不透明である。なお、職員による立入りの際には、その身分を示す証明書を携帯し、関係人に提示しなければならない（フリーランス11条3項）。また、当該立入検査の権限は、犯罪調査のために認められたものと解釈してはならない（同条4項）。

　下請法においても同様の規定が設けられているが（下請9条）、下請法に違反しているか否かについて確認するにあたり、必ずしも、罰金（下請11条）による間接強制が予定される法律上の権限に基づく方法によるのではなく、関係者に対し、任意の協力を求める形によって事情聴取を行う等により、事実確認が行われることもある。そのため、フリーランス法における事実確認をするにあたっても、下請法と同様に、任意の協力に基づく聴取によることが想定される。

270

5 指導・助言について

　公正取引委員会および中小企業庁長官ならびに厚生労働大臣は、この法律の施行に関し必要があると認めるときは、業務委託事業者に対し、指導および助言をすることができる（フリーランス22条）。本来、「行政指導」は「処分」と異なり法的拘束力がなく、行政機関は自らの所管事項の範囲内で、設置法に基づき行うことができるため、あえて条文を設けなくとも、同様の効果を期待することはできる。もっとも、フリーランス法における義務については、命令が予定されるものと予定されないものとが混在しており、命令が予定されないものについては、私人において、行政機関による措置がなされないために、抑止効果が期待できない可能性もあり得ることから、行政機関による措置を法律上位置づけ、かつ、「命令」につながる「行政指導」たる「勧告」とは区別するために、指導の規律が設けられたものである。そのため、フリーランス法22条に基づく「指導及び助言」が行われ、これに従わなかったとしても、「命令」につながるものではないと考えられる。

　また、「勧告」（フリーランス8条）については、下請法における「勧告」（下請7条）の運用と同じく公表されることとなっている。他方、「指導及び助言」については、下請法でも数多く行われているが[7]、その名宛人の商号等は公表されていないことからも、仮に、「指導及び助言」がなされたとしても、公表されることはないと考えられる。

　この「指導及び助言」については、軽微な違反行為が認められた場合に業務委託事業者の自主的な改善を促すケースや、違法とまではいえないがフリーランス法の趣旨に反する行為が認められたケースに利用されることが予想される。当該指導・助言によって、命令等といったハードな手続によらない、柔軟な対応が期待される。

---

7) 2023年度の下請法に係る公正取引委員会による勧告の件数は13件であるのに対し、指導件数は8,268件と、また、中小企業庁による改善指導は1,304件と（公正取引委員会＝中小企業庁・前掲注3）271頁・275頁より）、下請法の違反行為の是正の多くは、「行政指導」によって実現されている。

第2部　フリーランス法

6　独占禁止法・下請法との関係について

　執行ガイドラインによると、フリーランス法と独占禁止法のいずれにも違反する行為については、原則としてフリーランス法を優先して適用し、フリーランス法8条の勧告の対象となった行為と同一の行為について、重ねて独占禁止法20条の規定（排除措置命令）および同法20条の6の規定（課徴金納付命令）を適用することはないとされている（執行ガイドライン2）。もっとも、下請法と独占禁止法との関係において、下請法に基づく勧告がなされ、これに従った場合には独占禁止法の20条および26条の6の規定は適用しないとの規定があるが（下請8条）、下請法と独占禁止法とのいずれにも違反する行為について、必ず下請法による勧告を前置するとの建前を取っているわけではなく、「最初からとうてい勧告どころではないというようなものにつきましては、直ちに独禁法を適用する場合もあり得る」とされている[8]。そのため、フリーランス法と独占禁止法との関係においても同様に、フリーランス法による勧告を行うよりも独占禁止法による措置命令等を講ずるほうが、よりフリーランスの救済につながるであるとか、その行為が悪質であるとか、場合によっては、独占禁止法が直ちに適用されるケースもあり得ると考えられる。

　また、フリーランス法と下請法のいずれにも違反する行為については、原則としてフリーランス法を優先して適用し、フリーランス法8条に基づく勧告の対象となった行為について、重ねて下請法7条に基づき勧告することはないが、ただし、フリーランス法と下請法のいずれにも違反する行為を行っている事業者が下請法のみに違反する行為も行っている場合において、当該事業者のこれらの行為の全体について下請法を適用することが適当であると公正取引委員会が考えるときには、フリーランス法と下請法のいずれにも違反する行為についても下請法7条に基づき勧告することがあるとされている（執行ガイドライン3）。

---

8)　第24回国会衆議院商工委員会第39号1956年4月25日会議録〔発言：31番〕（横田正俊政府委員発言）。

Ⅲ　中小企業庁長官の措置請求

　中小企業庁長官は、業務委託事業者または特定業務委託事業者について、フリーランス法3条から5条までの規定に違反したかどうか、または、特定受託事業者の6条に基づく申出をしたことに関して不利益取扱いがなされていないか（フリーランス6条3項）を調査し、その事実があると認めるときは、公正取引委員会に対し、この法律の規定に従い適当な措置をとるべきことを求めることができる（フリーランス7条）。

　ここにいう「適当な措置」とは、フリーランス法8条に定める公正取引委員会による「勧告」をいい、独占禁止法に基づく措置は想定されていない。これは、公正取引委員会が、いわゆる三条委員会に準ずるものとして位置づけられており、独立性を維持することが要求されていることから（独禁28条）、「勧告」そしてそれに続く「命令」は、公正取引委員会が独自に行使する必要があるといえる。そのため、公正取引委員会のみにその権限が認められ、中小企業庁には「勧告」等を行う権限は認められていないと解される。他方で、中小企業庁は、中小企業の育成発展を任務とし（中小企業庁設置法1条）、また、「中小企業者が……不公正な取引方法によりその事業を阻害されているかどうか……を調査し、公正取引委員会に対しその事実を報告し、及び適当な措置を求めることができる」とされている（同法4条7項）ことからすると、中小企業庁においても、中小企業者の育成等のため、一定の権限を行使し得ると解される。そのため、中小企業の保護の観点から、公正取引委員会が独自に行使すべき「勧告」等については認めることはできないものの、特別な権限を付与するものとして、「適当な措置」を求めることができるとされたものと考えられる。

　フリーランス法3条から5条までに関して、中小企業庁長官は、公正取引委員会に対する措置請求権のほか、調査権限も与えられ、フリーランス法7条の施行に必要な限度において、業務委託事業者、特定業務委託事業者、特定受託事業者その他の関係者に対し、業務委託に関し報告をさせ（報告徴収権限）、またはその職員に、これらの者の事務所その他の事業場に立ち入り、帳簿書類

第2部　フリーランス法

その他の物件を検査させる（立入検査権限）ことができる（フリーランス11条1項）。なお、職員による立入りの際には、その身分を示す証明書を携帯し、関係人に提示しなければならない（同条3項）とされている。

　このように中小企業庁も、公正取引委員会と同じく、法令上の権限に基づき、立入検査等を実施することができるようにされているが、現状の下請法の運用と同様、フリーランス法においても、法律の規定に基づく調査を行うのではなく、関係者の任意の協力による事実把握が行われるものと考えられる。現に、中小企業庁は、全国に取引調査員（下請Gメン）を配置して、下請等中小企業者を訪問調査する等しているところ、下請振興法にも調査の規定はあるが（下請振興26条）、間接強制は予定されていないこと、また、下請振興法26条は、令和3年法律70号の改正により追加されたものであり、取引調査員（下請Gメン）の配置は、改正前の2017年1月から行われていることからも[9]、これは中小企業者に対する任意の調査として行われているものと解される。そのため、かかる任意の調査によってフリーランス法被疑事実を把握した場合には、フリーランス法の執行担当に共有するなどして、公正取引委員会と連携し、事実把握に当たることが想定される[10]。

Ⅳ　その他の措置等

　国は、特定受託事業者に係る取引の適正化および特定受託業務従事者の就業環境の整備に資するよう、特定受託事業者からの相談に応じ、適切に対応するために必要な体制の整備その他の必要な措置を講ずるものとされる（フリーランス21条）。この点、政府は、フリーランス法施行後の相談件数の増加に対応すべくフリーランス・トラブル110番の相談体制の整備を図るとともに、違反行為を受けたフリーランスが行政機関の対応を希望する場合には、フリーランス・トラブル110番での相談から公正取引委員会、中小企業庁、厚生労働

---

9)　中小企業庁「取引調査員（下請Gメン）による訪問調査について」（https://www.chusho.
meti.go.jp/keiei/torihiki/Gmenhoumon.html〔2025年1月15日閲覧〕）

10)　第211回国会衆議院内閣委員会第10号 2023年4月5日会議録〔発言：133番〕（小林浩史
政府参考人発言）。

第 7 章　法律の執行

省の窓口への申告に円滑につなげられるような体制整備を行うことに加え、公正取引委員会、中小企業庁および厚生労働省において今後必要な人員および体制の確保を行うといったことを想定しているとのことである [11]。

---

11)　第 211 回国会参議院内閣委員会第 12 号 2023 年 4 月 27 日会議録〔発言：58 番〕（宮本悦子政府参考人発言）。

第8章
他の法律との関係

　フリーランス法施行前にも、フリーランスへの業務委託に対し何の規制もなかったわけではない。むしろ、第1部第2で述べたとおり、
- ① 労働法
- ② 独占禁止法・下請法
- ③ 消費者法
- ④ 民法

——といった数々の法分野が重層的に適用され得る（図表2-8-1）。しかしその割に、いずれの法分野も、フリーランスの問題を実効的に解決するツールとして十全に機能してきたとは言い難い。

【図表2-8-1】フリーランス法施行前の諸法制の適用範囲

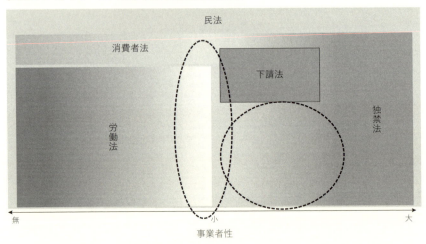

第 8 章　他の法律との関係

I　労働法

　まず、労働法は、「労働者」と分類される働き手に対し適用がある。「労働者」の意義は、第 1 部第 1 第 3 章を参照されたい。

　しかし、フリーランスは、個人で業務を遂行して生計を立てる弱い存在でありながら、契約形式上は雇用ではなく業務委託とされることが多く、したがって「労働者」としての保護を受けていない場合が多い。

　その中には、実態は「労働者」であるのに「労働者」として扱ってもらえないフリーランス（以下、「偽装フリーランス」）も存在する。偽装フリーランスの問題は、労働法の法執行を強化することで解決するのが本筋である。しかし、ユニオン出版ネットワークの杉村和美副執行委員長（当時）は、フリーランス法を審議する参議院内閣委員会において、労働基準監督署が、「業務委託契約書」が存在するだけで労働者ではないとして門前払いしたり、労働者性を判断するのは裁判所であり労基署ではないといわれたり、源泉徴収、確定申告、労働保険への不加入、副業の禁止の有無など形式的なポイントをあげつらって労働者性を否定したりするなどの実態を証言している [1]。この実態は、フリーランス・トラブル 110 番の相談現場における筆者の実感と大差ない。労働当局が偽装フリーランスを実効的に救済しているというには程遠い現状がある。

　他方、一人の個人として自らの労働力のみに依存して生計を立てているフリーランスであっても、実態として「労働者」とはいえない場合には、労働法の保護を受けることはできない。それでも、収入を極めて少数の顧客に依存していたり、業務遂行につき、さまざまな拘束を受けていたり、そもそも収入金額が低く定められていたりするなど、弱く不利な立場にあることが少なくない。

II　独占禁止法・下請法

　弱小な事業者を保護する法制として、独禁法と、その特別法たる下請法があ

---

1)　第 211 回国会参議院内閣委員会第 11 号 2023 年 4 月 25 日会議録〔発言：189 番〕。

第 2 部　フリーランス法

る。第 1 部第 2 第 3 章・第 4 章を参照されたい。

　独禁法は、優越的な地位を利用して不当に行う一定の行為をいわゆる「優越的地位の濫用」と位置づけ、「不公正な取引方法」として禁止している（独禁 2 条 9 項 5 号・19 条）。この規制は、広くフリーランスとの取引に適用の余地があるが、公正取引委員会が優越的地位の濫用につながるおそれがあるとして「注意」した件数は、2023 年度で 67 件にとどまり、それ以前もおおむね年 50 件前後にとどまっている [2]。何百万人も存在するとされるフリーランスを実効的に救済することはほとんど期待できない。

　これに対し、下請法は、その適用対象となる事業者の範囲を資本金の額という客観的基準で明確に区切って、独禁法に比してより迅速に下請事業者の保護を図っている。下請法の適用範囲に含まれる限り、フリーランスであってもその保護を受けることはできるが、以下の理由で保護を受けられるフリーランスは思いのほか少ない。

　第 1 に、下請法上の「親事業者」は資本金 1000 万円超であることを要するが（下請 2 条 7 項 2 号）、フリーランスに業務を委託する事業者も零細事業者であるなど、資本金要件を満たさない場合が多い。

　第 2 に、同法は原則として、親事業者が「業として行う」業務を下請事業者に委託する場合にしか適用がない（下請 2 条 1 項〜4 項）。事業者が自らの事業とは異なる業務をフリーランスに委託する場合（例えば、弁護士法人がそのウェブページ制作をフリーランスに委託する場合など）には適用されない。

Ⅲ　消費者法

　消費者を保護することを目的とする消費者法と呼ばれる法分野もある。消費者契約法、特定商取引法などがその代表例である。第 1 部第 1 第 4 章を参照されたい。

　しかし、消費者契約法は「事業として又は事業のために」契約する個人を保

---

2)　公正取引委員会「令和 5 年度における独占禁止法違反事件の処理状況について」（2024 年 5 月 28 日）。

護せず（消費契約2条1項）、特定商取引法も「営業のために若しくは営業として」契約する場合を適用除外とする例があるなど（通信販売につき、特定商取引26条1項1号）、事業者に適用することは困難である。フリーランスが事業として反復継続して売上げを上げるのが通例であるなら、消費者法を援用して保護する余地は小さい。実務上フリーランスが消費者法を援用し得るのは、フリーランスが業務提供誘引販売取引（特定商取引51条）を行った場合[3] などに限られるのではないかと思われる。

Ⅳ　民法・商法

このように見てくると、図表2-8-1で点線の丸を付した近辺は、いずれの法分野も適用がないか、適用があるとしても実効性に乏しく、いわば諸法制の間のエアポケットになっている。こうしたエアポケットに落ちてしまうフリーランスの問題の解決は、民事一般法である民法や商法によるほかない。民法・商法については、第1部第2第1章・第8章を参照されたい。

筆者のフリーランス・トラブル110番における実務経験上、民法に沿ってフリーランスの相談を検討する例が最も多い。しかし、民法によってもフリーランスの問題のすべてを実効的に解決するには限界がある。

第1に、民法の規定の多くは「任意規定」と呼ばれ、当事者がこれと異なる合意をすれば当該合意が優先する。したがって、事業者がフリーランスにとって不利な契約条件を記載した契約書を作成し、フリーランスが署名しているようなケースでは、いかに不合理な契約条件であっても無効と判断されるにはハードルがある場合が多い。

第2に、民法の規定を実現するためには、行政当局や警察の介入を期待することはできず、もっぱら訴訟や裁判外紛争解決手続（ADR）などの私法的手続によるほかない。一般にフリーランス・トラブルは、例えば報酬の未払のケースで数万〜数十万円程度の金額である場合が多く、弁護士や司法書士を起用

---

3)　例として、「業者が主催する“資格試験対策講座”を（受講料を当該業者に支払った上で）受講して特定の資格を得れば、当該業者が同資格を要する業務をあっせんする」など。

第 2 部　フリーランス法

すると費用倒れになることも多い。もちろん、少額訴訟、支払督促、フリーラ
ンス・トラブル 110 番の和解あっせん手続など、フリーランスが弁護士等を
選任せずに独力で行える手続は存在するし、フリーランス・トラブル 110 番
でもこれらの手続を教示することが多いため、発注者側から見ると紛争リスク
は高まっているといえる（第 3 部第 9 章参照）。しかし、これらの手続をフリー
ランス独力で行う負担は小さくなく、結局泣き寝入りせざるを得ない例も珍し
くはない。

V　フリーランス法

　フリーランス法が施行された後は、前記 I 〜 IV で詳述した諸法制にフリーラ
ンス法が加わることになる。フリーランス法施行後の諸法制の適用関係は、図
表 2-8-2 のようになろう。施行前にエアポケットとなっていた個所の一部を
埋める形で、フリーランス法が機能することが想定される。

　同法は、第 1 部第 1 第 3 章 I で述べたとおり、労基法上の労働者性がある
場合には適用がない。他方、労組法上の労働者性があっても、フリーランス法
の適用は妨げられない。

　フリーランス法と下請法のいずれも適用し得る場合、原則としてフリーラン
ス法を優先して適用し、同法 8 条で勧告の対象となった行為について、別途
下請法 7 条で勧告することはないが、フリーランス法・下請法いずれにも違
反している行為と、下請法のみに違反する行為を行っている事業者については、
これらの行為の全体について下請法を適用することが適当と公正取引委員会が
考えるときには、下請法 7 条に基づき勧告することがあるとする（執行ガイド
ライン 3）。しかし、下請法の方がより取引当事者間の格差が大きい取引を対象
とし、それに応じたより厳しい法執行を準備していることからすれば、フリー
ランス法と共に下請法も適用があり得るケースでは、下請法が適用されると考
えるべきではなかろうか [4]。

---

4)　滝澤紗矢子「フリーランス法の意義と特徴——独禁法・下請法に通ずる観点から」ジュリ
　　1589 号（2023 年）58 頁。

【図表 2-8-2】フリーランス法施行後の諸法制の適用範囲

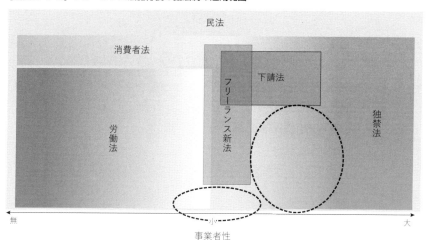

　また、フリーランス法と独禁法がいずれも適用される場合も考えられるが、この場合には原則としてフリーランス法を優先して適用し、同法 8 条の勧告の対象となった行為について、重ねて独禁法上の排除措置命令（独禁 20 条）と課徴金納付命令（独禁 20 条の 6）は適用しないとする（執行ガイドライン 2）。
　他方、フリーランス法の適用がある場合であっても、民法、商法や消費者法の適用関係には何らの影響を及ぼさないと思われる。

第9章
フリーランス法の私法上の効力

I　私法上の効力の実務上の重要性

　フリーランス法は、第2部第7章でみたように、行政上のエンフォースメントの仕組みを有している。

　しかし、何百万人に上るフリーランスのすべてのトラブルに対し、公正取引委員会・中小企業庁・厚生労働省が実効的に対応するには、現在のマンパワーでは著しく不十分である。2024年7月1日時点で、中小企業庁の定員は201名（経済産業省定員規則〔平成13年経産省令4号〕1条）、公正取引委員会の定員は927名（行政機関職員定員令〔昭和44年政令121号〕1条2項）に過ぎない。フリーランスの実効的な救済を図るには、特に公取委・中小企業庁における極めて大規模な人員増が必要と考えられるが、そう簡単ではない。

　そうすると、民事訴訟やフリーランス・トラブル110番等を介した私法上の解決（第3部第9章参照）がより重要である。フリーランス法違反があった場合、同法を直接の根拠として何らかの請求をなし得るか、そこまではいえなくても、契約を無効としたり、損害賠償請求をなし得たりするかなど、何らかの私法上の効力があるかは、実務的には重要な問題である。

　以下では、フリーランス法の元になった各種法律の私法上の効力を概観した上、フリーランス法そのものの私法上の効力を論じる。

II　独占禁止法の私法上の効力

　独禁法上、優越的地位の濫用を含む「不公正な取引方法」を用いてはならず（独禁19条）、これに対する民事上の救済として、以下のものが考えられる。

282

① 被害者による差止請求（独禁 24 条）：利益の侵害やそのおそれのほか、「著しい損害」やそのおそれが要件となる。
② 被害者による独禁法 25 条に基づく損害賠償請求：無過失責任であるが（独禁 25 条 2 項）、排除措置命令（または課徴金納付命令）が確定した後に限り裁判上主張できる（独禁 26 条）。
③ 被害者による不法行為に基づく損害賠償請求（民 709 条）。
④ 契約の無効。

以下では、③④に絞って述べる。

1 不法行為に基づく損害賠償請求

独禁法違反によって自己の法的利益を害された者は、民法上の不法行為に該当する限り、排除措置命令等の有無にかかわらず、別途損害賠償を請求することができる（最二小判平成元・12・8 民集 43 巻 11 号 1259 頁）。そして、優越的地位の濫用を含む不公正な取引方法があった場合には、原則として不法行為における違法行為があったとみて差し支えない[1]。

優越的地位の濫用が損害賠償請求訴訟で主張されることは少なくない。しかし、優越的地位の濫用に該当することの立証自体が必ずしも容易でないこともあり、損害賠償請求が認容された例は少数に留まっている。

例えば、札幌高裁平成 31 年 3 月 7 日判決（LLI/DB L07420180）は、コンビニエンスストアのフランチャイザー等が米卸売業者に対し米を返品する旨の合意が優越的地位の濫用にあたり、公序良俗に反し無効としたうえで、返品行為の不法行為該当性を認め、損害賠償請求を一部認容した。

2 契約の無効

優越的地位の濫用にあたる契約が無効となるかについてのリーディングケースが、岐阜商工信用組合事件（最二小判昭和 52・6・20 民集 31 巻 4 号 449 頁）である。同判例は、貸付の実質金利を 17.18% とする取引条件による貸付が優

---

1) 村上政博編集代表『条解独占禁止法〔第 2 版〕』（弘文堂、2022 年）754 頁〔中野雄介＝鈴木悠子〕。

越的地位の濫用にあたるとしつつも、「独禁法 19 条に違反した契約の私法上の効力については、その契約が公序良俗に反するとされるような場合は格別として、……同条が強行法規であるからとの理由で直ちに無効であると解すべきではない」と判示して、独禁法違反の契約が直ちに無効となるわけではなく、無効となるのは公序良俗に反する場合に限られることを示した。

とはいえ、独禁法違反が認定されれば、契約が公序良俗に反し無効と判断される例の方が多い。

東京地裁令和 3 年 9 月 9 日判決（2021WLJPCA09098016）は、値引き等に係る合意が独禁法 2 条 9 項 5 号ハの減額に該当するとし、かつ、濫用の程度が重大であるとして、公序良俗に反し無効と判示した。

前掲札幌高裁平成 31 年 3 月 7 日判決は、米の返品合意が優越的地位の濫用に該当することを認めたうえ、公序良俗に反するものとして、その効力を否定している。

大阪地裁平成 22 年 5 月 25 日判決（判時 2092 号 106 頁）は、店舗工事請負代金の減額合意が、注文主の優越的地位・請負人の従属的地位を利用して不当に利益を取得したものであるとして、「独占禁止法 2 条 9 項 5 号に違反しているか否かはさておき、私法上においては」「公序良俗に反し、無効である」と判示した。

大阪地裁平成元年 6 月 5 日判決（判時 1331 号 97 頁）は、建設工事仮設機材の製造委託契約における競業製品取扱禁止条項と、これに違反した場合に違反製品の販売定価に販売数を乗じた額の 10 倍の損害賠償の予定を定めた条項が、優越的地位の濫用にあたり、かつ公序良俗に反し無効と判示した。

東京地裁昭和 56 年 9 月 30 日判決（下民集 32 巻 9～12 号 888 頁）は、従業員約 100 名、年商約 120 億円の卸業者と、資産や特別の技能を有しない個人との間の雑誌類の販売委託契約において、20 年もの拘束期間が定められていたことから、優越的地位の濫用にあたり、かつ公序良俗に反し無効と判示した。

名古屋地裁昭和 49 年 5 月 29 日判決（下民集 25 巻 5～8 号 518 頁）は、資本金 2000 万円・年間売上高 7 億 8000 万円の中堅企業と零細の個人事業主の間の機械部品の継続的取引契約において、他の業者からの仕入れを禁じ、これに違反した場合違約金 50 万円を課す旨の約定は、優越的地位の濫用にあたり、

かつ公序良俗に反し無効と判示した。

浦和地裁平成6年4月28日判決（判タ875号137頁）は、「フランチャイズ基本契約などの継続的契約の解約一時金などの条項の公序良俗違反を判断するに当っては、当該条項の趣旨、目的、内容、それが当事者双方に与える利益不利益、それが締結されるに至った経緯、契約両当事者の経済的力関係等のほか、契約の該条項は契約の一方当事者が自己の取引上の優越的地位を利用して、正常な商慣習に照らして不当に相手方に不利益となる取引条件を設定したものとみられるものでないかどうか（私的独占の禁止及び公正取引の確保に関する法律2条9項等参照。）など、証拠にあらわれた諸般の事情を総合的に考慮してその有効無効の範囲、程度などを決するべき」と判示し、結論として解約一時金の定めが公序良俗に反し無効と判断した。

Ⅲ　下請法の私法上の効力

1　不法行為に基づく損害賠償請求

独禁法とは異なり、下請法に違反したとの一事をもって不法行為があったと認められるわけではない。

東京地裁昭和63年7月6日判決（判時1309号109頁）は、新単価を遡及適用する合意があった事案で、これが下請法4条1項3号、5号に違反した場合であっても、不当性が強く、合意の効力が否定されるなどの特段の事情のない限り、当該条項違反を理由に不法行為による損害賠償義務は生じないと判示した。その上で、当該合意は同項3号に違反するとしつつ、遡及適用の期間、単価引き下げの幅等からすれば不当性の強い事情はうかがえないとして、不法行為に基づく請求を認めなかった。

下請法違反の行為が不法行為を構成すると判断した数少ない裁判例として、東京地裁平成21年3月25日判決（2009WLJPCA03258018）がある。この裁判例は、親事業者からの今後の受注を期待する下請事業者に対し、適正な見積もりのための十分な情報を与えないまま概算の見積もりを提出させた上、その後工数が増加しても増額を認めなかった事案である。下請事業者としても開発準備に経費をかけており納期が近づいていたのでやむなく親事業者の意向に沿っ

た見積もりを提出したことや、実際の業務内容は注文書の記載と大きく異なるもので、代金は通常の対価に比して 4 分の 1 に満たなかったことから、買いたたき（下請 4 条 1 項 5 号）に該当するのみならず、不法行為をも構成すると判示し、通常の対価額と実際の支払額の差額分の損害賠償請求を認めた。ただし、この裁判例には親事業者側が本人訴訟であるという特殊性があった。

2 契約の無効

　下請法に違反したとの一事をもって契約が無効となるものではなく、違反の不当性が強い場合に限り公序良俗に反し無効とするのが、裁判例の大勢である[2]。

　東京地裁令和 4 年 12 月 23 日判決（2022WLJPCA12238008）は、婦人服製造販売会社 X と納入先会社との間に第三会社を介在させ、これに伴い X への代金を減額したことにつき、下請法 4 条 1 項 3 号に違反すると明示的に認めたにもかかわらず、不当性が強いとはいえないとして、合意が公序良俗に反し無効とまではいえないと判示した。

　前掲札幌高裁平成 31 年 3 月 7 日判決は、下請法に違反することによって直ちに私法上の効力が否定されるわけではないと判示した（ただし、独禁法違反により合意は無効）。

　札幌地裁平成 31 年 3 月 14 日判決（2019WLJPCA03146008）は、販促協力金の支払合意が公序良俗に反し無効とされるためには、暴利行為ないし優越的地位の濫用に該当することが必要であり、買いたたき（下請 4 条 1 項 5 号）や不当な経済上の利益の提供要請（同条 2 項 3 号）といった下請法違反があったとの一事では足りず、これら条項の趣旨に照らして不当性の強い場合でなければならないと判示した（結論：合意は有効）。

　東京地裁平成 22 年 5 月 12 日判決（判タ 1363 号 127 頁）は、手形決済を早期の現金払いに変更した際に親事業者の短期の資金調達における金利を超えて下請代金を控除した行為を下請法 4 条 1 項 3 号に違反するとしながら、当該

---

[2]　以下の諸裁判例のほか、傍論で同趣旨を述べるものとして、大津地彦根支決平成 7・9・11 判時 1611 号 112 頁がある。

変更が下請事業者の支援目的であったこと、控除に合意があったこと、控除額計算にあたって最も有利な利率を選び、かつそれほど高くなかったことなどから、同号の趣旨に照らして不当性が強いとまではいえず、無効ではないと判示した。

前掲東京地裁昭和63年7月6日判決は、新単価を遡及適用する合意があった事案で、これが下請法4条1項3号、5号に違反したというだけで無効になることはなく、不当性が強い場合に公序良俗に違反して無効とされる場合があり得るにとどまると判示した上で、当該合意は同項3号に違反するとしつつ、遡及適用の期間、単価引き下げの幅等からすれば不当性の強い事情はうかがえず、公序良俗無効の主張を退けた。

下請法違反の不当性が強いとして契約を無効とした数少ない事例として、東京地裁平成28年2月18日判決（2016WLJPCA02188006）がある。同事例は、いったん追加工事の代金額を合意により定めたにもかかわらず、その後それを減額する合意をしたことが、下請法4条1項3号の減額の禁止の規定に違反すると判示した上で、注文主側が直前の説明を撤回し、減額を迫り、請負人がやむを得ずこれに応じたという代金額の決定の経緯に合理性がないこと、減額後の代金額は実費の査定額すら下回っていることから、不当性が強く、公序良俗に反し無効とした。

Ⅳ　労基法の私法上の効力

フリーランス法16条の30日前予告義務、契約解消の理由開示義務は、それぞれ労働基準法20条、22条に類似の規定がある。また、フリーランス法3条の契約条件明示義務は、下請法類似の規制であるばかりでなく、労働基準法15条の労働条件明示義務とも類似する。

これらの労働基準法の定めは、これに違反した労働契約はその部分が無効であり、無効となった部分は同法で補充される旨が明文で定められており（労基13条）、私法上の効力があることは明白である。

第2部　フリーランス法

V　労働法規上の「配慮義務」の私法上の効力

　フリーランス法 13 条は、妊娠・出産・育児・介護への「配慮義務」を定める
が、労働法規においても、「配慮義務」を定めるものが散見される。例えば、
障害者雇用促進法 36 条の 2、36 条の 3 は、事業主に対し、障害者の障害の特
性に「配慮」した必要な措置を講じる義務を負わせている。これに関しては、
その私法上の効力に関する裁判例が一定程度蓄積しているため、ここで取り上
げる。

1　合意の無効

　障害者に対する配慮を行わなかった場合の効果に関する裁判例として、阪神
バス（勤務配慮）事件（神戸地尼崎支決平成 24・4・9 労判 1054 号 38 頁）がある。
この事件は、神経因性膀胱直腸障害のあるバス運転手が、当該障害に配慮した
勤務シフトにより勤務する旨の配慮を受けていたのに、その後労働協約により
かかる勤務配慮を廃止する合意がなされた事案において、身体障害者に対し適
切な配慮を行うことは厚労省の障害者雇用対策基本方針において求められてい
ることから、障害者に対し必要な勤務配慮を合理的理由なく行わないことは、
法の下の平等（憲 14 条）の趣旨に反するものとして公序良俗ないし信義則に
反する場合があるとした。具体的には、これらに反するかどうかは、①勤務配
慮を行う必要性および相当性と、②これを行うことによる使用者の負担の程度
とを総合的に考慮して判断するとした。本決定では、排便のコントロールのた
め上記配慮を受ける必要性があり、バスの運転という生命身体等の安全確保が
強く求められることから必要性が強く、相当期間上記配慮を継続してきたこと
等から相当性も一応認められる一方、使用者の事業規模、運転士数から、過度
な負担となっていないことも一応認められるとして、公序良俗ないし信義則違
反を認めた。

2　契約解消の無効

このほか、解雇権濫用法理の判断の過程で、障害者に対する合理的配慮に触

288

れる裁判例も散見される。例えば、O公立大学法人（O大学・准教授）事件
（京都地判平成28・3・29労判1146号65頁）は、アスペルガー症候群との診断
を受けた准教授Xに対する適格性欠如を理由とする解雇の効力を判断した事
案である。当時施行前であった障害者雇用促進法36条の3の理念や趣旨が妥
当するとしたうえで、Xに対する指導や指摘が全くなされていなかったこと、
Xの問題の背景にアスペルガー症候群が存在することを前提として解雇事由の
判断を審査したり、必要な配慮につき最も的確な知識を有するXの主治医に
問い合わせもせず、アスペルガー症候群の労働者に適するジョブコーチ等の支
援を含め具体的方策を検討した形跡すらないなどから、解雇を無効と判断した。
このほか、労働者の障害に配慮してもなお雇止めを有効とした藍澤證券事件
（東京高判平成22・5・27労判1011号20頁）、整理解雇の手続の相当性の判断に
おいて、労働者の障害の特性を踏まえた説明を必要としたネオユニットほか事
件（札幌高判令和3・4・28労判1254号28頁）がある。

　私傷病休職から復職可能かどうかの判断の過程で、障害者に対する合理的配
慮に触れる裁判例として、日本電気事件（東京地判平成27・7・29労判1124号
5頁）がある。同裁判例は、アスペルガー症候群であるとの診断を受けた従業
員が、休職期間満了日直前になっても、病識を欠き、上司から注意されても自
分の考えに固執して全く指摘を受け入れない態度を示すなど、コミュニケーシ
ョンが成立していない精神状態であったとして、復職可能ではなかったと判断
した。判決は、障害者雇用促進法36条の3の合理的配慮義務の趣旨は考慮す
べきとしつつも、障害のある労働者のあるがままの状態を、それがどのような
状態であろうとも常に受け入れることまで要求されるものではないと述べてい
る。

VI　その他の労働法規の私法上の効力

　労働法規といっても、私法上の効力までないとされる規定は存在する。例え
ば、高年齢者等の雇用の安定等に関する法律（高年法）9条は、定年後65歳ま
で雇用を確保する措置を取る義務を事業主に課しているが、継続雇用されなか
った労働者が同条を根拠に地位確認を求めることまではできないと解するのが

第 2 部　フリーランス法

一般である（NTT 西日本（高齢者雇用・第 1）事件・大阪高判平成 21・11・27 労判 1004 号 112 頁等）。

　他方で、同条違反が不法行為を構成するかについては、見解が分かれる[3]。同条が私法上の義務でない以上、同条違反のみによって直ちに不法行為や債務不履行を構成することはないとする裁判例（学校法人大谷学園事件・横浜地判平成 22・10・28 労判 1019 号 24 頁のほか、傍論であるが、NTT 西日本（高齢者雇用・第 2）事件・大阪高判平成 22・12・21 労経速 2095 号 15 頁）、見解[4]がある。

　このような見解に立つ場合でも、同条違反という以上に、不法行為の成立を主張立証する道はある。例えば、定年後も継続雇用されるという期待権侵害の不法行為が認められる余地がある（前掲 NTT 西日本（高齢者雇用・第 2）事件、土田道夫『労働契約法〔第 3 版〕』（有斐閣、2024 年）834 頁）。

Ⅶ　フリーランス法の私法上の効力

　以上のようなフリーランス法の基になった各種法律の私法上の効力の議論を踏まえ、フリーランス法で私法上の効力が問題となりそうな、報酬支払期日の規制（フリーランス 4 条）、禁止行為（フリーランス 5 条）、30 日前予告義務（フリーランス 16 条）、妊娠・出産・育児・介護への配慮義務（フリーランス 13 条）を検討する。

1　報酬支払期日の規制（フリーランス法 4 条）

⑴　原則否定説

　報酬支払期日の規制（フリーランス 4 条）は、下請法とほぼ同じ規制である。このことを重く見ると、Ⅲの下請法の私法上の効力・Ⅱの独禁法の私法上の効力と同様、フリーランス法 4 条に違反したとの一事で私法上の効力が生じるわけではなく、同条の規定の趣旨に照らして不当性が強い場合や、独禁法違反となる場合に限って、不法行為を構成し、あるいは契約が無効となるとの考え

3）　佐々木宗啓ほか編著『類型別労働関係訴訟の実務 Ⅱ〔改訂版〕』（青林書院、2021 年）516 頁以下。

4）　白石哲編『労働関係訴訟の実務〔第 2 版〕』（商事法務、2018 年）476 頁。

290

第 9 章　フリーランス法の私法上の効力

方になる。

　立案担当者も、報酬の支払期日の規制（フリーランス 4 条 2 項）について、「行政機関による執行との関係で支払期日が定められたものとみなされるだけで、契約当事者間の合意内容を変更させる等、民事上の効果を生ずるものではない」と明示しており[5]、フリーランス法の私法上の効力を否定する趣旨と思われる。

(2)　事実上肯定説

　一方で、支払期日までに報酬を支払わなければならないと定めるフリーランス法 4 条 5 項が、公法上の義務を定めるものに過ぎず、フリーランスに私法上の報酬支払請求権を直接発生するものではないとしつつも、「契約の補充的解釈又は修正的解釈」により、支払期日を契約で定めていない場合または契約で定められた支払期日が 60 日ルール・再委託 30 日ルールに違反する場合であっても、フリーランス法 4 条 1 項・3 項に定める支払期日までに報酬を支払うことを合意したものと解釈して、事実上私法上の効力を認める見解がある[6]。これは、特定業務委託事業者が公法上の義務を履行しないことによりかえってフリーランスより有利な地位を得ることは、同条の趣旨から見て「条理に反している」ことを理由としている。

(3)　検　討

　上記(1)の原則否定説は、これまでの下請法の解釈には整合的ではあるけれども、フリーランス法 4 条 2 項・4 項の文言が、ある特定の日を「報酬の支払期日と定められたものとみなす」とまで明示的に規定していることからすれば、日本語としての語感として、端的にこのとおりの私法上の効力が生じると考えるのが素直である。I で述べたとおり、フリーランストラブルについては公正取引委員会・中小企業庁の介入があまり期待できない現実に鑑みるときは、条文の日本語としての意味に素直に私法上の効力を認める必要性は高いものとい

---

5)　渡辺正道ほか「特定受託事業者に係る取引の適正化等に関する法律の概要」ジュリ 1589 号（2023 年）48 頁、岡田博己ほか「特定受託事業者に係る取引の適正化等に関する法律」公正取引 873 号（2023 年）33 頁、松井佑介ほか「特定受託事業者に係る取引の適正化等に関する法律の概要」NBL1246 号（2023 年）39 頁。

6)　鎌田耕一 = 長谷川聡編『フリーランスの働き方と法』（日本法令、2023 年）123 頁。

291

第2部　フリーランス法

う見方もあり得る。

　他方、上記(2)の事実上肯定説は、公法上の義務に過ぎないと言いながら「条理に反している」とまで述べて結論として私法上の効力を認めるのであれば、このような迂遠な説明をすることなく、端的にフリーランス法に私法上の効力があると考えたほうが、よほど簡明で「条理」にかなうと思われる。

　このように見てくると、報酬支払期日の規制（フリーランス4条）については、従前の下請法の解釈にかかわらず、端的に私法上の効力を認め、フリーランスは同条2項・4項に基づき、同項に定める報酬支払期日までの報酬支払と、同期日後の遅延損害金の支払を請求できると解釈される可能性は、十分念頭に置いておく必要があると思われる。

2　禁止行為（フリーランス法5条）

(1)　原則否定説

　禁止行為の規制（フリーランス5条）は、下請法とほぼ同じ規制である。このことを重く見ると、Ⅲの下請法の私法上の効力・Ⅱの独禁法の私法上の効力と同様、フリーランス法5条の規定に違反したとの一事で私法上の効力が生じるわけではなく、同条の規定の趣旨に照らして不当性が強い場合や、独禁法違反となる場合に限って、不法行為を構成し、あるいは契約が無効となるとの考え方になる。

(2)　検　討

　他方で、Ⅰで述べたとおり、フリーランストラブルについては公正取引委員会・中小企業庁の介入があまり期待できず、私法上の効力を認める必要性が高いという見方があり得ること、**1**のとおり報酬支払期日の規制について事実上私法上の効力を認める見解があることからすれば、禁止行為の規制（フリーランス5条）にも、下請法を超える何らかの私法上の効力が認められる可能性は念頭に置く必要がある。

　また、下請法と同様の解釈をとる場合でも、不当性が強い場合、独禁法に反する場合にはなお不法行為となったり契約が無効となることで私法上の効力が生じる余地がある。

3 30日前予告義務（フリーランス法16条）

(1) 原則否定説

契約解除・不更新の30日前予告義務（フリーランス16条）も、Ⅲの下請法の私法上の効力と同様、これに違反したとの一事で私法上の効力が生じるわけではなく、この規定の趣旨に照らして不当性が強い場合に限って、不法行為を構成し、あるいは契約や解除・不更新が無効となるとの考え方をとることもあり得る。フリーランス法という一つの法律の中で個々の条文ごとに私法上の効力の解釈が異なることは避けるべきだと考えれば、下請法に由来する部分（フリーランス3条〜5条）と統一的に解釈する観点から、原則否定説を採ることもまったく合理性がないでもない。

もちろん、労働者類似の保護の一つである契約解除・不更新の30日前予告義務（フリーランス16条）は、下請法に由来する規制ではなく、下請法と同様に解釈する必然性はない。とはいえ、労働法規の中にも、Ⅵでみた高年法9条のように、公法上の義務を定めるものに過ぎず、直ちに私法上の効力を生じるものではないとされる場合もある。フリーランス法が文言上行政法的・刑事法的エンフォースメントの仕組みしか持たないこと（第7章参照）からすれば、私法上の効力を原則否定するとの考え方にはそれなりの合理性はある。

(2) 肯定説

他方で、30日前予告義務（フリーランス16条）については、フリーランスは即時解除により次の契約先を探すまでの時間的余裕を失い直ちに生活が困窮するおそれがあること、解約を回避するため不利な条件を受け入れざるを得ないおそれがあること、行政はせいぜい予告を促すことにとどまることから、同条に違反して、30日前の予告をせずに行った即時解除は無効であり、Ⅳのとおり私法上の効力を有する労基法20条に関する判例法理[7]を考慮して、30日の経過後に解約の効果が生じるものと解する見解もある[8]。

(3) 検 討

30日前予告義務（フリーランス16条）の規制は、下請法ではなく労働法規

---

7) 細谷服装事件・最二小判昭和35・3・11民集14巻3号403頁。
8) 鎌田＝長谷川編・前掲注6）175-176頁。

第2部　フリーランス法

に由来するものであり、その私法上の効力も労働法規に寄せて考えられ、肯定される可能性を相当重く見る必要があろう。

　また、私法上の効力を原則否定する場合でも、不当性が強い場合にはなお不法行為となったり契約が無効となることで私法上の効力が生じる余地はある。不法行為となる場合には、発注者に対する損害賠償請求が可能となることになる。契約が無効となる場合とは、例えば、発注者が契約に基づき即時解除を行うケースで、かかる解除の効力を否定することが考えられる。

4　妊娠・出産・育児・介護への配慮義務（フリーランス法 13 条）

(1)　原則否定説

　妊娠・出産・育児・介護への配慮義務（フリーランス 13 条）についても、フリーランス法全体の解釈の整合性の観点から、Ⅲの下請法の私法的効力と同様、この規定の趣旨に照らして不当性が強い場合に限って、不法行為を構成し、あるいは契約が無効となるとの考え方を取ることがあり得る。

　労働者類似の保護の一つである妊娠・出産・育児・介護への配慮義務（フリーランス 13 条）は、下請法に由来する規制ではなく、下請法と同様に解釈する必然性はないとはいえ、労働法規の中にも、Ⅵでみた高年法 9 条のように、公法上の義務を定めるものに過ぎず、直ちに私法上の効力を生じるものではないとされる場合もある。フリーランス法が文言上行政法的・刑事法的エンフォースメントの仕組みしか持たないことのほか、特に妊娠・出産・育児・介護への配慮義務に限っては、都道府県労働局長の助言・指導（フリーランス 17 条・22条・23 条）のみが許容されており、それ以上の勧告・命令・刑事罰の規制が意図的に外されていることまで考えると（第 2 部第 7 章参照）、私法上の効力を原則否定するとの考え方には相当の合理性はある。

(2)　部分肯定説

　他方で、Ⅴでみた障害者雇用促進法上の「配慮」にまつわる諸裁判例を踏まえると、フリーランスに対し妊娠・出産・育児・介護への必要な配慮を合理的理由なく行わない行為が、公序良俗ないし信義則に反するなどとして、合意が無効とされたり、不法行為を構成したりする余地は絶無ではないものと思われる。

294

第9章　フリーランス法の私法上の効力

⑶　検　討

　妊娠・出産・育児・介護への配慮義務（フリーランス 13 条）に何らかの私法上
の効力が認められる可能性は、**3** で述べた 30 日前予告義務よりは低いとは言
い得るが、私法上の効力を原則否定する場合でも、不当性が強い場合にはなお
不法行為となったり契約が無効となることで私法上の効力が生じる余地はある。
不法行為となる場合には、発注者に対する損害賠償請求が可能となることにな
る。契約が無効となる場合として、例えば、発注者が妊娠・出産・育児・介護へ
の配慮を行わないままなされた解約合意、報酬減額合意の効力を否定する場合
が考えられる。

第 3 部　フリーランスとの取引における留意点

第1章
フリーランスとの取引条項

　フリーランスに業務委託した際に明示すべき契約条件は、フリーランス法3条が定める。しかし、同条が定める事項を全て明示しておけば何のトラブルも生じないということではない。以下では、フリーランス・トラブル110番の相談現場で実際に起きているトラブル類型をも念頭に、実務上問題になりやすいフリーランスとの取引条項を取り上げ、留意点を解説する。

I　任意解約条項

　第●条（任意解約）
　1　甲又は乙は、［30日］前までに書面により相手方に通知することにより、本契約を解約することができる。
　［2　甲［又は乙］は、甲［又は乙］に故意又は重大な過失がない限り、前項による任意解約により相手方に生じる損害を賠償する義務を負わない。］
　［3　民法651条及び641条の規定は、これを適用しない。］

1　任意解約条項の必要性

　フリーランスとの業務委託契約を、何らの解除事由もなく任意に解約することができる旨の条項を置くことがある。ただ、このような条項がなくても、典型契約の類型によっては、民法上任意解約が認められる場合も多い。民法その他の法令上の任意解約条項をまとめたものが、図表3-1-1である。

　図表3-1-1のとおり、発注者の立場から見ると、準委任契約であれ請負契約であれ、契約上任意解約条項がなかったとしても、いつでも任意に解約する

第 3 部　フリーランスとの取引における留意点

【図表 3-1-1】任意解約権の有無・内容

	発注者	フリーランス
準委任契約	あり（民 651 条 1 項・656 条）。ただし、やむを得ない事由がない限り、発注者が損害賠償義務を負う余地あり（民 651 条 2 項・656 条）。	あり（民 651 条 1 項・656 条）。ただし、やむを得ない事由がない限り、フリーランスが損害賠償義務を負う余地あり（民 651 条 2 項・656 条）。
請負契約	あり（民 641 条）。ただし、発注者は損害賠償義務を負う（同条）。	なし
無名契約	なし	なし
（参考）雇用契約	なし（労契 16 条・17 条）。	あり（民 627 条・628 条）。

ことは可能であるが、損害賠償義務を負いかねないという問題は残る。また、準委任契約でも請負契約でもない、何らかの典型契約にカテゴライズできない無名契約の場合には、民法の契約各則の規定に頼ることができず、任意解約をしたいのであれば、その根拠規定を契約上定める必要がある。

　他方で、発注者の立場から見て、フリーランスが任意に解約する余地を可能な限り制限したいと考える場合には、特に準委任契約の場合には、民法上フリーランスにも任意解除権が与えられているため、民法の適用を排除しておく必要がないか、という問題もある。

　以上をまとめると、発注者の立場からすると、以下の場合には、任意解約に関する条項を契約上置く必要が生じ得る。

> ①（無名契約の場合など、そもそも民法上発注者の任意解約権が基礎づけられない場合に備えて）発注者の任意解約権の根拠を置く必要がある場合。
> ②（準委任契約や請負契約の場合など、民法上発注者に任意解約権があるものの、損害賠償義務を負うことになる場合に備えて）発注者が任意解約をした場合に、発注者の損害賠償義務を制限する必要がある場合。
> ③（準委任契約の場合など、民法上フリーランスに任意解約権が基礎づけられる場合に備えて）フリーランスの任意解約権を制限する必要がある場合。

2 フリーランスの任意解約権・損害賠償請求権の制限

しかし、準委任契約に関する民法651条、請負契約に関する民法641条の適用を排除し、発注者が任意解約を行った場合に損害賠償義務を負わないとか、フリーランスの任意解約権を奪うといった規定を契約上おくことができるのか。

(1) 任意規定性

(a) 契約による排除の可否

まず、民法651条、641条が任意規定、すなわち契約により適用を排除することができる規定なのかが、まず問題となる。同法651条1項の任意解除権を放棄する特約は、原則として有効と解する見解がある[1]。また、641条の損害賠償の規定は、強行規定と考える必要はないとの見解がある[2]。これらの見解を前提とすれば、651条、641条は任意規定であり、契約でその適用を排除できるということになる。

現に、東京地裁平成28年6月29日判決（2016WLJPCA06298023）は、顧客リストを用いた商談のためのアポイント取得等の役務提供に係る事業者間の契約に、契約期間中における契約の解約はできないと定める特約が付されていた事案で、委託者が民法651条1項に基づく任意解約権を主張したが、当該解約禁止特約は公序良俗に反せず、同項に基づく解除は当該特約に反し無効と判示した。同項を特約により排除することは、当該特約が公序良俗に反し無効となる余地があるものの、基本的には可能であることが当然の前提とされている。

では、契約上いかなる規定があれば、任意解約権を排除されたとされるのか。

(b) 解約はできない旨、合意によって「のみ」解約できる旨明示的に定める場合

前掲東京地裁平成28年6月29日判決は、契約期間中における契約の解約はできないと定める特約は公序良俗に反せず、民法651条1項に基づく解除は当該特約に反し無効と判示した。

東京地裁平成25年7月17日判決（2013WLJPCA07178002）は、「原告及び

---

1) 幾代通＝広中俊雄編『新版注釈民法(16)債権(7)』（有斐閣、1989年）281-283頁〔明石三郎〕。
2) 直井義典「注文者による請負契約の任意解除」安永正昭ほか『債権法改正と民法学Ⅲ契約(2)』（商事法務、2018年）282-283頁。

被告の両者が解約について合意したときのみ、本契約を中途解約することができる」旨の定めがあったことから、民法651条の任意解約権は排除されている旨判示した。

以上によれば、民法651条を排除する旨明示的に規定まではしなくとも、中途解約はできないとか、当事者の合意によって「のみ」中途解約できる旨の規定があれば、任意解約権は排除されることになろう。

(c) 契約期間や自動更新条項がある場合

他方、契約期間や自動更新条項があるのみでは、裁判例上、任意解約権が制限されるとは解釈されていない。

東京地裁平成25年3月1日判決（2013WLJPCA03018005）は、業務委託契約に、契約期間は平成18年4月1日から平成19年3月末日まで、双方申出がない場合は毎年自動継続するものとし、変更する場合は、原告・被告が事前に協議する旨の規定があったにもかかわらず、期間の途中で信頼関係が消滅した場合にまで解除しない旨を明言したものであると解すべき根拠はないなどとして、不解除特約があったとか、民法651条の任意解約権を放棄したと認めるに足りる文言も約定もないと判示した。

東京地裁平成24年5月7日判決（2012WLJPCA05078001）も、M&Aコンサルティング契約において、「本契約の有効期間は、平成18年7月11日から平成21年7月10日までとするが、6ヶ月前の文書での解約通知により解約できるものとするが、通知なき場合は自動的に1年間更新されるものとする」旨の規定があっても、民法651条に基づきいつでも当該契約を解除できると判示した。

東京地裁平成19年6月12日判決（2007WLJPCA06128002）は、契約期間は「平成17年6月1日から同年11月末日、ただし、期間満了の1か月前までに双方から別段の意思表示がされない場合には、同一の条件で更に6か月間継続するものとし、以後も同様とする」との条項があっても、契約の更新に関する合意であり、民法651条による解約を排除する趣旨を規定するものではないと判示した。

しかし、契約期間と自動更新条項の存在から、任意解約権の効果に一定の制限を付する裁判例もある。東京地裁平成22年3月30日判決（2010WLJP

CA03308012）は、雑誌の編集長・発行人の業務を委託する業務委託契約に、
「平成 17 年 11 月 1 日から 1 年間有効とし、契約期間満了前 3 か月前に原被告
のいずれかにより書面による通知がない限り、契約期間満了後更に 1 年間同
一条件で更新するものとし、以後も同様とする」との条項があった事案におい
て、このことから直ちに任意解約権が放棄されたものということはできないも
のの、契約不更新には 3 か月前の通知が必要との記載を「合理的に解釈」し、
民法 651 条 1 項に基づく契約解除も 3 か月以上の猶予期間をもってすべきで
あり、かかる猶予期間を設けずになされた契約解除は、その 3 か月後に効力
を生じる旨合意されていると解した。このように解さないと同条項が「空文化
する」からである。同裁判例は、受託者ではなく委託者側の解除の事例である
が、受託者側の任意解約にも同様に解することができるかは不透明である。

　(d)　債務不履行解除条項がある場合

　債務不履行による解除の条項があるのみでは、任意解約権は制限されない。

　東京地裁平成 22 年 9 月 16 日判決（2010WLJPCA09168027）は、「甲は、乙
が故意又は過失により委託事務の処理をしない等、本契約に定める事項を履行
しないときは、書面による催告をなした上本契約を解除することができる」旨
の規定があったとしても、これは債務不履行解除に関する約定に過ぎず、それ
と法的性質を異にする民法 651 条 1 項の適用は排除されないと判示した。

　東京地裁平成 21 年 12 月 21 日判決（判時 2074 号 81 頁）も、契約書に債務
不履行解除についての定めがあっても、直ちに民法 651 条 1 項の解除権を排
除したと解するのは相当でない旨判示した。東京地裁平成 21 年 12 月 22 日判
決（2009WLJPCA12228005）も、契約に解除事由が定められているだけでは、
民法 651 条 1 項の任意解約を排除する趣旨とは認められないと判示している。

　このほか、任意解約権の排除を認めなかった裁判例として、東京高裁平成
22 年 2 月 16 日判決（判タ 1336 号 169 頁）がある。

　(e)　任意解約権の予告期間、解約に当事者双方の「協議・了承」を求める
　　　規定がある場合

　東京地裁令和 2 年 12 月 22 日判決（2020WLJPCA12226001）は、「甲乙は、
契約期間内といえども、3 ヶ月前の予告期間をもって文書で相手方に本契約の
解約を申し入れることができ、この場合、甲乙協議・了承の上、予告期間の満

第3部　フリーランスとの取引における留意点

了と同時に本契約は終了する」という任意解約権の予告期間を定め、かつ、この場合当事者双方の「協議・了承」を求める規定があったとしても、この文言自体から、契約解除につき当事者双方の同意を効力発生要件とするものと一義的に解することはできないなどとして、民法651条1項に基づく解除の効力を認めた。

(2)　約款規制

　民法651条、641条が任意規定であったとしても、不特定多数のフリーランスに対し画一的な取引内容で業務委託を行うにあたって、同条の規定内容を排除するときは、民法上の定型約款規制（民548条の2以下）を念頭に置いておく必要がある。

(a)　定型取引

　①ある特定の者が不特定多数の者を相手方として行う取引であって、②その内容の全部または一部が画一的であることがその双方にとって合理的なものが、「定型取引」と定義されており、これを行う旨に合意した者は、契約の内容とする旨合意または表示されていた定型約款に合意したものとみなされる（民548条の2第1項）。

　このうち①については、企業が複数の労働者と締結する労働契約は、相手方の能力や人格等の個性を重視して行われる取引であり、不特定多数の者を相手方として行う取引には該当しないというのが、立案担当者の説明である[3]。

　②については、定型取引に該当するためには、例えば保険契約、鉄道の乗車契約といったような、当該取引の重要部分のほとんどについて強い内容画一化の要請が存在する場合に限られるというのが、立案担当者の説明である[4]。逆に、約款を利用して画一的な契約内容を定める客観的な必要性が乏しい取引は、定型取引にあたらない[5]。

　フリーランスとの取引には様々な実情があり得るため、一概に①②の要件を満たすかどうかを論じることはできない。もっとも、単に業務委託契約書のひな形を用いて、多数のフリーランスと同じ契約を締結している場合であっても、

---

3)　筒井健夫＝村松秀樹編著『一問一答民法（債権関係）改正』（商事法務、2018年）243頁。

4)　筒井＝村松編著・前掲注3）243-245頁。

5)　筒井＝村松編著・前掲注3）245頁。

労働契約と同じように、フリーランスの能力や人格等の個性を重視して取引を行っているとみられる場合が多いであろうし、また、同じひな形を用いていても個々のフリーランスごとに契約条件を変えることが不合理というほどでもなく、内容画一化の要請が強いとまでいえる事例はそこまで多くはないであろう。

(b) 信義則違反の条項の効力

他方で、いったん定型取引に該当してしまうと、相手方の権利を制限しまたは義務を加重する条項は、定型取引の態様と実情、取引の社会通念に照らし、信義則に反して相手方の利益を一方的に害する場合には、合意しなかったものとみなされるため、効力がないことになる（民548条の2第2項）。

例えば、定型約款準備者の故意または重過失による損害賠償責任を免責する条項など、条項の内容自体に強い不当性が認められる場合には、合意しなかったものとみなされる典型例として説明される[6]。これより一歩進んで、民法548条の2第2項と類似の文言を有する消費者契約法10条が適用された事案であるが、相続税申告業務を受任した税理士法人の過失による損害賠償義務が報酬額を上限とする旨の条項が、同条に反し無効と判示した裁判例として、横浜地裁令和2年6月11日判決（判時2483号89頁）がある。

任意解約権の制限については、民法548条の2第2項と類似の文言を有する消費者契約法10条が適用された事案がある。仙台高裁令和3年12月16日判決（判時2541号5頁）は、消火器を10年間リースでき、かつ無料でその保守を受けられるとの契約につき、消費者「は本契約書の中途に於いて解約はできないものとします。」との条項につき、民法641条、656条、651条の適用による場合に比し消費者の権利を制限するものであり、かつ、当該解約条項の性質等からすれば、信義則に反して消費者の利益を一方的に害する条項であるとして、消費者契約10条により無効と判示した。また、東京地裁平成15年11月10日判決（判タ1164号153頁）は、進学塾の冬期講習受講契約・年間模擬試験受験契約の代金払込後の解除を一切許さない解除制限特約は、講習教材受領の2か月以上前、模擬試験の3週間以上前に解除がなされ、かつ、冬期講習や年間模試に複数の申込者がおり準備作業が1名の解除により全く無に

---

6) 筒井＝村松編著・前掲注3）252頁。

帰するものではないことから、解除時期を問わずに一切解除を許さず、実質的に代金全額を違約金として没収するに等しく、消費者契約法 10 条により無効と判示した。

そうすると、民法上の定型約款の規制が適用される場合には、発注者が任意解約を行った場合に損害賠償義務を負わないとの規定を置いたとしても、少なくとも故意または重過失によるものまで免除する内容だと無効とされるリスクが高く、単純過失による損害賠償義務なら免除が可能と言い切ることもできない。また、フリーランスの任意解約権を奪う規定も、効力が否定されるリスクがある。

⑶　消費者契約法の類推適用

消費者契約法は、「消費者」と「事業者」の間で締結される契約を「消費者契約」と位置づけ、一定の条項を無効とする規定を置いている（消費契約 8 条～10 条）。

このうち、「消費者」とは、「事業として又は事業のために契約の当事者となる」わけではない個人を指すところ（消費契約 2 条 1 項）、フリーランス法上の特定受託事業者は、個人であっても「事業者」と位置付けられ（フリーランス 2 条 1 項 1 号）、法人である場合すらあるから（同項 2 号）、消費者契約法上の「消費者」に直接該当するということは困難であろう（第 1 部第 1 第 4 章参照）。

しかし、消費者契約法の趣旨は、「消費者と事業者との間の情報の質及び量並びに交渉力の格差」の存在にある（消費契約 1 条）。フリーランス法も、「個人」であるフリーランスと、従業員を使用して「組織」として事業を行う発注者の間の、「個人」対「組織」の交渉力や情報収集力の格差に着目して規制を設けており [7]、消費者契約法と同じく、交渉力や情報収集力に着目している。

そうすると、フリーランスの取引には消費者契約法が直接適用はされないとしても、その趣旨に鑑み、同法が類推適用されるリスクも否定はできない。

---

7)　第 211 回国会衆議院内閣委員会第 10 号 2023 年 4 月 5 日会議録〔発言：5 番、19 番、31 番、33 番、89 番〕、第 211 回国会参議院本会議第 17 号 2023 年 4 月 21 日会議録〔発言：12 番〕、第 211 回国会参議院内閣委員会第 11 号 2023 年 4 月 25 日会議録〔発言：38 番、73 番、95 番、99 番、107 番、159 番、167 番〕、第 211 回国会参議院内閣委員会第 12 号 2023 年 4 月 27 日会議録〔発言：37 番、56 番、62 番〕。

裁判例を見ると、東京地裁令和2年1月9日判決（2020WLJPCA01098004）は、CD等の制作販売会社・タレントマネージメント会社が提供するギターレッスンの契約において、契約期間内に契約を解除する場合には違約金として契約代金の全額相当額を支払う旨の条項について、当該契約の法的性質は準委任契約であり、民法651条に基づき任意解約権があるところ、上記のような違約金条項は、解約時期、解約による会社の損害の有無および程度にかかわらず一律に契約代金相当額の違約金を課するものであり、「強行法規（消費者契約法10条参照）に反するものといわざるを得ず、また、公序良俗にも反するものとして、無効」と判示した。また、会社に何らかの具体的な損害が生じたことが全くうかがわれない点も指摘している。この事例は、消費者契約法そのものは適用されない場合でも、同法を「参照」して、かつ「公序良俗」違反との理由づけも付記して無効との結論を導いており、厳密には消費者契約法が適用されないフリーランスの取引にも趣旨が妥当するものと考えられる。

この意味で、事業者の損害賠償の責任を免除する条項等を無効とする消費者契約法8条、消費者の解除権を放棄させる条項等を無効とする同法8条の2、消費者が支払う損害賠償額を予定する条項等を無効とする同法9条のほか、広く任意規定に加重して信義則に反し消費者の利益を一方的に害する条項を無効とする同法10条は、フリーランスとの取引の条件を考えるにあたっても、十分に念頭に置いておく必要がある。

⑷　民法628条の類推適用

フリーランスに労基法上の労働者性までは認められない場合（第1部第1第3章参照）であっても、「雇用類似の契約」であるとして、雇用契約における「やむを得ない事由」による即時解約の規定である民法628条の適用を認めた裁判例もある。

東京地裁平成28年1月18日判決（判時2316号63頁）は、芸能プロダクションとアイドルとの間の「専属マネージメント契約」が、プロダクションの指示に従いアイドルがアーティスト活動に従事する義務を負い、これに違反した場合に損害賠償義務を負うとされ、アイドルの報酬額の具体的基準は定められておらず、アイドルが当時未成年であったことなどの実情から、同契約は「雇用類似の契約」であったとして、アイドルは民法628条に基づく即時解除が

可能であると認めた。そして、同事案では、アイドルが生活するのに十分な報酬を得られないままプロダクションの指示に従ってアイドル活動を続けることを強いられ、従わなければ損害賠償の制裁を受けるものとなっていたことを、「やむを得ない事由」と評価した。

東京地裁平成 27 年 9 月 9 日判決（LEX/DB25542388）は、芸能プロダクションと女性の間のプロダクション業務委託契約が、女性の出演作品はプロダクションの決定に従わなければならず、出演しなかった場合には損害賠償義務を負うとされ、報酬額や支払方法に具体的基準が定められておらず、実際に女性の意思にかかわらず撮影内容をプロダクションが決定し、女性が未成年であったことから、同契約は「雇用類似の契約」であったとして、民法 628 条に基づく即時解除が可能であると認めた。そして、同事案では、女性の意に反してアダルトビデオへの出演を決定し、1000 万円もの莫大な違約金がかかることを告げて撮影に従事させようとしたことを、「やむを得ない事由」と評価した。

(5) 検 討

以上のように見てくると、発注者が任意解約を行った場合に損害賠償義務を負わないとか、フリーランスの任意解約権を奪うといった規定を契約上設けても、約款規制や消費者契約法の直接的な適用があるとされるケースは多いとまではいえないが、少なくとも類推適用されるリスクを考慮して、具体的な条項をドラフティングする必要があろう。

また、仮にフリーランスの任意解約権を契約上何らか制限していたとしても、民法 628 条の類推適用の余地があることを勘案すると、フリーランスに心身の故障がある場合など、フリーランスが即時に契約を解除せざるを得ない「やむを得ない事由」があるときにまで足止めをすることは、トラブルになるリスクがある。実際の運用の場面でも実情に応じた柔軟な対応が求められるといえよう。

3 解約予告期間

解約予告期間は、発注者の 30 日前予告義務（フリーランス 16 条）を念頭に置けば、最低でも 30 日は設けるべきである。なお、実務上は解約予告期間を 1 か月とする例があるが、同条の「30 日」は文字どおり 30 日を意味し、下請

法類似のルールである報酬支払期日に関するフリーランス法4条と異なり「1か月」と読み替えることはできないところ[8]、30日に満たない月（2月）に解約予告期間がかかる場合には、30日を割り込む可能性があるので、端的に30日と記載したほうが疑義なく簡明に30日前予告義務を遵守できるだろう。

　他方で、解約予告期間が長ければ長いほどよいかと言われれば、そこまで単純ではない。同じ解約予告期間が発注者のみならずフリーランスにも適用されることを前提とすると、解約予告期間が長ければ長いほど、フリーランスがより長期に契約に拘束されることになり、これにより生じるトラブルが実務上多いからである（第3部第6章Ⅱ参照）。

　フリーランスが解約を申し出た場合には、代替要員の確保や引継ぎ等のため、一定の期間が必要である場合も多いと思われるが、それでも、解約予告期間はせいぜい1〜3か月程度が限度であり、例えば6か月や1年などという解約予告期間は、不当に長期の人身拘束を伴うものとして、公序良俗に反し無効とされてもおかしくないものと考える。

　また、特に準委任契約を念頭に置くと、フリーランスには民法651条によりいつでも任意に契約を解約する権利を有するところ、解約予告期間を設けることは、民法上の任意解約権を超える制約を設けるものである。そうすると、2で詳述したとおり、消費者契約法10条の類推適用によりその効力が否定される可能性もある。

Ⅱ　契約期間と更新

第●条（契約期間）
　本契約の契約期間は、●年●月●日から［1年間］とする。［ただし、期間満了の［30日］前までに当事者のいずれからも書面による申出がない場合には、契約期間はさらに［1年間］更新されるものとし、以降も同

8）　フリーランス法施行令案（パブコメ概要・考え方）2-2-14。

第 3 部　フリーランスとの取引における留意点

　様とする。]

1　契約期間の長さ

　フリーランスが継続的に業務を遂行する取引の場合には、契約期間の定めを置くことがある。契約期間の長さ自体に法令上上限や下限があるわけではないので、業務の性質や必要性などに応じて、自由に決めることができる。

　ただし、契約期間の長さによって、フリーランス法の規定が適用されるか変わってくるため、このことは一つの考慮要素にはなるだろう。図表 3-1-2 は、契約期間の長さとフリーランス法の規定の適用関係を示したものである。

【図表 3-1-2】契約期間の長さとフリーランス法の適用関係

	1 か月未満	1 か月以上 6 か月未満	6 か月以上
禁止行為（フリーランス 5 条、フリーランス法施行令 1 条）	×	○	○
30 日前予告義務（フリーランス 16 条、フリーランス法施行令 3 条）	×	×	○
妊娠出産育児介護への配慮義務（フリーランス 13 条、フリーランス法施行令 3 条）	×	×	○

○：適用あり　×：適用なし

　とはいえ、フリーランス法の一部の規定の適用を免れるためだけに、契約期間を極めて短期にすることにはあまり意味がない。まず、禁止行為（フリーランス 5 条）は、フリーランス法の適用のない短期の業務委託の場合であっても、独禁法上の優越的地位の濫用（独禁 2 条 9 項 5 号）として捕捉され得るものであり、法体系上容認されるものではない。また、契約期間の長さは、契約更新がある場合には通算されるため（フリーランス 5 条・13 条・16 条参照）、更新により図表 3-1-2 のフリーランス法の規定が適用される事態は容易に生じる。

2　自動更新条項と不更新申出期間

　契約期間を定めるのみならず、期間満了の一定期間前までに不更新の申出が

第1章 フリーランスとの取引条項

ない限り自動的に契約を更新する旨の自動更新条項を規定することが可能であり、実務上もよく見かける。

不更新の申出をすべき期間を定めるに当たっては、契約不更新の際にも発注者は30日前までに予告をする必要があるため、不更新申出期間は、最低でも30日は設けるべきであろう。「1か月」と記載することの実務上の問題は、Ⅰ3で述べたところと同様である。

他方で、不更新申出期間が長ければ長いほどよいかと言われれば、そこまで単純ではない。同じ不更新申出期間が発注者のみならずフリーランスにも適用されることを前提とすると、不更新申出期間が長ければ長いほど、フリーランスがより長期に契約に拘束されることになり、これにより生じるトラブルが実務上多いからである（第3部第6章Ⅱ参照）。

フリーランスが不更新を申し出た場合には、代替要員の確保や引継ぎ等のため、一定の期間が必要である場合も多いと思われるが、それでも、不更新申出期間はせいぜい1〜3か月程度が限度であり、例えば6か月や1年などという不更新申出期間は、不当に長期の人身拘束を伴うものとして、公序良俗に反し無効とされてもおかしくないものと考える。

Ⅲ 即時解除条項

第●条（解除）
1 甲又は乙は、相手方が本契約に基づく債務を履行せず、相当の期間を定めて催告したにもかかわらずなお当該期間内に債務の履行をしないときは、相手方に対し書面で通知することにより、直ちに、本契約を解除することができる。
2 甲又は乙は、相手方が次の各号の一つに該当するときは、相手方に対する何らの催告を要せず、相手方に対し書面で通知することにより、直ちに、本契約を解除することができる。
(1) 破産手続開始、民事再生手続開始、会社更生手続開始、又は特別清算開始その他これらに類似する手続の申立てがあったとき。
(2) 重大な過失又は背信行為があったとき。

311

第3部　フリーランスとの取引における留意点

> （3）　支払停止、支払不能、若しくは債務超過に陥ったとき、又は、強
> 　　制執行、仮差押、仮処分、公売処分、租税滞納処分若しくは競売その
> 　　他これらに類似する処分を受けたとき。
> 3　甲又は乙は、本条により本契約を解除したときであっても、相手方に
> 　対する損害賠償の請求を妨げられない。

　実務上、一定の場合に即時に契約を解除し得る旨の規定をおくことはよく行われることである。ただし、契約上即時解除を認める条項を置いていた場合であっても、フリーランス法16条1項ただし書、厚労省フリーランス法施行規則4条が定める5つの例外事由に当たらない限り、即時解除はフリーランス法上許容されないため（第2部第6章Ⅰ4参照）、留意が必要となる。

Ⅳ　違約金、費用負担、天引き

　フリーランスとの取引にあっては、業務委託契約書上、①誤配遅配、早期解除などを理由とする罰金その他の違約金の条項、②違約金のほか、ガソリン代やリース代といった費用を報酬から天引きする条項が置かれることが多い。この実態は、第3部第6章Ⅱで詳述する。

　違約金の条項や、違約金・諸費用を報酬から天引きする条項を契約書に盛り込むに当たっては、その効力が問題となるが、第3部第6章Ⅱで詳述するとおり、現行法上の枠組みを前提としても、労基法の適用・類推適用の可能性のほか、フリーランス法5条に違反する可能性もあり、消費者契約法、約款規制により効力を否定されるリスクをはらんでいるのであって、フリーランスとの取引条項に盛り込むことには、基本的に相当謙抑的な判断が求められるだろう。

Ⅴ　契約解消後の競業避止義務

　フリーランス・トラブル110番の相談現場では、発注者と締結した契約書に、契約解消後に発注者と競合する業務に従事してはならない旨の競業避止義

312

務が規定されているところ、契約解消後に別の取引先と同様の業務ができないと生活が成り立たないため、当該競業避止義務の効力が問題となるケースが散見される。

1　職業選択の自由との関係

契約解消後の競業避止義務は、フリーランスの職業選択の自由（憲22条）を制限するものであるため、一律に有効と取り扱われるわけではない。①競業制限目的の正当性、②フリーランスの地位、③競業制限範囲の妥当性、④代償措置の有無、といった諸点を総合的に考慮して、合理性のない制限であれば、公序良俗に反し、無効となるものと解される[9]。

(1)　競業制限目的の正当性

①競業制限目的がいかなる場合に正当とされるか。発注者の営業秘密やその他の秘密情報、ノウハウを保護するとの目的がある場合には、目的の正当性が認められやすい。

他方で、実務上は、ひな形に競業避止義務の条項が入っていることから漫然とそのままサインさせており、特に競業を制限する目的がないケースが散見されるが、このような場合には競争制限目的の正当性は認めがたいであろう。

また、発注者が単に顧客や商圏を囲い込む目的、フリーランスの契約解消を足止めする目的が垣間見られる場合もあるが、前者の目的は、本来自由競争に委ねられるべき問題であるし、後者もフリーランスの職業選択の自由を直接制限するものであり、いずれも正当な目的とは言い難いであろう。

フリーランス・トラブル110番の相談実務上悩ましいのは、いまだスキルや実務経験の乏しいフリーランスに対し、発注者がフリーランスを育成するために一定のコストを負担してきたようなケースである。発注者がフリーランスのために負担してきたのに、フリーランスがスキルや実務経験を得た途端、発注者と競合する業務をなし得るというのでは、フリーランスを育成するインセンティブがないことになり、フリーランスの利益のためにも、競業を制限する

---

9)　荒木尚志『労働法〔第5版〕』（有斐閣、2022年）326頁。なお、競業避止義務違反の裁判例と実務については、高谷知佐子＝上村哲史『秘密保持・競業避止・引抜きの法律相談〔改訂版〕』（青林書院、2019年）も参照。

第3部　フリーランスとの取引における留意点

目的として正当性を感じなくもない。フリーランスガイドラインでも、このような育成投資とそれに要した費用の回収という目的は、合理的なものとされているようである（フリーランスガイドライン第4・3(11)）。とはいえ、相談実務上は、フリーランスとしては別に発注者に何か教えてもらった経験はないばかりか、かえって放置されていたとか、発注者の設備を利用してはいたが、その利用料は報酬から控除されていたなど、発注者が実際にどのようなコストを負担してきたのかという事実レベルで認識の齟齬があるケースもある。発注者がフリーランスの育成投資とその費用回収という目的で競業避止義務を設ける場合には、かかる目的を明示し、育成の実態が認められ、かつ、その旨フリーランスにも認識させておくことが最低限必要となろう。

(2)　フリーランスの地位

労働者の場合であれば、執行役員や本部長などの高位の労働者であったり、営業秘密その他の秘密情報、ノウハウに接する職位の労働者であったりすると、その地位から競業避止義務を有効たらしめる必要性が高いことになる。

他方で、フリーランスの場合は、そもそも発注者からみれば外注業者に過ぎず、発注者内部の組織には組み込まれていないことが多いし、当然、発注者の営業秘密その他の秘密情報、ノウハウに濃密に接する機会も多くはないであろう。フリーランス・トラブル110番の相談現場でも、フリーランスの地位からして、競業避止義務を有効とするだけの理由があると認められるケースは乏しく、むしろ、競業避止義務を置く必要性に乏しいと考えられるケースの方が多い。

実務的には、「執行役員」「Ｃ○Ｏ」といった高位の肩書を与えられながら、実際には雇用契約の形式ではなく、業務委託契約を締結して稼働する個人が散見される。当該個人の労基法上の労働者性（第1部第1第3章参照）、それが否定された場合のフリーランス法上の「特定受託事業者」該当性（第2部第3章Ⅰ2(3)参照）は別途問題になるものの、それらの問題とは一応別の問題として、かかるフリーランスの地位が契約解消後の競業避止義務を有効たらしめる可能性を高める事情として斟酌する余地はある。

(3)　競業制限範囲の妥当性

競業制限の範囲は、時的範囲、地理的範囲、業務範囲で考えることができる。

競業制限の時的範囲は、契約解消後どのくらいの期間競業が制限されるか、という問題である。実務上は、長くても2年が関の山であろう。そもそも時的範囲に制限がなかったり、2年を超える競業制限期間を設けている場合には、それだけで競業避止義務が無効とされる可能性が高い。他方、2年以内であれば一律に競業避止義務が有効となるものではなく、実務的感覚で言えば、1年を超えているケースもそれなりに慎重な判断を要し、上記(1)の競業制限目的の正当性の有無、上記(2)のフリーランスの地位に照らして、時的範囲が必要かつ十分な範囲に限られるかがシビアに吟味されることになる。

競業制限の地理的範囲については、一般に、広ければ広いほど競業避止義務は無効となる可能性が高まり、逆に、狭めれば狭めるほど有効となる可能性が高まるが、これだけで結論が定まるわけではない。地理的範囲に特に制限がなく、全国、果ては全世界において競業が制限されるような場合であっても、上記(1)の競業制限目的の正当性の有無、上記(2)のフリーランスの地位、下記(4)の代償措置の有無等その他の事情に照らし、なお競業制限の必要性が高いのであれば、有効となる余地は絶無ではない。他方、地理的範囲がかなり狭く限定されていても、その他の事情に照らし、そのような競業制限さえ必要性に乏しいのであれば、無効となり得る。フリーランス・トラブル110番の相談現場で経験した地理的範囲を明示的に制限する数少ない事例として、美容院などの業態で、ある店舗の半径〇km以内での競業を制限するといったものがある。

制限される業務範囲は、これも広ければ広いほど競業避止義務は無効となる可能性が高まり、逆に、狭めれば狭めるほど有効となる可能性が高まるが、これだけで結論が定めるわけではない。広い業務範囲が制限されても、他の事情からなお競業制限の必要性が高いなら許容される余地はあるし、制限される業務範囲が狭くても、そもそも競業制限の必要性に乏しければ許されないことは同じである。実務上は、発注者の事業と競業する業務への従事や関与を、転職、企業その他形式を問わず禁止する規定が見られるが、より範囲を狭くするとすれば、フリーランスが在職中に接触した発注者の顧客に対する業務のみを禁止する（逆に、発注者の顧客ではない顧客へのアプローチは制限されない）という規定例もあり得る。

第3部　フリーランスとの取引における留意点

⑷　代償措置の有無

代償措置とは、契約解消後も競業を制限する代わりに、契約解消時に一定の金銭的支払をしたり、そもそも契約継続中に支払う報酬額を高額としたりする措置のことである。

フリーランス・トラブル110番の相談現場では、かかる意味での代償措置が講じられている事例はほとんど見かけない。代償措置がないとの一事をもって競業避止義務が無効になるというほどでもないが、上記⑴⑵⑶の事情からして競業制限の必要性がかなり高くないと有効性は認められにくいだろう。

2　独占禁止法

フリーランスガイドラインは、取引上の地位がフリーランスに優越している発注者が、一方的に、当該フリーランスに対し、「合理的に必要な範囲」を超えて、競業避止義務を課す場合であって、当該フリーランスが、今後の取引に与える影響等を懸念してそれを受け入れざるを得ない場合には、正常な商慣習に照らして不当に不利益を与えることになるから、優越的地位の濫用（独禁2条9項5号ハ）として問題となるとする（フリーランスガイドライン第4・3⑾）。

ここでいう「合理的に必要な範囲」を超えるか否かは、これらの義務の内容や期間が目的に照らして過大であるか、与える不利益の内容、補償金等の有無やその水準、他の取引の相手方の取引条件と比べて差別的であるかどうか、通常のこれらの義務の内容や期間との乖離の状況等を勘案して総合的に判断するとされる（フリーランスガイドライン同掲箇所注25）。

仮に、競業避止義務を課すことが優越的地位の濫用に当たるのであれば、私法上も公序良俗に反し無効とされる公算が高まる（第2部第9章Ⅱ参照）。

3　検　討

このように見てくると、フリーランスに対し契約解消後にも競業避止義務を負わせることは、フリーランスの職業選択の自由の侵害の観点から、また優越的地位の濫用として、無効とされるリスクをはらんでいる。企業としての一律の取扱いとして契約書のひな形に定型文言として入れておくことは、実務としては合理的ではあろうが、最終的に無効になる可能性を常に頭の片隅に入れて

第1章　フリーランスとの取引条項

おく必要がある。

　フリーランスの競業避止義務の有効性を担保したいというのであれば、フリーランスの競業を制限する目的が何か、その目的が正当といえるのはなぜか、競業避止の範囲が、目的との関係で必要な範囲にとどまっているか、といった諸点を、意識的に明確に言語化してみることが出発点となる。言語化すらできない場合に有効性を担保することは困難だからである。

VI　知的財産権の取扱い

第●条（知的財産権）
1　乙が作成した成果物の著作権（著作権法第 27 条及び第 28 条所定の権利を含む。）その他の知的財産権は、全て［甲］OR［乙］に帰属する。
　［【知的財産権を発注者帰属とする場合】当該知的財産権の創作は、第●条に定める乙の業務に含まれる。当該知的財産権の譲渡対価は、第●条に定める報酬に含まれる。］
　［【知的財産権を発注者帰属とする場合】2　乙は、前項の規定に基づき甲に著作権その他の知的財産権を譲渡した成果物につき、著作者人格権（公表権、氏名表示権、同一性保持権）その他の人格権を行使しないものとする。］
　［【知的財産権をフリーランス帰属とする場合】2　甲は、本契約に記載する目的の範囲内のみで、前項に定める成果物を利用することができる。甲は、本契約に記載する目的の範囲外で、乙が作成した成果物を改変し、翻案し、出版し、その他利用する場合は、乙の事前の承諾を得なければならない。］

　ライター、デザイナー、カメラマン、動画制作といったクリエイター系のフリーランスとの取引においては特に、フリーランスの生み出した成果物の知的財産権の取扱いが問題となる。

　フリーランス法5条2項1号は、フリーランスに経済上の利益を提供させ、フリーランスの利益を不当に害する行為を禁止している。例えば、以下のよう

317

第3部　フリーランスとの取引における留意点

な行為はこれに該当し、フリーランス法上禁止される（解釈ガイドライン第2
部第2・2(2)カ(ウ)）。

> ・フリーランスに発生した知的財産権を、業務委託の目的たる使用の範囲を超
> 　えて、無償で譲渡させたり許諾させること。
> ・フリーランスが知的財産権を有する情報成果物の収益をフリーランスに配分
> 　しない、収益の配分割合を一方的に定める、フリーランスの二次利用を制限
> 　するなどしてフリーランスの利益を不当に害すること。

　例えば、情報成果物等の作成に関しフリーランスに発生する知的財産権を、
契約条件上は「給付の内容」に知的財産権の譲渡・許諾が含まれる旨記載して
いないにもかかわらず、情報成果物等に加えて、無償で、作成の目的たる使用
の範囲を超えて発注者に譲渡・許諾させる行為は、上記の不当な経済上の利益
の提供要請が該当するおそれがある（解釈ガイドライン第2の2(2)カ(エ)⑤）。

　逆に言えば、フリーランスの生み出した知的財産権まで譲渡・許諾させよう
とすれば、フリーランスに支払う報酬に当該譲渡・許諾の対価が含まれる旨を
契約条件上明確にしておくことが、最低限必要となる。また、当該譲渡・許諾
の対価が不当に廉価であったり、対価の決定をフリーランスの意見も聞かずに
発注者側が一方的に行ったりすることも、フリーランス法や独禁法に反し、無
効となるリスクがある。

318

第2章
フリーランスによる共同行為・集団的交渉

I　はじめに

　本章では、労組法上の労働者性が認められないフリーランスが、集団として何らかの任意団体を結成し、発注者や取引先、プラットフォーマー等（以下、「発注者等」）と交渉を行う場合について検討する。

　この点、任意団体の性質としては民法上の組合（民 667 条）や権利能力なき社団に該当するであろう。

　これら団体との集団交渉について発注者等が任意に応ずるのであれば問題ないが、①そもそも集団交渉に応じない、②応じたとしても途中で話を打ち切る、③任意団体が求める説明や資料等を一切提出しないなどの対応があり得る。この点、労組法上の労働組合であれば①は団体交渉拒否として、②・③は不誠実団体交渉として不当労働行為となり得る（労組 7 条 2 号）。

　しかし、上記任意団体は労組法上の労働組合ではないため、仮に発注者等が上記①ないし③の対応に出たとしても法律上何の対抗策やペナルティも存在しないことになる。

　また、労働組合の場合は単に団体交渉による話し合いのみならず、労働三権に基づく団体行動権を有するため、ストライキなどの対抗手段に出た場合に、会社に損害が発生したり、何らかの刑事犯罪に触れる行為があったとしても、それが労働組合の正当な目的に沿った相当な態様で、適切な手続を経ている限り、民事・刑事免責を受けることになる（労組 1 条 2 項・8 条）。

　他方で、上記に任意団体の場合には、民事・刑事免責が存在しない。そのため、任意団体が抗議活動・争議行為・集団ボイコットを呼びかけるなどの行動に出た際、発注者等からの契約違反による損害賠償請求や契約解除、契約打ち切りなど民事上の問題、また行為態様により威力・偽計業務妨害罪（刑 233

319

条・234条）や建造物侵入罪（刑130条）など刑事上の訴追リスクを抱えることとなる。

したがって、仮に任意団体として集団交渉を行ったとしても、交渉が平行線となった場合、その状況を解消し得るだけの団体行動（適法な争議行為）が法律上存在せず、デットロック（手詰まり）となる可能性が高いであろう。

もっとも、上述のとおり、発注者等としてフリーランス集団と任意に交渉する分には自由であり、フリーランス集団の求めに応じ、就業に際しての問題点を解決する方が、結果的にパフォーマンスが上がり、効率的な問題解決に資する場合もあるであろうから、これらの団体からの交渉に応ずべきかは事案に応じて適切に判断すべきである。

II　独占禁止法の問題とされない場合

1　労働関連法令の適用がある場合

フリーランスが労働組合や何らかの団体を結成し、取引条件などに関する集団的交渉を行おうとする動きがある。フリーランスは基本的には個人か少数であるため、個々の交渉力は弱いことが通常であり、当然の流れといえる。他方で、フリーランスが結成する任意の団体は、労働組合法上の労働組合ではないため、集団で発注者に対して賃上げ等交渉を行うことは不当な取引制限のカルテルとして（独禁2条6項）、ストライキ等を行うことは不公正な取引方法の共同の取引拒絶として（独禁2条9項、一般指定1項）、基本的には、独占禁止法上問題となる。しかし、次の通り、フリーランスが労働組合法上の「労働者」に該当する場合には、労働組合の行動として、労働関連法令が優先して適用される結果、独占禁止法の問題とされない場合がある。まず、前提として、独占禁止法は事業者等に適用される法律である。この点、「事業者」とは、「商業、工業、金融業その他の事業を行う者」とする（独禁2条1項）。「事業」とは、「なんらかの経済的利益の供給に対応し反対給付を反復継続して受ける経済活動」を意味し、その主体の法的性格は問わないとされ（都営芝浦と畜場事件・最一小判平成元・12・14民集43巻12号2078頁）、例えば商法において「商人」の要件とされる営利性は必要ではないし、自然人、法人、私法人、公法人など

第 2 章　フリーランスによる共同行為・集団的交渉

も問われない[1]。フリーランスも、なんらかの経済的利益の供給に対応し反対給付を反復継続して受ける経済活動を行っている場合には、独占禁止法上の「事業者」であり、この意味において、一般的には「事業者」に該当する例が多いと解される。

　もっとも、労働者は事業者にはあたらないと解されているが[2]、フリーランスの相当数が実質的には労働者であると指摘されることもある[3]。

　労働者が事業者に該当しないと解される点について敷衍すると、労働者は、労務を提供し、それに対する対価として賃金を得ているのであるから、外形的には上記の「事業者」の要件を満たすようにも思われるが（仮に満たすのであれば、労働組合を結成して団体交渉やストライキを実施することは、不当な取引制限や不公正な取引方法に該当するおそれもある）、独占禁止法は、立法経緯等から少なくとも労働基準法上の労働者を「事業者」とは考えていない[4]。

　この点、公正取引委員会競争政策研究センター「人材と競争政策に関する検討会報告書」（2018 年 2 月）9 頁以下によると、次のとおり、労働基準法等の趣旨を逸脱しない限り、独占禁止法上問題とならないとする考え方が示されている。

　「そもそも独占禁止法立法時に……労働者の労働は『事業』に含まれないとの解釈が採られたのは、使用者に対して弱い立場にある労働者保護のため、憲法の規定に基づき労働組合法、労働基準法を始めとする各種の労働法制が制定されたことを踏まえたものであった。この意義自体は現在も変わらないことからすれば、独占禁止法立法時に『労働者』として主に想定されていたと考えられる伝統的な労働者、典型的には『労働基準法上の労働者』は、独占禁止法上の事業者には当たらず、そのような労働者による行為は現在においても独占禁止法の問題とはならないと考えられる。加えて、労働法制により規律されている分野については、行為主体が使用者であるか労働者・労働者団体であるかに

---

1)　金井貴嗣ほか『独占禁止法〔第 6 版〕』（弘文堂、2018 年）21 頁。
2)　金井ほか・前掲注 1）23 頁。
3)　長谷河亜希子「労働市場におけるフェアネス――競争法の観点から」日本経済法学会年報 43 号（2022 年）16 頁以下。
4)　石井良三『独占禁止法』（海口書店、1947 年）65 頁。

321

第3部　フリーランスとの取引における留意点

かかわらず、原則として、独占禁止法上の問題とはならないと解することが適当と考えられる。例えば、労働組合と使用者の間の集団的労働関係における労働組合法に基づく労働組合の行為がこのような場合に当たる。使用者の行為についても同様であり、労働組合法に基づく労働組合の行為に対する同法に基づく集団的労働関係法上の使用者の行為も、原則として独占禁止法上の問題とはならないと解される。また、労働基準法、労働契約法等により規律される労働者と使用者の間の個別的労働関係における労働者……に対する使用者の行為（就業規則の作成を含む。）も同様である。ただし、これらの制度の趣旨を逸脱する場合等の例外的な場合には、独占禁止法の適用が考えられる」。

　これによれば、例えば、本来、複数の者が共同して、同一の価格を定める等をした場合、独占禁止法上、不当な取引制限（独禁2条6項）として問題となり得るが、「労働者」であれば、同一の労働組合に所属する労働者同士で、ある業務の提供について、同一の基準や同一の価格を定めたとしても、独占禁止法の問題とはされないと解される。また、使用者側も、かかる団体交渉の結果、労働協約を締結したとしても、独占禁止法の問題とはされないものと考えられる。加えて、独占禁止法上では、取引条件に関する交渉の申し出があったにもかかわらず、これに応じないであるとか、取引の相手方に対し、一方的に不利益な条件を押し付ける場合、優越的地位の濫用（独禁2条9項5号ハ）として問題となり得るのに対し、相手方が「労働者」である場合、「労働者」に適用される就業規則は、その内容につき労働組合への意見聴取は行われるものの（労基90条）、使用者が定めることとされ（労基89条）、雇用される「労働者」は当然に就業規則の内容に拘束されることになるが、独占禁止法の問題とはされないといえる。このように、労働基準法における労働者の行為、労働組合法に基づく労使間交渉は、基本的には独占禁止法上問題とされない一方、労働組合が業界全体に対して同一の賃金や労働条件を要求し、実質的に業界内の競争を制限するなど、企業が労働条件を自由に設定できなくなり、賃金競争や条件競争が抑制されるような場合、すなわち労働組合法の趣旨を潜脱するような例外的な場合には、たとえフリーランスが「労働者」と判断される場合であっても、独占禁止法が適用される余地があるといえよう。

　また、フリーランスガイドラインにおいても、「フリーランスとして業務を

行っていても、実質的に発注事業者の指揮命令を受けて仕事に従事していると判断される場合など、現行法上『雇用』に該当する場合には、労働関係法令が適用される。この場合において、独占禁止法、下請法又はフリーランス・事業者間取引適正化等法上問題となり得る事業者の行為が、労働関係法令で禁止または義務とされ、あるいは適法なものとして認められている行為類型に該当する場合には、当該労働関係法令が適用され、当該行為については、独占禁止法、下請法又はフリーランス・事業者間取引適正化等法上問題としない」、「労働関係法令で適法なものとして認められているものとしては、労働組合法に基づく労働協約を締結する労働組合の行為がある」（フリーランスガイドライン第2・2）との考え方が示され、「事業者」要件を直接的に問題とするものではないが、労働関連法令との適用関係について、労働関連法令が優先することを明らかにした。

　したがって、仮にフリーランスが労働組合法上の労働者である場合には、労働組合法上に基づく適法な行為である限り、独占禁止法は適用されない（少なくとも、公正取引委員会は問題としない）と解される。

2　独占禁止法の適用除外に該当する場合

　フリーランスが労働組合法上の労働者ではない場合、すなわち、労働組合ではない任意の団体であっても、共同行為ないし集団的交渉を行うことについて、当該団体が、独占禁止法に定める一定の要件を満たす組合であるときには、独占禁止法上の適用がなく、問題とならない場合がある。

⑴　概　要

　独占禁止法は、自由かつ公正な競争を促進する等のため、不当な取引制限等を禁止しているところ、相互扶助を目的とする小規模の事業者によって構成される等、⑵で後述する一定の要件を満たす組合については、原則として適用を除外している（独禁22条）。これは、経済的弱者となることの多い中小企業者は、その地位の弱さから、大企業との関係において自由な競争をなし得る状況にそもそもないことが多いため、組織による力の集結によって自由な競争を実現し、中小企業者に対する公正な経済活動の機会を確保することを意図したものである。

第3部　フリーランスとの取引における留意点

　このように、一定の要件を満たす組合について、独占禁止法の適用を除外することが予定されているが、かかる組合だからといって、常に独占禁止法の適用が除外されるわけではない。すなわち、不公正な取引方法を用いる場合または一定の取引分野における競争を実質的に制限することにより不当に対価を引き上げることとなる場合には、翻って、独占禁止法が適用されるとされている（同条ただし書）。ここにいう「不公正な取引を用いる場合」には、優越的地位の濫用、排他条件付取引、再販売価格拘束等のさまざまな行為があり得る。例えば、組合員が、組合の指定する出荷先に生乳を出荷したことを理由に、組合施設の利用や資金借入の申請を拒否し、または組合から脱退するよう要求したことが不公正な取引方法に該当するとして勧告された事例がある（浜中村主畜農業協同組合に対する件・公取委勧告審決昭和32・3・7審決集8巻54頁）。また、「一定の取引分野における競争を実質的に制限することにより不当に対価を引き上げることとなる場合」については、多くの場合には、組合による団体協約の締結においては、「一定の取引分野における競争を実質的に制限すること」に該当すると考えられるところ、主に問題となるのは、「不当に対価を引き上げることとなる」であると考えられる。この点、「不当に」とは、独占禁止法22条の趣旨である相互扶助や大企業への対抗や自衛の範囲を超えているか否かにより判断されるべきであり、独占や取引制限の状態を利用して相互扶助や大企業に対する自衛の範囲を超えて共同行為をすることにより、独占利潤を確保するような場合がこれに該当すると解される。

⑵　適用除外の要件

　①小規模の事業者または消費者の相互扶助を目的とすること、②任意に設立され、かつ、組合員が任意に加入し、または脱退することができること、③各組合員が平等の議決権を有すること、④組合員に対して利益分配を行う場合には、その限度が法令または定款に定められていることという各要件を備え、かつ、法律の規定に基づいて設立された組合（組合の連合会を含む）の行為には独占禁止法は適用されないとされている（独禁22条）。

　この点、①小規模の事業者または消費者の相互扶助を目的とすることについて、各法律において、独占禁止法22条1号の要件を満たす組合とみなす規定が設けられている（農協8条、中協7条1項、水協7条、信金7条等）。農業協同

324

組合法や水産業協同組合法では、「組合員」が「農業者」（農協 12 条 1 項 1 号）、「漁民」（水協 18 条 1 項 1 号）であれば足りる。これに対し、中小企業等協同組合法や信用金庫法では、「資本金の額又は出資の総額が 3 億円（小売業又はサービス業を主たる事業とする事業者については 5000 万円、卸売業を主たる事業とする事業者については 1 億円）を超えない法人たる事業者」または「常時使用する従業員の数が 300 人（小売業を主たる事業とする事業者については 50 人、卸売業又はサービス業を主たる事業とする事業者については 100 人）を超えない事業者」（中協 7 条 1 項 1 号）であることを要するなど、独占禁止法 22 条 1 号の要件を満たす組合とみなすために、組合員たり得る資格に規模基準が設けられている（信金 7 条 1 項 1 号等）。そのため、仮に、かかる基準を満たさない事業者が組合員に含まれる場合、公正取引委員会が、独占禁止法 22 条 1 号の要件を満たす組合に該当するかどうかを判断することとされている（中協 7 条 2 項、信金 7 条 2 項）。

　ところで、中小企業等協同組合法における組合員の資格は、「前条〔7 条〕第 1 項若しくは第 2 項に規定する小規模の事業者又は事業協同小組合で定款で定めるものとする」とあるとおり（中協 8 条 1 項）、前記の明記された数値による規模基準を満たさない場合であっても、公正取引委員会の認定がなされた場合には、当該規模基準を満たさない者は組合員となることができ、かつ、当該組合員が所属する組合は、独占禁止法 22 条 1 号の要件を満たす組合に該当することとなる。この点に関し、規模基準を満たさない事業者が組合に加入した場合には、公正取引委員会に届け出なければならず（中協 7 条 3 項）、そして、公正取引委員会には、「組合（事業協同小組合を除く。）の組合員たる事業者でその常時使用する従業員の数が 100 人を超えるものが実質的に小規模の事業者でないと認めるとき」には、脱退命令を出す権限が認められていることからすると（中協 107 条）、規模基準を満たさない組合員が組合にいる場合、公正取引委員会による判断がなされない限り、独占禁止法 22 条 1 号の要件を満たす組合であるかどうかについて確定したわけではなく、中小企業等協同組合法によって設立された組合であるからといって、当然に、独占禁止法の適用除外となるわけではない点に留意が必要であると考えられる（「小規模の事業者」ではない者が構成員となる組合について、独占禁止法の適用除外とならず、独占禁止法 8

条1号違反が取り上げられた審決において、対象事業者が脱退したことにより、独占禁止法の適用除外の要件を満たすとして、措置が講じられなかった例として、東京都パン共同組合連合会に対する件・公取委審判審決昭和38・9・4審決集12巻1号がある）。

(3) 中小企業等協同組合法に基づく組合による団体交渉・団体協約の締結

中小企業等協同組合法により、事業協同組合および事業協同小組合（以下、「事業協同組合等」という）に対し、団体協約を締結する権限を与えている（中協9条の2第1項6号）。団体協約が締結された場合、本来、契約の拘束力は契約当事者のみに及ぶが、当該団体協約は、団体協約を締結した当事者である事業協同組合等と相手方のみならず、当事者ではない組合員に対して直接効力を生じることとされる（同条14項）。

また、事業協同組合等の「組合員と取引関係がある事業者」が、事業協同組合等から団体協約を締結するための交渉をしたい旨の申出を受けた場合には、誠意をもって交渉に応じることとされている（中協9条の2第12項）。そのため、合理的理由なく、交渉を拒むことは許容されていないものと考えられる。このように事業協同組合等が「組合員と取引関係がある事業者」に対し団体交渉の申出をしたものの、相手方が交渉に応じないなど、「交渉ができないとき」、あるいは、「団体協約の内容につき協議が整わないとき」には、事業協同組合の事業を管轄する省庁等の行政庁に対し、あっせんまたは調整の申請をすることができるとされているが（中協9条の2の2第1項・111条1項）、このあっせんや調停に応じなかったとしても、なんらかの罰則が予定されているわけではない。調停の場合には、受諾の勧告が行われると同時に、調停案について理由を付して公表されることが予定されている（中協9条の2の2第3項）。具体的にどのような内容が公表されるかについての詳細は明らかではないが、これにより調停案を受け入れる方向へ促すことが期待されていると考えられることからすると、当事者名も含めて公表されると考えるのが自然と解される。

こうした中小企業等協同組合法に基づく団体協約は、協同組合日本脚本家連盟、協同組合日本俳優連合、協同組合日本シナリオ作家協会等において利用されている実例があるが、これらにも多くのフリーランスが参加しているものと思われる。

フリーランスは、単独個人で事業を営む事業者であることから、中小企業等協同組合法における事業協同組合等の組合員となり得るため、フリーランスで構成される中小企業等協同組合法上の組合を結成した場合には、取引先に対して、最低報酬額の設定や報酬アップを求めて団体交渉を行っても、独占禁止法22条ただし書の例外（不公正な取引方法を用いる場合、不当な対価引上げの場合）に該当しない限りにおいて、独占禁止法に違反することにはならない。

Ⅲ　独占禁止法が適用される場合

　上述のとおり、フリーランスは独占禁止法上の「事業者」に該当することがほとんどであるところ、フリーランスが労働組合法上の労働者ではない場合や中小企業等協同組合法上の組合を結成して交渉するわけではない場合には、当該行為について独占禁止法が適用される。

　したがって、フリーランスが他のフリーランスと共同して、最低報酬額の設定や報酬アップを求めて共同して交渉を行った場合、不当な取引制限に該当するおそれがある。もっとも、そのような交渉を行ったとしても直ちに不当な取引制限として独占禁止法に違反するものではなく、当該行為によって、一定の取引分野において、競争の実質的制限が生じなければ、不当な取引制限には該当しない。フリーランスが他のフリーランスと共同して集団交渉を行った場合に、不当な取引制限が成立するかはケースバイケースであり、その集団の大きさやシェア、競争環境、競争者の状況、参入障壁の有無等によって異なることになる。もっとも、一定の取引分野における実質的な競争制限については、「競争自体が減少して、特定の事業者又は事業者集団がその意思で、ある程度自由に、価格、品質、数量、その他各般の条件を左右することによつて、市場を支配することができる状態をもたらすこと」（東宝・新東宝事件・東京高判昭和28・12・7高民集6巻13号868頁、東宝スバル事件・東京高判昭和26・9・19高民集4巻4号497頁）とされていることからすると、一定の業種のフリーランスがすべて加入しているような集団でない限り、市場を支配することができる状態をもたらすことは想定しがたく、実際に不当な取引制限に該当することはなかなか生じないと考えられる。

第 3 部　フリーランスとの取引における留意点

　また、フリーランスが他のフリーランスと団体を結成した場合、独占禁止法上の「事業者団体」として、一定の規制がかかる可能性がある。例えば、団体が最低報酬額の取決めを行うことや団体内で受注予定者を協議・決定し、受注すべき者以外のフリーランスは意図的に高い金額で見積りを提出することは独占禁止法に違反することになるおそれがある（独禁 8 条）。もっとも、例えば、写真撮影を主たる業務とするフリーランスの団体が、平均的なフィルムやカメラ等の機材の価格推移の状況に関する調査を実施し、その結果を公表することは、団体の構成員であるフリーランス同士で、ある業務について一定の金額とすることについて共通の意思形成がなされたり、他のフリーランスの行動について予測可能性を与えるものでなければ、独占禁止法上の問題とはされない。そのため、かかる団体がフリーランスのために活動する場合、フリーランス同士で、競争制限をしようとするような暗黙の了解あるいは共通の意思が形成されることのないよう、概括的な情報を提供するに留まるのであれば、問題はないことになる。

　また、フリーランスが結成した団体が独占禁止法上の「事業者団体」である場合において、報酬アップを求めて、その構成員に対して、共同してボイコットを呼びかけることは、事業者団体が事業者に不公正な取引方法に該当する行為をさせるようするもので、独占禁止法に違反し得る。他方で、フリーランスが共同して業界の窮状を訴える文書を発出することやフリーランスが結成した団体としてそのような嘆願書を提出すること自体は、直ちに独占禁止法上問題となるものではないと解される（独占禁止法に関する相談事例集（平成 19 年度）「10　事業者団体による取引先事業者に対する要請文書の発出」）。

　なお、「事業者団体」でない場合であっても、フリーランスが他のフリーランスと共同して、報酬アップを求めて共同ボイコットを行った場合、共同の取引拒絶に該当するおそれがある。もっとも、共同の取引拒絶が成立するためには公正競争阻害性が認められる必要があるところ、成立するか否かは、共同する集団の大きさ等による。

第3章
フリーランスに対する不当表示

I　はじめに

　多様な働き方が浸透し、フリーランスが増加傾向にあるなか、人材を有効活用すべく、フリーランスを採用する企業が増えている。特定受託事業者への発注の獲得経路は、不特定多数の特定受託事業者に向けた募集（仲介・広告）を経由するものが全体の4割を占める。

　他方、広告宣伝（会社HP、新聞、雑誌、求人サイト等）により特定受託事業者の募集を行う場合、掲載情報が古い場合等、実際の契約条件と異なる場合などがあり、課題となっている。フリーランスは、個人で働くという性質上、就業機会の損失は生計に直接影響する可能性のある、大きな問題である。

　フリーランスに向けた求人広告の表示に関する規制としては、フリーランス法12条により、虚偽表示、誤解を生じさせる表示が禁止されるほか、正確かつ最新の表示を行うことが義務付けられている。この義務は、特定業務委託事業者が第三者をして募集広告を表示するような場合であっても、特定業務委託事業者の義務として課されることになる。そして、フリーランス法以外で表示が問題とされるものとして、職安法、景品表示法等が問題となり得ると解される。

II　景品表示法上の規制について

1　概　説

　景品表示法は、事業者がその供給する商品・役務の取引について、一般消費者に対して、不当に顧客を誘引し、一般消費者による自主的かつ合理的な選択を阻害するおそれがあると認められる表示を行うことを禁止している。そして、

第 3 部　フリーランスとの取引における留意点

「表示」については、「事業者が自己の供給する商品又は役務の内容又は取引条件その他これらの取引に関する事項について行う広告」とあるとおり（景表2条4項）、事業者が何らかの商品または役務を提供していることがその適用の前提とされていることからすると、フリーランスに向けた求人広告に関する規制との関係では、募集をしようとする事業者は、特定受託事業者に対しなんらかの商品等を提供している必要があるところ、募集をする段階では、募集をしようとする事業者や、プラットフォームは、なんら商品等をフリーランスに対して提供していないことから、基本的には、景表法の適用はないと考えられる。

　もっとも、次のとおり、DYM 事件（令和 4 年 4 月 27 日付措置命令）[1] の説明に鑑みると、相手方に対し、一定のサービスを提供し、それが無償であっても、相手方から個人情報等の提供を受けることで、経済的利益につながるような場合には、広告を掲載し、事業者とフリーランスとのマッチングを行うプラットフォームについて、景表法の適用があり得ると考えられる。

　すなわち、景品表示法の表示規制の対象は、「事業者」による「自己の供給する商品または役務の取引」であるところ、有料職業紹介事業等において事業者が、商品・役務を供給する主体である就労支援サービスの利用者から金銭を受け取っていない場合に、かかる要件を満たすか（「事業者」性が認められるか）が論点となったが、このような場合であっても、「事業者」性は肯定され、景品表示法の表示規制が適用された。当該事業者が求人先企業から手数料を得ていること、当該手数料が求職者の個人情報の提供によって得られていることから、求職者の個人情報に経済的価値があり、当該事業者はそれを対価として受け取っているという考えが前提にあるように思われる[2]。したがって、求人プラットフォームが対消費者との関係において無償でサービスを提供する場合であっても、（少なくとも求職者から個人情報を取得し、それが手数料等の経済的利益につながっている場合には）景品表示法上の表示規制は及ぶことになると解される。そして、DYM 事件では、"就業支援" サービスであったが、あくまで、

---

1)　消費者庁「株式会社 DYM に対する景品表示法に基づく措置命令について」(https://www.caa.go.jp/notice/assets/representation_cms207_220427_01.pdf〔2025 年 1 月 15 日閲覧〕)。

2)　宗田直也＝美濃部翔司「株式会社 DYM に対する景品表示法に基づく措置命令について」公正取引 869 号（2023 年）66 頁。

第3章　フリーランスに対する不当表示

就業に向けた"サービス"が問題とされているのであって、"就業"や対象を"労働者"に限定するものではなく、フリーランスが広く業務受託先を検索する場合であっても、①求人を出す事業者から手数料を得ていること、②当該手数料がフリーランスの個人情報の提供によって得られていることから、③フリーランスの個人情報に経済的価値があり、サービス提供事業者はそれを対価として受け取っているという点で、同様に解することができることからすれば、フリーランスに対し業務をあっせんする事業者についても、景品表示法の適用があり得るといえる。

　そして、景品表示法の適用があり得る場合として、具体的には、①品質、企画その他の内容に関する優良誤認表示、②価格その他の取引条件に関する有利誤認表示、③内閣総理大臣が指定するその他の不当表示（無果汁の清涼飲料水等についての表示等）がある。③については、現在の指定を前提とするとフリーランスに向けた求人広告には関係しないと解される。

　①優良誤認表示規制は、事業者が、自己の供給する商品または役務の取引について、商品または役務の品質、規格その他の内容について、一般消費者に対し、実際のものよりも著しく優良であると示し、または事実に相違して当該事業者と同種もしくは類似の商品もしくは役務を供給している他の事業者に係るものよりも著しく優良であると示す表示であって、不当に顧客を誘引し、一般消費者による自主的かつ合理的な選択を阻害するおそれがあると認められるものを表示してはならないとするものである（景表5条1号）。要は、「この案件では、1日1時間の作業で月に50万円稼げます！」という求人広告を出した場合、実際には多くの作業が必要で、報酬もそれほど高くないのに、実際よりも優れていると消費者に誤解させるような表示をすることは、優良誤認に該当し、フリーランスが過大な期待を抱いて応募してしまう可能性があるため、こうした表示を禁止する規制である。

　また、②有利誤認表示規制は、事業者は、自己の供給する商品または役務の取引について、商品・役務の価格その他の取引条件について、実際のものまたは当該事業者と同種もしくは類似の商品もしくは役務を供給している他の事業者に係るものよりも取引の相手方に著しく有利であると一般消費者に誤認される表示であって、不当に顧客を誘引し、一般消費者による自主的かつ合理的な

331

第3部　フリーランスとの取引における留意点

選択を阻害するおそれがあると認められるものを表示してはならないとするものである（景表5条2号）。これは、「このプロジェクトに参加すれば、他社よりもずっと高い報酬が得られます！」などと広告している場合、実際には業界平均並みの報酬であるにもかかわらず、他社より有利に見せかけると有利誤認に該当することとなる。フリーランスが誤った情報に基づいて仕事を選んでしまうことを防ぐため、このような表示も禁止されることになる。

2　仲介プラットフォームに掲載した広告において不当表示がある場合

この場合においては、表示主体性、すなわち、景品表示法上の表示規制の対象となる主体がいずれであるのかという点が問題となる。仲介プラットフォームに求人広告を掲載する場合には、募集を出す企業が表示主体となる場合には、通常どおり、フリーランス法による的確募集表示（フリーランス12条）の規律が及ぶことになると考えられるが、仲介プラットフォームについても、仲介プラットフォーム自身が、サービスを提供しているかどうか、という点に加えて、表示主体性が認められる可能性があり、この場合には、不当表示について問題となり得ることになる。なお、表示主体性はひとつの表示につき、複数の主体に認められることがある。

この点、表示主体性は、問題となる表示の内容の決定に関与した事業者であり、具体的には、

①自らもしくは他の者と共同して積極的に表示の内容を決定した事業者のみならず

②他の者の表示内容に関する説明に基づきその内容を定めた事業者や

③他の事業者にその決定を委ねた事業者

も含まれる（ベイクルーズ事件・東京高判平成20・5・23審決集55巻842頁）。

この点、②他の者の表示内容に関する説明に基づきその内容を定めた事業者とは、他の事業者が決定したあるいは決定する表示内容についてその事業者から説明を受けてこれを了承しその表示を自己の表示とすることを了承した事業者をいい、また、③他の事業者にその決定を委ねた事業者とは、自己が表示内容を決定することができるにもかかわらず他の事業者に表示内容の決定を任せ

332

た事業者をいう（前掲ベイクルーズ事件）。

　なお、かかる枠組みによる検討をせず、①一般消費者は当該表示を誰が表示したものと理解するか、②措置命令を受けた際に、措置命令に従った行動をする権限を有する事業者であるか、という点から表示主体性を判断した事例があるが（アマゾンジャパン高裁事件・東京高判令和2・12・3 LEX/DB25591452）、この事例の事実関係上、プラットフォーム自身が表示をした事業者といえたため、表示に関与した事業者であるか否かについて議論するまでもなかったことから、ベイクルーズ事件の枠組みに従った判断をしていないだけであって、ベイクルーズ事件の判断枠組みを否定したものではなく、現状の消費者庁における運用実務が従っているベイクルーズ事件の規範に従って基本的には判断すべきと解される。

　結局のところ、表示主体性は、事案に応じて、仲介プラットフォームが表示の内容の決定に関与した事業者か否かで判断するほかない。仲介プラットフォームが募集広告の内容に全く関与せず、募集を出す企業が一方的に投稿するような形で募集広告を出す場合であれば、ベイクルーズ事件の基準では、仲介プラットフォームの表示主体性は否定される方向に傾くであろう。他方、仲介プラットフォームが募集広告の内容に積極的にアドバイスする等した場合や募集を出す企業が回答したアンケートに従って仲介プラットフォームが表示内容を決定した場合には、表示主体性が肯定される方向に傾くと思われる。

　また、仲介プラットフォームに表示主体性が認められる場合に、フリーランス法12条の規律が及ぶかについては、表示主体性が肯定されるからといって当然にフリーランス法12条が適用されると解するべきではないと考える。この場合には、フリーランス法の判断基準に従い、仲介プラットフォーム自身が、実質的に特定受託事業者に業務委託をしているといえるか、すなわち、報酬の額や委託内容の決定への関与の状況や反対給付となる金銭債権の内容・性格、債務不履行時の責任主体等、契約条件や取引実態から総合的に判断し、仲介プラットフォームがフリーランス法2条5項の「特定業務委託事業者」といえる場合に、フリーランス法12条の規律が及ぶと考える。

第 3 部　フリーランスとの取引における留意点

3　仲介プラットフォームが提供する支援サービスについて不当表示がある場合（DYM 事件）

　例えば、仲介プラットフォームがフリーランスの案件獲得に積極的に関与するようなケースにおいて、何らの根拠なく、「当該仲介プラットフォームを経由して応募した場合には案件獲得率 99％」といった表示をすることを想定している。

　DYM 事件においては、有料職業紹介事業等を営む事業者の以下のような表示が問題となった。いずれについても優良誤認表示と判断され、①一般消費者に対し、実際のものよりも著しく優良であると示すものであり、景品表示法に違反するものである旨を一般消費者に周知徹底すること、②再発防止策を講じて、これを役員および従業員に周知徹底すること、③今後、同様の表示を行わないこと等を命じられた。

　前記のとおり、DYM 事件では、就業支援 “サービス” という役務を提供していることをもって、景品表示法の適用があると整理できること、サービスの提供先が労働者となり得る者であるか、「特定受託事業者」となり得る者であるかは要素とされていないことからすると、フリーランスに対し業務をあっせんする場合であっても、仲介プラットフォームが、あっせんというサービスを提供している限りにおいて、同様に景品表示法の適用があり、不当表示をした場合には、当該仲介プラットフォームに対し、景品表示法による規制が及ぶことになると考える。

　なお、事業者がアフィリエイト広告を利用して自社のサービスを宣伝する場合には、当然ながら広告主である事業者が責任を負うべき主体となり、事業者は、不当表示の発生を未然に防止するため、アフィリエイト広告についても十分に表示内容を確認する、ASP 等がアフィリエイターに対して不当表示を助長するような指示をしていないかを確認するなど、管理上の措置を講じることが重要であるとされているため[3]、このことは、フリーランスに対してサービスを提供する事業者にも同様に該当すると考えられる。

---

3)　宗田＝美濃部・前掲注 2) 66 頁。

334

Ⅲ　フリーランス法上の的確表示義務

　フリーランスに対する不当表示の問題は、職業安定法5条の4に類する規定であるフリーランス法12条の問題としても議論できる。同条の内容は、第2部第6章Ⅳに譲るとして、以下では、これを踏まえた実務対応を論じる。

1　明示すべき募集情報の範囲

　的確表示義務は、あくまでも募集情報を提供する場合に限って課されるものであるから、フリーランスとの業務委託契約上定める必要も予定もない情報であれば、募集段階で提供しなくてよいし、提供のしようもないであろう。例えば、配送業や美容関係など、業務中に著作権その他の知的財産権を生じる可能性が乏しい場合に、成果物の知的財産権に関する定めを明示する必要性は乏しい。講師業、コンサルタント業、スポーツ指導といった成果物を納品するとは限らない業種において、募集段階で不良品の取扱いを明示させる必要性も乏しい。違約金や費用の天引きを業務委託契約に定める予定がないのに、募集段階で違約金に関する定めを明示することはできない。

　では、例えば、ライター、デザイナー、カメラマン、動画制作といったクリエイター系のフリーランスとの取引において、成果物の知的財産権に関する定めを契約上明示する想定の場合、違約金や費用の天引きを契約上明記する想定の場合など、フリーランスとの業務委託契約上定めることが想定された情報であるにもかかわらず、それを募集段階で表示しないことは妥当であろうか。

　第2部第6章Ⅳ1で述べたとおり、法律上は、業務委託契約上定めることが想定された情報であったとしても、募集段階に提供しなければ、的確表示義務は発生しないし、募集段階で情報を提供しなかったこと自体が虚偽の表示として取り扱われることもないと考える余地がある。

　しかし、フリーランス法が的確表示を求めている目的は、募集情報と実際の契約内容とが異なることから生じるトラブルを防止することに主眼があると考えられる。募集情報と契約書の内容に齟齬があり、結果として契約締結に至らなかったりすれば、フリーランスが仕事を得るまでに費やした労力が無駄にな

る。募集情報と契約書の内容に齟齬があるまま契約が締結されてしまうと、フリーランスは、一番最初に注意をもって読んだ募集情報の内容がそのまま契約内容になっているものと思い込んで、あとになって認識が違うことに気づいてトラブルになるケースが多い。筆者も、フリーランス・トラブル110番の相談現場において、募集情報（求人情報）と契約書の内容が異なることにより生じたトラブルの相談を数多く経験してきた。例えば、①求人情報に記載されていた報酬額よりも、実際に契約書に記載された報酬額の方が少ないケース、②配送業などの業種で、求人情報上は「月〇十万円稼げる」などと極めて高収入が見込まれるかのような記載になっているにもかかわらず、契約書上は違約金や費用の天引きなどの規定があり、実際にもらえる手取額が圧倒的に少なくなるケース、③求人情報に記載されていた報酬額は、実は研修期間終了後のものであり、いざ契約を締結する段になって、研修期間の定めがあり、その研修期間中は無報酬であったり低い報酬額の定めがあったりするケース、④求人情報では、フリーランスが仕事を辞める際には数か月前に予告をする義務があったり、その期間以前にやめた場合には違約金が発生することなど全く記載がなかったにもかかわらず、契約書を締結した後に辞めようとした段階で、契約書にかかる記載があることに気づくケース、⑤求人段階では報酬が「週払いOK」と説明されており、それを信じて契約したにもかかわらず、実際には契約書には月末締め翌月末日払としか記載がなく、週払を求めても受け付けてもらえなかったケースなど、枚挙にいとまがない。

　フリーランスとの業務委託契約上定めることが想定された情報であるにもかかわらず、それを募集段階では表示しないとすれば、募集の段階では存在しないものとフリーランスが認識していた契約条件が、契約締結段階では契約に盛り込まれていることになり、フリーランスの認識に齟齬が生じ、トラブルの温床になる。仮にトラブルになり、司法判断を受ける事態になれば、募集段階で表示していた（いなかった）内容が、契約書上の契約条件の解釈に意図しない形で影響したり、追加して契約条件となると認められたり、契約書上の契約条件が無効となる理由に用いられたりする可能性も否定できない。

　したがって、フリーランス法上的確表示を求められる情報（第2部第6章Ⅳ2で詳述）を、フリーランスとの業務委託契約上定めることが想定されるのであ

第3章　フリーランスに対する不当表示

れば、的確表示義務違反になるかどうかにかかわらず、募集段階で的確に明示
しておいた方がリスクは少ない。

2　明示をするなら、法所定の情報以外も的確表示を

　フリーランス法上的確表示を求められる情報は、第2部第6章Ⅳ2で詳述し
たものに限られる。逆に、それ以外の情報であれば、的確表示義務は生じない
ことになりそうである。しかし、それは法律の適用がないだけであって、トラ
ブル回避の観点からは、第2部第6章Ⅳ2で詳述した情報以外の情報であれば、
虚偽、誤解が生じたり、不正確であったり、古いまま放置したりしてよいとい
うことではない。第2部第6章Ⅳ2で詳述した情報以外の情報であっても、募
集情報として提供する限り、フリーランス法の規定に準じて的確表示を心がけ
ることが望ましい。

3　契約書の内容を固めた上で、募集情報としてコピーする

　そうだとすると、実務対応として、フリーランスの募集を行う際には、発注
時にフリーランスに提示すべき契約書、発注書等の内容をあらかじめ固めてお
き、募集の際にはその内容をそのままコピーして募集することが一つの望まし
い対応といえる。そうすれば、募集情報と契約条件との乖離が防止でき、的確
表示義務違反といわれるリスクが低減できるからである。フリーランス・トラ
ブル110番の相談実務においては、求人内容と実際の契約書の内容が異なる
ことで生じるトラブルが数多いので、トラブル防止の観点からもこの対応を徹
底したい。

4　募集情報と異なる契約条件で発注するときは、相違を説明する

　第2部第6章Ⅳ4で述べたとおり、当事者間の合意に基づき募集情報とは異
なる契約条件でフリーランスと契約を締結することは禁止されておらず（フリ
ーランス的確表示等指針第2・2(2)）、募集の際に明示した事項と異なる内容で業
務委託をする場合にも、その旨を説明する義務はない。
　しかし、フリーランス・トラブル110番の相談実務においては、求人内容
と実際の契約書の内容が異なることで生じるトラブルが数多いことは、これま

第3部　フリーランスとの取引における留意点

でに何度も述べてきた。かかるトラブルを防止する観点からは、募集情報とは異なる契約条件でフリーランスと契約しようとする場合、どこがどのように異なるのかを説明し、それでも本当にフリーランスが受注するのかの選択の機会を与えることが適切であろう。

第4章
従業員とともに働くフリーランスの諸問題

I 偽装フリーランス（偽装雇用）の問題点と対策

1 偽装フリーランスと偽装請負

　偽装フリーランスとは、雇用の実態、すなわち労基法上の労働者性が認められる実態を持ちながら、業務委託契約や請負契約などの雇用契約ではない契約形式が取られている場合であり、偽装雇用とも呼称されている[1]。

　社会保険料の支払義務や有給休暇の付与等、雇用主が負う法令上の義務を免れるために雇用契約を回避して業務委託契約を締結するケースが実務上多い。

【図表3-4-1】

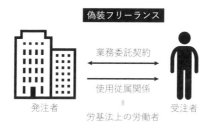

　類似する概念として「偽装請負」と呼ばれる問題がある。偽装請負は、派遣法または職安法上の労働者供給に関する各種規制を潜脱するべく、業務請負の形式の下、労働者派遣契約を結ばないままに、労働者を派遣または供給し、実態として注文主が請負事業主の労働者への指揮命令を行い、自己のために労働に従事させる場合である。

---

1) 国際労働機関（ILO）は、偽装フリーランス問題を「偽装雇用（disguised employment）」と呼称し、2006年には問題解決の政策を求める勧告を出した。

偽装請負の例として、システム開発会社であるA社がシステムエンジニアを雇用しているB社にシステム開発を発注し、受注者（請負者）であるB社は自身の雇用する労働者CをA社から請け負った業務に従事させるケースがある。A社とB社の間に締結した業務委託契約では、システム開発という仕事の完成を目的とするものであるため、A社がB社の従業員に対して、指揮命令をすることは本来ないはずである。しかしながら、A社はB社の従業員に対して指揮命令を行っていた場合には、偽装請負として違法行為に該当することになる。

【図表3-4-2】

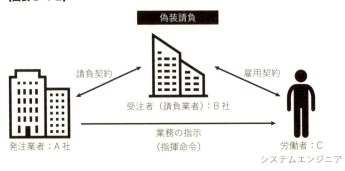

偽装フリーランス（偽装雇用）は主に労基法に違反し、偽装請負は主に派遣法に違反する行為であり、この問題が明るみとなれば、企業の信用も大きく損なわれることから、この問題が発生しないように留意しなければならない。

2 偽装フリーランスにより生じるリスクと対策

(1) 偽装フリーランス（偽装雇用）のリスク

偽装フリーランス、すなわち労基法上の労働者性が認められた場合、企業は労働関係法令の様々な規制に服し、かつ労基法上には刑罰が定められており、企業が負うリスクは大きい。

(a) 報酬規制、割増賃金規制

フリーランス法では、特定業務委託事業者は、通常相場に比べ著しく低い報酬の額を不当に定めてはならないとしている（フリーランス5条1項4号）。しかし、「著しく低い報酬」の基準が不明瞭であるほか、同法に違反しても直ち

第4章　従業員とともに働くフリーランスの諸問題

に私法上の効力が生じるとは解されない（第2部第9章Ⅶ）。

　一方で、労基法上の労働者性が認められた場合、最低賃金の適用があり、合意した報酬内容にかかわらず、企業は、最低賃金に労働時間を乗じた金額の報酬支払義務を負うことになる。また、企業は労基法37条に基づく割増賃金の支払義務を負う。すなわち、労働者が法定労働時間（原則として1日8時間、週40時間）を超える労働を行ったり、法定休日（原則として1週1日）や深夜（午後10時から午前5時まで）に労働を行ったりした場合には、企業は割増された賃金を支払う義務を負うことになる。

　このように労働時間に応じて賃金が算出されるところ、その労働時間は「労働者が使用者の指揮命令下にある時間」と解され[2]、待機時間や仮眠時間も労働時間に含まれる場合がある[3]。さらに労基法37条に基づく割増賃金について、未払額と同額の付加金の支払を裁判所は命じることができる（労基114条）。単純な不払事案では、割増賃金と同額の付加金を認めるのが通常であり[4]、さらに偽装雇用は違法行為に当たることから付加金の支払義務の判断にも影響し、結果として、企業は当初の想定と異なり、多額の賃金支払義務を負うリスクがある。

　また、最低賃金支払義務違反には50万円以下の罰金刑（最賃40条）、労基法37条違反には6か月以下の拘禁刑または30万円以下の罰金の刑事罰がそれぞれ定められており（労基119条）、いずれも刑事罰をもって取締りをしている違法行為である点に留意する必要がある。

　(b)　労働時間規制および労災リスク

　フリーランス法では、特定業務委託事業者が特定受託事業者（フリーランス）に対して、業務を委託する際、業務に要する時間に関する規制は存在しない。ただし、企業はフリーランスに対しても安全配慮義務を負うことがあり得ることに留意が必要である（第1部第1第3章Ⅳ）。

　他方で、労基法上の労働者性が認められた場合、企業は労働時間の上限規制

---

2)　三菱重工長崎造船所事件・最一小判平成12・3・9民集54巻3号801頁。
3)　大星ビル管理事件・最一小判平成14・2・28民集56巻2号361頁。
4)　イーライフ事件・東京地判平成25・2・28労判1074号47頁は、付加金について、特段の事情がない限り割増賃金と同額を認めるべきとしている。

第3部　フリーランスとの取引における留意点

に服するほか、労働者の労働時間把握義務を課され（労安衛66条の8の3）、仮に当該労働者が過労死ライン（時間外労働が1か月100時間または2〜6か月平均が80時間を超える）に達する等の長時間労働をして、精神障害を発症し、または過労死に至った場合、企業に多額の賠償責任が生じる可能性が高い。

(c)　解雇、雇止め規制等

フリーランス法には、契約解除・不更新の際の30日前予告の規制（フリーランス16条）を除き、特定業務委託事業者による契約解除ないし契約終了に関する規制は存在しないことから、民法その他の一般法理に基づき処理される（第1部第2第1章Ⅴ、第3部第1章参照）。

労基法上の労働者性が認められた場合、解雇や雇止めには、厳格な規制がされており、企業は当該労働者に解雇予告の義務（労基20条1項）を負うほか、解雇権濫用規制（労契16条）、雇止め規制（労契19条1項等）に服することになる。

例えば、解雇権濫用規制によれば、業績悪化に伴い契約解除（解雇）を行った場合も、①人員削減の必要性、②解雇の必要性（解雇回避努力を尽くしたか）、③人選の合理性、④手続の妥当性（当該労働者や労働組合との協議を十分に行ったか）という4つの要素に基づき判断される。これは整理解雇の4要素と呼称されているが、これらの4要素を充足しない解雇は違法無効となることからも、雇用契約における解雇が違法となる場合は多い。そして、解雇が違法無効となった場合、企業は当該労働者に対して、解雇以降の賃金支払義務を負うことから、経済的不利益は極めて大きい。

⑵　偽装フリーランスとならないための企業の対策

(a)　労基法上の労働者性の判断要素

第1部第1第3章Ⅱで解説したとおり、労働者性は、使用従属性という基準のもと、①指揮監督下の労働であるか（(i)諾否の自由、(ii)業務遂行上の指揮監督、(iii)場所的・時間的拘束、(iv)代替性の有無に基づき判断）および②(v)報酬の労務対償性の2点より判断し、補強的な判断要素として(vi)事業者性、(vii)専属性がある。

労基法上の労働者性が認められないようにするためには、これらの諸要素(i)〜(vii)にそれぞれ配慮した契約を締結し、運用する必要がある。

第4章　従業員とともに働くフリーランスの諸問題

（ⅰ）　仕事の依頼・業務従事への指示等に関する諾否の自由について

　発注者等から具体的な仕事の依頼や、業務に従事するよう指示があった場合に、当該依頼や指示を承諾するか拒否するかをフリーランス自身が決めることができなければ、労働者性を肯定する事実となる。なぜなら、労働契約の場合、労働者には雇用主である企業の指示に従う義務があるからである。

　フリーランスガイドラインでは以下の例を挙げている。

（指揮監督関係を肯定する要素となる例）
・発注者等から指示された業務を拒否することが、病気等特別な理由がない限り認められていない場合
（肯定する要素とは直ちにならず、契約内容なども考慮する必要がある例）
・いくつかの作業からなる「仕事」を自分の判断で受注した結果、それに含まれる個々の作業単位では、作業を断ることができない場合
・特定の発注者等との間に専属の下請契約を結んでいるために、事実上仕事の依頼を拒否することができない場合
・例えば建設工事などのように、作業が他の職種との有機的な連続性をもって行われているため、業務従事の指示を拒否することが業務の性質上そもそもできない場合

出典：フリーランスガイドライン第6・3(1)①a

　仕事の依頼・業務従事への指示等に関する諾否の自由に関わる対策として、企業がフリーランスに業務を依頼する際に、フリーランス自身に当該業務を行うか否かの意向を聴取する手続を設けることにより、業務を一方的に行わせているものではないように留意すべきである[5]。

（ⅱ）　業務遂行上の指揮監督について

　業務の内容や遂行方法について、発注者が具体的な指揮命令を行っている場合には、労働者性を肯定する事実となる。なぜなら、労働契約は、労働者が使用者である企業の労務指揮権に服しながら労務に従事する点に特徴があるから

---

5)　Hプロジェクト事件・東京地判令和3・9・7労判1263号29頁は、グループメンバーの一員であるアイドルの労働者性が争われ事案であるが、東京地裁はイベントへの参加を促す発言は認められるが、参加の自由（諾否の自由）を制約するとまではいえないとして、労基法上の労働者性を否定した。

343

第3部　フリーランスとの取引における留意点

である。フリーランスガイドラインでは以下の例を挙げている。

（指揮監督関係を肯定する要素となる例）

・例えば運送業務において、運送経路、出発時刻の管理、運送方法の指示等が
　なされているなど、業務の遂行が発注者等の管理下で行われていると認めら
　れる場合

・例えば芸能関係の仕事において、俳優や（撮影、照明等の）技術スタッフに
　対して、演技・作業の細部に至るまで指示がなされている場合

・発注者等の命令、依頼等により、通常予定されている業務以外の業務に従事
　することがある場合

（肯定する要素とならない例）

・設計図、仕様書、指示書等の交付によって作業の指示がなされているが、こ
　うした指示が通常「注文者」が行う程度の指示に止まる場合

出典：フリーランスガイドライン第6・3(1)①b

　業務遂行上の指揮監督に該当しないための対策として、契約書において、委託する業務の内容を明確化し、請負の場合には、成果物を可能な限り特定・具体化して、明記すべきである。契約段階ですでに委託する業務や成果物が具体化されていれば、企業はフリーランスに対し、その業務遂行において、細かな指揮監督をする必要性が低くなるからである。

　また、契約書の記載のみならず、業務遂行の実態も重要であることから、フリーランスの業務遂行に際して、指揮命令を行わないよう留意しなければならない。

(iii)　場所的・時間的拘束について

　発注者等から、勤務場所と勤務時間が指定され、管理されている場合には、労働者性を肯定する要素となる。なぜなら、労働契約の場合、使用者である企業が労働者の勤務場所と勤務時間を指定してこれを管理し、指揮監督関係を及ぼす傾向にあるからである。フリーランスガイドラインでは以下の例を挙げている。

（指揮監督関係を肯定する要素となる例）

・例えば映画やテレビ番組の撮影で、監督の指示によって一旦決まっていた撮

344

影の時間帯が変動したときに、これに応じなければならない場合
（肯定する要素とならない例）
・勤務時間は指定され、管理されているが、それが他職種との工程の調整の必
　要性や、近隣に対する騒音等の配慮の必要性などを理由とするものである場
　合

出典：フリーランスガイドライン第 6・3(1)①c

　対策として、フリーランスに対して、場所や時間を指定することを避け、仮
に指定せざるを得ない場合においても、指定する日数・時間は可能な限り少な
くすべきである。例えば、フリーランスについて、企業がその雇用する他の従
業員と変わらない管理を行ったり、フリーランスを 1 か月に 20 日、または 1
日 8 時間などと一般のフルタイム労働者と変わりなく、時間的・場所的に拘
束している場合には、労働者と変わりない実態として、労働者性が肯定される
可能性が高くなる。

　(iv)　代替性について

　受注者本人に代わって他の人が労務を提供することが認められていない場合
には労働者性を肯定する要素となる。なぜなら、労働契約の場合、使用者であ
る企業が労働者に指示して与えた業務について、労働者本人が遂行する必要性
があり、第三者に外部委託することは基本的に認められていないからである。

　対策として、業務委託契約書上、代替性を認めない旨の規定（例えば、業務
委託契約において、再委託や一部の業務を他者の代行させることを禁止する規定）
を設けないことが考えられる。

　(v)　報酬の労務対償性について

　支払われる報酬の性格が、発注者等の指揮監督の下で一定時間労務を提供し
ていることに対する対価と認められれば、労働者性を肯定する要素となる。

（「報酬の労務対償性」を肯定する要素となる例）
・報酬が主として「作業時間」をベースに決定されていて、「仕事の出来」に
　よる変動の幅が小さい場合
・仕事の結果や出来映えにかかわらず、仕事をしなかった時間に応じて報酬が
　減額されたり、いわゆる残業をした場合に追加の報酬が払われたりするよう
　な場合

第3部　フリーランスとの取引における留意点

> ・報酬が、時間給や日給など時間を単位として計算される場合
> ・例えば映画やテレビ番組の撮影において、撮影に要する予定日数を考慮しつつ作品一本あたりいくらと報酬が決められており、拘束時間日数が当初の予定より延びた場合には、報酬がそれに応じて増える場合
> （肯定する要素とならない例）
> ・例えば文字起こしの仕事において、受注者ごとに音声の録音時間1時間当たりの単価を決めており、録音時間数に応じた出来高制としているなど、受注者本人の能力により単価が定められている場合

出典：フリーランスガイドライン第5・3⑴②

　対策として、報酬の決定については、仕事の成果に着目したものとなるよう配慮し、可能な限り、労務を提供した時間に比例するような報酬の決定とならないように注意すべきである。

　⒱　事業者性

　仕事に必要な機械、器具等を発注者が負担（所有）している場合や報酬の額が著しく高額とは言えない場合には、労働者性を肯定する要素となる。労働契約にいて、通常、労働者が業務器具を所有することはなく、報酬も著しく高額となる場合は少ないからである。

　⒲　専属性

　特定の発注者への専属性が高い場合には、労働者性を肯定する要素となる。なぜなら、労働契約において労働者は会社に専属し、他社で働くことが基本的には想定されていないからである。

　例えば、発注者が受注者に対して、他者の業務に従事することを制約し、また時間的余裕も与えず副業等が事実上困難である場合には、専属性が高く、労働者性を補強する要素となる。

　対策として、業務委託契約書上、専属性を裏付ける規定（例えば、副業や競業を禁止する規定）を設けず、かつ業務遂行の実態においても、副業や兼業を禁止するような言動を行わないように留意すべきである。

　⒝　労基法上の労働者性に関する事例および行政通達

　労基法上の労働者性の判断は、⒤〜⒲の諸要素を考慮して総合的に判断するが、その結論の予測はしばしば困難である。

第4章　従業員とともに働くフリーランスの諸問題

　そこで労働者性の判断において手掛かりになるのが、個別事案毎に労働者性の判断を示している行政通達[6]やこれまで争われてきた裁判例である（以下の「裁判例」を参照）。そのため、あるケースで労働者性の問題が生じた場合には、同一ないし類似業種の通達や裁判例（〔職業類型〕[7]運送業務[8]）、建設業・建設関連業[9]）、店舗管理の業務委託[10]）、講師[11]）、マスコミ[12]）、専門職・技術職[13]）、営業[14]）、外勤の調査員・検針員・NHKの地域スタッフ[15]）、ホスト・ホステス[16]）、スポーツ[17]）、芸能・芸術[18]）、宗教[19]）、取締役・執行役員[20]））を参考すべきであ

---

[6]　法人の重役等で業務執行権・代表権をもたない部長、工場長について、昭和23・3・17基発461号。宗教法人における奉仕者の労働者性について、昭和27・2・5基発49号。あんま師・鍼灸師について、昭和36・4・19基収800号、劇団・芸能プロダクションの関係での子役・タレントの労働者性について、昭和63・7・30基収355。バイク便の配達者について、平成19・9・27基発0927004号。

[7]　橋本陽子『労働者の基本概念——労働者の判断要素と判断方法』（弘文堂、2021年）。同書は平成30年までに労働者性が争われた裁判例397件を職業類型ごとに整理しており、労働者性について最も網羅性のある文献である。

[8]　横浜南労基署長（旭紙業）事件・最一小判平成8・11・28労判714号14頁はトラック持ち込み運転手の労働者性を否定した判例である。

[9]　藤沢労基署長（大工負傷）事件・最一小判平成19・6・28労判940号11頁は一人親方の労働者性を否定した判例である。

[10]　Jcoin事件・東京地判平成30・4・26 LEX/DB25560855は料理長兼店長の労働者性を肯定した裁判例である。

[11]　河合塾（非常勤講師）事件・福岡高判平成21・5・19労判989号39頁は予備校講師の労働者性を肯定した裁判例である。

[12]　日本放送協会（フランス語担当者）事件・東京地判平成27・11・16労判1134号57頁はラジオニュースのアナウンス業務について労働者性は否定したが、契約解除につき労働者類似の保護を及ぼした裁判例である。

[13]　公認会計士A事務所事件・東京高判平成24・9・14労判1070号160頁は、公認会計士事務所で就労していた税理士の労働者性を否定した裁判例である（なお、原審は労働者性を肯定）。

[14]　親愛事件・東京地判平成26・2・14 LEX/DB25503094は不動産会社の仲介業務について、労働者性を肯定した裁判例である。

[15]　NHK神戸放送局（地域スタッフ）事件・大阪高判平成27・9・11労判1130号22頁はNHKの受信料を徴収する地域スタッフについて労働者性を否定した裁判例である。

[16]　Mコーポレーション事件・東京地判平成27・11・5労判1134号76頁はクラブママについて労働者性を否定した裁判例である。

[17]　日本相撲協会（力士登録抹消等）事件・東京地決平成23・2・25労判1029号86頁は力士について労働者性を否定したが、解約には特段の事情が必要であると判断した裁判例である。

[18]　元アイドルほか（グループB社）事件・東京地判平成28・7・7労判1148号69頁はアイドルグループのメンバーの労働者性を肯定した裁判例である。

[19]　住吉神社ほか事件・福岡地判平成27・11・11労判1152号69頁は神社の神職について労働

347

第 3 部　フリーランスとの取引における留意点

る。

　しかしながら、上記事例も問題となった事例に着目した判断であり、同じ業務であっても結論がわかれることに留意が必要である。

　例えば、トラック持ち込み運転手の労働者性についても、労働者性を肯定する裁判例と否定する裁判例が存在することから、問題となっている当該労働者の具体的な働き方によって判断が左右される。

Ⅱ　社員フリーランス

1　社員フリーランスとは

　社員フリーランスとは、フリーランスの中でも従前労働契約を締結する労働者であった者が、自らのキャリア自律の観点などから、フリーランスとして自ら専門とする業務を元雇用主を含めた複数社から請け負う類型である。近時、元々労働契約の従業員をフリーランス化する動きが見られるが、最も重要なことは、労基法など労働法の適用潜脱のための「偽装フリーランス」とは区別して論ずべきことである。例えば残業代節約や解雇規制逃れのためにフリーランス化するという発想で社員フリーランス制度を用いることがあってはならない。このようなケースは本来労働契約で対応すべきものであり、法形式を委任・業務委託にしたとしても、実態が変わらないのであれば、労基署・労働局などが取り締まるべき事柄である。

　他方で、上記Ⅰの「偽装フリーランス」[21]とは次元の異なる、元社員フリーランス（社内フリーランス）の積極活用事例[22]も見られる。例えば、筆者事務

　者性を肯定した裁判例である。
20)　興栄社事件・最一小判平成 7・2・9 労判 681 号 19 頁は専務取締役の名称で会社代表者の業務を代行していた者につき、労働者性を肯定し、従業員の退職金規定の適用を認めた判例である。
21)　労働法の世界では、工場など「偽装請負」問題として労働者性が議論されてきたが、近時は製造請負契約よりもサービス提供の準委任・委任契約が増加しており、偽装フリーランスと表現している。
22)　タニタ・電通・川崎汽船などで実例が見られる。電通の事例は以下参照（https://newhorizoncollective.com/〔2025 年 1 月 15 日閲覧〕）。実際に活用されている業務は法務・人事・経理などの間接業務・コンサルティング・デザイナー、マーケティング、新規事業開発、海外進出支援等である。

所パートナーの田代英治氏は人事コンサルタントとして独立しているが、元々は川崎汽船（株）の人事部課長であった。ところが、人事部以外への異動を命じられた際、今後のキャリアを人事関連で全うすることを決意し、会社を退職の上、「社外人事部長」のようなポジションで元雇用主の会社と長年に渡り契約関係を継続しており、これは労働契約では達成できない好事例である（なお、他社とも契約をし、収入は従業員時代を大きく超えている）。

　他にも、図表3-4-3のような業種において、元雇用主と業務委託を締結する社員フリーランスが実際に誕生している。

【図表3-4-3】社員フリーランスの実例

①人事・人材育成・組織開発・法務・経理・財務・ファイナンスなどの間接部門プロフェッショナル
②コンサル、DX
③デザイナー
④広報・PR、セールスプロモーション、マーケティング
⑤新規事業開発
⑥Web、プログラマー、ITエンジニア、動画制作
⑦秘書・管理業務
⑧海外進出支援

2　従業員と会社、それぞれにとっての「社員フリーランス」のメリット・デメリット

(1)　会社のメリット・デメリット

　前述の田代氏の事例のように、「従業員側としてはこの分野でキャリアを重ねていきたい」と考えている中で、企業から別の部門への異動を打診された際、自ら決めたキャリアを貫くためには、会社を辞めるしか事実上選択肢がない状態であった。ところが、会社としても社員フリーランスの形で契約を締結するという選択肢を提示することにより、労働契約だけであれば単に退職して関係終了となっていたものが、その後も自社をよく知る専門家と長期に関係性を維持できることが利点である。なお、社員フリーランスの副産物として、通常の人事部であれば、人事ローテーションにより人事部に長年在籍する者が少なく、

第3部　フリーランスとの取引における留意点

人事制度の歴史や過去の人事的取扱いなどを知っている者がいないという事象が発生するが、元社員フリーランスが長年関わり続けることにより、過去の取扱いも全て把握しているというメリットも存在した。このように、企業側としても、フリーランス化するからこそ長期的な関係性を維持できること、人事ローテーションにとらわれない専門家と市場相場で契約（一社単位ではサラリーマン時代の年収よりも低い場合もある）できることなどのメリットがある。

　また、令和2年の高年齢者雇用安定法改正（2021年4月1日施行）により、65歳以降70歳までの「就業」確保措置努力義務が定められたことと社内フリーランスは関係し得る。すなわち、同改正での就業確保措置は「就業」なので単なる70歳までの雇用延長のほか、一定の要件を満たした[23]フリーランス（業務委託契約）として会社と継続的契約をする形式も含まれる。ただし、65歳になって突然「貴方はフリーランスです」と言っても実行できる人はごく少数だろう。定年間近になってからフリーランスとしての能力開発・教育を始めても遅いので、現役時代からキャリア自律を意識し、キャリアの棚卸しと今後の方向性を常に考えさせる機会を与えることが重要となる。その際に、自社の「稼げる」元社員フリーランスというロールモデルがいると、自分は何の専門なのかという点を含め、30代、40代など現役世代から、フリーランスとしてのキャリアを含めて、自らのキャリア自律を考えるきっかけとなる。

　なお、会社側のデメリットとしては、フリーランスとなると契約に定められた業務のみを行うことになるので、当然であるが新たな業務を遂行して貰う際は新たな発注行為となり、料金を別途支払う必要があることや、フリーランス化は働く者自らが行うものであるので強制できないことなどが挙げられる。

(2)　従業員のメリット・デメリット

　次に、従業員側のメリットとして、成功事例では収入が2倍3倍になっている例が見られる。また、フリーランス化することにより、自らの専門領域を考えるきっかけとなるので、自律したプロフェッショナル意識が醸成されると共に、日本のメンバーシップ型雇用のように職種無限定であらゆる仕事が対象となるのではなく、自分の仕事に値段をつける、という習慣を作るのもこれま

---

23)　過半数労組・過半数代表者の同意による制度導入、継続的な契約締結など（高年10条の2）。

でにない利点であろう。また、社員フリーランスとして実際に稼動している者が身近にいることにより、他の社員にとっても今後の学習意欲向上、自己のキャリア自律について考える良い機会となる。さらに、家庭の事情等で退職を検討しなければならないケースでも、フリーランスで業務内容を絞れば継続できる場合もあり、プライベートでやるべきこととの両立に繋がるケースもある。特に、元雇用主の会社と契約がある社員フリーランスは、純粋な独立で契約を得る保証がないフリーランスよりも起業当初の安定度が高いと言えるであろう。

　一方、デメリットとしては、収入や仕事が継続する保障がなく、契約終了リスクがあり得るため、複数社から仕事を受けることが可能であるかが重要となる。また、出産・育児・介護・私傷病・労災制度の不存在など、ライフリスク対策が労働者と比べて脆弱、という点が挙げられるため、保険や共済制度での自助努力に加えて、政府によるセーフティネットの拡充[24] が望まれる。

3　社員フリーランス化における留意点

　改めて、これまで労働契約であった元社員をフリーランス化する際の注意点についても触れておく。そもそも、社会保険料や残業代、解雇規制逃れ、単なるコスト削減策としてのフリーランス化はまさに「偽装フリーランス」ともいうべき状況であり、許されないのは当然である。また、社員フリーランス化は、労働契約の合意解約を伴うため強制することもできない。これらの点を無視して、単に企業側の都合だけで進める偽装フリーランスは、古くから労働法の世界で議論されてきた偽装請負と同じ状態[25] となり、行政指導を含めた社会的制裁を免れないであろう。

　そのほか重要となるのは、社員フリーランスに対して追加の業務を依頼する場合は追加発注行為になることを現場に理解してもらうことである。法形式が業務委託であれば、委託事項が増えれば別料金、というのは当たり前のことであるが、「元社員」であるが故に、発注側も悪気なく追加で業務を依頼してし

---

24)　労災保険、失業保険、育児休業給付金など、日本の各種セーフティネットは労働者であることを前提としたものが根強く残っているため、働く形式による保障の差異が生じないような制度改革が望まれる。

25)　労働者派遣法 40 条の 6 第 1 項 5 号により、直接雇用申込みみなし制度の適用があり得る。

351

第3部　フリーランスとの取引における留意点

まう場合もあり得る。かような追加発注が無償で行われてしまうとなれば、結局は職種無限定の労働契約と変わらない事態となってしまうため、元社員フリーランスに対して業務を発注する側の社員に対して、フリーランスに業務を発注することの意味（追加発注として別料金）を伝えることは重要である。

4　企業として社員フリーランスを支援する方策

　社員フリーランスは当然ながら個人事業主（軌道に乗れば法人化もあり得る）であるため、自らオフィスを構える、PCや机椅子等の備品を用意する、請求書を発行し帳簿を付けるなどの事務作業を行わなければならない。しかし、多くの社員フリーランスが元雇用主の会社と関わり続ける場合、フリーランスの事務作業負担を軽減すべく、オフィス、PC周り、税金、経費精算、請求書、福利厚生、団体保険、託児所、保育所などを共同して代行する共済組織を設立することにより、多くのフリーランスに共通する事務負担を大幅に低減させることが可能となる。また、重要なのが、社員フリーランスに対して業務を発注しようとする社員（労働契約）が増えることであるため、社内広報などにより、「○○の仕事が出来る○○さんがフリーランスとなりました、発注したい方は○○までご連絡を」などと周知をすることによりサポートしている事例もある。

　また、社員フリーランス化した中で年収が増えるなど成功事例を共有することにより、既存社員（労働契約）の中からフリーランス化を通じて自己のキャリア形成を見つめ直す者が増えることも企図できよう。

　最後に、社員フリーランス化する際の法形式は、労働契約としての退職と新たな業務委託契約の締結であるが、やはり労働契約がなくなることは多くの働く人にとって不安もあろう。そこで、会社都合退職よりもさらに上乗せした割増退職金を支払うケースや業務委託を毎年複数年更新することによりある程度の安定感・保障を与える施策も行われている[26]。

---

26)　例えば、「毎年3年契約を更新」という運用をすれば、どの時点で契約終了を告げられてもそこから2年程度の猶予があることになり生活の安定に資する。

352

5 本章まとめに代えて

　以上、社員フリーランスについて述べてきたが、企業としても、働く者としても、働き方の選択肢が広がり、労働契約としての副業・兼業のみならず、フリーランス化して複数顧客を持つ中の一つが「前職」である、という働き方の選択肢も今後は広がっていくであろう。

　つまり、労働契約関係のみが企業と働く人の関係ではなく、長期に持続可能な関係性の構築に当たってはどのような契約が適切かということである。ただし、前述のように現在の社会保障制度の多くが「労働者」を前提として設計されており、働き方の形式によるセーフティネット等の差異が大きいため、企業としてもこれを緩和する施策を検討する必要があろう。最後に、繰り返し述べておくが、本稿は労基法等の適用を免れるための偽装フリーランスを推奨するものでは決してない。会社と社員フリーランス、お互いにメリットがある就業形態であるからこそ、良いパフォーマンスが継続的に発揮できることに留意する必要がある。

第5章
フリーランスとプラットフォームの関係

Ⅰ　多様な類型

　フリーランスと発注者との間に、それらをつなぐプラットフォーム等のマッチング業者が介在する場合、それに対する法的規制を考える前提として、まず、当該三者間の関係が法的にどのような法律関係と整理されるか、検討する必要がある。

　厚生労働省の「『雇用類似の働き方に関する検討会』報告書」（2018年3月30日）（以下「雇用類似検討会報告書」という）は、いわゆる「クラウドソーシング」[1]の契約方法を、①仲介事業者が発注者から業務委託を受け、その業務をワーカーに再発注する「再委託タイプ」、②仲介事業者が発注者とワーカーの間の契約を仲介する「仲介タイプ」、③フリーランスと発注者の二者の直接注文、の3類型に分けている[2]。本章のうちⅠ、Ⅲ～Ⅴでは、基本的にかかる整理にならいつつ、一部修正して、①再委託型、②媒介型、③プラットフォーム型の3類型に分けて、解説する[3]。

1　再委託型
　再委託型では、発注者は、まずマッチング業者に対し発注をし、当該マッチ

---

1)　インターネットを介して注文者と受注者が直接仕事の受発注を行うことができるサービスをいう（雇用類似検討会報告書34頁）（https://www.mhlw.go.jp/file/04-Houdouhappyou-11911500-Koyoukankyoukintoukyoku-Zaitakuroudouka/0000201101.pdf〔2025年1月15日閲覧〕）。

2)　雇用類似検討会報告書35頁。

3)　より精緻に、①情報提供型、②場所貸し型（以上2つが、本文の整理にいうプラットフォーム型に該当）、③取引仲介（媒介）型（本文の整理にいう媒介型に該当）、④販売業者型（本文の整理にいう再委託型に類似）、の4類型に分ける見解もある（齋藤雅弘「通信販売仲介者（プラットフォーム運営業者）の法的規律に係る日本法の現状と課題」消費者法研究4号（2017年）109-110頁）。

354

【図表 3-5-1】再委託型

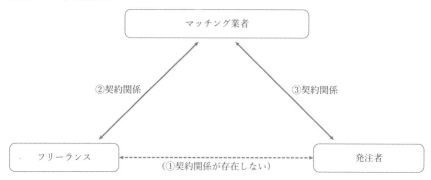

出典：第二東京弁護士会労働問題検討委員会編『フリーランスハンドブック』（労働開発研究会、2021年）373頁

ング業者は、それをフリーランスに再発注する。

　この場合、発注者とマッチング業者の間（図表3-5-1の③）と、マッチング業者とフリーランスの間（図表3-5-1の②）には、それぞれ契約関係が存在するが、フリーランスと発注者との間（図表3-5-1の①）には直接的な契約関係が存在しないと整理されることが多いと思われる。

　このうち、②のマッチング業者とフリーランスの間の契約関係は、これが労働契約関係にあたるのかどうかや、労働契約にあたらない場合にフリーランス法その他の法規制が適用されるかを考えていくことになる。

2　媒介型

　媒介型では、マッチング業者と発注者の間に直接（発注）契約が締結されるが、マッチング業者は、当該契約の締結を、「媒介」（商法上は、「仲立（ち）」という語も用いられる）することになる[4]。「媒介」の意義は後述する。

　この場合、フリーランスと発注者との間（図表3-5-2の①）に、受発注に関

---

[4]　雇用類似検討会報告書35頁における「仲介タイプ」よりも、少し狭い範囲を想定している。すなわち、「仲介タイプ」は、仲介事業者が「あっせん」を行うことのほか、インターネットを介して直接仕事の受発注を行うことができるサービスの提供を行うことも想定している。本文の「媒介型」は、ここでいう「あっせん」のみを想定しており、インターネットを介した受発注サービスは、後述の「プラットフォーム型」に含めて検討している。

第3部　フリーランスとの取引における留意点

【図表3-5-2】媒介型

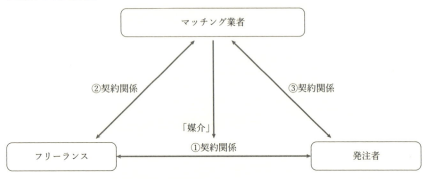

出典：第二東京弁護士会労働問題検討委員会編『フリーランスハンドブック』（労働開発研究会、2021年）374頁

する契約関係が存在することになる。これが労働契約関係にあたるのかどうかや、労働契約にあたらない場合にフリーランス法その他の法規制が適用されるかを考えていくことになる。

　これとは別に、マッチング業者とフリーランスの間（図表3-5-2の②）にも、契約関係がある。これは、形式上、媒介サービスの提供契約となるものと考えられるから、商法上またはその他の法律上の「媒介」を規制する法制や判例法理（Ⅶ4で後述）の適用を検討することが考えられる。これに加え、当該契約関係が労働契約関係にあたるのかどうかや、労働契約にあたらない場合にその他の法規制が適用されるかを考えていくことになる。

3　プラットフォーム型

　プラットフォーム型では、フリーランスと発注者の間に直接（発注）契約が締結されるが、マッチング業者は、ただ単に、当該契約の締結が行われる場（プラットフォーム）を提供しているにすぎず、「媒介」（商法上は、「仲立（ち）」）に該当するような行為は行っていない[5]。

　この場合、フリーランスと発注者との間（図表3-5-3の①）に、受発注に関

5）雇用類似検討会報告書35頁における「直接注文」の類型に加え、「仲介タイプ」のうち、インターネットを介して直接仕事の受発注を行うことができるサービスの提供を行う場合を想定している。

【図表 3-5-3】プラットフォーム型

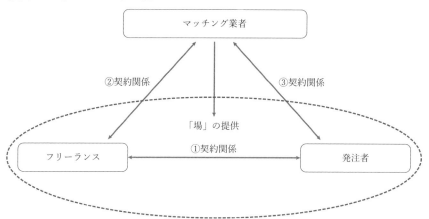

出典：第二東京弁護士会労働問題検討委員会編『フリーランスハンドブック』（労働開発研究会、2021年）375頁

する契約関係が存在することになる[6]。これが労働契約関係にあたるのかどうかや、労働契約にあたらない場合にフリーランス法その他の法規制が適用されるかを考えていくことになる。

これとは別に、マッチング業者とフリーランスの間（図表 3-5-3 の②）にも、契約関係が存在する。これは、プラットフォームサービスの提供契約といえるが、現状のところ、プラットフォーム提供サービスに対する日本の法制は、後述のとおり、発展途上といえる。これに加え、当該契約関係が労働契約関係にあたるのかどうかや、労働契約にあたらない場合にフリーランス法その他の法規制が適用されるかを考えていくことになる。

---

[6] 契約関係の成立を、マッチング業者とフリーランス間（図表 3-5-3 の②）、マッチング業者と発注者間（図表 3-5-3 の③）のみに認め、フリーランスと発注者の間（図表 3-5-3 の①）に契約関係を独立して成立させないという考え方も、理論的には可能だとする見解もある（中田邦博「インターネット上のプラットフォーム取引とプラットフォーム事業者の責任」現代消費者法46号（2020年）35頁、37頁）。例えば、Uberのような配車システムにおいて、運送契約は、配車アプリで配車注文をする者とUberとの間に成立するのであって、配車注文者とドライバーの間に成立しているわけではない、と考える余地もあるとの指摘がある（中田・前掲37頁）。

第 3 部　フリーランスとの取引における留意点

4　3類型の区別

　マッチング業者が、再委託型、媒介型、プラットフォーム型のいずれに該当するのかの基準には、定説があるわけではないが、フリーランスと発注者との間の取引に対するマッチング業者の関与の度合いの大小により区別するというのが、現状の最大公約数的な考え方と思われる [7]。

(1)　再委託型と媒介型・プラットフォーム型の区別

　近時では、フリーランス法が仲介事業者に対し適用されるかという問題が注目され、政府は、同法の国会審議の中で、以下の見解を示している [8]。

> ①　プラットフォーム事業者が自ら事業委託者となる場合（再委託型）には、プラットフォーム事業者自身がフリーランス法の適用対象となる。
> ②　あっせん仲介型のプラットフォーム事業者は、契約形態上はフリーランス法の適用対象にならないとも思えるものの、取引実態から総合的に見て実質的にプラットフォーム事業者自身が事業委託者であると評価できる場合には、なおフリーランス法の規制対象となる。
> ③　上記の②における実質的な事業委託者の判断要素として、委託内容への関与の状況、金銭債権の内容や性格、債務不履行時の責任主体等を総合的に勘案する。追ってガイドライン等で明らかにする。
> ④　取引実態からしてもなおプラットフォーム事業者がフリーランス法の規制対象にならない場合は、事業委託者とフリーランスの間にフリーランス法が適用されるとしつつも、プラットフォーム事業者は同法に基づく調査等の対象となり得る。

　解釈ガイドラインも、「実質的に」フリーランスに業務委託をしているといえる事業者が業務委託事業者に該当するとし、これは、委託の内容（物品、情報成果物または役務の内容、相手方事業者の選定、報酬の額の決定等）への関与の状況のほか、必要に応じて反対給付たる金銭債権の内容および性格、債務不履行時の責任主体等を、契約および取引実態から総合的に考慮して判断するとし

---

　7)　後述の「電子商取引及び情報財取引等に関する準則」のほか、菅野邑斗「シェアリングエコノミーにおけるプラットフォーマーの私法上の責任」TMI Associates Newsletter Vol.30（2017年）8頁。

　8)　第 211 回国会衆議院内閣委員会第 10 号 2023 年 4 月 5 日会議録〔発言：47 番〕（政府参考人三浦章豪）、第 211 回国会参議院内閣委員会第 12 号 2023 年 4 月 27 日会議録〔発言：19 番〕（政府参考人岩成博夫）。

358

ている（解釈ガイドライン第1部3）。

⑵　媒介型とプラットフォーム型の区別（「媒介」の意義）

　名古屋高裁平成20年11月11日判決（自保ジャーナル1840号160頁）は、インターネットオークションサイトの運営者が仲立人（商543条）にあたるかという論点について、「仲立人は、他人間の法律行為の媒介をすること、すなわち他人間の法律行為（本件では売買契約の締結）に尽力する者をいう」と定式化した上で、当該サイト運営者は、「落札後の出品者、落札者間の上記交渉の過程には一切関与して」いないこと、「出品者は自らの意思で本件システムのインターネットオークションに出品し、入札者も自らの意思で入札をするのであり」、当該サイト運営者がその過程で両者に働きかけることはないこと、「落札者は、入札者の入札価格に基づき、入札期間終了時点の最高買取価格で入札した者に対し自動的に決定され、その者に、自動的に電子メールで通知が送られる」という過程は、「システムのプログラムに従い自動的に行われており」、当該サイト運営者が「落札に向けて何らかの尽力をしている」ともいえないことを理由に、仲立人該当性を否定した。上記の裁判所の判断は、単にシステム上自動的にマッチングが行われるだけでは、「媒介」といえるほどの「他人間の法律行為」の締結のための「尽力」とはいえないことを示しているといえる。

　ジェイコム株式誤発注事件（東京地判平成21・12・4判時2072号54頁）は、証券取引所である被告に対し、その取引参加者である原告が、ジェイコム社の株式の「61万円1株」の売り注文をするつもりが誤って「1円61万株」の売り注文をし、その後それを取り消す注文をしたが取消しの効果が生じなかったという事案であった。原告は、被告に個別注文取消義務があったと主張する前提として、取引参加者契約は媒介契約であると主張したが、裁判所は、入力された個別の注文を機械の反応で処理する「被告売買システムを前提とした場合、被告が媒介行為を行う余地はない」と判示し、原告の主張を退けた[9]。この裁判所の判断も、システム上の機械的処理では「媒介」にあたらないことを示し

---

　9)　控訴審判決である東京高判平成25・7・24判タ1394号93頁も同旨（上告棄却・上告不受理決定で確定）

第 3 部　フリーランスとの取引における留意点

ている。

　こうした裁判例をも踏まえ、特に媒介型とプラットフォーム型を区別する基準として、契約締結のための人的な関与（要するに、生身の人間が「汗をかく」こと）がそのサービスの主要な部分を占める場合には「媒介」と考え、他方、機械的なシステムの提供がそのサービスの主要な部分を占める場合には単なる「場」の提供者と考える、という定式化があり得る[10]。また、**2**の媒介型にあたる「取引仲介型」を、「消費者間や消費者と事業者間における個別の取引の成立についてあっせんや紹介をする」ものとして、「事業者が構築したシステム（広い意味での市場・マーケット〔取引の場〕）を他人に有料で提供し、使用させているに止まり、そのシステムで行われる個別取引の成立には積極的にコミットメントする立場にない」もの（**3**のプラットフォーム型）と区別する見解もある[11]。

　経済産業省が電子商取引等に関し民法等の解釈を示した「電子商取引及び情報財取引等に関する準則」（2022 年 4 月版）（以下「電子商取引準則」という）Ⅰ-8 は、以下の場合には、プラットフォーム事業者も、単なる「仲介システムの提供」を超えて、ユーザー間取引に「実質的に関与する」ものとして、その役割に応じた法的責任を負うとしている（電子商取引準則Ⅰ-8(4)）。以下は、インターネットオークションやフリマサービスといった物品の売買を想定したものであるが、フリーランスを含む人材のマッチングサービスにも、同様の考え方が当てはまる余地がある。

　①　「プラットフォーム事業者がユーザーの出品行為を積極的に手伝い、これに伴う出品手数料又は落札報酬を出品者から受領する場合」
　　　例えば、「インターネット・オークションやフリマサービスにおけるブランド品の出品等に関し、プラットフォーム事業者がユーザーから電

---

10)　増島雅和ほか「『シェアリングエコノミー』の論点整理──欧州委員会報告書を題材として」ビジネスロージャーナル 2016 年 10 月号（2016 年）62 頁、67-68 頁、藤原総一郎ほか「デジタルプラットフォームの法律問題（第 7 回）プラットフォーム事例研究①──マッチングプラットフォームとデータ共用型プラットフォーム」NBL1143 号（2019 年）81 頁、84 頁。

11)　齋藤・前掲注 3) 112 頁。

360

話で申込みを受け、当該ブランド品をプラットフォーム事業者宛てに送付してもらい、プラットフォーム事業者がユーザー名で出品行為を代行し、出品に伴う手数料や落札に伴う報酬を受領する場合」には、「プラットフォーム事業者は出品代行者であり、単なる場の提供者ではない」。

② 「特定の売主を何らかの形で推奨する場合」

「プラットフォーム事業者が、特定のユーザーを推奨したり、特定のユーザーの販売行為を促進したり、特定の出品物を推奨した場合」、例えば、「単に一定の料金を徴収してウェブサイト内で宣伝することを越えて、特定の売主の特集ページを設け、インタビューを掲載するなどして積極的に紹介し、その売主の出品物のうち、特定の出品物を『掘り出し物』とか『激安推奨品』等としてフィーチャーするような場合」には、「プラットフォーム事業者も責任を負う可能性がないとは限らない」。

5　概　観

　フリーランスを発注者とマッチングするプラットフォームに対する法的規制を考えるに当たっては、当該マッチングサービスが上記の3類型のいずれに該当するかとともに、フリーランスが労基法上の労働者に該当するかという点も重要なポイントになる。労基法上の労働者に該当する場合には、後述のとおり、派遣法と職安法におけるマッチング規制が広く及ぶことになる。他方、労基法上の労働者性がない場合には、現行法上特にかかるマッチングサービスを規制する法制は存在せず、問題の解決は独禁法や民商法に委ねられている状況にある。なお、後述のプラットフォーム適正化法は、現時点では、人材のマッチングプラットフォームには適用されていない。

　これらを踏まえて、フリーランスと発注者をマッチングするプラットフォームに対する法的規制をまとめると、図表3-5-4のようになる。

　再委託型の場合には、フリーランスとプラットフォームの間に直接の契約関係があり、これに対しフリーランス法等の適用を考えればよい。以下では、主に媒介型とプラットフォーム型を念頭において、これらに対する法的規制を概観することにする。

第3部　フリーランスとの取引における留意点

【図表3-5-4】

	労働者性あり	労働者性なし
再委託型	労基法その他の労働法規	フリーランス法 下請法 独禁法 民商法
媒介型	派遣法・職安法	商法上の仲立規制 独禁法 民商法
プラットフォーム型	派遣法・職安法	独禁法 民商法

Ⅱ　独占禁止法

　マッチング業者に対する独禁法上の規制としては、優越的地位の濫用（独禁2条9項5号）、単独の間接取引拒絶（一般指定2項）、排他条件付取引（同11項）または拘束条件付取引（同12項）、競争者に対する取引妨害（同14項）などが考えられる。

1　デジタル・プラットフォームにおける市場

　デジタル・プラットフォームには、仲介型プラットフォームと非仲介型プラットフォームがあるとされる。フリーランスがデジタル・プラットフォームを利用するに際しては、マッチング業者は企業による求人を自らのデジタル・プラットフォームにおいて掲載し、フリーランスは当該求人に応募することが通常と考えられるところ、フリーランスとデジタル・プラットフォームとの関係を検討するにあたっては、基本的には、仲介型プラットフォームであることを前提にして良いと解される。

　フリーランスに対する求人を掲載するデジタル・プラットフォームには求人掲載者とフリーランスという、2つの需要者が存在し、プラットフォーム事業者と求人掲載者、プラットフォーム事業者とフリーランス、それぞれの取引について市場が形成されている。この点、企業結合審査に関する独占禁止法の運用指針[12]（企業結合ガイドライン）においても、「第三者にサービスの『場』を

362

提供し、そこに異なる複数の需要者層が存在する多面市場を形成するプラット
フォームの場合、基本的に、それぞれの需要者層ごとに一定の取引分野を画定
し、後記第4の2(1)キ〔筆者注：水平型企業結合における単独行動による競争の
実質的制限について〕のとおり多面市場の特性を踏まえて企業結合が競争に与
える影響について判断する」とされる（企業結合ガイドライン第2・1）。

　もっとも、企業結合ガイドラインにおいては、「なお、一定の取引分野は、
取引実態に応じ、ある商品の範囲（又は地理的範囲等）について成立すると同
時に、それより広い（又は狭い）商品の範囲（又は地理的範囲等）についても
成立するというように、重層的に成立することがある。例えば、プラットフォー
ムが異なる需要者層の取引を仲介し、間接ネットワーク効果（後記第4の2
(1)キ〔筆者注：水平型企業結合における単独行動よる競争の実質的制限について〕
参照）が強く働くような場合には、それぞれの需要者層を包含した一つの一定
の取引分野を重層的に画定する場合がある」と説明している（例えば、米国に
おいて、American Express Co. は、他のクレジットカード会社よりも高い手数料が
設定されていたところ、加盟店に対し、店舗の顧客に Amex 以外の他のカードを利
用するよう働きかけることを禁止していたことが、シャーマン法1条[13] に反すると
して司法省等により提訴された事案がある。この事案では、加盟店との取引にかか
る市場と利用者〔カード保有者〕との取引に係る市場とがあるところ、特定のクレ
ジットカードを介して、特定のクレジットカード保有者が増えれば当該クレジット
カード会社への加盟店が増え、当該クレジットカード会社への加盟店が増えれば当
該クレジットカード保有者も増えるという、一方の市場の利用者の増加が他方の市
場における利用者の増加につながる関係にあること、さらに、クレジットカードを
利用した取引は、加盟店・利用者ともにクレジットカードのサービスを利用するこ
とに同意しなければ売上が成立しないことから、より強い相互に連結した価格設
定・需要の存在が認められるため、加盟店との取引に係る市場だけでなく、利用者
との取引に係る市場を含めた全体として一つの市場として画定されている。結論と

---

12)　企業結合審査に関する独占禁止法の運用指針（https://www.jftc.go.jp/dk/kiketsu/guideline/
　　guideline/shishin.html〔2025年1月15日閲覧〕）。

13)　Sherman Antitrust Act Section 1（取引・通商を制限する全ての契約、トラストその他の形態
　　による結合または共謀を禁止。水平的カルテルに加え、垂直的取引制限にも適用される）。

第3部　フリーランスとの取引における留意点

しては、一方の市場において価格上昇を招く要因となっていたとしても、必ずしも、包摂された市場全体に対する反競争的な効果が生じるわけではないこと、高い手数料は、会員への充実した特典付与による満足度維持に資するものであること、これによって他のクレジットカード事業者とカード保有者・加盟店との取引数を減少させる等、市場競争を阻害したとはいえず、競争を促進するものであるとして、シャーマン法1条に反しないとの判断がなされている）。

【図表3-5-5】

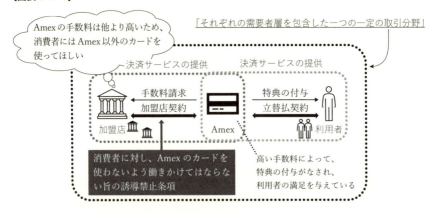

「また、当事会社グループが多岐にわたる事業を行っている場合には、それらの事業すべてについて、取引の対象となる商品の範囲及び地理的範囲をそれぞれ画定していくこととなる」とも記載される（企業結合ガイドライン第2・1）。
「例えば、プラットフォームが異なる需要者層の取引を仲介し、間接ネットワーク効果……が強く働くような場合」と記載されるように、あるプラットフォームを介して、一方の市場の利用者が増えるほど、他方の市場における利用者が増加し、利用者の増加によって、プラットフォームが提供する商品・サービスの価値が間接的に高まるような場合、すなわち、あるプラットフォームについて、利用する求人掲載事業者が増えるほど、当該プラットフォームを利用するフリーランスが増え、他方で、利用するフリーランスが多くなるほど、求人掲載事業者も増え、当該プラットフォーム自体の価値が高まる関係がある場合には、プラットフォーム事業者と求人掲載者との取引にかかる市場と、プラットフォーム事業者とフリーランスとの取引にかかる市場を包含する市場とし

第5章 フリーランスとプラットフォームの関係

て、求人掲載サイトの市場といったひとつの市場を形成する可能性があることが示唆されている。

【図表3-5-6】

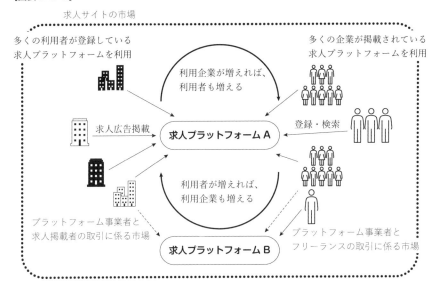

2 デジタル・プラットフォームにおける独占禁止法上の懸念

　デジタル・プラットフォームでは独占が生じやすいといわれる。独占が生じると、デジタル・プラットフォームの運営事業者が、自らのプラットフォーム上で行われる公正かつ自由な競争を歪めたり、自らの競争者となるおそれのあるプラットフォームベンチャーなどを不当に排除したり買収するなどにより、プラットフォーム間の自由な競争の芽を摘み、自らの市場支配力を維持・拡大したり、自らのプラットフォームと密接な補完関係にある市場等への進出・拡大を図る際に、不公正な方法によって進出・拡大を行ったりすることが懸念される[14]。

　特に、フリーランスとの関係では、プラットフォーム事業者がフリーランスに対して不公正な取引方法に該当するような行為をすることが懸念される。具

---

14) 泉水文雄『独占禁止法』(有斐閣、2022年) 634頁。

第 3 部　フリーランスとの取引における留意点

体的には、自己のプラットフォームに登録するフリーランスに対して、他のプラットフォームに登録しないことを条件とし、他のプラットフォームに登録したフリーランスの登録を拒否することが考えられるが、これは、不当に、相手方が競争者と取引しないことを条件として当該相手方と取引し、競争者の取引の機会を減少させるおそれがある行為といえ、排他条件付取引（一般指定 11 項）や拘束条件付取引（一般指定 12 項）、単独の取引拒絶（一般指定 2 項）等に該当するおそれがある。例えば、フリーランスに関する事例ではないものの、デジタル・プラットフォームに関する事例として、民泊サービスを提供する取引先事業者と民泊サービスを受けようとする者とを仲介するサイトを提供するエヌビーアンドビー・アイルランド・ユー・シーおよび Airbnb Japan 株式会社の事例では、同社らが、民泊サービスを提供する取引先事業者に対し、他の民泊サービス仲介サイトへの API を利用した情報の掲載等を制限する規定を契約上定めており、他の民泊サービス仲介サイトの運営事業者の排除につながることが懸念された事案がある。なお、最終的に、規定を適用する権利を放棄する措置を速やかに講じる申出がなされ、審査が終了している（図表 3-5-7）。また、ペット仲介サイト運営分野において有力な事業者であるみんなのペットオンライン株式会社が、一定条件を満たし、特典が付与されることとなったブリーダーに対し、商品の範囲・期間を限定せず他の仲介サイトへの掲載を禁止するという制度について、他の仲介サイト運営者とブリーダーとの間の取引を減少させるとして排他的条件取引に該当するおそれがあり、また、他の仲介サイトを利用する一般消費者をも減少させる効果も有するとして、仲介サイトの運営事業者間の公正な競争を阻害するおそれがあるとされた事案もある。なお、この事案についても、かかる制度を取りやめた旨の申出がなされ、独占禁止法違反の疑いを解消するものとして、審査が終了している（図表 3-5-8）。

　プラットフォーム事業者が、登録しようとするフリーランスに対して、氏名、電話番号、住所、メールアドレス、生年月日、経歴、位置情報等の提供を求め、これを提供しない場合にはプラットフォームに登録させないといったことが考えられる。この点、求人掲載者とフリーランスとの間の仲介に必要な限度で情報の提供を求め、それを利用することは認められると解されるが、利用目的を知らせずに個人情報を取得すること、利用目的の達成に必要な範囲を超えて、

第5章　フリーランスとプラットフォームの関係

【図表3-5-7】

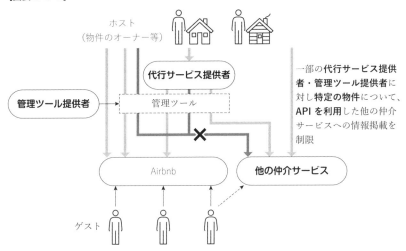

【図表3-5-8】

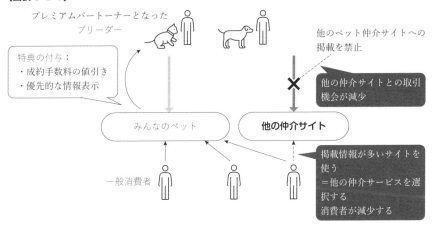

　消費者の意に反して個人情報を取得すること、個人データの安全管理のために必要かつ適切な措置を講じずに、個人情報を取得すること、自己の提供するサービスを継続して利用する利用者に対して、利用者がサービスを利用するための対価として提供している個人情報等とは別に、個人情報等その他の経済上の利益を提供させること、利用目的の達成に必要な範囲を超えて、利用者の意に反して個人情報を利用すること、個人データの安全管理のために必要かつ適切

第3部　フリーランスとの取引における留意点

な措置を講じずに、個人情報を利用することといった場合には、優越的地位の濫用（独禁2条9項5号）として問題となり得ると解される（公正取引委員会「デジタル・プラットフォーム事業者と個人情報等を提供する消費者との取引における優越的地位の濫用に関する独占禁止法上の考え方」[15]参照。同考え方は、対消費者を想定したものであるが、事業者であるフリーランスとの関係においても参考になると解される）。

　また、優越的地位の濫用は、個人情報の利用についてのみ問題になるわけではない。プラットフォーム事業者が、一方的に、手数料を引き上げ、あるいは、当該プラットフォーム事業者が提供するサービスを利用しなければ、プラットフォームを利用させないといった場合にも、優越的地位の濫用として、独占禁止法の問題となるおそれがある。

Ⅲ　労働法

　プラットフォームがマッチングするフリーランスが、労基法上の労働者に該当する場合には、主に派遣法と職安法のマッチング規制の対象になる。マッチングサービスの形態に応じて、図表3-5-9のとおり区分することができる。

【図表3-5-9】

種　類	参入規制	規制法
労働者派遣	許可制	派遣法
労働者供給	ほぼ禁止	職安法
職業紹介	許可制	職安法
委託募集	許可制	職安法
募集情報等提供	なし（一部届出制）	職安法

1　労働者派遣

　「労働者派遣」とは、「自己の雇用する労働者を、当該雇用関係の下に、かつ、他人の指揮命令を受けて、当該他人のために労働に従事させることをいい、当

---

15)　https://www.jftc.go.jp/dk/guideline/unyoukijun/dpfgl.html（2025年1月15日閲覧）。

368

該他人に対し当該労働者を当該他人に雇用させることを約してするものを含まないもの」と定義される（労派遣2条1項）。ここでいう「当該他人に対し当該労働者を当該他人に雇用させることを約してするもの」というのは、要するに在籍出向のことであり、在籍出向は、労働者派遣に含まれず、2で後述する労働者供給に該当する余地があるにとどまる。

【図表3-5-10】労働者派遣事業と請負により行われる事業との差異

出典：厚生労働省職業安定局「労働者派遣事業関係業務取扱要領」（2024年4月）1頁

労働者派遣は、業として行うには許可が必要である（労派遣5条）。

労働者派遣業許可を取得した後も、派遣元事業主と派遣先との間の労働者派遣契約の内容や解除につき詳細な規制があるほか（労派遣26条〜29条の2）、派遣元事業主の講ずべき措置として、有期派遣労働者の雇用安定措置、派遣労働者の不合理な待遇の禁止、就業条件の明示など、多種多様な措置を取る義務を課している（労派遣30条〜38条）。派遣先にも、派遣先の事業所単位の期間制限、派遣労働者個人単位の期間制限などの諸規制が課される（労派遣39条〜43条）。

労働者派遣法は、エンフォースメントの仕組みとして、厚生労働大臣（都道府県労働局長〔労派遣56条1項〕）の指導助言（労派遣48条）、改善命令（労派遣49条）、勧告と公表（労派遣49条の2）等の行政上の措置のほか、罰則（労派遣58条〜62条）も設けている。さらに紛争解決のため、都道府県労働局の紛争調整委員会の調停の仕組みも用意している（労派遣47条の8〜47条の10）。

2　労働者供給

「労働者供給」とは、供給契約に基づいて労働者を他人の指揮命令を受けて

労働に従事させることをいい、派遣法2条1号に規定する労働者派遣に該当するものを含まない（職安4条8項）。

【図表3-5-11】労働者派遣と労働者供給との差異

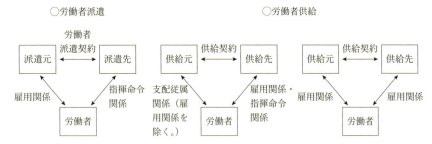

出典：厚生労働省職業安定局「労働者派遣事業関係業務取扱要領」（2024年4月）11頁

　図表3-5-11のとおり、労働者派遣に該当する行為は、労働者供給に含まれない。1で述べたとおり、在籍出向は労働者派遣に含まれないから、翻って、労働者供給に含まれ得ることになる。
　労働者供給事業は、労働組合が許可を受けて行う場合を除き、全面禁止されている（職安44条・45条）。労働者供給事業を行う者から供給される労働者を自らの指揮命令の下に労働させることも禁止されており（職安44条）、労働者供給を行う者（供給元）のみならず、供給先も禁止の対象となることに留意されたい。これらに違反した者は、1年以下の拘禁刑または100万円以下の罰金刑の対象となる（職安64条10号）。

3　職業紹介・委託募集・募集情報等提供

(1)　意義と許可制・届出制

　職業安定法は、労働者供給事業を一律に禁止するほか、その他の態様の労働者のマッチング行為を規制する。職業紹介、委託募集、募集情報等提供に対する規制がそれである。
　「職業紹介」とは、「求人及び求職の申込みを受け」、「求人者と求職者との間における雇用関係の成立のあっせんをすること」と定義される（職安4条1項）。「雇用関係の成立のあっせん」とは、「求人者と求職者との間をとりもっ

て雇用関係の成立が円滑に行われるように第三者として世話すること」とされる（厚生労働省職業安定局「職業紹介事業の業務運営要領」（2024年4月版）第1・1(1)）。東京エグゼクティブ・サーチ事件（最二小判平成6・4・22民集48巻3号944頁）も、「あっせん」とは「求人者と求職者との間における雇用関係成立のための便宜を図り、その成立を容易にさせる行為一般を指称する」としている。

「委託募集」とは、被用者以外の者をして、報酬を与えて、「労働者の募集」（労働者となろうとする者に対しその被用者となることを勧誘すること）を行う行為を指す（職安4条5項・36条1項）。

「募集情報等提供」とは、図表3-5-12のように、労働者の募集に関する情報を、労働者の募集を行う者等に対し、または、労働者になろうとする者等に対し、提供する行為を指す（職安4条6項）。

職業紹介事業、有償の委託募集は、ごく一部の例外を除き、厚生労働大臣の許可を要する（職安30条1項・33条1項・36条1項）。許可なく職業紹介事業や委託募集を行うと、1年以下の拘禁刑または100万円以下の罰金刑が科される（職安64条1号・5号・7号）。他方、募集情報等提供は、このうち労働者になろうとする者に関する情報を収集して行うものが「特定募集情報等提供」として位置づけられ、これを事業として行うには届出が必要であり（職安43条の2第1項）、これに違反すれば6か月以下の拘禁刑または30万円以下の罰金刑が科されるが（職安65条7号）、「特定募集情報等提供」にあたらない募集情報等提供については、現行法上許可制・届出制のような参入規制は存在しない。

(2) 情報提供に関する規制とフリーランス法との比較

職業紹介であれ、委託募集であれ、募集情報等提供であれ、職業安定法は、労働条件等の明示義務（職安5条の3）、求人等に関する情報の的確表示義務（職安5条の4）を課している。これらの内容とフリーランス法と比較したものが、図表3-5-13である。

4 検 討

フリーランスと発注者をマッチングするビジネスにあっては、現実には、フリーランスが労働者である場合、ない場合で截然と取扱いを分けることは現実

第3部　フリーランスとの取引における留意点

【図表3-5-12】募集情報等提供（職安4条6項）

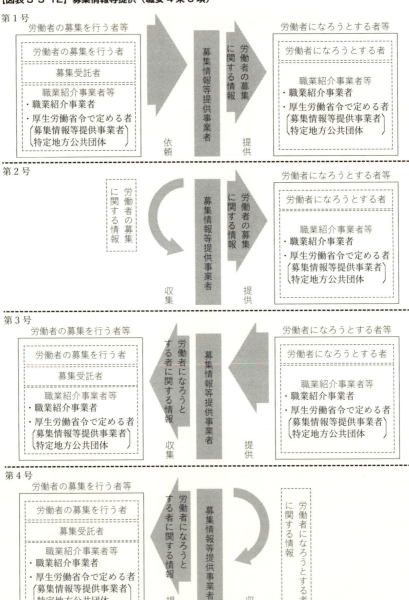

出典：倉重公太朗＝白石紘一編『実務詳解職業安定法』（弘文堂、2023年）173頁

第5章　フリーランスとプラットフォームの関係

【図表3-5-13】

	労働条件を明示する義務（職安5条の3第1項・2項）	明示した労働条件を変更する場合の変更事項明示義務（職安5条の3第3項）	広告等で情報を提供する場合の的確表示義務（職安5条の4）
A：職業紹介事業者	あり	あり（義務主体は雇用者）	あり
B：募集受託者	あり	あり（義務主体は雇用者）	あり
C：募集情報等提供事業を行う者	なし	なし	あり
D：フリーランス法の特定業務委託事業者	あり（ただし下請法に由来するフリーランス法3条による）	なし	あり（フリーランス法12条）
E：D以外のフリーランス法の業務委託事業者	あり（ただし下請法に由来するフリーランス法3条による）	なし	なし

的ではないと考えられるから、フリーランス法上の規制のほか、労働法上のマッチング規制をも念頭にビジネスを構築することが求められるだろう。

Ⅳ　プラットフォーム透明化法

　マッチング業者のうち、単なる「場」の提供者とみられるプラットフォーム運営者に対する数少ない法規制として、特定デジタルプラットフォームの透明性及び公正性の向上に関する法律（プラットフォーム透明化法）がある。プラットフォーム透明化法は、デジタルプラットフォーム提供者の自主性と自律性に配慮しつつ、商品等提供利用者の利益の保護を図るため、経済産業大臣が指定したデジタルプラットフォーム提供者に対し、デジタルプラットフォームの提供条件の開示義務（同法5条）、プラットフォーム提供者と利用者との間の取引関係における相互理解の促進を図るための必要な措置義務（同法7条）、デジタルプラットフォームの運営状況の報告書提出義務（同法9条）を課すものである。

373

第3部　フリーランスとの取引における留意点

　もっとも、現時点（2025年1月）において指定されているデジタルプラット
フォームは、図表3-5-14のものにとどまり[16]、フリーランスのマッチング
を行うプラットフォームが直接の対象とはされていない。

【図表3-5-14】

運営事業者	事業等
アマゾンジャパン合同会社	Amazon.co.jp
楽天グループ株式会社	楽天市場
LINE ヤフー株式会社	Yahoo! ショッピング
Apple Inc. および iTunes 株式会社	App Store
Google LLC	Google Play ストア
Google LLC	広告主向け広告配信役務である「Google 広告」、「Display & Video360」等を通じて「Google 検索」または「YouTube」に広告を表示する事業
Meta Platforms、Inc.	広告主向け広告配信役務である「Facebook 広告」を通じて「Facebook（Messenger 含む）」または「Instagram」に広告を表示する事業
LINE ヤフー株式会社	広告主向け広告配信役務である「Yahoo! 広告」を通じて「Yahoo!JAPAN（Yahoo! 検索含む）」または「LINE 及びファミリーサービス」に広告を表示する事業
Google LLC	広告主向け広告配信役務である「Google 広告」、「Display & Video360」等を通じて、「AdMob」、「Adsense」等により、媒体主の広告枠に広告を表示する事業

　かえって、梶山弘志経済産業大臣（当時）は、国会答弁において、単発の業
務請負を仲介するデジタルプラットフォームがプラットフォーム透明化法の適
用対象となるか否かについて問われた際、「当面は、公正取引委員会等による
調査で取引実態上の課題が明らかとなっている大規模なオンラインモールやア
プリストアを対象とする予定であり、仕事と個人のマッチングを行うデジタル
プラットフォームを対象とすることは予定をしておりません」と回答してい

---

16) https://www.meti.go.jp/policy/mono_info_service/digitalplatform/provider.html（2025年1月
　　15日閲覧）。

374

る[17]。もっとも、同大臣は、「フリーランスなどの雇用によらない働き方の保護のあり方については、多様で柔軟な働き方を後押しする観点から、健全な発展に向けて取り組んでいくべき課題」であり、「将来的な課題として、競争政策でやっていくのか労働政策でやっていくのかという課題があると思いますけれども、今現実に起こっている課題についてはできるだけ救済できるような方向で検討してまいりたい」とも述べており[18]、今後の動向を注視する必要がある。

V　商法上の仲立規制

1　要　件

　マッチング業者が、フリーランスと発注者の間の受発注に関する契約の締結を「媒介」していると評価される場合（「媒介」の意義はⅠ4⑵参照）、フリーランスとマッチング業者との間に媒介サービスの提供に係る契約が成立し、これが商法上の仲立契約にあたると認められる可能性がある。この場合、マッチング業者は、他人間の「商行為」の「媒介」を業とする者、すなわち仲立人（商543条）に該当するものとして、仲立営業に係る商法の規定が適用されることになる。

　仲立人の媒介する行為は、「商行為」である必要がある。どのような行為が「商行為」に該当するかは、商法501条～503条に定めている。詳細は第1部第2第8章を参照されたい。媒介の対象となる「商行為」は、当事者の少なくとも一方にとって商行為であれば足りるから（商3条1項）、フリーランスか発注者のいずれかが会社である場合は、「商行為」を媒介したものとされることになる。

　マッチング業者が仲立人であると認められた場合、当該マッチング業者は、商法上、以下のような義務を負うこととなる。

---

17)　第201回国会衆議院経済産業委員会第5号2020年4月10日会議録〔発言：370番〕。
18)　第201回国会衆議院経済産業委員会第5号2020年4月10日会議録〔発言：390番〕。

第 3 部　フリーランスとの取引における留意点

2　結約書の交付義務

　仲立人は、媒介によって当事者間で契約が成立したときは、遅滞なく結約書を作成し、かつ、署名または記名押印した後、これを各当事者に交付する義務がある（商 546 条 1 項）。この結約書には、各当事者の氏名・名称、行為の年月日、契約内容の要領が記載される（商 546 条 1 項 1 号・2 号）。結約書を作成・交付させる趣旨は、仲立人の媒介により法律行為が成立した事実およびその内容を明確にしておき、後日における紛争に備えるためであるとされる [19]。

　結約書は、書面に代えて電磁的記録をもって作成することができ（商法施行規則 10 条）、電磁的方法により交付することも可能である（同 11 条）。また、結約書は当事者間の契約書とは異なるものであるが、仲立人が当事者間の契約に関与し自ら署名または記名押印することにより、両者を兼ねさせることは可能であるとされている [20]。

3　帳簿作成・謄本交付義務

　仲立人は、帳簿を作成し、その帳簿に結約書に記載すべき事項を記載しなければならない（商 547 条 1 項）[21]。当事者は、いつでも、仲立人がその媒介により当該当事者のために成立させた行為について、帳簿の謄本の交付を請求することができる（商 547 条 2 項）。当該帳簿は、電磁的方法をもって作成することができ、謄本は電磁的方法により交付することが可能である（商法施行規則 10 条・11 条）。

4　氏名黙秘義務

　仲立人は、当事者から自己の氏名または名称を相手方に示さないよう命じられたときは、結約書および交付する帳簿の謄本に、その当事者の氏名・名称を記載してはならないとされる（氏名黙秘義務。商 548 条）。

---

19)　田邊光政『商法総則・商行為法〔第 4 版〕』（新世社、2016 年）260 頁。
20)　青竹正一『商法総則・商行為法』（信山社、2019 年）339 頁。
21)　当該帳簿の保存期間について、仲立人の営業に関する重要書類であることなどの理由から、会計帳簿（商 19 条 2 項、会社計算 4 条 1 項）に準ずるものとして、商業帳簿に関する規定（商 19 条 3 項）の類推適用により、10 年間の保存義務があるとする見解が存在する（青竹・前掲注 20）340 頁）。

5　介入義務

また、仲立人は、当事者の一方の氏名または名称を相手方に示さなかったとき[22]は、当該相手方に対して成立した契約を自ら履行する責任を負う（介入義務。商549条)[23]。

発注者とフリーランスをマッチング業者が仲介する場面において、直接適用はもとより類推適用の可能性も含め、フリーランスがマッチング業者に対し報酬の支払等の直接履行を請求する根拠とされ得る。

6　善管注意義務

仲立人は、委託者のために善良な管理者の注意をもって取引の成立に尽力すべき義務を負うとともに、成立する契約が支障なく履行され委託者が契約の目的を達し得るものであるように注意を尽くす義務を負う（民656条・644条)[24]。

Ⅵ　消費者法

フリーランスと消費者法については、第1部第1第4章で詳述した。

フリーランスが消費者契約法上の「消費者」に該当し、かつ、労働契約の適用除外（消費契約48条）にもあたらないとして、フリーランスとマッチング業者との間の契約に消費者契約法が適用されるとする余地は、それほど大きくはないものと思われる。

他方で、特商法は、消費者契約法に比すれば、条文によっては適用の余地が大きいかもしれない。いわゆるドロップシッピングサービスが特商法上の業務提供誘引販売取引にあたるとして、当該サービスを利用してネットショップを運営していたオーナーにクーリングオフによる契約解除を認めた裁判例がある（大阪地判平成23・3・23判時2131号77頁）。

---

22)　介入義務は、仲立人が当事者から氏名・名称を相手方に示してはならない旨を命じられたか否かは問わず、氏名・名称を相手方に示さなかった場合に、匿名の当事者と相手方との間に契約が成立したことにより生じるものである（青竹・前掲注20）341頁）。

23)　近藤光男『商法総則・商行為法〔第9版〕』（有斐閣、2023年）189頁。

24)　江頭憲治郎『商取引法〔第9版〕』（弘文堂、2022年）241頁。

第3部　フリーランスとの取引における留意点

このほか、プラットフォーム事業者の利用規約上の規定には、民法上の約款規制（民548条の2～548条の4）が適用され、これにより効力を否定される余地もある。約款規制については、第3部第1章Ⅰ2(2)等で触れた。

Ⅶ　損害賠償責任

1　使用者責任

ある事業のために「他人を使用する」者は、「被用者」がその事業の執行について第三者に加えた損害を賠償する責任を負うのが原則である。これを使用者責任という（民715条）。何らかのマッチング業者が介在する場合、マッチング業者が「他人を使用する」者にあたり、フリーランスが「被用者」にあたれば、マッチング業者は使用者責任を負う余地があることになる。

「被用者」とは、報酬の有無、期間の長短を問わず、広く使用者の選任によりその指揮監督の下に使用者の経営する事業に従事する者を指す（大判大正6・2・22民録23輯212頁）。同判例は、船主と運送請負契約を締結した運送会社との関係で、当該船主の雇人である船頭を「被用者」と認めた事例である。運送会社と船頭の間には直接の契約関係はなさそうであるが、船頭が運送会社の指揮監督のもとに若干の報酬を受け、運送会社の営業のために選任使役させられていたことが、理由として判示されている。

ここでいう「指揮監督」というのは、使用者が事業の執行につき必要な命令を下すことができ、被用者がこの命令に従うべき関係が両者に存在すること、すなわち、被用者が事業の執行につき「多少ノ程度ニ於テ」使用者の意思に服すべきことを要するのが判例とされる（大判昭和2・6・15民集6巻403頁）。このような指揮監督関係は、事実上の、実質的なものであればよい[25]。したがって、「他人を使用する」者と「被用者」との関係が認められるためには、雇用契約であることは必須ではなく、例えば委任契約、準委任契約、組合契約など他の契約形態も含まれ得る（大判大正6・4・16刑録23輯321頁）。典型例として、建築・土木工事を請け負った請負人の加害行為について、注文者の使用

---

25)　大塚直編『新注釈民法(16)債権(9)』（有斐閣、2022年）92頁〔中原太郎〕。

378

者責任を問う裁判例、運送を請け負った請負人が起こした事故につき、注文者の使用者責任を問う裁判例は数多い[26]。

マッチング業者が、明示的にフリーランスと雇用契約を締結していたり、雇用契約以外の形態で契約していてもその実態からして労働者性が認められるような場合であれば、「指揮監督」性は認められそうであるが、労働者性がない場合に一律に使用者責任における「指揮監督」性が否定される保証はない。

2 名板貸人の責任

マッチング業者がフリーランスと直接の契約関係にあるような「外観」が存在するが、実際には異なるような場合には、マッチング業者は、以下の「名板貸人」の責任を追及される可能性がある。

「自己の商号を使用して事業又は営業を行うことを」「他人に許諾した」会社や商人は、当該会社や商人が「当該事業を行うものと誤認して当該他人と取引をした者」に対し、「当該取引によって生じた債務を弁済する責任」[27]を負う（会社9条、商14条）。かかる責任は、名板貸人の責任と呼ばれる。これらの条文は、判例上、「商号」の使用許諾ではない事案に対しても類推適用されることがある。具体的には、①ある事業の主体が当該事業を実際に経営する者以外の別の者であると誤認するのもやむを得ないような外観が存在し、②当該別の者が当該外観を作出したりその作出に関与し、③当該外観を第三者が信頼した場合には、当該別の者は、当該第三者に対し、債務弁済責任を負うことになる（最一小判平成7・11・30民集49巻9号2972頁参照）[28]。

---

26) 大塚編・前掲注25) 101–103頁〔中原〕。

27) 名板借人とその相手方との取引により生じた債務自体のほか、名板借人の債務不履行による損害賠償債務のように、その取引に関連して生じた債務も含まれる（河邉義典「判解」『最高裁判所判例解説民事編平成7年度（下）』（法曹会、1998年）990頁、1001頁）。事実行為としての不法行為は含まれないが（最二小判昭52・12・23民集31巻7号1570頁、交通事故により生じた損害賠償債務の事案）、詐欺的取引のように、取引行為の外形を持つ不法行為により負担した損害賠償債務は含まれ得る（最三小判昭和58・1・25判時1072号144頁）。

28) 同判例は、スーパーマーケットの店舗屋上で経営されていたペットショップの営業主体が当該スーパーマーケットであると一般の買物客が誤認するのもやむを得ないような外観が存在し、かつ、当該スーパーマーケットが、その店舗の外部に自らの商標を表示し、当該ペットショップとの間で出店および店舗使用に関する契約を締結すること等により、当該外観を作出しまたはその作出に関与していたとして、旧商法23条（現在の会社法9条、商法14条）の類推適用によ

379

第3部　フリーランスとの取引における留意点

　電子商取引準則 I -6 には、インターネットショッピングモール運営者を想定した記述であるが、「①店舗による営業をモール運営者自身による営業とモール利用者が誤って判断するのもやむを得ない外観が存在し（外観の存在）、②その外観が存在することについてモール運営者に責任があり（帰責事由）、③モール利用者が重大な過失なしに営業主を誤って判断して取引をした（相手方の善意無重過失）場合」には、会社法 9 条、商法 14 条の類推適用によりモール運営者が責任を負う場合があり得るとしている。具体的には、以下の場合には、モール運営者が責任を負う場合があり得るとしている。

① 「商品購入画面等モール運営者のウェブサイト画面で、売主がモール運営者であるとの誤解が生じ得る場合」
② 「モール運営者が特集ページを設けてインタビュー等を掲載するなどして、特定の店舗の特定商品を優良であるとして積極的に品質等を保証し、これを信じたがためにモール利用者が当該商品を購入したところ、当該商品の不良に起因してモール利用者に損害が発生した場合」
③ 「重大な製品事故の発生が多数確認されている商品の販売が店舗でなされていることをモール運営者が知りつつ、合理的期間を超えて放置した結果、当該店舗から当該商品を購入したモール利用者に同種の製品事故による損害が発生した場合」

　他方、以下の場合には、会社法 9 条、商法 14 条の類推適用はないと思われるとしている。

④ 「購入画面は、モールの統一フォームであるが、モール運営者のウェブサイト画面にモール運営者が売主でないことが分かりやすく記載されている場合」

り、当該ペットショップと買物客との間の取引に関し、当該スーパーマーケットに名板貸人と同様の責任を認めた。会社法 9 条、商法 14 条に関するその他の判例は、上記平成 7 年最判の調査官解説（河邉・前掲注 27）990 頁）等を参照されたい。

380

第 5 章　フリーランスとプラットフォームの関係

　上記記述は、あくまでもインターネットショッピングモール運営者を想定したものであるが、フリーランスを含む人材のマッチングサービスの運営者に対しても、同様の考え方を取る余地があるものと思われる。

3　保証責任

　このほか、電子商取引準則 I‒6 は、「モール運営事業者がモール利用者に対して、単なる情報提供、紹介を超えて特定の商品等の品質等を保証したような場合」には、当該商品の購入によって生じた損害について、「モール運営者が責任（保証に基づく責任)」を負う可能性を指摘している。

　直接にはモール運営事業者を想定した記述であるが、フリーランスのマッチング業者についても、フリーランスの能力等や発注者の支払能力等を保証するような場合は考えられるところであり、同様の考え方を取る余地があるものと思われる。

4　プラットフォームの民事責任の諸裁判例

　プラットフォーム提供業者の民事責任が争点となった裁判例は、数は多くはないものの存在する。フリーランスがマッチング業者の提供するオンラインプラットフォームを用いる中で何らかの損害を被った場合、マッチング業者が何らかの民事責任を負うのか否かを考えるにあたっては、こうした裁判例が参考になると思われる。

　ある見解は、プラットフォーム提供業者の民事責任を、①同提供業者自身の行為に起因する責任を負う場合（自己起因型）と、②プラットフォームを利用する者の行為に起因して、プラットフォーム提供業者が責任を負う場合（他者起因型）に分類している [29]。以下では、自己起因型と他者起因型とに分けて、裁判例を紹介する。

(1)　自己起因型――システム構築義務

　自己起因型の裁判例として、マッチング業者のシステム構築義務を論じるものが参考になる。

---

29)　齋藤・前掲注 3) 127‒129 頁。

第3部　フリーランスとの取引における留意点

　ジェイコム株式誤発注事件（東京地判平成21・12・4判タ1394号93頁）は、証券取引所である被告に対し、その取引参加者である原告が、ジェイコム社の株式の「61万円1株」の売り注文をするつもりが誤って「1円61万株」の売り注文をし、その後それを取り消す注文をしたが、取消しの効果が生じなかったという事案である。裁判所は、被告の市場においては取引参加者がした注文を取消注文により撤回できる制度となっていたことに争いがなかったことから、被告は「取消注文が実現されるような市場システムを提供する義務」を負っていたとした上で、被告の売買システムには取消処理が実現されないという不具合が存した一方、この不具合は解消可能であったから、被告の債務の履行は不完全であったとして、債務不履行に基づく損害賠償を認めた。

　上記判決の控訴審である東京高裁平成25年7月24日判決（判時2198号27頁）も、被告は、「取消処理ができるコンピュータ・システムを提供する債務（狭義のシステム提供義務）」を負うとした上、本件では、売買システムにバグが存在し、売り注文に対し取消処理が実現しないという不具合があったから、上記債務の履行が不完全であったとして、結論として損害賠償を認めた。

　フリーランスのマッチング業者についても、ある制度を導入する以上は、その制度を実現し得るシステムを提供する義務を負うのであって、そうしたシステムに不具合があれば債務不履行責任が生じ得ることになるものと思われる。

(2)　他者起因型①──虚偽広告の事前防止義務

　他者起因型の裁判例として、虚偽情報の掲載を事前に防止する義務があったかどうかが問題となった裁判例が参考になる。マッチング業者が提供するオンラインプラットフォーム上で発注者が発注情報を掲載していたところ、当該掲載情報が虚偽のものであったことが原因でフリーランスに何らかの損害が生じるような場合に特に問題になり得る。

　最高裁第三小法廷平成元年9月19日判決（集民157号601頁）は、被告である日本経済新聞社と朝日新聞社の発行する新聞に掲載されたマンション販売の広告を見て、原告が当該マンションの購入契約を締結し、代金を支払ったが、当該マンションが建設されないまま広告を掲載した会社が倒産したため、原告が被告に対し、不法行為等に基づき損害賠償を請求した事案である。

　裁判所は、新聞広告に対する読者らの信頼は、高い情報収集能力を有する新

聞社の報道記事に対する信頼と全く無関係に存在するものではないから、「新聞広告のもつ影響力の大きさに照らし、広告内容の真実性に疑念を抱くべき特別の事情があって読者らに不測の損害を及ぼすおそれがあることを予見し、又は予見し得た場合には、真実性の調査確認をして虚偽広告を読者らに提供してはならない義務があ」るとしつつも、本件においては、広告掲載当時、広告主が建物を竣工する意思・能力を欠く等、広告内容の真実性について社会通念上疑念を抱くべき特別の事情があって読者らに不測の損害を及ぼすおそれがあることを予見し、または予見し得たとはいえないとして、被告新聞社は不法行為上の責任を負わないとした。

　媒体の「影響力の大きさ」と、損害の予見・予見可能性があれば、虚偽の情報が掲載された当該媒体の提供者の不法行為責任を基礎づけ得る旨判示したものといえる。フリーランスのマッチング業者の責任を考えるにあたっても、こうした視点は参考に値するものと考えられる。

(3)　他者起因型②——トラブルを防止するシステムの構築義務

　他者起因型の裁判例のもう一つの類型は、マッチング業者の詐欺被害を防止するシステムの構築義務を論じる裁判例である。マッチング業者が提供するオンラインプラットフォーム上でマッチングされたフリーランスと発注者との間でトラブルが発生したことで、フリーランスが損害を被った場合に特に参考になる。

　神戸地裁姫路支部平成 17 年 8 月 9 日判決（判時 1929 号 81 頁）は、被告会社が運営するインターネットオークション（ヤフーオークション）を利用して詐欺被害にあった原告が、被告が出品者の信用調査を怠りまたは不適切な出品を防止すべき義務に反したと主張して、不法行為に基づく損害賠償等を求めた事案である。裁判所は、利用規約の一部を構成するガイドラインにおいて、被告が、個々の商品や情報を選別・調査・管理せず、どのような利用者が参加しているかも選別・調査・管理しないことや、被告が、利用者間に成立した売買について、解除・解約等に一切関与せず、利用者が全て責任を負い、被告は入札者または出品者としての責任、権利および権限を一切有さないことが定められていること、重過失や故意の場合を除き、被告は商品に関するクレーム・請求・損害賠償等から免責される旨定めていること等を理由に、被告の調査義務

第3部　フリーランスとの取引における留意点

や出品者の ID を削除する等の義務を負うものとは認められないとした。また、「本件オークションを運営することによって、参加者の商品売買の機会等を提供する場を設定しているものに過ぎず、利用者は、各自の責任と負担に置いてオークションに参加することが前提となっている」こと、「利用者に対して本件オークションを利用した売買契約に伴うリスクについて、格別の注意を促している」ことを理由に、利用規約のうち被告の責任を限定した部分が公序良俗に反し無効であるとの主張も退けられている。利用規約が裁判所の判断を大きく左右したということができる。

　同じヤフーオークションの事件である名古屋地裁平成 20 年 3 月 28 日判決（判時 2029 号 89 頁）は、被告会社が提供するインターネットオークションサービスを利用して詐欺被害にあった原告らが、被告に対し、詐欺被害を生じさせないインターネットオークションシステムを構築すべき注意義務を怠ったとして、債務不履行または不法行為等に基づく損害賠償を求めた事案である。裁判所は、オークションサービスの提供者は、オークションサービス利用契約における信義則上、「欠陥のないシステムを構築して……サービスを提供すべき義務」があるとしたうえで、具体的な義務内容については、サービス提供当時におけるインターネットオークションをめぐる社会情勢、関連法規、システムの技術水準、システムの構築および維持管理に要する費用、システム導入による効果、利用者の利便性等を総合考慮して判断されるべきであるとした。そして、当該サービスを用いた詐欺等犯罪的行為が発生していた状況の下では、被告は、サービス利用者に対し、「時宜に即して、相応の注意喚起の措置をとるべき義務」を負うと認めたものの、被告は時宜に沿った注意喚起を行っていたとして、請求を棄却した[30]。利用規約による免責も主張されたが、そもそも義務違反が認められなかったため、免責の点には何ら判断が示されなかった。

　この名古屋地裁判決をも踏まえて、電子商取引準則 I−7 は、「アプリマーケット上でアプリ提供者によるアプリの説明に明らかな詐欺・誇大広告等が多数継続的に存在する状態において、アプリマーケット運営事業者がこれを知って

---

[30]　控訴審は、オークションサイト利用者からの控訴を棄却し、原判決を維持している（名古屋高判平成 20・11・11 自保ジャーナル 1840 号 160 頁、最三小決平成 21・10・27LLI/DB L06410194 の上告不受理決定により確定）。

いるか、外部からの明確な指摘がある等、知っていて当然である状態であるにもかかわらず、合理的期間を経過した後もなんら対応せずに放置する場合には、当該アプリの説明を信じてアプリの購入に係る取引を行ったアプリ利用者には、アプリマーケット運営事業者に対して、アプリマーケット利用契約に基づく付随義務の不履行を理由とする損害賠償請求が認められる可能性が高い」と指摘している。

　上記裁判例も上記電子商取引準則も、フリーランスのマッチング業者の責任を直接論じたものではないが、これらを踏まえれば、仕事のマッチングに関するデジタルプラットフォームにおいても、フリーランスと発注者との間にトラブルが発生し、フリーランスが損害を被った場合において、例えばフリーランス・発注者間にトラブルが生じることが具体的に予見できる場合であって、かつ、技術水準、システムの構築および維持管理に要する費用等の観点から、容易・低コストにトラブルを回避することのできるシステム（問題のある発注者の発見、当該発注者に対する警告・排除措置等）の構築を行うことができたにもかかわらず、漫然とこれを放置していたといった事情が存するようなときは、マッチング業者は法的責任を負い得ると考えられる。もっとも、利用規約の記載によって免責される余地も否定はされていない。

⑷　他者起因型③──プラットフォーム利用者による商標権侵害の是正

　マッチング業者が提供するオンラインプラットフォーム上でマッチングされたフリーランスと発注者との間で発生したトラブルが、特に商標やその他の知的財産権にかかわるようなものであれば、以下のプラットフォーム運営者の商標権侵害是正義務を論じる裁判例が参考になる。

　知財高裁平成 24 年 2 月 14 日判決（判時 2161 号 86 頁）は、被告が運営するインターネットショッピングモール「楽天市場」において、出店者が原告の商標権を侵害する商品を展示販売していた事案で、原告がモール運営者である被告に対して、商標権等に基づき、当該展示販売の差止めおよび損害賠償を請求したものである。

　裁判所は、「ウェブページの運営者が、単に出店者によるウェブページの開設のための環境等を整備するにとどまらず、運営システムの提供・出店者からの出店申込みの許否・出店者へのサービスの一時停止や出店停止等の管理・支

配を行い、出店者からの基本出店料やシステム利用料の受領等の利益を受けている者であって、その者が出店者による商標権侵害があることを知ったとき又は知ることができたと認めるに足りる相当の理由があるに至ったときは、その後の合理的期間内に侵害内容のウェブページからの削除がなされない限り、上記期間経過後から商標権者はウェブページの運営者に対し、商標権侵害を理由に、出店者に対するのと同様の差止請求と損害賠償請求をすることができる」と判示した。

　この裁判例は、商標権侵害の直接の行為者ではないプラットフォーム提供者の責任を認めるには、「出店者によるウェブページの開設のための環境等を整備する」ような単なる場の提供にとどまらない追加的要素が必要であることを示す点で、Ⅰ4(2)で挙げた裁判例や議論と軌を一にするものといえる。そして、判示を踏まえると、仕事のマッチングに関するデジタルプラットフォームにおいて、フリーランスと発注者との間にトラブルが発生し、フリーランスが損害を被った場合においても、①マッチング業者が、利用者のサービスの登録の許否やサービスの停止等の管理・支配を行う権限を有しており（「管理・支配」）、②システム利用料（マッチング手数料）等の対価を利用者から受けており（「利益」の受領）、③発注者とフリーランスとの間にトラブルがあることを知っていたまたは知り得たにもかかわらず、④発注者への警告・排除措置等の対応を採らずに漫然と放置したようなときは、マッチング業者が法的責任を負い得ると考えられる。

(5)　他者起因型④——検索情報削除請求

　マッチング業者が提供するオンラインプラットフォームにおいては、犯罪歴などフリーランスに不都合な情報が掲載された場合、マッチング業者がそれらを削除する義務を負うか。

　最高裁第三小法廷平成29年1月31日決定（民集71巻1号63頁）は、約4年前に児童買春をしたとの被疑事実により逮捕され、その事実がウェブサイトの電子掲示板に多数回書き込まれた申立人が、インターネットの検索事業者たるGoogle Inc.に対し、人格権ないし人格的利益に基づき、検索結果として表示される当該逮捕歴が書き込まれたウェブサイトのURL等情報の削除を求める仮処分命令の申立てを行った事例である。

第5章　フリーランスとプラットフォームの関係

　裁判所は、個人のプライバシーに属する事実をみだりに公表されない利益は、法的保護の対象となる一方、検索結果の提供行為は、検索事業者自身による表現行為という側面を有し、インターネット上の情報流通の基盤として大きな役割を果たしているという性質を指摘した上で、「当該事実の性質及び内容、当該 URL 等情報が提供されることによってその者のプライバシーに属する事実が伝達される範囲とその者が被る具体的被害の程度、その者の社会的地位や影響力、上記記事等の目的や意義、上記記事等が掲載された時の社会的状況とその後の変化、上記記事等において当該事実を記載する必要性など、当該事実を公表されない法的利益と当該 URL 等情報を検索結果として提供する理由に関する諸事情を比較衡量し」た結果、当該事実を公表されない法的利益が優越することが明らかな場合には、検索事業者に対し、当該 URL 等情報を検索結果から削除することを求めることができると判示した。

　もっとも、本件においては、児童買春の被疑事実による逮捕という事実は他人にみだりに知られたくないプライバシーに属する事実ではあるものの、社会的に強い非難の対象であり罰則をもって禁止されており、今なお公共の利害に関する事項であること、本件での検索結果は申立人の居住する県の名称と申立人の氏名を条件とした検索結果であり、上記事実が伝達される範囲はある程度限られたものであること等から、結論としては、当該事実を公表されない法的利益が優越することが明らかとはいえないとして、申立人の申立てを認めなかった。

　「平成 20 年代前半までは、……検索事業者は飽くまでも媒介者であって、……媒介内容について原則として法的責任を負わず……検索事業者が法的責任を負う場合を限定的、補充的に考える判断枠組み…が有力であった」とされていたところ [31]、本判例は検索事業者が検索結果の削除義務を負う場合があり得ることを認めており、プラットフォーム提供者も、一定の場合には単なる「場」の提供者という立場にとどまらず、法的責任を負う余地があるという見解や上記裁判例とも軌を一にするものと考えられる。

---

31)　高原知明「判解」『最高裁判所判例解説民事篇平成 29 年度（上）』（法曹会、2020 年）38 頁、41 頁。

第6章
フリーランスとの取引の開始と終了

I　フリーランスとの取引開始時および取引中の問題点

1　問題となり得る行為

　フリーランスとの取引の開始にあたって、類型的には以下のような行為が問題となり得る。①および⑥は契約締結過程における問題であり、②〜⑤は契約内容に関する問題、⑦および⑧は契約に付随した問題である。

---

　①　実態と異なる条件による募集（ぎまん的顧客誘引等）
　②　契約内容を明示しないこと
　③　取引条件等の一方的決定
　④　秘密保持義務・競業避止義務を課すこと
　⑤　専属義務を課すこと
　⑥　成果物の利用等の制限
　⑦　抱き合わせ販売等
　⑧　不当な経済的利益の提供要請

【フリーランスと取引を開始するときのチェックポイント】

　Ⅰ）　**フリーランス法の適用の有無**
　　ⅰ．従業員の有無、勤務時間・雇用期間（週所定労働時間が20時間以上か、継続して31日以上の雇用が見込まれるか）。
　　ⅱ．「事業者」かどうか。
　Ⅱ）　**下請法の適用の有無**
　　以下の点に留意が必要となる。
　　　……電磁的方法による条件明示は、事前の承諾なくできるか。
　　　……再委託の場合の支払期日が利用できるか。
　Ⅲ）　**労働組合法の適用の有無（団体交渉）**

388

第6章　フリーランスとの取引の開始と終了

　　　　※労組法の適用なくとも、中小企業等協同組合法によるフリーランス組
　　　　　合との団体交渉の可能性がある。
Ⅳ）　**免税事業者・課税事業者の別**
Ⅴ）　**契約期間（更新、禁止行為・ハラスメント体制整備・中途解約通知等の**
　　　適用）
Ⅵ）　**契約条件・業務遂行時の状況（「雇用」該当性）**
　　　　……指揮監督下の労働か、労働に対する対価としての報酬か等、偽装
　　　　　請負に該当しないよう、契約条件・内容について留意。
Ⅶ）　**通知すべき内容の再確認**
　　　　……必要的明示事項が明示されるか。
　　　　……ハラスメント対策の周知（相談窓口の案内）がなされているか。

2　問題点と各法における対応について

(1)　実態と異なる条件による募集（ぎまん的顧客誘引等）

　フリーランス法では、実態と異なる、優れた取引条件を提示して、フリーラ
ンスを募集することは、募集事項の的確な表示（フリーランス12条）によって
禁止されている。この規律では、「特定受託事業者」と“なろうとする者”に
対し広く募集することについて対象としているため、募集に応じてきた事業者
が必ずしも「特定受託事業者」でなくてもよい。

　また、事務員を雇用している税理士等、個人事業主であってもフリーランス
法が適用されない取引について、そして、フリーランス法が適用される場合で
あっても、当然にフリーランス法が優先して適用されるわけではないことから
も、独占禁止法の問題ともなり得ると考えられる。例えば、ぎまん的顧客誘引
取引（一般指定8項）が考えられるところ、一般指定8項では、「自己の供給す
る商品又は役務の内容又は取引条件その他これらの取引に関する事項について、
実際のもの又は競争者に係るものよりも著しく優良又は有利であると顧客に誤
認させることにより、競争者の顧客を自己と取引するように不当に誘引するこ
と。」とあるとおり、発注者がなんらかの商品や役務を提供していることが前
提とも解される。この点、豊田商事事件（大阪高判平成10・1・29審決集44巻
555頁）では、「豊田商事が顧客に保有する金地金等の現物を売却し、この金
地金等を賃借して保管する旨の表示」および「ファミリー契約を締結すれば高

389

額の賃借料及び金の値上がり益の二重の利益を取得できる旨の利殖条件の有利性に関する表示」について、実際に金地金の売約等の取引が存在しない、現物まがい商法であり、なんらかの商品や役務を提供していないが、一般指定8項のぎまん的顧客誘引、景表法の不当表示に該当するとした判示がなされている。このことからすると、なんらかの商品や役務を提供していないからといって当然に一般指定8項の適用が否定されるわけではないと考えられる。他方で、「人材と競争政策に関する検討会報告書」によると、このような募集に関する事例につき一般指定8項を適用するかにつき結論は出ず、競争者に対する取引妨害（一般指定14項）として整理されている。そうすると、本来は時間単価が1万円であるにもかかわらず、2万円であるとして募集広告を出したり、条件を達成した場合には、一日あたり15万円の報酬が得られるとしながら、その条件を明示しないなど、発注者がフリーランスに対して事実とは異なる優れた取引条件を提示し、または役務提供に係る条件を十分に明らかにせず、フリーランスを誤認させ、または欺き自らと取引するようにすることは、他の正確な情報を提示してフリーランスと取引をしようとする事業者に対し、フリーランスとの取引を妨げることとなるとして、競争者に対する取引妨害（一般指定14項）として、競争手段の不公正さの観点から独占禁止法上問題となり得ると考えられる[1]。

⑵ 契約内容を明示しないこと

　フリーランス法、下請法のいずれについても、契約条件の明示に関するルールが定められている（フリーランス3条、下請3条）。詳細は第2部第4章参照。すなわち、フリーランス法では、業務委託事業者が特定受託事業者に対し、「業務委託をした場合」（フリーランス3条1項本文）すなわち、「業務委託事業者と特定受託事業者との間で、業務委託をすることについて合意した場合」（解釈ガイドライン第2部第1・1⑴）には、直ちに、書面または電磁的方法により契約条件を明示する必要がある（3条通知）。これは、後日紛争等のトラブルを防止するために、発注者たる業務委託事業者に対し合意内容を明確化させる

---

1)　公正取引委員会競争政策研究センター「人材と競争政策に関する検討会報告書」（2018年2月15日）37頁（https://www.jftc.go.jp/cprc/conference/index_files/180215jinzai01.pdf〔2025年1月15日閲覧〕）。

義務を課したものである。

　なお、独占禁止法においては、契約条件の明示に関する規律は明確には設けられていないが、「優越的地位の濫用に関する独占禁止法上の考え方」（優越的地位ガイドライン）では、優越的地位の濫用として問題となる行為を未然に防止するために、「書面で確認するなどの対応をしておくことが望ましい」とされている（優越的地位ガイドライン第4）。

　ちなみに、民事上の紛争となったとしても、あくまで3条通知は、合意内容を明確にしたものであって、契約成立の要式行為として3条通知を求めるものではない。また、フリーランス法では、下請法と異なり書類の保存義務も定められていない（下請5条）。そのため、いずれにしても、やりとりをしたメールやSMSについて、相手方が削除できるものについては、スクリーンショットを撮る、あるいは、画面にその内容を表示した携帯電話そのものを撮影するなどして、交渉の過程の記録を保存しておくことが、後に紛争となった場合に、より安全かつ確実に対応するための策となる。

　また、合意をした場合に、3条通知を行うこととされているが、あやまって合意内容と異なる内容の3条通知をした場合には、フリーランス法においても、下請法と同様、客観的に存在する書証をもって、代金が支払われたのか、発注内容と異なるのかを判断することになると考えられるため、修正した内容で直ちに明示し直すべきである。

⑶　取引条件等の一方的決定

　現実的ではない納期の設定や、一般的ではない独自かつ必要以上の検査基準を定める、納品リスクの保証を一方的に求めるなど、発注者が、フリーランスに対して一方的に不利な取引条件で契約を締結することがある。取引上の地位が優越している発注事業者が、一方的に、取引の条件を設定し、もしくは変更し、または取引を実施する場合に、当該フリーランスに正常な商慣習に照らして不当に不利益を与えることとなるときは、優越的地位の濫用として問題となる（独禁2条9項5号ハ）。このうち、前に掲げた例でいえば、短納期かつ短納期対応のための深夜対応等の人件費等を加算せず通常どおりの対価で一方的に発注するなど、フリーランスと協議することなく、同種の業務に対する報酬と比べて著しく低い対価をもって通常時に比べ多量の業務を委託した場合等は買

いたたきの問題となり得る（フリーランス5条1項4号）。これに関する実際の例としては、仲卸業者の仕入価格を下回る価格で納入させたことが問題とされた事例（ユニー事件・公取委勧告審決平成17・1・7審決集51巻543頁参照）がある。このほか、価格とは直接関係のない、例えば、フリーランスが契約の更新を拒絶する場合であっても、発注者側の意向のみをもって更新できる規定については、フリーランス法では対応できず、独占禁止法による対処を待つほかないと考えられる。

(4) 秘密保持義務・競業避止義務を課すこと

発注者が、フリーランスに対して、発注者への役務提供を通じて知り得た技術や顧客情報といった営業秘密やその他の秘密情報を漏洩しないことを内容とする秘密保持義務を課すような契約を締結する場合がある。また、発注者が、委託関係の終了に伴い、委託期間中や委託業務の遂行の過程で知ったその他の秘密情報の漏洩防止を目的として、委託終了後における秘密保持義務を受注者に対して課すことがある。フリーランス法では、秘密保持義務・競業避止義務を課すことに関しての規律はないが、その義務の期間が長期間であったり、範囲が不明確であるといった場合には、独占禁止法上問題となり得る。すなわち、発注者が受注者に対して義務の内容について実際と異なる説明をし、またはあらかじめ十分に明らかにしないまま受注者が秘密保持義務または競業避止義務を受け入れている場合や、優越的地位にある発注者が課す秘密保持義務または競業避止義務の期間が、必要以上に長期に及ぶものであり、また、競業避止の範囲が、同種のみならず類似等より幅広い範囲での取引を禁ずるほか、範囲が不明確である等の場合には、従前の発注者との取引とは関係のない範囲にまで義務が及ぶことになり、不当に不利益を与えるものと認められやすく、このような場合には、独占禁止法上問題となり得る[2]。

(5) 専属義務を課すこと

発注者が、フリーランスに対して自らとのみ取引をする義務（以下「専属義務」という）を課し、他の発注者に対する役務提供を制限するような契約を締結する場合がある。フリーランス法では、専属義務を課すことに関しての規律

---

2) 公正取引委員会競争政策研究センター・前掲注1）28頁。

はないが、場合により独占禁止法の問題となり得る。すなわち、発注者がフリーランスに対して、発注者が自らへの役務提供に専念させる目的や、フリーランスの育成に要する費用を回収する目的のために合理的に必要な（手段の相当性が認められる）範囲で専属義務を課すことは、直ちに独占禁止法上問題となるものではない。しかしながら、発注者がフリーランスに対して義務の内容について実際と異なる説明をする、またはあらかじめ十分に明らかにしないままフリーランスが専属義務を受け入れている場合や、専属義務の期間が長期に及ぶ場合、専属義務に反した場合に過度なペナルティが予定されている場合、専属とされる範囲が広い場合など、優越的地位にある発注者が課す専属義務が不当に不利益を与えるものである場合には、独占禁止法上問題となり得る[3]。また、一般的な対価よりも著しく低い報酬で、専属義務を長期間強制するような場合には、フリーランス法における買いたたきの問題となり得ると同時に（フリーランス5条1項4号）、独占禁止法の問題にもなり得ることになる。

(6) 成果物の利用等の制限

　発注者が、フリーランスから提供された役務を利用して制作等した成果物を自らの成果物であるとして公表する一方で、フリーランスに対して自らが役務を提供した者であることを明らかにしないよう義務（成果物の非公表義務）を課すような契約（すなわち、氏名表示権〔著作19条〕の行使の禁止）を締結することがある。発注者がフリーランスに対して合理的な理由なく役務の成果物について自らが役務を提供した者であることを明らかにしないよう義務付けること、成果物を転用して他の発注者に提供することを禁止すること、著作権の帰属について何ら事前に取り決めていないにもかかわらず、納品後や納品直前になって著作権を無償または著しく低い対価で譲渡するよう求めることは、フリーランス法・下請法における利益提供要請に該当し得ることとなる（フリーランス5条2項1号、下請4条2項3号）。また、当初から委託の結果、著作権等の知的財産権が生ずることが見込まれ、当該知的財産権を発注者に帰属するとの合意をしたにもかかわらず、これに相当する費用を含めた対価を決定しない場合には、買いたたきに該当する可能性がある（フリーランス5条1項4号、下

---

3) 公正取引委員会競争政策研究センター・前掲注1）31頁。

第3部　フリーランスとの取引における留意点

請4条1項5号）。加えて、これにより他の発注者が商品・サービスを供給することが困難となるなどのおそれを生じさせる場合には、自由競争減殺の観点から、拘束条件付取引等（一般指定12項）、独占禁止法上問題となり得ることになる。

(7)　抱き合わせ販売等

フリーランスとの取引において、発注担当者等のフリーランスとの取引関係に影響を及ぼし得る者が商品・役務を指定し、当該商品・役務の購入を要請することにより、購入させること、フリーランスに対し、役務等の提供上必要としないにもかかわらず、自己の取引先が提供する役務を利用するよう一方的に要請し、利用させること（例えば、配送業務を委託する場合に車両のレンタルを強制すること）がある。この点、フリーランス法・下請法では、給付の内容を均質にする必要があるといった、正当な理由がないにもかかわらず、発注者が指定する商品等の購入を強いる場合には、購入利用強制として問題となる（フリーランス5条1項5号、下請4条1項6号）。また、取引上の地位がフリーランスに優越している発注事業者が、当該フリーランスに対し、取引の対象以外の商品または役務の購入を要請する場合であって、その購入が当該フリーランスにとって役務等の提供上必要としない、または当該フリーランスがその購入を希望していないにもかかわらず、今後の取引に与える影響を懸念して当該要請を受け入れざるを得ない場合には、正常な商慣習に照らして不当に不利益を与えることとなり、優越的地位の濫用として問題となる。当該商品または役務には、発注事業者の供給する商品または役務だけでなく、発注事業者の指定する事業者が供給する商品または役務が含まれる（フリーランスガイドライン第4・3(9)）。

(8)　不当な経済的利益の提供要請

発注者が、契約内容に含まれていないのに、フリーランスに対し、何らかの役務を無償で提供させる、役務等の提供に付随して提供された資料について、当該発注にかかるプロジェクトの目的にのみ利用目的が限定されていたが、他の関係ないプロジェクトにも利用した、イラストの利用についてポスターとして利用することを前提していたところ、他のグッズなどにも転用して利用した、写真の掲載期間について1年と定めていたが、それを超えて掲載していたな

394

ど、使用範囲をあらかじめフリーランスとの間で取り決めているにもかかわら
ず、フリーランスに追加的な対価を支払わないまま取り決めた使用範囲を超え
て使用するといったことがある。

　取引上の地位がフリーランスに優越している発注事業者が、例えば、フリー
ランスが業務遂行のために発注事業者が他者から許諾を得ている知的財産権に
ついてサブライセンスする必要があるため、その利用対価を徴収するといった
正当な理由がないのに、当該フリーランスに対し、協力金等の負担、役務の無
償提供、その他経済上の利益の無償提供を要請する場合であって、当該フリー
ランスが、今後の取引に与える影響を懸念してそれを受け入れざるを得ない場
合等には、フリーランス法・下請法における不当な利益提供要請として問題と
なる（フリーランス5条2項1号、下請4条2項3号）。これに加え、正常な商慣
習に照らして不当に不利益を与えることとなる場合には、優越的地位の濫用と
して問題となる（フリーランスガイドライン第4・3⑽）。

II　フリーランスの契約終了の妨害問題

1　問題の所在

　フリーランス・トラブル110番の2023年4月～2024年3月の統計[4]を見
ると、相談内容として最も多いのは、「報酬の支払い」のトラブルで、29.7%
を占める。要するにフリーランスが報酬をもらえないという相談である。次に
多いのは「契約条件の明示」という項目である（16.7%）。契約書や発注書な
どで契約条件が明示されていないケースがいかに多いかがわかる。このような
問題がフリーランスの問題に多いことは、大方の予想に沿うであろう。

　しかし、3番目の項目は、「受注者からの中途解除・不更新」である
（10.0%）。要するに、受注者たるフリーランスが契約を解消したいのに、辞め
させてもらえないという事例が、1割もの割合を占める。これとセットで生じ
やすいのが4番目の「発注者からの損害賠償」であり（8.9%）、要するに、フ

---

[4]　https://warp.da.ndl.go.jp/info:ndljp/pid/13734660/www.mhlw.go.jp/content/001194256.pdf
（2025年1月15日閲覧）。

第3部　フリーランスとの取引における留意点

リーランスが辞めると言い出した際などに、それなら損害を賠償せよと発注者が請求するトラブルである。発注者側からフリーランスをクビにする類型の「発注者からの中途解除・不更新」という項目は、5番目の7.3％にとどまる。少なくともフリーランス・トラブル110番の相談を担当する筆者にとっては、発注者が一方的に契約を解消するトラブルが多いだろうと予想していただけに、フリーランスが契約を解消したくてもできないというトラブルがこれほど多い現状は意外であった[5]。

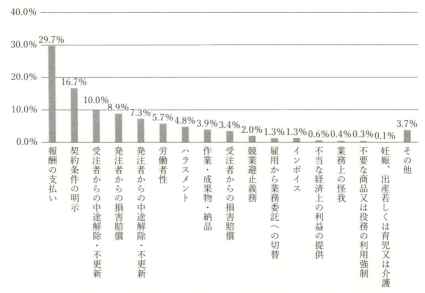

【図表3-6-1】フリーランス・トラブル110番の相談内容

- 報酬の支払い　29.7％
- 契約条件の明示　16.7％
- 受注者からの中途解除・不更新　10.0％
- 発注者からの損害賠償　8.9％
- 発注者からの中途解除・不更新　7.3％
- 労働者性　5.7％
- ハラスメント　4.8％
- 作業・成果物・納品　3.9％
- 受注者からの損害賠償　3.4％
- 競業避止義務　2.0％
- 雇用から業務委託への切替　1.3％
- インボイス　1.3％
- 不当な経済上の利益の提供　0.6％
- 業務上の怪我　0.4％
- 不要な商品又は役務の利用強制　0.3％
- 妊娠、出産若しくは育児又は介護　0.1％
- その他　3.7％

（参考）「報酬の支払い」：報酬の全額不払い（12.1％）、支払遅延（7.6％）、一方的減額（7.2％）、著しく低い報酬（1.4％）、その他報酬の支払いに関する事項（1.4％）。
「契約条件の明示」：書面等の不交付（5.9％）、条件・内容が不明確（7.6％）、不適格な募集情報（1.1％）、その他契約条件の明示に関する事項（2.1％）。
「作業・成果物・納品」：受領拒否（0.4％）、成果物の返品（0.1％）、内容変更・やり直し（1.2％）、納品日の変更（0.1％）、知的財産権関係（1.1％）、その他作業・成果物・納品に関する事項（1.1％）。
「その他」：アカウント停止、実費費用負担、情報漏洩、仕事がもらえないなど。

※N＝17,829（令和5年4月～令和6年3月の件数。ただし、1つの相談につき複数の相談内容が含まれる場合は各相談内容について1件とカウント。）

出典：厚生労働省統計資料・前掲注4) 4頁

第 6 章　フリーランスとの取引の開始と終了

　フリーランス・トラブル 110 番の相談現場でよく見かけるフリーランスからの契約解消の相談のイメージは、例えば以下のようなものである [6]。

　　フリーランスとして、配送会社と「業務委託契約書」を締結して、配送業務を始めました。

　　配送業務に用いるトラックは、配送会社からリースで借りて、ガソリン代も私負担となっています。配送先に荷物を届けて回り、報酬は荷物 1 個〇円です。1 日〇時間、週〇日働いていますが、トラックのリース料やガソリン代は報酬から差し引かれます。また、遅配誤配があると、1 件〇万円の罰金を支払わないといけません。

　　もともとの求人情報では、月〇十万円稼げるとか書いてありました。それを信じて、業務委託契約書をよく読まずにサインしてしまったのですが、実際には、リース料やらガソリン代やら罰金やらが差し引かれると書いてあったようです。手取り額ではとても生活することができないので、給料を前借しています。給料の前借分を返すためには、余計に仕事をしなければならないのですが、配送する荷物の量が最初の想像よりもはるかに多く、ここ数か月ほど働きづめで、既に体力の限界です。つい最近も、トラックを運転中に居眠りしてしまい、ちょっとした物損事故を起こしてしまいました。

　　もうこれ以上この生活を続けることができないと思ったので、会社に辞めたいと申し出ました。すると、前借分を返済しなければ辞められない、トラックの修理代を払ってもらう、「業務委託契約書」上辞めるなら契約上 3 か月前までに予告しなければならず、これに違反すると報酬 3 か月分と残リース代の違約金を支払ってもらう条項がある、当然、今月分の報酬は違約金と相殺して支払わない、などと言われ、辞めるに辞められなくなってしまいました。

　　私はどうしたらよいのでしょうか。

　フリーランスにも職業選択の自由（憲 22 条）が保障されているのであって、これを不当に長期に拘束しないようにするためには、フリーランスによる契約解消に対する過度な制約を防止する必要がある。しかし、以下に詳述するとお

---

5)　厚生労働省雇用環境・均等局に出向経験があり、フリーランス・トラブル 110 番事業において日常的にフリーランスの相談に従事し、公正取引委員会「特定受託事業者に係る取引の適正化に関する検討会」の委員も務める森田茉莉子弁護士も、同様の感想を示す（森田茉莉子「フリーランス・トラブル 110 番（厚労省委託）の意義」季刊労働法 276 号（2022 年）95 頁）。

6)　森田・前掲注 5）95 頁も、同様の実態を述べる。

第3部　フリーランスとの取引における留意点

り、現行法上可能な枠組みで、この問題を実効的に解決することはできるだろうか。

2　民法の解釈

民法上、フリーランス側の契約解消には制約が伴う。

⑴　請負契約

フリーランスに対する業務委託契約が、請負契約とカテゴライズされる場合には、注文者（発注者）には任意解約権（民641条）が認められているのとは異なり、請負人（フリーランス）には任意解約権が認められていないから、特に契約上フリーランスに任意解約権が認められない限り、そもそもフリーランスが任意に契約を解約することはできない。

⑵　準委任契約

準委任契約の場合、フリーランス側にも任意解約権が民法上与えられている（民651条1項）。もっとも、第3部第1章I2⑴で詳述したとおり、任意解約権を排除する特約は有効であり、フリーランスの任意解約権が何らかの形で制限される余地がある。

フリーランスが任意解約をなし得たとしても、発注者（委任者）に不利な時期に委任を解除したときは、「やむを得ない事由」がある場合を除いて、発注者の損害を賠償する義務を負うことになる（民651条2項1号）。委任者に不利な時期とは、例えば、自身または第三者による事務処理継続が困難な時期などをいうとされる[7]。やむを得ない事由とは、受任者自身の疾病、委任者の不誠実な行動（不徳の、または不信な行為）等が含まれる[8]。いかなる委任者の行動が「不誠実」「不徳」「不信」と評価されるかについて、例えば、最高裁第二小法廷昭和43年9月20日判決（判タ227号147頁）は、委任者のみならず受任者の利益にもなる委任契約であっても「受任者が著しく不誠実な行動に出た等やむをえない事由」があるときは任意解除できるとする判示の中で、「委任が当事者双方の対人的信用関係を基礎とする契約」であることを理由としている

---

7)　山本豊編『新注釈民法(14)』（有斐閣，2018年）330頁〔一木孝之〕。
8)　山本編・前掲注7) 332頁〔一木〕。

398

ことからすれば、当事者間の信頼関係を破壊するような行動は「不誠実」などと評価されることになるものと考えられる。

3 労働法規の適用・類推適用

他方、フリーランスに労基法上の労働者性が認められる場合（第1部第1第3章参照）、以下に述べる労働法規が適用され、フリーランスが契約を解消するための法的な障壁はほとんど解消される。

(1) 2週間の予告期間による辞職

労働者性のあるフリーランスの契約に期間の定めがない場合、フリーランスは、民法627条1項の適用により、2週間の予告期間をおくだけで、一方的な意思表示により契約を解約（辞職）できる。

民法627条の規定は、労働者の辞職については強行規定と解するのが、裁判例（日本軽金属事件・東京地判昭和47・11・17労判165号40頁、高野メリヤス事件・東京地判昭和51・10・29判時841号102頁等）と学説の大勢であり[9]、この解釈は債権法改正後も同様に妥当する[10]。

(2) 即時辞職

労働者性のあるフリーランスは、「やむを得ない事由」があれば、即時に辞職することができる（民628条）。この規律は、有期契約の場合にも無期契約の場合にも適用される[11]。

「やむを得ない事由」がなくとも労働者からの辞職を認める規定を契約に定めた場合、これを有効とする見解が多数とされるが[12]、民法628条は強行法規であり、上記のような契約上の規定も無効と解する見解もある[13]。

---

9) 水町勇一郎『詳解労働法〔第3版〕』（東京大学出版会，2023年）1034頁、土田道夫『労働契約法〔第3版〕』（有斐閣，2024年）822頁。ただし、民法627条1項は辞職に限っていえば任意規定と解しつつ、辞職について不当に長期の予告を義務付けることは労働者の職業選択の自由に対する侵害として公序違反により無効とする見解もある（東京大学労働法研究会編『注釈労働基準法上巻』（有斐閣，2003年）314頁〔野田進〕）。

10) 山本編・前掲注7) 92頁〔山川隆一〕。

11) 山本編・前掲注7) 102頁〔山川〕。

12) 荒木尚志ほか『詳説労働契約法〔第2版〕』（弘文堂，2014年）169–170頁、西谷敏ほか『新基本法コンメンタール労働基準法・労働契約法〔第2版〕』（日本評論社、2013年）416頁〔中窪裕也〕。

契約期間が 1 年を超える場合、労働者は、契約期間の初日から 1 年を経過した日以後はいつでも辞職することができる（労基 137 条）[14]。

(3) 損害賠償の予定の禁止

労基法 16 条は、労働契約の不履行について違約金や損害賠償の予定の条項を明文で禁止する。同条に違反する違約金契約または損害賠償の予定をする契約は、私法上当然に無効となる[15]。

したがって、労働者性のあるフリーランスの業務委託契約の中に違約金や損害賠償の予定の条項があったとしても、当該条項に基づき違約金や損害賠償の支払義務を免れる可能性がある。

(4) 使用者の損害賠償請求の制限

使用者の労働者に対する損害賠償請求や求償請求は、「損害の公平な分担という見地から信義則上相当と認められる限度において」のみ認められるとするのが判例である（茨石事件・最一小判昭和 51・7・8 民集 30 巻 7 号 689 頁）。同判例によれば、請求が認められる範囲を判断するに当たっては、「事業の性格、規模、施設の状況、被用者の業務の内容、労働条件、勤務態度、加害行為の態様、加害行為の予防若しくは損失の分散についての使用者の配慮の程度その他諸般の事情」が考慮される。仮にフリーランスに労働者性が認められるのであれば、この判例法理をストレートに適用することができる[16]。

では、どの程度労働者の責任が軽減されるか。前掲茨石事件は、結果として労働者の責任を損害の 4 分の 1 に制限した。近時の裁判例では、労働者の責任を 2 分の 1 以下に制限しているものが複数ある。片山興業事件（東京地判平成 24・7・18 労判 1057 号 162 頁）は、労働者が運転者の基本的な注意義務を怠ったことや、労働者の賃金額、使用者が自動車保険を適用していないこと等を考慮し、責任を損害の 2 分の 1 に制限した。信州フーズ事件（佐賀地判平成

---

13) 土田・前掲注 9) 1027 頁。

14) マネジメント専属契約が労基法上の労働契約であると認定した上で、労基法附則 137 条を適用して辞職を認めた裁判例として、ジェイロック事件・東京地判平成 28・3・31 判タ 1438 号 164 頁がある。

15) 厚生労働省労働基準局編『令和 3 年版労働基準法（上）』（労務行政、2022 年）253 頁。

16) 使用者から労働者に対する損害賠償請求全般につき、第二東京弁護士会労働問題検討委員会編『労働事件ハンドブック〔改訂版〕』（労働開発研究会、2023 年）296-300 頁も参照。

27・9・11 労判 1172 号 81 頁）は、労働者の業務の性質上、事故発生の危険性を内包する長距離の自動車運転を予定するものであったこと、労働者は、相応の態度で業務に取り組んでおり、その業務量も少なくなかったこと、労働者の過失の内容は、自動車運転に伴って通常予想される事故の範囲を超えるものではないこと等を考慮し、責任を損害の 30% に制限した。

使用者の請求を全部認めない裁判例もある。エーディーディー事件（京都地判平成 23・10・31 労判 1041 号 49 頁）は、労働者に故意または重過失がなく、使用者に生じた損害が報償責任・危険責任の観点から本来的に使用者が負担すべきリスクであり、取引関係にある企業同士で通常有り得るトラブルといえるような場合に、賃金額に比して損害額があまりにも高額であるとして、使用者による賠償請求や求償請求を全部棄却した。仙台地裁平成 24 年 11 月 9 日判決（裁判所ウェブサイト〔平成 24（ワ）172〕）は、労働者の過失が相当小さく、使用者が車両保険契約を締結せず、かつ、悪天候の中労働者にタクシー乗務をさせたにもかかわらず、損害発生に対する有意な回避措置をとっていないとして、使用者による損害賠償請求を全部棄却した。

他方、トラック運転手が退職する旨の書置きを残したのみで無断欠勤したことでトラックの運行が不能になったことによる損害について、事前に退職の意思を伝えることができないほどの緊急性があったとはいえないとして、当該運転手の賠償責任を信義則上制限すべき事情はないと判示した裁判例もある（大島産業事件・福岡地判平成 30・9・14 判タ 1461 号 195 頁）。

以上のとおり、労働者に故意・重過失がない限りは、労働者の損害賠償責任は大幅に（例えば 0〜75% に）制限されることになる。

(5) 労働者性が認められない場合の類推適用

厳密には労働者性までは認められない場合であっても、フリーランスの働き方の実態によっては、上記の労働法規の条文や判例法理が類推適用される可能性はあるだろう。例えば、労働者性までは認定せずに、民法 628 条を類推適用した裁判例がある（第 3 部第 1 章 I 2 ⑷）。

4　禁止行為（フリーランス法 5 条）該当性

フリーランスに労基法上の労働者性が認められない場合には、フリーランス

法5条1項2号は、フリーランスの帰責事由なく報酬を減額することを、同項4号は、買いたたきを、それぞれ禁止しているため、契約上の違約金条項や費用の天引き条項が、これらに違反しないかが問題となる。

　フリーランスと発注者との間で報酬の減額等についてあらかじめ合意があったとしても、フリーランスの責めに帰すべき事由なく報酬額を減じる場合には、フリーランス法違反となる（解釈ガイドライン第2部第2の2(2)イ）。これによれば、報酬額から違約金等の名目で一定額を差し引くことも、フリーランスの帰責事由がない限り許されないことになりそうである。そして、フリーランスの帰責事由は、フリーランスの給付内容が委託内容と適合しない場合、納期遅れにより給付そのものが不要となった場合に限られるようであるし、これらの意義もかなり厳格に解釈されるようである（解釈ガイドライン第2部第2の2(2)ア(ウ)、同イ(エ)）。このように見てくると、違約金や費用を天引きすることを許容する書面上の合意が存在する場合であっても、当該合意に基づき実際に違約金や費用を天引きすることは、フリーランス法違反とされる可能性が高い。

　また、損害が填補されるまでの間単価を従前よりも1個あたり100円低く定める合意をするといった事案は、買いたたきとして、フリーランス法違反とされる可能性がある。仮にフリーランス法5条に違反したとされる場合には、第2部第9章で詳述したとおり、私法上契約条項が無効となるかという問題が生じる。不当性が強い場合や、独禁法に反する場合には、私法上の効力も否定される可能性がある。

5　消費者契約法の類推適用

　第3部第1章Ⅰ2(3)で述べたとおり、消費者契約法とフリーランス法の趣旨の同一性に着目して、消費者契約法の規定が類推適用される可能性はあるだろうか。違約金条項や費用の天引き条項に関連する規定としては、消費者が支払う損害賠償額を予定する条項等を無効とする同法9条のほか、広く任意規定に加重して信義則に反し消費者の利益を一方的に害する条項を無効とする同法10条が問題になる。

　解約に伴う違約金の合意の効力を否定した東京地裁令和2年1月9日判決（2020WLJPCA01098004）が参考になる。同裁判例は、CD等の制作販売会社・

タレントマネージメント会社が提供するギターレッスンの契約において、契約期間内に契約を解除する場合には違約金として契約代金の全額相当額を支払う旨の条項について、当該契約の法的性質は準委任契約であり、民法651条に基づき任意解約権があるところ、上記のような違約金条項は、解約時期、解約による会社の損害の有無および程度にかかわらず一律に契約代金相当額の違約金を課するものであり、「強行法規（消費者契約法10条参照）に反するものといわざるを得ず、また、公序良俗にも反するものとして、無効」（傍点は筆者による）と判示した。また、会社に何らかの具体的な損害が生じたことが全くうかがわれない点も指摘されている。この事例は、消費者契約法そのものは適用されない場合でも、同法を「参照」して、かつ「公序良俗」違反との理由づけも付記して無効との結論を導いており、厳密には同法が適用されないフリーランスの取引にも趣旨が妥当するものと考えられる。

　東京地裁平成30年3月23日判決（消費者法ニュース116号340頁）は、プロの司会者を目指す個人が締結した司会者養成講座受講契約に、解約に伴う受講料返金を制限する不返金特約が付されていた事案である。当該受講契約は準委任契約であり民法651条の任意解約権があるから、当該不返金特約はかかる任意解約権を一方的に制限するものである。当該養成講座は、将来的に司会者としてデビューできる見込みのある受講希望者を選別する必要があり、また、講師が直接受講生を指導するため、無制限に受講生を受け入れることができるものではないが、他方で、受講希望者の募集に時期的な制限がなく、受講生の受入人数を柔軟に設定でき、代替可能性・変更ないし転用可能性が低いとは認められず、開講に当たって要する準備費用も相対的には大きくない業態の事業であることから、解除の事由、時期を問わず、受講契約の解除（解約）により一律に受講料相当額の損害が生ずるとは認められず、当該不返金特約は平均的な損害額を超える損害賠償の額を予定するものとして、消費者契約法9条1号により無効と判示した。これも、受講契約時点では消費者であったものの、「プロの司会者になることを目的と」している点でフリーランスの事案と見る余地もあり、フリーランスとの取引に対する示唆が大きい。

　他方で、カナダでの家事使用人としての就労を仲介する契約において、就労希望者が契約を中止した場合には50万円を差し引く旨の条項が設けられてい

第 3 部　フリーランスとの取引における留意点

た事案で、仲介業者が計 100 時間の英語勉強会等を実施し、情報を収集し提供したこと、カナダへの渡航の段取りを整えたこと、就労希望者と SNS で頻繁に連絡を取っていたこと、契約締結から解約通知まで 1 年以上が経過していることから、50 万円という金額は平均的な損害額を超えず、有効と判示した裁判例もある（東京地判平成 28・3・23・2016WLJPCA03238031）。

6　約款規制

　第 1 章 I 2 ⑵ と同様、フリーランスとの取引が定型取引にあたるような例外的な場合には、民法 548 条の 2 第 2 項に基づき、当該契約に定められた違約金条項や費用の天引き条項の効力が否定される可能性もある。

　過大な違約罰を定める条項など、条項の内容自体に強い不当性が認められる場合には、合意しなかったものとみなされる典型例として説明されている[17]。

　裁判例を見ても、東京地裁令和 3 年 5 月 19 日判決（2021WLJPCA05198004）は、商品の転売禁止とそれに違反した場合の 50 万円の違約金支払合意につき、商品購入者の転売によって、販売者に 50 万円もの損害が生じるとは考え難いこと、利用規約上の違約金支払条項を商品購入者が確認することを期待できず、そのことを販売者も認識し得たこと、違約金 50 万円は商品の販売価格の約 32 倍に上り過大であることから、民法 548 条の 2 第 2 項により違約金条項の効力を否定した。

　他方で、インターネット上で求人・求職者情報を提供するサービスを提供する業者が、同サービスを通じて「採用」に成功したにもかかわらず不採用と報告した同サービス利用業者の行為につき、成功報酬 194 万円あまりのほか、約定に基づき違約金 400 万円を請求した事案において、違約金の金額は若干高額ではあれ、求人企業・求職者が口裏を合わせて「不採用」と報告することによる成功報酬の支払逃れを抑止する必要性と合理性があること、サービス利用者も事業者であること、違約金の金額が規約上明記されているばかりでなく、サービス申込書にも抜粋されていたこと、サービス利用者が支払逃れを行おうとしていた可能性を否定し得ないこと等から、違約金の請求を認めた裁判例も

---

[17]　筒井健夫＝村松秀樹編著『一問一答民法（債権関係）改正』（商事法務、2018 年）252 頁。

ある（東京地判平成 31・4・22・2019WLJPCA04228008）。

7　今後の展望
(1)　現行法上の枠組みの限界

　以上に詳細に検討したように、現行法上可能な枠組みで、フリーランスによる契約解消に対する過度な制約の問題を解決するには、フリーランスに労働者性があることを示して労働法規を適用するか、労働者に類似するものとして類推適用することができれば早道である。

　しかし、一般にフリーランスを労働者と認めることには実務上のハードルがあるばかりでなく（第 1 部第 1 第 3 章参照）、そもそも、フリーランス自身が労働者としての地位を望んでいないことが多い。内閣官房日本経済再生総合事務局が 2020 年 2〜3 月に実施した「フリーランス実態調査結果」によれば、フリーランスという働き方を選択した理由の上位には、「自分の仕事のスタイルで働きたい」（57.8%）、「働く時間や場所を自由にする」（39.7%）、「より自分の能力や資格を生かす」（27.3%）、「挑戦したいことややってみたいことがある」（13.5%）、「ワークライフバランスを良くする」（11.9%）といった、フリーランスの自由な働き方への強い志向を示す項目が並んでいる（図表 3-6-2）[18]。

　労働法規の規律を十把一絡げにフリーランスに適用することは、その自由な働き方を阻害する要因になりかねない。例えば、労基法上の労働者性が認められれば、残業規制（労基 32 条等）の適用があり、1 日 8 時間・週 40 時間を超える労働時間に割増賃金が発生する。これは一見フリーランスに有利なように見えるが、発注者としては、割増賃金が発生しないように、フリーランスの勤務時間を厳格に管理制限しようとするかもしれない。これは、拘束なく働きたいと欲するフリーランスが望んでいないことである。ことほど左様に、労働者性概念は、実態として労働者である場合に労働法規を適用するためには使えても、労働者であることを欲しないフリーランスに、労働法の規制から逃れ、自由に働く自由を与えてはくれないのである。フリーランスに労働者性を認める

---

18)　https://warp.ndl.go.jp/info:ndljp/pid/11547454/www.kantei.go.jp/jp/singi/zensedaigata_shakaihoshou/dai7/siryou1.pdf（2025 年 1 月 15 日閲覧）。

【図表3-6-2】フリーランスという働き方を選択した理由

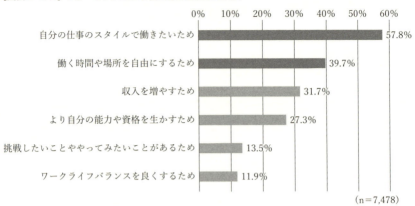

(注)「フリーランスとしての働き方を選択した理由について、当てはまるものをお選びください。」(複数回答可)という設問への回答のうち上位6項目を集計。
出典：内閣官房「フリーランス実態調査」・前掲注18) 3頁

ことは、実はフリーランス自身のニーズに合わない。

そうかといって、労働者性を前提としない場合、フリーランス法上の禁止行為規制（フリーランス5条）を援用するほか、消費者契約法、約款規制を適用ないし類推適用することも考えられるが、以上に詳細に検討したことからすれば、実効性はおぼつかない。

(2) 新たな条文の追加

フリーランスは、業務内容も、業務形態も、業務遂行方法も千差万別であり（第1部第1第1章参照）、それぞれに必要な保護の内容や強度はまちまちである。これに対し統一的・画一的な労働者概念だけで立ち向かおうとすると、ある場合には必要な保護を及ぼすことができず、逆にある場合には不必要な保護を及ぼすことになる。個々のフリーランスに、過不足のない保護を与え、他方で不必要な保護を与えないためには、現行法上労働者性が容易に認められるフリーランスであるなら格別、そうでない限り、フリーランスを一律に労働者として扱うのではなく、フリーランスにも適用する必要がある一定の労働法規の規律のみ、フリーランス法に追加する方法が考えられる。

第1に、「やむを得ない事由」がある場合に労働者に即時辞職を許す規定（民628条）は、労働者性のないフリーランスについても同様の規律を設ける

第6章　フリーランスとの取引の開始と終了

必要がある。フリーランス法第3章に、以下の規律を追加するのはどうだろうか。

> 「当事者が契約期間を定めた場合であっても、やむを得ない事由があるときは、特定受託事業者は、直ちに契約の解除をすることができる。」

第2に、労働者性のないフリーランスであっても、フリーランスからの契約解消に違約金その他の障害を契約上定めることを許してしまっては、契約解消が事実上困難になりかねないから、労基法16条と同様の以下の規律を、フリーランス法第3章に追加することも考えられる。

> 「業務委託事業者は、特定受託事業者が業務委託に係る契約を解除することについて違約金を定め、又は損害賠償を予定する契約をしてはならない。」

407

第**7**章
フリーランスとインボイス制度

I　はじめに

　2023 年 10 月 1 日から、消費税のインボイス制度が施行された。インボイスとは、事業者間でやり取りされる消費税額が記載された請求書等のことであり、買手は、インボイス制度の導入によって、自らが支払った消費税について仕入税額控除をするためには、売手からインボイスの交付を受けて保存する必要が生じた（消税 30 条 7 項・9 項）。他方、売手がインボイスを発行するためには、納税地を管轄する税務署に登録して、適格請求書発行事業者（課税事業者）となる必要がある（消税 57 条の 2）。フリーランス法上の定義においては、「業務委託事業者」側が買手（フリーランス取引における発注者）に該当し、「特定受託事業者」側が売手（フリーランス取引におけるフリーランス）に該当する。

　売手が適格請求書を交付できない場合、買手は消費税の仕入税額控除ができず、結果として消費税の納税額が増えるため（ただし、買手が簡易課税制度を選択している場合はこの限りではない）、買手は売手が適格請求書を発行する課税事業者となることを望む。他方、売手は、インボイス制度導入前から課税事業者であった場合には新たな金銭的負担が生じるものではないが、消費税の納税義務が免除される年間の課税売上高が 1000 万円以下である免税事業者（消税 9 条 1 項）であった場合には、課税事業者となると消費税を納税しなければならないため、新たに金銭的な負担が生じることとなり、課税事業者とならないことに経済的メリットがある。この点において、売手と買手との間で、利害の衝突が生じる。売手が免税事業者である場合に、買手が仕入税額控除をするために、課税事業者にならなければ取引価格を引き下げる等の通告をしたり、あるいは、仕入税額控除相当額を報酬の額から減額する等以下に述べる何らかの

408

手立てを講じた結果、当該行為が独占禁止法・下請法・フリーランス法に抵触することがあるので、留意が必要である。

なお、インボイス制度には経過措置が設けられ、買手は、売手が課税事業者ではなく、売手からインボイスの発行を受けられない場合であっても、2023年10月1日から2026年9月末日までは80%、2026年10月1日から2029年10月1日までは50%の仕入税控除をすることができる（平成28年法律15号改正附則52条・53条）。

Ⅱ　独占禁止法・下請法・フリーランス法

インボイス制度にかかる対応に関する独占禁止法上の規制としては、優越的地位の濫用行為の規制に抵触しないかが重要である（独禁2条9項5号）。優越的地位の濫用とは、自己の取引上の地位が相手方に優越していること（優越的地位）を利用して、正常な商慣習に照らして不当な行為（濫用行為）を行うことであり、排除措置命令および課徴金納付命令の対象となる（独禁20条・20条の6）。独占禁止法では、適用対象取引の限定はなく、あらゆる取引に適用され、また、取引の過程において相手方に不利益となるような行為はひろく濫用行為となり得るため、インボイス制度にかかる対応においても留意する必要がある。

インボイス制度にかかる対応に関する下請法上の規制としては、代金減額の禁止（下請4条1項3号）、買いたたきの禁止（下請4条1項5号）が重要である。一度決定した代金より安い代金を支払うことが代金減額であり、これから決定する代金を不当に安くすることが買いたたきである。なお、下請法は「親事業者」（下請2条7項）と「下請事業者」（下請2条8項）との間の取引に適用されるものであり、資本金の額や取引類型等によっては適用されないことがある。

インボイス制度にかかる対応に関するフリーランス法上の規制としては、下請法と同様に、代金減額の禁止（フリーランス5条1項2号）、買いたたきの禁止（フリーランス5条1項4号）が重要である。なお、フリーランス法の禁止行為が適用されるのは「特定業務委託事業者」と「特定受託事業者」との間の

第3部　フリーランスとの取引における留意点

取引であって、1か月以上継続して業務委託を行う場合である（「特定業務委託事業者」および「特定受託事業者」について第2部第3章、継続的な業務委託について第2部第6章参照）。

　下請法やフリーランス法は、取引によっては適用されないことがあるが、独占禁止法はひろく適用される。下請法の規制を受ける取引やフリーランス法の規制を受ける取引については特に留意が必要であるが、インボイス制度にかかる対応に関するコンプライアンスの観点からは、そのような取引に限らず、常に濫用行為とならないかという観点から、以下述べる点に留意する必要がある。

Ⅲ　留意点

1　代金減額

　発注時に決定し、3条通知（フリーランス法3条に定める取引条件等の明示）にて明示した報酬の額から、後から減らして支払うことは、フリーランス法5条1項2号に定める代金減額として禁止される。

　公正取引委員会が公表した「インボイス制度後の免税事業者との取引に係る下請法等の考え方」[1]によると、「報酬総額11万円で契約を行った。取引完了後、インボイス発行事業者でなかったことが、請求段階で判明したため、下事業者が提出してきた請求書に記載された金額にかかわらず、消費税相当額の1万円の一部又は全部を支払わないことにした」という事例について、「発注者（買手）が下請事業者に対して、免税事業者であることを理由にして、消費税相当額の一部又は全部を支払わない行為は」、下請法上、代金減額（下請4条1項3号）として問題となる旨説明されている。仮にフリーランス法が適用される場合には、一度決めた報酬総額11万円を、後から消費税相当額1万円を減額して、10万円のみを支払っている以上、同様に、代金減額として問題となろう。加えて、消費税相当額を「協賛金」「協力金」等の名目で差し引いて支払う場合や、フリーランス側が「免税事業者であるため、ご迷惑をおかけして

---

1)　公正取引委員会「インボイス制度後の免税事業者との取引に係る下請法等の考え方」事例1（https://www.jftc.go.jp/dk/guideline/unyoukijun/invoice/invoice_jirei.pdf〔2025年1月15日閲覧〕）。

410

第7章　フリーランスとインボイス制度

いるから、報酬から差し引いてもらって構わない」などと、減額することついて合意している場合であっても、フリーランスに責めに帰すべき事由がない限り、問題となる。

　また、独占禁止法上も、自己の取引上の地位が相手方に優越していることを利用して、正常な商慣習に照らして不当に減額を行った場合には、独占禁止法上、優越的地位の濫用として問題となる。なお、本論点が問題となる売手は免税事業者が前提であるため、優越的地位の要件は認められやすい傾向にあると思われる。

2　買いたたき

　代金減額（フリーランス5条1項2号）は、一度決めた報酬の額を"後"から差し引く場合が該当するところ、報酬の額を決定する時点においても問題となり得るケースがある。

　すなわち、あるフリーランスに対してした業務委託と同種、または類似の内容の業務委託に対する報酬の額に比べて、フリーランスが負担していた消費税額も支払えないような報酬の額など、著しく低い報酬の額を、一方的に定めるなど、不当に定めた場合や、フリーランスが免税事業者から課税事業者になった場合に、給付の内容と同種または類似の内容の給付に対して通常支払われる対価に比べて著しく低い報酬の額を不当に定めた場合には、買いたたき（フリーランス5条1項4号）として問題になり得る。

3　不当な利益提供要請

　また、フリーランスが免税事業者のままである場合に、実際の報酬額は従前から変更せず、据え置くとしても、仕入税額控除相当額について、別途、「販売促進費」や「協賛金」等の名目で支払わせる等、金銭の負担を要請することは、これによってフリーランスが直接利益を得るときを除いて、フリーランスにとっては、不当に利益を害することになるため、不当な利益提供要請として問題になる（フリーランス5条2項1号）。

411

第3部　フリーランスとの取引における留意点

Ⅳ　課税事業者とならないフリーランスへの対応

　公正取引委員会は、「免税事業者及びその取引先のインボイス制度への対応に関するQ&A」[2]において、「課税事業者が、インボイスに対応するために、取引先の免税事業者に対し、課税事業者になるよう要請することがあります。このような要請を行うこと自体は、独占禁止法上問題となるものではありません。しかし、課税事業者になるよう要請することにとどまらず、課税事業者にならなければ、取引価格を引き下げるとか、それにも応じなければ取引を打ち切ることにするなどと一方的に通告することは、独占禁止法上又は下請法上、問題となるおそれがあります」といった考え方を公表している（Q7・6）。以下、「取引価格の引下げ」と「取引の打切り」について検討する。

1　取引価格の引下げについて

　公正取引委員会は、「取引上優越した地位にある事業者（買手）が、インボイス制度の実施後の免税事業者との取引において、仕入税額控除ができないことを理由に、免税事業者に対して取引価格の引下げを要請し、取引価格の再交渉において、仕入税額控除が制限される分について、免税事業者の仕入れや諸経費の支払いに係る消費税の負担をも考慮した上で、双方納得の上で取引価格を設定すれば、結果的に取引価格が引き下げられたとしても、独占禁止法上問題となるものではありません。しかし、再交渉が形式的なものにすぎず、仕入側の事業者（買手）の都合のみで著しく低い価格を設定し、免税事業者が負担していた消費税額も払えないような価格を設定した場合〔例えば、免税事業者が取引先から100万円（税抜）の商品を購入する場合、取引先には、110万円を支払うことになるが、免税事業者のため10万円については、仕入税額控除をすることができない。この場合に、免税事業者により100万円分の付加価値・加工実費等が追加された商品を、仕入先（買手）が200万円の価格を一方的に決定し、購入したときには、免税事業者が仕入時に支払った消費税（10万円）は考慮されておらず、

---

2)　財務省ほか「免税事業者及びその取引先のインボイス制度への対応に関するQ&A」（https://www.jftc.go.jp/dk/guideline/unyoukijun/invoice_qanda.html〔2025年1月15日閲覧〕）。

その消費税分は免税事業者の負担として残ることになるケースが想定される〕には、優越的地位の濫用として、独占禁止法上問題となります。

　また、取引上優越した地位にある事業者（買手）からの要請に応じて仕入先が免税事業者から課税事業者となった場合であって、その際、仕入先が納税義務を負うこととなる消費税分を勘案した取引価格の交渉が形式的なものにすぎず、著しく低い取引価格を設定した場合についても同様です」といった考え方を示している[3]。そのため、フリーランスとの取引においても、免税事業者であった期間は200万円で取引していたところ、フリーランスが課税事業者となった場合に、交渉の機会を設けるものの、結論として初めから報酬額が200万円に固定される形式的なおざなりな協議であった場合、報酬の額を200万円で据え置くとの合意がなされたとしても、独占禁止法上、問題となり得る行為に該当し得ることになると考えられる。

　以上の考え方を踏まえると、課税事業者とならない売手に対して、取引価格を引き下げる交渉をすることや双方納得の上で取引価格を引き下げることまで独占禁止法等で問題となるわけではないが、取引価格の引下げを一方的に押し付けたり、十分な協議を行わないままに取引価格を引き下げた場合には、買いたたき等として問題となり得ると考えられる。買手としては、買いたたきとして問題とされないよう、売手との間で、売手による値決めの裏付説明や公表されている最低賃金等の客観的な資料等を踏まえた、結論ありきではない、十分に実質的な協議をすることを心掛けるべきであるし、売手が仕入れに際して負担する消費税相当額や（後述の事例を踏まえると）経過措置の存在等を踏まえ、引下げを求める幅についても留意する必要がある。

　なお、買手としては、売手の仕入れに関する消費税負担相当額を確認するために、売手の仕入状況等を確認したくなるところであるが、かかる要望をすると、売手のコスト構造を丸裸とし、買手による本体価格の買いたたきを助長するものであって、買いたたきを違反とする場合の考慮要素とされる可能性があるため、留意が必要である[4]。一方で、買いたたき等の問題となり得る行為や

3）　財務省ほか・前掲注2）Q7・1。
4）　白石忠志「インボイス制度と独禁法・下請法・フリーランス法」ジュリ1588号（2023年）43頁。

第 3 部　フリーランスとの取引における留意点

そのような行為を示唆するような行為をしないことを前提に、売手がもっぱら買手に依存している場合など、買手が売手に対して課税事業者に転換することを余儀なくさせたとしても、それ自体は違法となるものではないとする見解もある[5]。

　この点、公正取引委員会による「インボイス制度の実施に関連した注意事例について」[6] において、「発注事業者（課税事業者）が、経過措置により一定の範囲で仕入税額控除が認められているにもかかわらず、取引先の免税事業者に対し、インボイス制度の実施後も課税事業者に転換せず、免税事業者を選択する場合には、消費税相当額を取引価格から引き下げると一方的に通告した」という事例について、独占禁止法上または下請法上問題となるおそれがあると指摘がなされている。なお、「経過措置により一定の範囲で仕入税額控除が認められているにもかかわらず」と理由付けが記載されている。買手は、売手がインボイスを発行できない場合であっても、自らが支払った消費税相当額のうち、2023 年 10 月 1 日から 2026 年 9 月末日までは 80%、2026 年 10 月 1 日から 2029 年 10 月 1 日までは 50% の仕入税控除をすることができる（I 参照）。したがって、売手が課税事業者ではないことによる不利益は、2026 年 9 月末日までは消費税相当額の 20%、2026 年 10 月 1 日から 2029 年 10 月 1 日までは 50% にとどまる。そうであるにもかかわらず、消費税相当額すべてを取引価格から引き下げると、仕入税控除が認められる分、余分に取引価格を引き下げるものであり、不当であるということを意味しているものと解される。

2　取引の拒絶について

　公正取引委員会は、「免税事業者及びその取引先のインボイス制度への対応に関する Q&A」において、「事業者がどの事業者と取引するかは基本的に自由ですが、例えば、取引上の地位が相手方に優越している事業者（買手）が、インボイス制度の実施を契機として、免税事業者である仕入先に対して、一方的

5）　長澤哲也『インボイス制度の導入に伴う独占禁止法・下請法上の留意点』（SMBC マネジメント 524 号付録・実務シリーズ 267 号）（SMBC コンサルティング、2023 年）42 頁。

6）　公正取引委員会「インボイス制度の実施に関連した注意事例について」（https://www.jftc.go.jp/file/invoice_chuijirei.pdf〔2025 年 1 月 15 日閲覧〕）。

414

に、免税事業者が負担していた消費税額も払えないような価格など著しく低い取引価格を設定し、不当に不利益を与えることとなる場合であって、これに応じない相手方との取引を停止した場合には、独占禁止法上問題となるおそれがあります」との考え方を示している[7]。

取引を行わないことは、取引の自由の行使であり、買手として免税事業者からはおよそ買わないという施策をとることそれ自体は、基本的には、独占禁止法・下請法・フリーランス法上の問題は生じないように思われる[8]。他方、既に取引のある課税事業者ではない事業者に対して、取引の打切りが選択肢としてあることを示しながら、取引価格の引下げを求めることは、買いたたきに該当する可能性がある。また、そのような引下げを求めた上で、取引価格の引下げに応じなかった売手との取引を停止することは、優越的地位の濫用等として、独占禁止法上問題となるおそれがある。公正取引委員会が公表した「インボイス制度後の免税事業者との取引に係る下請法等の考え方」[9] において、「課税事業者が、取引先である免税事業者に対して、課税転換を求めた。その際、『インボイス事業者にならなければ、消費税分はお支払いできません。承諾いただけなければ今後のお取引は考えさせていただきます。』という文言を用いて要請を行った。また、要請に当たっての価格交渉にも応じなかった」という事例について、「課税事業者になるよう要請すること自体は独占禁止法上問題になりませんが、それにとどまらず、課税事業者にならなければ取引価格を引き下げる、それにも応じなければ取引を打ち切るなどと一方的に通告することは、独占禁止法上問題となるおそれがあります。また、課税事業者となるに際し、価格交渉の場において明示的な協議なしに価格を据え置く場合も同様です」という考え方が示されており、同旨と思われる。

V　課税事業者となったフリーランスへの対応

Ⅳにて引用した公正取引委員会の考え方等を踏まえると、買手としては、

---

7)　財務省ほか・前掲注2) Q7・5。
8)　白石・前掲注3) 43頁。
9)　公正取引委員・前掲注1) 事例3。

第3部　フリーランスとの取引における留意点

（特に買手からの要請によって）課税事業者となった売手については、売手において発生することとなった消費税の負担を取引価格に反映するべきか検討する必要があり、仮に従来どおりに取引価格を据え置くとしても、買手の側から消費税が課税されることに伴って取引価格に反映する必要がないか価格交渉の場において明示的に協議することや、売手から取引価格の引上げを求められた場合には価格転嫁しない理由を書面、電子メール等で下請事業者に回答することが求められる。

　この点、公正取引委員会が公表した「インボイス制度後の免税事業者との取引に係る下請法等の考え方」[10] において、「継続的に取引関係のある下請事業者と、免税事業者であることを前提に『単価10万円』で発注を行った。その後、今後の取引があることを踏まえ、下請事業者に課税転換を求めた。結果、下請事業者が課税事業者となったにもかかわらず、その後の価格交渉に応じず、一方的に単価を据え置くこととした」という事例について、「下請事業者が課税事業者になったにもかかわらず、免税事業者であることを前提に行われた単価からの交渉に応じず、一方的に従来どおりに単価を据え置いて発注する行為は」、下請法上、買いたたきとして問題となるおそれがある旨説明されている（なお、「おそれ」と記載されているのは、買いたたきは、代金減額と比べれば明瞭に違反と言えるわけではないためと考えられる[11]）。仮にフリーランス法が適用される場合には、同様に、買いたたきとして問題となろう。なお、交渉により、価格を据え置くことにつき合意がなされている場合であっても、同種または類似の業務委託に対して支払う報酬の額は全て値上げがなされているようなときには、通常支払われる対価に比し著しく低い報酬の額を定めるものとして、買いたたきの要件の一に該当する可能性があると考えられる。他方で、同様に、免税事業者から課税事業者となった場合であっても、免税事業者の頃から、他の課税事業者と同様に、消費税相当額も含めた報酬の額を支払っていた場合に、課税事業者となったからといって、当然に、従前の報酬の額に消費税相当額を加えた額に見直しをしなければならないわけではない。すなわち、買いたたき

---

10)　公正取引委員・前掲注1) 事例2。

11)　白石・前掲注3) 42頁。

第 7 章　フリーランスとインボイス制度

の問題となり得るのは、「免税事業者であることを前提に行われた単価からの交渉に応じず、一方的に従来通りに単価を据え置いて発注する」[12] ことであり、他の課税事業者と同様、消費税相当額を含めた報酬の額を支払っていた場合は、免税事業者であることを前提とした対価ではなく、従前から、買手が消費税相当額について負担していたと評価することができるため、課税事業者となった後に、なお報酬の額を据え置いても、当然に買いたたきの問題となり得るとは想定されていないものと考えられる。

　なお、仮に従前から消費税相当額を含めた報酬を支払っていた免税事業者が課税事業者に転換し、その報酬額を基準に本体価格とした上で新たに消費税相当額を上乗せして支払う場合、その額が「通常支払われる対価」として評価される結果、従前から課税事業者であった者の報酬額との関係で買いたたきと評価される可能性があるとも思われる。

　この点についても、前記と同様、当然に従前から課税事業者であった者との関係においてすべて見直ししなければならないわけではなく、交渉をすることから始めることになるかと思われるが、今後の事例の蓄積や判断基準のさらなる明確化が望まれるものと考える。

　もっとも、従前から他の課税事業者と同様に消費税相当額を含めた報酬の額を支払っていたからといってなんらの交渉の機会を設けることが不要となるわけではないと考えられる。消費税相当額の負担が増えるほか、原材料等のコスト上昇がみられる状況下においては、発注側（買手）から交渉の場を設けない場合には、買いたたきの要件の一に該当し得るとされている [13] ことに鑑みると、少なくとも、協議の場を設けることは最低限行うべきであると考えられる。

　また、課税事業者に転換することによって、当該課税事業者へ転換した事業者においては、納税に係る事務負担が増加することになる。そのため、間接費が増加することになるとも考えられるところ、公正取引委員会が公表する資料

---

12)　公正取引委・前掲注 1) 事例 2。

13)　公正取引委員会「よくある質問コーナー（独占禁止法）」Q20（https://www.jftc.go.jp/dk/dk_qa.html#cmsQ20〔2025 年 1 月 15 日閲覧〕）。同「独占禁止法上の『優越的地位の濫用』に関する緊急調査の結果について」（2022 年 12 月 27 日）3 (1)（https://www.jftc.go.jp/houdou/pressrelease/2022/dec/221227_kinkyuchosakekka.html〔2025 年 1 月 15 日閲覧〕）。

417

第3部　フリーランスとの取引における留意点

によれば、あくまで具体的に発生する納税負担に係る代金減額や買いたたき、不当な利益提供要請が問題とされているものと考えられ、広く均され、配賦されることになる間接費の増加については、インボイス制度に係る独占禁止法・下請法の規律との関係では、直ちに問題にしていないものと考えられる。

Ⅵ　その他の留意事項

上記のほか、売手が課税事業者ではないことを理由に発注した商品・役務の受領を拒むことや返品をすること、消費税込みの取引価格を据え置く条件として協賛金等の名目で金銭の負担を強いることや、当該取引に係る商品・役務以外の商品・役務の購入を要請すること等は、優越的地位の濫用や下請法・フリーランス法上の禁止行為に該当する可能性がある。

第8章
フリーランスの個人情報の取扱い

I　個人情報保護法の概要（定義や規制の大枠を知る）

1　はじめに

　フリーランスについては、多様な働き方の拡大、ギグエコノミー（インターネットを通じて短期・単発で仕事を請け負い、個人で働く就業形態）の拡大によってさまざまな効果が期待され、政府としてもその後押しをしているところであり、フリーランス法はそのような文脈の中で議論がなされている。

　そして、個人情報の取扱いは、ビジネスを行う上では非常に重要な観点になる。個人情報をビジネスにおいてうまく利活用することで新しいビジネスを成功に導くこともできるが、他方で、不適切な個人情報の管理がビジネスの失敗に直結することもある。例えば、システムとして個人情報の取得などの取扱いが不適切なためにサービスローンチ直前にリリースがストップしてしまう場合や、サービスとしては順調にユーザーを獲得していたにもかかわらず、一度のインシデント等の発生で、評判が悪化しユーザー離れが起こりサービスが終了するような場合もある。フリーランスの拡大を検討する場面においても、個人情報の取扱いを軽視することはできず、多様な働き方を尊重する中で、フリーランスに仕事を依頼する側もフリーランスとして働く側も、個人情報の取扱いには十分に注意を払う必要があり、取り扱う情報の性質や量に応じた取扱いが求められる。

　個人情報保護法は、個人の権利・利益の保護と個人情報の有用性とのバランスを図るための法律（個人情報1条）で、個人情報の取扱いに関する一般法として機能するものであり、フリーランスが活躍する各種場面においても例外なく適用がなされるものである。なお、個別の法律やガイドラインなどで個人情報の取扱いに関して、個人情報保護法の規定に上乗せした取扱いを要求する分

419

第3部　フリーランスとの取引における留意点

野も存在するが、フリーランスの分野においては、フリーランスであることのみによって追加的な取扱いが求められているものではなく、現時点ではそれらの議論は特段ないため、以下ではまず、一般的な個人情報保護法の解説を行い、フリーランス分野で特に問題になりそうな論点についてそれぞれ解説を加える。

2　個人情報保護法上の重要な概念（「個人情報」等）

　個人情報保護法が保護する対象は「個人情報」である。個人情報とは、生存する個人に関する情報であって、氏名や生年月日、住所、顔写真などにより特定の個人を識別することができるものをいう。そして、他の情報と容易に照合することができ、それにより特定の個人を識別することができることとなるものも含まれる（個人情報2条1項1号）。例えば、電話番号やメールアドレスなどは、通常は、それ単体では特定の個人を識別することができない情報だが、氏名などと組み合わせることで特定の個人を識別できるため、個人情報に該当する場合がある。また、番号、記号、符号などで、その情報単体から特定の個人を識別できる情報で政令・規則で定められたものを「個人識別符号」と言い、個人識別符号が含まれた情報も個人情報となる（個人情報2条1項2号・2項）。例えば、身体の一部の特徴を電子処理のために変換した符号で、顔認証データ、指紋認証データ、虹彩、声紋、歩行の態様、手指の静脈、掌紋のデータなどや、サービス利用や書類において利用者ごとに割り振られる番号で、パスポート番号、基礎年金番号、運転免許証番号、住民票コード、マイナンバー[1]、保険者番号などは個人識別符号として個人情報となる。

　なお、ビジネスをする上での顧客情報のみが個人情報保護法で保護されているのではなく、従業員に関する情報であっても「個人情報」に該当する場合には、当然同法の規律に従い取り扱う必要があり[2]、それはフリーランスとして

---

[1]　マイナンバー（個人番号）を含む個人情報は「特定個人情報」（番号2条8項）と定義され、行政手続における特定の個人を識別するための番号の利用等に関する法律（いわゆるマイナンバー法）により追加的な規律が生じる。

[2]　個人情報保護委員会『『個人情報の保護に関する法律についてのガイドライン』に関するQ&A」Q1-20。従業員との関係では、通常の個人情報保護委員会が定めるガイドラインに加えて、厚労省と共同で「雇用管理分野における個人情報のうち健康情報を取り扱うに当たっての留意事項」を公表している。

420

第8章　フリーランスの個人情報の取扱い

働く人の情報であっても同様である。

　個人情報保護法は、特定の個人情報を検索することができるように体系的に構成された、個人情報を含む集合物は「個人情報データベース等」（個人情報16条1項）として定義し、個人情報データベース等を構成する個人情報を「個人データ」（個人情報第16条3項）、個人データのうち、個人情報取扱事業者が本人から請求される開示・訂正・削除などに応じることができる権限を有するものを「保有個人データ」（個人情報16条4項）として分類し、大枠として「取得・利用」、「保管・管理」、「第三者提供」、「公表・開示」などのそれぞれ

【図表3-8-1】

【個人情報】 生存する個人に関する情報で、特定の個人を識別することができるもの （例：1枚の名刺）	①取得・利用に関するルール ・利用目的を特定して、その範囲内で利用する。 ・利用目的を通知又は公表する。 ・偽りその他不正の手段により個人情報を取得しない。 ・要配慮個人情報の取得は、原則として、あらかじめ本人から同意を得る。 ・違法又は不当な行為を助長し、又は誘発するおそれがある方法により利用しない。 ・苦情等に適切・迅速に対応する。
【個人データ】 個人情報データベース等を構成する個人情報 →体系的に構成（分類・整理等）され、容易に検索できる個人情報 （例：名刺管理ソフト内の1枚の名刺）	②保管・管理に関するルール ・データ内容を正確かつ最新の内容に保つとともに、利用する必要がなくなったときは消去するように努める。 ・漏えい等が生じないよう、安全に管理する。 ・従業者・委託先にも安全管理を徹底する。 ・委員会規則で定める漏えい等が生じたときには、委員会に対して報告を行うとともに、本人への通知を行う。
	③第三者提供に関するルール ・第三者に提供する場合は、あらかじめ本人から同意を得る。 ・外国にある第三者に提供する場合は、当該提供について、参考情報を提供した上で、あらかじめ本人から同意を得る。 ・第三者に提供した場合・第三者から提供を受けた場合は、一定事項を記録する。
【保存個人データ】 開示、訂正、利用停止、消去等の権限を有する個人データ	④公表事項・開示請求等への対応に関するルール ・事業者の名称や利用目的、開示等手続などの事項を公表する。 ・本人から開示等の請求があった場合はこれに対応する。

出典：個人情報保護委員会「個人情報保護法の基本」（2023年9月）より抜粋

第3部　フリーランスとの取引における留意点

のシチュエーションを想定しグラデーションのある規律を設けている。

　また、個人情報保護法は、「個人情報取扱事業者」が個人情報等を取り扱う（取得・利用・保管・管理・第三者提供など）場合を念頭に規定を設けているところ、「個人情報取扱事業者」とは、個人情報データベース等を事業の用に供している者をいう（個人情報16条2項）とされる。ここで、「事業の用に供している」とは、一定の目的をもって反復継続して遂行される同種の行為であって、かつ社会通念上事業と認められるものをいい、営利・非営利の別は問わないとされる。なお、個人情報データベース等を事業の用に供している者であれば、当該個人情報データベース等を構成する個人情報によって識別される特定の個人の数の多寡にかかわらず、個人情報取扱事業者に該当し、法人格のない団体、権利能力なき社団または個人であっても、個人情報等データベース等を事業の用に供している場合は個人情報取扱事業者に該当する。そのため、フリーランスとして活動する個人事業主であっても、個人情報取扱事業者になり得る点には注意が必要である。

　なお、個人情報と似て非なる概念として「プライバシー」がある。プライバシーは、個人の家庭内の私事・私生活や個人の秘密、また、それらが他人から干渉・侵害を受けない権利や自己の情報をコントロールできる権利などの意味で用いられるものである。個人情報保護とプライバシー保護は厳密には異なる概念であり、両者が保護すべき対象が重なる部分も存在するが、プライバシーが保護すべき範囲は、技術等の進展に伴って広がっているとも言われており[3]、個人情報保護法上は必ずしも問題がないもののプライバシーの問題として社会的に炎上する場合も存在する。例えば、カメラ画像におけるデータの利活用や、携帯端末に由来する位置情報の利活用の場面では、それらの情報が必ずしも個人情報に該当しない場面もあるが、これらの情報がプライバシー情報として保護すべきであるとの点に異論はないところである。

---

3)　総務省＝経済産業省「DX時代における企業のプライバシーガバナンスガイドブック ver. 1.3」（2023年4月）32頁。

第 8 章　フリーランスの個人情報の取扱い

3　特別な規律が規定されている情報（「要配慮個人情報」「仮名加工情報」「匿名加工情報」「統計情報」）

個人情報保護法は、前述のとおり、取得・利用、保管・管理、提供のそれぞれの場面を想定し規律を設けている。そして、「個人情報」「個人データ」「保有個人データ」に対する規律を基本とする。もっとも、個人情報保護法は、情報の性質に合わせて追加的な規律を設けたり、一部規律を緩和したりもしている。

「要配慮個人情報」の場合には、取得時より原則として本人同意を必要（個人情報2条3項・20条2項）とし、事業者内部での検討を主な目的とした「仮名加工情報」（個人情報2条5項）や、本人の同意なく第三者提供を実現する「匿名加工情報」（個人情報2条6項）など、一定の加工を施すことで、それ単体では特定の個人を識別できないように個人との対応関係を消した場合における取扱い等の規定を設けている。仮名加工情報や匿名加工情報は、例えばある人物の行動履歴や購買履歴等の形の情報になるためあくまでも「個人に関する情報」だが、異なる概念として、複数人の情報から共通要素に係る項目を抽出して同じ分類ごとに集計等することで個人との関係が排斥された「統計情報」もある。統計情報については、個人に関する情報ではないため、個人情報保護法は適用されない[4]。

> **Column　クッキー規制：個人情報保護法・電気通信事業法**
>
> 　メディアによって「クッキー規制」と言われてきたものとして、個人関連情報の第三者提供の制限に関する規律（個人情報31条）と電気通信事業法におけるいわゆる外部送信規律（電通事27条の12）がある。しかし、これは正確な理解ではなく、クッキーを使用していないから当社は対象外であると捉えていると思わぬところで足をすくわれてしまう可能性があるので注意が必要である[5]。

---

4)　個人情報保護委員会・前掲注2) Q15-1、Q15-2。

5)　クッキー等の端末識別子は、個人情報に該当しない場合には個人関連情報に該当すると考えられるが、クッキー等の端末識別子は、他の情報と容易に照合することにより特定の個人を識別することができる場合には、当該情報と合わせて全体として個人情報に該当することとなるため、個人関連情報の規律のみで捉えて良いものではない。また、外部送信規律は、利用者の端末から外部に情報を送信するよう指令するプログラム等を利用者の端末に送信する行為全般を規制する

第3部　フリーランスとの取引における留意点

　「個人関連情報」とは「生存する個人に関する情報であって、個人情報、仮名加工情報及び匿名加工情報のいずれにも該当しないものをいう」（個人情報2条7項）。そして、個人関連情報の規制は「提供」行為が発生する場面のみが規制の対象であり、「取得」時点に規制がない点に特徴がある。すなわち、個人関連情報を提供するにあたって、提供先がそれを自らが保有するデータベースと紐付けるなどして個人データとして取得することが想定される場合に、本人の同意が必要となる旨規定がなされているのである。そのため、提供先との関係において、提供を受けた個人関連情報を個人データに紐付けて利用しない場合や提供元と提供先の間の契約等において、提供先が個人関連情報を個人データとして利用しない旨が定められ、その通りに取り扱われている場合には、「個人データとして取得することが想定」されないため規制の対象外となる。

　外部送信規律は「電気通信事業を営む者」[6]に対する規律である。具体的には、利用者のパソコンやスマートフォン等の端末で起動されるブラウザやアプリケーションを通じて電気通信役務を提供する事業者が、利用者の端末に対して、当該端末に記録された利用者に関する情報を外部に送信するよう指令するプログラム等を送信することがある。外部送信規律は、このような場合において、電気通信役務を提供する事業者に対し、当該プログラム等により送信されることとなる利用者に関する情報の内容や送信先について、当該利用者に確認の機会を付与する義務を課すものである。確認の機会の付与の方法としては、通知、利用者が容易に知り得る状態に置く（いわゆる公表）、同意取得またはオプトアウト措置の提供のいずれかを行う必要がある。ただし、利用者の端末に適正な画面表示をするためなど、当該電気通信役務の利用のために送信することが必要な情報や、当該電気通信役務を提供する事業者が利用者を識別するために自身に送信させる識別符号（いわゆる 1st Party クッキーに保存された ID）の外部送信については、確認の機会の付与は不要とされる。

4　個人情報等の取扱いに関して①（利用目的の特定・変更）

個人情報取扱事業者による個人情報の取扱いの範囲は、原則として、その利

　ものであり、このような行為を行っていれば、クッキーを利用していなかったとしても規律の対象となるものであり、「情報」ではなく「指令通信」が規制の対象である点に注意が必要である。

6）　総務省「電気通信事業参入マニュアル（追補版）」、「電気通信事業参入マニュアル（追補版）ガイドブック」によって自ら提供するサービスが「電気通信役務を提供する事業」に該当するのかを判断する必要がある。

用目的の達成に必要な範囲とされることから、利用目的は、個人情報の取扱いに関する規律の要となるものとされている[7]。

　個人情報取扱事業者は、個人情報を取り扱うにあたっては、利用目的をできる限り具体的に特定しなければならない（個人情報17条）。利用目的を特定するとは、個々の取扱いプロセスごとにその目的を特定することを求める趣旨ではなく、個人情報取扱事業者が一連の取扱いにより最終的に達成しようとする目的を特定することを求める趣旨である。このため、利用目的は、個人情報取扱事業者ごとに、また、一連の取扱いごとに存在することとなり、プライバシーポリシーによって利用目的を特定・公表等することが一般的である。利用目的の特定について、「利用目的をできる限り具体的に特定しなければならないが、利用目的の特定にあたっては、利用目的を単に抽象的、一般的に特定するのではなく、個人情報が個人情報取扱事業者において、最終的にどのような事業の用に供され、どのような目的で個人情報を利用されるかが、本人にとって一般的かつ合理的に想定できる程度に具体的に特定することが望ましい。なお、あらかじめ、個人情報を第三者に提供することを想定している場合には、利用目的の特定にあたっては、その旨が明確にわかるよう特定しなければならない」とされている[8]。他の事業者等から個人情報の処理の一部について作業の委託を受けて個人情報を取り扱う個人情報取扱事業者にあっては、委託された当該業務を遂行することがその利用目的となる（個人情報27条5項1号）。

　個人情報保護法は、利用目的の変更を認めるものの、その範囲を変更前の利用目的と関連性を有すると合理的に認められる範囲にとどめることとしている（個人情報17条2項）。「関連性を有すると合理的に認められる範囲」とは、変更後の利用目的が変更前の利用目的から見て、社会通念上、本人が通常予期し得る限度と客観的に認められる範囲との趣旨である。例えば、第三者提供を行う旨を利用目的として定めていなかった場合に、「本人の同意を得て第三者提供を行うこと」を利用目的に追加する場合は、一般的には、関連性を有すると

---

7)　園部逸夫＝藤原静雄編『個人情報保護法の解説〔第3次改訂版〕』（ぎょうせい、2022年）146頁。

8)　個人情報保護委員会「個人情報の保護に関する法律についてのガイドライン（通則編）」3-1-1。

は言い難いとされる。特定された利用目的の達成に必要な範囲を超えて、個人情報を取り扱う場合であっても本人の同意が取得されているときには当該取扱いも可能である。このため、第三者提供を行っていなかった事業者が、新たに本人同意に基づく第三者提供を検討する場合、第三者提供に係る本人同意を取得することに加えて、利用目的の変更に係る本人同意の取得も同時に必要となる。なお、従業員の個人情報も法の定めに従い取り扱うことが求められることは前述の通りである。そして、従業員の個人情報の利用目的は通常、就業規則やその一部としての情報管理規程等によって定められていることが一般的である。そのため当該就業規則の変更の有効性（労契10条）と個人情報保護法の利用目的の変更における同意が交錯する論点が存在する。さらに議論を進めてフリーランスの場合に関しては、当該フリーランスとの間に何らかの契約関係が基礎となるため、当該契約において個人情報の取扱いに関しては就業規則（個人情報取扱規程）に準ずる旨の規程がない限りは、通常の契約変更のプロセスを要するようにも思われる。なお、偽装フリーランスのように就業規則に拘束される者は基本的には従業員に関する議論の延長として把握することができると思われる。もっとも、フリーランスが事業者と直接やりとりをするのではなく、間にマッチングプラットフォーム事業者が介在している場合もあり、その場合は、当該プラットフォームにおける利用規約との関係でも考慮が必要となり得る。この場合は、定型約款の変更（民548条の4）と論点の交錯があり得る。詳細な検討は省くが、個人情報保護法上の同意は、私法上の同意とは別の性質のものとして一般的には捉えられていることから、就業規則の変更の議論や定型約款の変更の議論において、個別の同意を取得しない前提での変更が許容されているからといって全てのケースにおいて、個別の同意を取得せずに利用目的の変更が許容されるものではないとの点は注意が必要である。

　個人情報取扱事業者は、個人情報を取得した場合、あらかじめその利用目的を公表している場合を除き、速やかに、その利用目的を、本人に通知し、または公表しなければならない（個人情報21条1項）。なお、本人との間で契約を締結することに伴って、書面に記載された個人情報を取得する場合や、直接書面に記載された個人情報を取得する場合には、利用目的はあらかじめ本人に対して明示しなければならない（個人情報21条2項）。利用目的を変更した場合

も、変更した利用目的について、本人に通知し、または公表しなければならない（個人情報21条3項）。利用目的を通知または公表することで、本人または第三者の生命、身体、財産等の権利侵害が発生するおそれがある場合、個人情報取扱事業者の正当な利益を害する恐れがある場合、国等の法令の定める事務遂行に協力する必要があって、利用目的の通知または公表が、当該事務遂行に支障を及ぼすおそれがある場合、取得状況から利用目的が明らかと認められる場合、には利用目的の通知または公表は不要である（個人情報21条4項）。

　個人情報保護法は、利用目的の特定を求めることに加えて、利用目的を超えた取扱いを原則として禁止している（個人情報18条1項）。個人情報の目的外利用が直ちに本人の権利利益を侵害するとは限らず、また、他の権利利益を保護する必要性が上回る場合にまでその利用を制限することは適当ではないことから、本人の同意がある等の場合のほか一定の場合については例外規定が設けられている（個人情報18条2項・3項）。

5　個人情報等の取扱いに関して②（安全管理措置等）

⑴　安全管理措置

　個人情報取扱事業者は、その取り扱う個人データの漏えい、滅失または毀損の防止その他の個人データの安全管理のために必要かつ適切な措置を講じなければならない（個人情報23条）。「安全管理のために必要かつ適切な措置」は、具体的には、基本方針の策定、個人データの取扱いに係る規律の整備、組織的安全管理措置、人的安全管理措置、物理的安全管理措置、技術的安全管理措置、外的環境の把握に分けられている[9]。

　「基本方針」とは、組織として取り組むための基本的な方針であり、「個人データの取扱いに係る規律の整備」とは、例えば、個人情報の取扱いに関する内部規定やマニュアル等の整備などが挙げられる。なお、従業員情報の取扱いとの関係では、従業員規則やそれに紐づく個人情報管理規程等の整備がなされている場合も多い。「組織的安全管理措置」は、例えば、安全管理者の設置、安全確保のための組織の整備、システムの安全性監査の実施等がある。人的安全

9）　個人情報保護委員会・前掲注8）10。

第3部　フリーランスとの取引における留意点

管理措置は、例えば、従業者の個人情報保護意識の向上、安全管理のための研修の実施等がある。物理的安全管理措置は、例えば、重要な個人データを取り扱う区域の入退室管理や、個人データを含む書類等の施錠保管等がある。技術的安全管理措置は、例えば、外部とネットワークで接続されているコンピューターのファイアウォールの構築、外部とやりとりされる情報の暗号化、個人データを取り扱うデータベース等のアクセス制限の設定等がある。外的環境の把握は、個人情報取扱事業者が外国において個人データを取り扱う場合、当該外国の個人情報の保護に関する制度等を把握した上で、個人データの安全管理のために必要かつ適切な措置を講じなければならないとするものである。

(2)　従業者の監督・委託先の監督

　広い意味での安全管理措置として、従業者の監督（個人情報24条）と委託先の監督（個人情報25条）がある。

　まず、個人情報取扱事業者は、その従業者に個人データを取り扱わせるにあたって、個人情報保護法23条に基づく安全管理を遵守させるよう、当該従業者に対し必要かつ適切な監督をしなければならない。従業者とは、個人情報取扱事業者の組織内にあって直接・間接に事業者の指揮監督を受けて事業者の業務に従事している者等をいい、雇用関係にある従業員（正社員・契約社員・嘱託社員、パート社員、アルバイト等）のみならず、取締役、執行役、理事、監査役、派遣社員等も含まれるとされている[10]。そのため、フリーランスについても業務形態によっては、「従業者」に含まれ得ると考えられるものの、通常は業務としての独立性が担保され「個人情報取扱事業者の組織内にあって直接・間接に事業者の指揮監督を受けて事業者の業務に従事している者」とは評価できない場合が多いと思われる。「従業者」として捉えることができないフリーランスであり、個人データの取扱いの委託を受けている者に関しては、本条ではなく後述の委託先の監督（個人情報25条）として安全管理措置の担保を図ることになる。

　次に、個人情報取扱事業者が個人データの取扱いの全部または一部を委託する場合、委託先に対して必要かつ適切な監督を行うべきことを義務付け、委託

---

10)　個人情報保護委員会・前掲注8) 3-4-3。

428

先において行われる個人データの取扱いについても、委託する側の個人情報取扱事業者を通じて安全管理措置を図ることが求められている。なお、委託を受けている事業者自体が個人情報取扱事業者に該当する場合には、委託を受けて取り扱う個人データについて、委託元からの監督を受けることはもとより、自らも個人情報取扱事業者としての義務が直接適用されることになる。委託先の監督については、通常委任契約や請負契約の中で、委託元の個人情報取扱事業者が委託先について監督するための規定（例えば、知り得た秘密の保護、個人データの持ち出し禁止、契約終了後のデータの返却・消去、再委託先の制限等）を設けることによって行う。一般的には、委託元の方が交渉力は強く、委託先に対して上記のような規定を設けることにより委託先の監督は行われてきていると思われ、フリーランスとの関係でもそのまま当てはまると思われる。

　他方で、最近は委託先の方が、交渉力が高く、およそ委託先が準備する雛形以上の契約締結はできないような場面（特に外国事業者が提供するサービスやクラウド型サービスを利用する場合など）が生じており、委託先の監督としてどこまで行うべきか、ということは問題となっている。契約条項で詳細に規定できない場合であっても、委託先が国際規格やセキュリティ基準等を満たしているのか否かについては最低限の確認をすることは求められる。また、フリーランスを利用する事業者としては、フリーランスが委託事項についてどのようなサービスを利用のもとで業務を行うのか、例えば生成 AI の学習用データとして情報が利用されているようなことはないのか、などにも配慮する必要が出てきているように思われる。

6　個人情報等の取扱いに関して③（第三者提供に係る規律）

(1)　概　要

「個人情報取扱事業者は、……あらかじめ本人の同意を得ないで、個人データを第三者に提供してはならない」とする（個人情報 27 条柱書）。これは、事前に本人に同意を得ることなく個人データを第三者に提供することを禁止する趣旨である。この規定は、利用目的による制限を定める 18 条の特則である。なお、あらかじめ個人情報を第三者に提供することを想定している場合は、利用目的において、その旨を特定しなければならない。

第 3 部　フリーランスとの取引における留意点

個人情報保護法 27 条より、第三者提供は本人の同意を得ることを原則とするが、その例外として、①法令に基づく場合、②人の生命、身体または財産の保護に必要な場合、③公衆衛生・児童の健全育成に特に必要な場合、④国等に協力する場合、学術研究機関等が個人データを提供する場合であり、かつ、当該個人データの提供が学術研究の成果の公表または教授のためにやむを得ない場合などには、同意の取得なしに第三者提供が可能である（個人情報 27 条 1 項各号）。

(2)　本人の同意

「本人の同意」とは、「本人の個人情報が、個人情報取扱事業者によって示された取扱方法で取り扱われることを承諾する旨の意思表示をいう」とし、「事業の性質及び個人情報の取扱状況に応じ、本人が同意に係る判断を行うために必要と考えられる合理的かつ適切な方法」での同意取得が認められており[11]、契約約款による同意も必ずしも否定されていない。そして、総務省のガイドライン解説[12]では「個別の同意がある場合だけでなく、電気通信役務の提供に関する契約約款において、個人情報の第三者提供に関する規定が定められており、当該契約約款に基づき電気通信役務の提供に関する契約を締結し、かつ当該規定が私法上有効であるときは、『本人の同意を得（る）』または『本人の同意がある』場合と解される」としている。同意の取得方式は制限がなく、口頭による同意も否定されないほか、書面（電磁的記録を含む）の受領、メールの受信、確認欄へのチェック、ホームページ上のボタンのクリック、音声入力、タッチパネルへのタッチ、ボタンやスイッチによる入力等をガイドライン[13]では例示している。また、「金融分野における個人情報保護に関するガイドライン」においては、同意は原則として書面によることとし、あらかじめ作成された同意書面を用いる場合には、文字の大きさおよび文書の表現を変えること等により個人情報の取扱いに関する条項が他と明確に区別され、本人に理解されることが望ましいこと、また、確認欄を設け本人がチェックを行うこと等本

---

11)　個人情報保護委員会・前掲注 8) 2-16。
12)　個人情報保護委員会＝総務省「電気通信事業における個人情報保護に関するガイドラインの解説」2-17。
13)　個人情報保護委員会個人情報保護・前掲注 8) 2-16。

430

第 8 章　フリーランスの個人情報の取扱い

人の意思が明確に反映できる方法により確認を行うことが望ましいことを指摘している（同ガイドライン 3 条）。

(3)　委託・事業承継・共同利用

個人データを第三者に提供する場合は、本人の同意を取得することが原則である。もっとも、実務上は、全てのケースにおいて、本人から同意を取得することが必ずしも適当ではないケースも存在するところであり、形式的には別主体に対する第三者提供に該当するものの、本人との関係において提供主体である個人情報取扱事業者と一体のものとして取り扱うことに合理性があるため、第三者に該当しないものとして、「委託」（個人情報 27 条 5 項 1 号）、「事業承継」（個人情報 27 条 5 項 2 号）、「共同利用」（個人情報 27 条 5 項 3 号）がある。

委託は、利用目的の達成に必要な範囲内において、個人データの取扱いに関する業務の全部または一部を委託することに伴い、当該個人データが提供される場合は、当該提供先は第三者に該当しない。この場合、当該提供先は、委託された業務の範囲内でのみ、本人との関係において提供主体である個人情報取扱事業者と一体のものとして取り扱われることに合理性があるため、委託された業務以外に当該個人データを取り扱うことはできない。なお、委託元は委託先に対する監督義務がある（個人情報 25 条）。委託の問題を検討する場合は、①委託元から委託先への個人データの提供、②委託先における個人データの取扱い、③委託先から委託元への個人データの納入、④委託先における個人データの目的外利用や成果物の利用のどの場面の議論であるかを捉えて検討すると整理がしやすい。

合併、分社化、事業譲渡等により事業が承継されることに伴い、当該事業に係る個人データが提供される場合は、当該提供先は第三者に該当しない。なお、事業の承継後も、個人データが当該事業の承継により提供される前の利用目的の範囲内で利用しなければならない（個人情報 18 条 2 項）。

特定の者との間で共同して利用される個人データを当該特定の者に提供する場合であって、①共同利用をする旨、②共同して利用される個人データの項目、③共同して利用する者の範囲、④利用する者の利用目的、⑤管理責任者等の情報を、提供に当たりあらかじめ本人に通知し、または本人が容易に知り得る状態に置いているときには、当該提供先は、本人から見て、当該個人データを当

431

第3部　フリーランスとの取引における留意点

初提供した事業者と一体のものとして取り扱われることに合理性があると考えられることから、第三者に該当しない。

　フリーランスとの関係では、例えば、アフィリエイターがフリーランスとして、個人データの取扱いの「委託」を受けて業務を行うようなケースも想定されよう。他方で、フリーランスが事業承継や共同利用の枠組みを利用し、個人データの第三者提供を受けることはあまりないと思われる。共同利用に関しては、例えば、グループ企業等で実施するなどが想定されている枠組みであり、フリーランスを用いたビジネスモデルにはなかなか馴染みにくいようにも思われるが、複数のフリーランスがグループを形成して、その中で個人データを共有するようなビジネスモデルなどはあり得る。この場合は共同利用の規律に従った対応が必要となる。

7　個人情報等の取扱いに関して④（漏えい対応について）

　令和2年改正施行前の個人情報保護法では、漏えい等が発生した場合であっても漏えい報告や本人の通知は義務ではなかった。しかし、2022年4月1日以降は、一定の条件を満たす個人データの漏えい、滅失、毀損（以下「漏えい等」）があった場合には、個人情報保護委員会へ報告しなければならず、また、本人に対して、当該事態が生じた旨を通知（公表は義務ではないが、本人への通知の場合は代替措置としての公表を検討）しなければならなくなった（個人情報26条1項・2項）。

　もっとも、漏えい等のすべての事案が対象となっているものではなく、①要配慮個人情報が含まれる個人データの漏えい等、②不正に利用されることにより財産的被害が生じるおそれがある個人データの漏えい等、③不正の目的を持って行われたおそれがある行為による個人データの漏えい等、④1000人を超える個人データの漏えい等の事案またはそれらのおそれのある事案が対象となっている（個人情報保護法施行規則7条）。

　漏えいが発生した場合には、当該事態を知った後で「速報」（3〜5日以内）、と「確報」（原則30日以内）での報告をしなければならない。もっとも、サイバー攻撃によって漏えい等が発生した場合に関しては、確報の期限は60日に延長されている（同規則8条）。

432

第 8 章　フリーランスの個人情報の取扱い

　また、上記の漏えい等の事案が発生した場合には本人への通知が必要であり、本人の通知については、通知を行うことでかえって混乱が発生するような場合には、上記の報告とは異なるタイミングで通知することも許容されている[14]。

8　越境移転・域外適用

　個人データを外国等に提供することにより発生する越境移転の問題と、個人データを外国で取り扱う場合であっても日本の個人情報の適用がなされるのかを検討する域外適用の問題は全く別の論点であり混同してはならない。

　個人データを外国にある第三者に提供する場合は、外国にある第三者に提供することについての同意が必要になる（個人情報 28 条）。単なる第三者提供の同意では足りずに、例えば外国にある企業に提供することなど一定の説明の上で同意を取得することが求められる。なお、若干誤解している方がいるが、外国への第三者提供の場合は、通常の第三者提供の規律（個人情報 27 条）と外国にある第三者への提供の規律の双方を満たす必要がある点には注意が必要である。

　外国にある第三者への提供に関しては、日本と同等の保護レベルであるとの認定された「外国」への提供に関する例外と、当該外国にある第三者が相当措置を継続的に講ずるために必要な体制（いわゆる「基準適合体制」）を整備している場合（日本の個人情報保護法で求められている保護措置が確保されていると言える場合）に関する「第三者」の例外が存在する。

Ⅱ　個別論点の検討

1　フリーランスが管理する個人情報の取扱いについての監督

【ケース 1】
　業務の一部をフリーランスに外注するにあたって、個人情報の取扱いが生じます。契約において情報管理に関する条項等は設けていますが、それだけでは不安なため、フリーランスが使用する貸与端末や私物端末に対するモニタリングをする予定ですが、どこまで許容されるのでしょうか。

---

14)　個人情報保護委員会・前掲注 8) 3-5-4-2。

第 3 部　フリーランスとの取引における留意点

　従業員のモニタリングについては、一般論としては、当該モニタリングの必要性とその手段の相当性に対して、従業員のプライバシー等の権利利益への制約の程度を比較衡量した上で、当該制約が受忍限度の範囲内と評価できるか否かで判断しているものと思われる。

　そして、必要性については、施設管理権や労働時間管理、情報管理等の観点から説明がなされることが多い。フリーランスに対しても、施設管理権や労働時間管理、情報管理の観点でモニタリングを行う必要性は認められる場合が多いのではないかと思われる。

　もっとも、必要性が認められるとして、手段の相当性については、従業員の場合とフリーランスの場合では事情が異なるように思われる。まず、従業員の場合、個人情報の取扱いに係る重要事項を定めるときは、あらかじめ労働組合等に対して通知し必要に応じて協議を行うことが望ましく、また、その重要事項等を定めたときは、従業員に通知することが望ましいとされるが [15]、フリーランスの場合には、契約交渉の場面があればその場で協議が可能だが、そもそも事前に協議を行うような機会が存在しない場合があり得る。

　また、個人情報保護法において、個人情報の取扱いに関して利用目的の通知・公表で良いとされ、第三者提供の同意に関して黙示の同意も必ずしも否定はされておらず、包括的な同意も許容されている。そのため、従業員の場合は、一般的には、就業規則等に合理的な内容の個人情報の取扱いに関する規定を定め、周知することで、使用者と労働者の契約内容として同意を得ているとの整理も可能であるし、事前に周知することで従業員のプライバシーに対する期待が減殺され受任限度との関係でモニタリングが許容される場合が多いと考えられている。他方で、フリーランスに場合には、就業規則といった形のものは存在しないのが一般的であって、プライバシーに対する期待が減殺されているとはなかなか評価ができないようにも思われる。

　そのため、フリーランスに対してモニタリングを行うにあたっては、直接の指揮命令関係が観念できる従業員との違いも意識した上で、施設管理権や労働時間管理、情報管理等の観点からどこまでのモニタリングを実施するのかを検

---

15)　個人情報保護委員会・前掲注 2) Q5-7。

第8章　フリーランスの個人情報の取扱い

討する必要がある。その際、貸与している業務用端末に対してモニタリングをする場合と、私用の端末に対してモニタリングをする場合では当然に判断が異なり得るところであり、従業員に対してはBYOD（Bring Your Own Device）を許容する前提としてのセキュリティ対策として私用端末に対して、遠隔操作で端末ロックをする、遠隔操作で端末内部の情報を消去する、遠隔操作を可能とするなどのプログラムのインストールを強制できる場合があるとしてもフリーランスに対して同様の措置を講じられるかどうかについては、取り扱う情報の性質や業務内容にも応じて判断する必要があるように思われる。私用端末の場合には、私的に使用することや他の事業の目的での使用自体がもともと想定されていることもあり、その全ての使用領域に対して自社のセキュリティの観点のみでアクセス等することを正当化することが難しいため、フリーランスの明確な同意なしに行える場合は極めて限定的になるのではないかと思われる。モニタリングを実施するとの観点で考えた場合には、端末を貸与し、その使用は当該業務に関連する場合に限定する（当該業務用専用端末の貸与）ことで、モニタリングを受けることに関しての予測可能性やプライバシーを制限されることに関しての受忍限度を検討する上ではより、モニタリングが許容される範囲は広がると思われる。

2　外国への持ち出し、外国からのアクセス

> 【ケース2】
> 　業務の一部を外注しているフリーランスは、各国を飛び回る働き方をしており、日本のみならず外国の拠点も有し、海外でも業務を実施しています。当該フリーランスが取り扱う個人情報が外国へ持ち出され得ることや、外国から当社のサーバにアクセスされることについて注意することはあるでしょうか。

　上記のようなケースについて、外国への「提供」に該当するのか否か。または、外国における個人データの取扱いに関しての安全管理措置の観点で注意が必要になる。

　外国への「提供」との関係について、個人情報保護法において、「提供」とは、個人データ等を自己以外の者が利用可能な状態におくことをいうとされる。

435

第3部　フリーランスとの取引における留意点

個人データ等が物理的に提供されていない場合であっても、ネットワーク等を利用することにより、個人データ等を利用できる状態にあれば（利用する権限が与えられていれば）、「提供」にあたるとされる。

この点、日本にある自社から、外国拠点をベースとするフリーランスに対して、個人データを提供することは、外国への個人データの提供に該当するため個人情報保護法27条のみならず、28条によって当該提供行為を正当化することを検討する必要がある。また、データ自体は日本の自社サーバに存在するものの、海外拠点をベースとするフリーランスに対して、個人データにアクセスする権限を付与する場合も同様である。もっとも、日本に拠点を持つフリーランスに対して日本国内で「提供」行為が完結した個人データが、当該フリーランスによって持ち出される場合については、第三者提供によって外国に越境移転しているわけでは必ずしもないため、具体的事例にもよるが、28条の対象外と言える場合もあると思われる。

もっとも、この場合であっても、委託先の安全管理措置を講じる必要がある点は言うまでもなく取り扱う個人情報の質と量にもよるが、例えば、委託先のフリーランスの安全管理措置の一環として、外国において提供した個人データが取り扱われる可能性があるのであれば、そもそも外国における当該取扱いを禁止するか、または、どこでどのように扱われる可能性があるのかなど事情を把握し、委託先の監督、安全管理措置の一環として当該国法制についてリサーチ等しておくことも可能であれば対応をする必要があるように思われる。

3　業務委託契約・秘密保持契約

> 【ケース3】
> 　フリーランスに業務を委託する際に、当該フリーランスに個人情報を提供し、その取扱いが発生する予定です。どのような点に気を付けるべきでしょうか。

フリーランスに業務を委託するにあたって、個人データの取扱いが生じる場合には、フリーランスにおいて、委託された個人データの取扱状況を把握するための措置を講ずる必要があり、委託契約には定期的な監査や必要な調査を行い得る旨規定を設けておくことが一般的である。また、フリーランスが勝手に

第 8 章　フリーランスの個人情報の取扱い

再委託してしまわないよう、再委託する場合には、事前の報告および承認が必要となる旨の規定を設け、再委託先の相手方、再委託の業務内容、再委託先での個人データの取扱状況等について把握するとともに、委託先同様、必要に応じて直接調査できるようにすることなどが求められる。また、再委託先の行為については委託先の行為とみなす旨の規定を置くなどし、個人情報保護法上の義務・責任や、民事の責任等について直接契約関係にあるフリーランスに対して主張できるようにしておくことが望ましい。

なお、フリーランスは個人事業主として活動している場合も多いと思われるところ、例えば大企業で求められている高水準の安全管理措置と同程度のレベルの安全管理措置を求める必要があるのか。求めても問題ないのかとの点が論点になり得る。この点、ガイドラインでは、「委託元が法第 23 条が求める水準を超える高い水準の安全管理措置を講じている場合に、委託先に対してもこれと同等の措置を求める趣旨ではなく、法律上は、委託先は、法第 23 条が求める水準の安全管理措置を講じれば足りると解される」[16] とされているところである。また、取引先となるフリーランスに対して、セキュリティ対策費を考慮することなく、対価を決定することや、セキュリティ対策費用の負担の要請を一方的に決定するなどした場合には、独禁法や下請法上問題になり得るため注意が必要である [17]。

4　個人たるフリーランスの個人情報の取扱いについて

> 【ケース 4】
> 　当社は、多数のフリーランスとの付き合いがあり、プロジェクトに参加しているフリーランスもいます。今回のプロジェクト実施にあたり、フリーランスの氏名・住所等のフリーランスの情報を当社との提携企業先に提示する必要がありますが、フリーランスの個人情報は自由に使えますか。

従業員の情報であっても「個人情報」（個人情報 2 条）に該当する場合、個人

---

16)　個人情報保護委員会・前掲注 8）3-4-4。
17)　公正取引委員会「サプライチェーン全体のサイバーセキュリティ向上のための取引先とのパートナーシップの構築に向けて」。

第3部　フリーランスとの取引における留意点

情報保護法に従った規律が求められる点に関しては前述の通りである。また、同様に、自社のプロジェクトメンバーに参画しているフリーランスの情報も基本的には同様となる。

この点、従業員の個人情報に関しては、就業規則等の定めに従い、業務に関連する使用に関しては、当該就業規則等の規定に従い利用されることに関して一種の同意をしているとの評価ができる場合があり、必ずしも明確に個人情報の利用や提供に関して何らかの手続が踏まれていないとの実態がある。なお、業務に関連しない形での使用については従業員であっても改めて同意等の手続きが踏むのが一般的である。例えば、社内環境の改善や社内実証目的で従業員の個人情報や行動履歴等を使用する場合、改めて社内に通知等を行ったり、同意を得られた従業員のみで実施することがあるが、これは、業務に関連しない形での利用に関しては、当該就業規則等によって事前に従業員が自らの個人情報の利用を許容しているとは必ずしも評価できないからであり、たとえ従業員であっても個人情報を保護する必要性があるからである。

他方で、フリーランスに関しては、必ずしも就業規則等に従う形で、業務に関する契約が締結されている訳ではなく、従業員のように業務に関連する使用であるとしても柔軟に利用が許容されるものではないため、プロジェクトを進行する上でフリーランスの個人情報を利用する、または、第三者に開示する必要性等が見込まれる場合については、当該業務委託の契約書において、その旨をあらかじめ規定をしておくか、または、その必要性が明確化した段階で改めて覚書等により、フリーランスの個人情報を利用することに関しての利用目的等を明らかにした上での同意を取得する必要がある。

5　業務を外注していたフリーランスにおいて個人情報の漏えいが発生した場合

【ケース5】

　フリーランスから、業務で使用している端末を紛失してしまい、受託した業務で取り扱っていた個人データも当該端末に保存されていた旨の連絡を受けました。どのような対応をしなければならないのでしょうか。

438

個人データの取扱いの委託をする場合、委託先に対する監督義務が発生する（個人情報25条）。すなわち、委託先が講じるべき安全管理措置を講じているかについて、委託元としての監督義務が発生する。これはフリーランスに対して外注する場合にも同様に生ずる。また、委託元は、個人情報取扱事業者であるから個人データの安全管理措置（個人情報23条）として、個人データの漏えい等の発生を防ぐ、発生した場合に適切かつ迅速に対応する体制を整えなければならず、委託先を含めてこのような体制整備をしなければならない。委託先の監督義務は、当該安全管理措置の一部であると言える。

委託先から個人データの漏えいが発生し、かつ当該漏えいが報告対象の事象である場合には、原則として委託元と委託先の両方が個人情報保護委員会への報告および本人への通知をしなければならない（個人情報26条）。もっとも、委託先が報告義務を負う委託元に通知をした場合は、委託先の個人情報保護委員会への報告および本人への通知義務が免除される（個人情報26条1項ただし書・2項）。

委託元としては、委託先で漏えい等が発生した場合にはその事実をいち早く認知し、適切に対処することが求められていると言えることから、委託元と委託先の契約においては漏えい時には、速やかに委託先に通知する旨義務付ける規定を設けることが重要となる。また、委託先が勝手に動いてしまった結果、不必要な対応に迫られることを防止する目的で、委託先は委託元以外の第三者への報告や通知については、委託先の許可なく行ってはならないとする禁止条項を入れることも一般的である。

これらの委託元と委託先の関係については、外注先がフリーランスとなった場合においても基本的に当てはまるものであり、フリーランスにおいて取扱いの委託をした個人データの漏えいが発覚した場合には委託元は漏えい報告等の対応をしなければならない。

6　契約の終了にあたって

【ケース6】
　業務の一部をお願いしていたフリーランスとの契約が、完成品の納品によっ

第3部　フリーランスとの取引における留意点

て関係が解消されます。契約解消に向けて個人情報の取扱いとして当該フリーランスに対してどのような要請をしておく必要があるでしょうか。

　個人情報取扱事業者は、利用目的の達成に必要な範囲内において、個人データを正確かつ最新の内容に保つとともに、利用する必要がなくなったときは、当該個人データを遅滞なく消去するように努めなければならない（個人情報22条）とされる。これは、フリーランスの管理の場面でも基本的には同様になる。委託元は、委託契約の締結において、個人データの取扱いに関する、必要かつ適切な安全管理措置として、委託元、委託先双方が同意した内容とともに、委託先における委託された個人データの取扱状況を委託元が合理的に把握することを盛り込むことが望ましい対応として求められており、フリーランスに対して提供した個人情報が、フリーランスにおいて利用する必要がなくなったときは、消去させるように、基本契約など初期の段階から組み入れ契約上の担保をもとに、フリーランスに対する委託元が管理監督する必要がある。その際、実際に契約関係が終了した際には、削除したこと等について表明保証させるなどし、確実にデータが抹消されていることを担保するのが望ましい。

440

第9章
フリーランスとの紛争解決

I　フリーランスとの紛争の特徴

　フリーランスと発注者との間の紛争は、訴額が小さく、したがって弁護士や司法書士といった専門家に手続代理を依頼することが困難であることが多いという特徴がある。勢い、かかる専門家に依頼することなく、フリーランスが独力で遂行し得る手段が取られることが多い。フリーランス・トラブル 110 番の相談現場でも、専門家への依頼が必要のない手段を教示することが一般である。

　以下では、専門家への依頼が必要のない手段を取り上げ、それに対する発注者としての対応を解説する。

II　少額訴訟

　訴額が 60 万円以下の金銭請求である場合には、少額訴訟という特殊な訴訟を用いることができる（民訴 368 条以下）。少額訴訟は、1 回の期日で審理を終えて判決に至るものであり（一期日審理の原則、民訴 370 条・374 条）、証拠調べも、即時に取り調べることができる証拠に限定され（民訴 371 条）、反訴も控訴も禁止されるなど（民訴 369 条・377 条）、極めて迅速に結論が導かれる。

　統計上、少額訴訟の平均審理期間は、2023 年度では 2.5 か月に過ぎず、1998 年以降でも、2020 年度の 2.8 か月が最大である[1]。かつ、強制執行の場面でも、執行文の付与は不要であり、判決正本のみに基づいて、裁判所書記官

---

1) 最高裁判所事務総局「裁判所データブック 2024」74 頁（https://www.courts.go.jp/vc-files/courts/2024/databook2024/db2024_all.pdf〔2025 年 1 月 15 日閲覧〕）。

に申し立てることにより、簡易に強制執行が可能である（民執25条ただし書・167条の2以下）。被告となる発注者の側からみれば、迅速に対応しなければ、極めて短期間のうちに敗訴判決が下され、確定し、強制執行までされてしまうリスクがあることになる。

　そこで、被告となった発注者としては、少額訴訟の訴状等を受け取り次第、訴訟を通常の手続に移行する旨の申述（民訴373条）を行うことにより、少額訴訟ではなく、通常の簡易裁判所での訴訟手続に移行することが考えられる。そうすれば、期日が続行されたり、証人尋問その他の即時には取り調べられない証拠をも取り調べられたり、控訴が可能となるなど、十分に主張立証を尽くす道が開けるし、仮に何らか支払に応じるとしても、その条件交渉の時間を確保するなどの効果も見込める。

　少額訴訟の終局判決が下されてしまった場合でも、送達日から2週間以内であれば、異議を述べることにより、通常の簡易裁判所での訴訟手続で審理してもらうことができる（民訴378条・379条）。ただし、この場合には控訴は引き続き禁止されるため（民訴380条）、可能なら、上記のとおり判決前に通常手続への移行申述をしておくべきである。

Ⅲ　督促手続

　督促手続とは、金銭請求等について、裁判所書記官が発する「支払督促」に債務者（支払督促上支払を行うべき者と表示された者を指す。実際に債務を負っているかどうかは問わない）が争わない場合に、実質的審理を経ることなく簡易迅速に債務名義を取得することを可能とする手続である（民訴382条以下）。

　督促手続においては、裁判所書記官は、債権者の審尋を経ることなく「支払督促」を発して債務者に送達し（民訴386条・388条）、当該送達日から2週間経過後に、さらに支払督促に仮執行の宣言を付して債務者に送達し（民訴391条）、当該送達日から2週間経過で確定すれば、支払督促は確定判決と同一の効力を有するに至る（民訴393条・396条）。支払督促の申立てはオンラインでも可能とされており（民訴397条以下）、比較的使い勝手が良い。司法統計によれば、2023年に支払督促が発布された債務者数は24万4266人にも及び、9

第9章　フリーランスとの紛争解決

万 7088 人もの債務者に仮執行の宣言が付されている[2]。強制執行の場面でも、執行文の付与は不要であり、支払督促正本のみに基づいて強制執行が可能である（民執 25 条ただし書）。被告となる発注者の側からみれば、迅速に対応しなければ、極めて短期間のうちに債務名義が成立し、確定し、強制執行までされてしまうリスクがあることになる。

そこで、債務者となった発注者としては、支払督促を受け取り次第、督促異議の申立てを行い、訴額に応じ簡易裁判所か地方裁判所での訴訟に移行させることが考えられる（民訴 386 条 2 項・395 条）。これにより、十分に主張立証を尽くす道が開けるし、仮に何らか支払に応じるとしても、その条件交渉の時間を確保するなどの効果も見込める。

ただし、督促異議の申立ては、仮執行の宣言を付した支払督促の送達日から 2 週間を経過すると不可能となるし（民訴 393 条）、一度仮執行の宣言が付されてしまうと、確定を待たずに執行力が生じ、これに基づく強制執行を阻止するには、執行停止の裁判が必要となるから（民訴 403 条 1 項 3 号・4 号、民執 22 条 4 号）、早く行う必要がある。

Ⅳ　民事調停

民事調停は、裁判所が行う ADR（裁判外紛争解決手続）であり、調停主任（主として裁判官）と 2 名以上の民事調停委員で構成される調停委員会が当事者の間に入り、当事者の互譲により、条理にかない実情に即した解決を図る手続である（民調 1 条等）。2023 年度の民事調停事件の新受件数は 2 万 9612 件であり、広く使われているばかりでなく、2023 年度の平均審理期間は 3.7 か月であり、概ね迅速に進行する手続でもある[3]。

民事調停の申立てを受けた相手方は、指定された期日に出頭する義務を負い（民調規 8 条等）、正当な事由なく出頭しないときは 5 万円以下の過料に処せられる可能性がある（民調 34 条）。実際に過料が課される事例はまれだといわれ

---

2)　司法統計年報（令和 5 年度）第 93 表（https://www.courts.go.jp/app/files/toukei/721/012721.pdf〔2025 年 1 月 15 日閲覧〕）。

3)　裁判所データブック 2024・前掲注 1）43 頁、81 頁。

443

第 3 部　フリーランスとの取引における留意点

るものの、法律上の出頭義務を全く無視することは一般には推奨しにくい。ま
た、出頭しなかったとしても、フリーランス側が通常訴訟、少額訴訟や支払督
促などの手続を始めるなど対応をエスカレートさせる可能性がある。訴訟手続
に移行した場合に不利な判断が見込まれたり、そうではなくとも、フリーラン
スとトラブルを抱えている状態自体を早急に解決する必要があったりするので
あれば、早期かつ迅速に簡便に解決するために、期日に出頭して話し合いに応
じることも有効な選択肢だろう。当事者間でいくら話し合っても解決できない
ようなケースでも、調停委員会が間に入って調整することで解決に至るケース
も少なくない。

V　フリーランス・トラブル 110 番の和解あっせん手続

　第二東京弁護士会が厚生労働省の委託を受けて運営するフリーランス・トラ
ブル 110 番事業では、フリーランスが弁護士に無料で相談できるばかりでな
く、フリーランスと発注者の間のトラブルを解決するための ADR（裁判外紛
争解決手続）として、和解あっせん手続も利用することができる。同手続は、
同会仲裁センターが運営しており、原則として 10 年以上の経験を持つ弁護士
があっせん人となり、フリーランスと発注者双方の言い分を聞きながら、双方
の話し合いによる解決を目指すものである。

　同手続は、申立人・相手方いずれからも手数料を取らないほか、Zoom を用
いたウェブ期日を利用可能であることなどから、上記Ⅳの民事調停に比しても
利便性が高いため、実務上よく用いられている。厚生労働省の統計資料によれ
ば、2020〜2023 年度で、和解あっせん手続の申立ての受付件数は累計 545 件
に及び、142 件の事件で和解が成立している [4]。

　もっとも、上記Ⅳの民事調停とは異なり、和解あっせん手続の申立てを受け
た発注者には、手続応諾義務までは課されていない。上記Ⅱ、Ⅲの少額訴訟や
督促手続とも異なり、無視しても特にお咎めがあるわけではない。とはいえ、

---

4)　https://warp.da.ndl.go.jp/info:ndljp/pid/13830743/www.mhlw.go.jp/content/001323087.pdf
（2025 年 1 月 15 日閲覧）。

444

無視すればフリーランス側が裁判手続を含め対応をエスカレートさせる可能性
がある。裁判手続に移行した場合に不利な判断が見込まれたり、そうではなく
とも、フリーランスとトラブルを抱えている状態自体を早急に解決する必要が
あったりするのであれば、早期かつ迅速に穏便に解決するために、あえて手続
に応諾することも有効な選択肢だろう。当事者間でいくら話し合っても解決で
きないようなケースでも、あっせん人が間に入って調整することで解決に至る
ケースも少なくない。

　手続に応諾する場合、代理人弁護士を選任してもよいし、発注者本人が手続
を行うことでも差し支えない。

VI　都道府県労働局のあっせん

　個別労働関係紛争の解決の促進に関する法律5条は、個別労働関係紛争を
解決するため、都道府県労働局の紛争調停委員会によるあっせんの制度を設け
ている。原則として1回の期日で終結するため、これも簡易迅速に紛争解決
を図ることができる手続である。2023年度の申請件数は3687件であり、直
近10年間を見ると、2018年度の5201件が最大である。利用される紛争類型
として、いじめ・嫌がらせが最も多く（2023年度で20.4%）、解雇事案（同
20.2%）、雇止め事案（同9.2%）などがそれに続くことからもわかるように、
契約解消事案はもとより、ハラスメント事案に特に使い勝手が良い手続ともい
える。2023年度で51.1%の事例で相手方が手続を応諾し、全体の32.9%の
事例で合意が成立しており、実効性も一定程度見込まれる[5]。

　なお、都道府県労働局のあっせんは、労働者を対象とするものであり、労働
者性がないフリーランスは本来対象外であるはずであるが、現実にフリーラン
スが自らは労働者である旨主張してあっせんの申立てがされてしまえば、実務
的にはそのまま手続に乗せる取扱いを行っている労働局もある。

　都道府県労働局のあっせんの申立てを受けた発注者には、手続応諾義務まで
は課されていないが、無視すればフリーランス側が裁判手続を含め対応をエス

---

[5]　https://www.mhlw.go.jp/content/11909000/001306686.pdf（2025年1月15日閲覧）。

第3部　フリーランスとの取引における留意点

カレートさせる可能性もある。裁判手続に移行した場合に不利な判断が見込まれたり、そうではなくとも、フリーランスとトラブルを抱えている状態自体を早急に解決する必要があったりするのであれば、早期かつ迅速に穏便に解決するために、あえて手続に応諾することも有効な選択肢だろう。当事者間でいくら話し合っても解決できないようなケースでも、あっせん人が間に入って調整することで解決に至るケースも少なくない。

Ⅶ　公正取引委員会の指導等

　第2部第7章で述べたとおり、フリーランス法は行政上の執行体制を整えている。公正取引委員会は、2024年4月1日、同法違反行為が疑われる事業者に対する調査・措置等の業務を担当する「フリーランス取引適正化室」を設置した[6]。フリーランス法施行後は、「フリーランス・事業者間取引適正化等法の被疑事実についての申出窓口」として、行政当局に対しオンラインまたは書面で申告する道が開かれた[7]。フリーランス法は複数の所管官庁があるが、オンラインでの申告では、申告者がわざわざ該当の所管官庁に問い合わせる必要はなく、この窓口から申告すれば、公取委、中小企業庁、都道府県労働局など所管の官庁へ自動的に回付される仕組みとなっている。申告を受けた所管官庁は、適宜何らかの調査を行うこととなる。フリーランスがフリーランス法違反を申告するハードルはそれほど大きくないことから、発注者が所管官庁の調査や指導等を受ける可能性は無視できない。

　発注者は、同室の調査に対しては、全面的に協力しつつ、フリーランス法の違反があったことが争えないのであれば、自発的に是正措置をとることが必要となる。なぜなら、公正取引委員会は、フリーランス法8条に基づく勧告の対象となる違反行為に関し、発注者が自発的に申出を行い、かつ、以下の事由

---

6)　公正取引委員会「『フリーランス取引適正化室』の設置について」（2024年4月1日）（https://www.jftc.go.jp/houdou/pressrelease/2024/apr/240401_officeofensuringfairtransactions Involvingfreelancecontractors.html〔2025年1月15日閲覧〕）。

7)　https://www.mhlw.go.jp/stf/seisakunitsuite/bunya/koyou_roudou/koyoukintou/zaitaku/freelance_moushide.html（2025年1月15日閲覧）。

が認められた場合には、勧告はしないものと明言しているからである（執行ガイドライン4）。

> ① 公正取引委員会が調査に着手する前に、違反行為を自発的に申し出ている。
> ② 違反行為を既に取りやめている。
> ③ 違反行為によりフリーランスに与えた不利益を回復するために必要は措置を既に講じている。
> ④ 違反行為を今後行わないための再発防止策を講ずることとしている。
> ⑤ 違反行為について公正取引委員会の調査・指導に全面的に協力している。

Ⅷ　下請かけこみ寺の調停手続

　下請かけこみ寺とは、中小企業庁の委託を受けて公益財団法人全国中小企業振興機関協会が運営する事業である。公益財団法人全国中小企業振興機関協会は、設立された1979年当時の名称は、財団法人全国下請企業振興協会であり、下請振興法における「下請企業振興協会」にあたる（下請振興23条）。下請企業振興協会の事業として「下請取引に関する苦情又は紛争について相談に応じ、その解決についてあつせん又は調停を行うこと」が挙げられているところ（同条2号）、本事業は、その一環として行われているものといえる。

　下請かけこみ寺は、全国47都道府県に設置されており、中小企業の取引上の悩みに関し、電話・メール相談のほか、対面・オンラインによる相談を無料で受け付けており、相談者の利便性向上が図られている。相談には、下請法などに詳しい相談員のほか、無料相談弁護士として登録されている全国546名の弁護士が対応している。また、それらの相談後、相談者の希望により、調停手続というADRも無料で行っている。下請かけこみ寺は、裁判外紛争解決手続の利用の促進に関する法律に基づき認証を受けた認証ADR事業者であるため（裁判外紛争解決5条）、一定の要件を満たした場合には、時効の完成猶予（裁判外紛争解決25条）等が認められる。相談実績としては、2023年度は、12,346件受け付けており、毎年増加している[8]。

　中小企業と銘打っているとおり、フリーランスも対象となるため、上記Ⅴの

第 3 部　フリーランスとの取引における留意点

フリーランス・トラブル 110 番の和解あっせん手続と同様、早期かつ迅速に穏便に解決するために、あえて手続に応諾することも有効な選択肢だろう。

IX　団体交渉

フリーランスが労働組合を結成し、あるいは既存の労働組合に加入して、団体交渉を申し入れるケースも想定される。また、フリーランスが中小企業等協同組合法上の団体交渉をするという道も、抽象的には存在する。フリーランスの労組法上の労働者性についての第 1 部第 1 第 3 章のほか、第 3 部第 2 章も参照されたい。

X　その他

フリーランスに労基法上の労働者性が認められる場合には、その旨主張して、労働審判を申し立てる道もある。

労働審判とは、個別労働関係民事紛争に関し、労働審判官（裁判官）と 2 名の労働審判員で構成される労働審判委員会が当事者の間に入り、調停による解決を試み、調停が成立しなくても事案の実情に即した解決案を「労働審判」として下すことにより、紛争の実情に即した迅速、適正かつ実効的な解決を図る手続である（労審 1 条等）。2023 年度の労働審判事件の新受件数は 3473 件であり [9]、広く使われているばかりでなく、2006 年から 2023 年までに終了した事件の平均審理期間は 81.7 日であり、迅速に進行する手続でもある [10]。

将来的には、フリーランス事案でも労働審判類似の、強制力を有しながら簡易迅速な紛争解決制度の構築が望まれる。

---

8)　https://www.zenkyo.or.jp/kakekomi/pdf/soudanjisseki2023.pdf（2025 年 1 月 15 日閲覧）。

9)　司法統計年報（令和 5 年度）・前掲注 2）第 91 表。

10)　https://www.courts.go.jp/saiban/syurui/syurui_minzi/roudousinpan/index.html（2025 年 1 月 15 日閲覧）。

あとがき

　本書をお読み頂ければわかるとおり、フリーランス法の解釈適用においては、民法・経済法（独禁法・下請法）・労働法の解釈が基礎となっており、フリーランス法の解説を書くことがどれほど難しいかがおわかり頂けるだろう。本書は経済法・労働法いずれかの専門家だけでは決して執筆することができない分野に対して、専門領域の垣根を越えて、各領域の専門家同士が議論を重ねて執筆したものである。

　法学においては、専門領域ごとに専門家が存在し、それぞれの分野において法解釈・実務対応を行っているのが通常だが、経済環境の複雑化、時代の不透明化、IT・デジタルツール・AI の発達により、分野の垣根を越えた法解釈適用を行わないと時代に即した適切な対応を行うことができない時代を迎えている。

　そもそも、フリーランス取引のあり方も、プラットフォームとの関係性、取引内容、求められるニーズ、問題となる契約条項など、時代の流れにより変化していくため、常に現場の法解釈では裁判例がなく、未知の問題と対峙することとなる。しかし、そんな時に重要なのが、民法・経済法・労働法というフリーランス法のベースとなった各法の基本に立ち返ることである。新たな問題だからといって奇をてらうことなく、基本的法解釈に根ざした法的思考をしていけば、未知の問題に対する解決策が見えてくるはず、という思いで本書を執筆した。

　立法担当者やフリーランス法の専門学者ではなく、実務の専門家である我々著者陣が集結して執筆した本書の意義はここにあり、著者自身も、共著者メンバーと共に悩みながら、議論し、最善を尽くした執筆・編集活動を行った結果が本書である。本書の端々から、著者陣の悩みや葛藤を感じて頂ければ幸いだ。

　最後に、本書により、少しでも理不尽なフリーランス契約が減り、有益なフリーランス契約が増えることがあれば存外の喜びである。

（中学受験まで残りわずかな娘、頑張れ！）

　2024 年 12 月

編著者を代表して

弁護士　倉重公太朗

事項索引

あ 行

アフィリエイト広告 ……………………334
安全管理措置…………427, 436, 437, 439
　　組織的―― ……………………427
安全配慮義務 …………………17, 341
域外適用 ……………………433
育　児 ……………………254, 294
育成投資 ……………………314
異時履行 ……………………35
委　託 ……………………431
委託先の監督 …………428, 431, 439
委託募集 ……………………371
一人会社 ……………………113
一部解除 ……………………47
一定の取引分野 ……………………363
委　任 ……………………28
　　――の任意解除 ……………………50
　　準―― →準委任
違約金 ………175, 219, 312, 335, 402
インターネットバンキング ………221
インボイス制度………5, 216, 225, 408
　　――と下請法 ……………………409
　　――と独占禁止法 ……………………409
　　――フリーランス法 ……………………409
Web メール ……………………179
請　負 ……………………28
　　――の任意解除 ……………………50
　　――の任意解約権 ………248, 398
　　偽装―― ……………………339
請　書 ……………………163
　　――の提出 ……………………169
映画制作委員会 ……………………142
営　業 ……………………23
役務提供委託 ………66, 118, 119, 193
役務提供型契約 ……………………27, 48
　　――の典型契約 ……………………27
　　非典型 ……………………29
役務提供契約における契約不適合責任 …39
役務提供を受領する場所 ……………170
SNS ……………………180
越境移転 ……………………433

か 行

ADR ……………………443, 444, 447
親事業者 ……………………8, 88
　　――の禁止行為 ……………………72

会計参与 ……………………140
解　雇 ……………………342
介　護 ……………………254, 294
解雇権濫用の法理 ……………………42
解　除 ……………………44, 342
　　――の効果 ……………………47
　　――の 30 日前予告義務　→30 日前予告義務
　　一部―― ……………………47
　　基本契約の―― ……………………245
　　合意―― ……………………246
　　個別契約の―― ……………………245
　　債務不履行―― ……………44, 248
　　即時―― ……………………247
　　中途―― ……………………175, 395
　　不動産賃貸借の―― ……………………48
　　無催告―― ……………………45
　　元委託契約の―― ……………………244
買いたたき ……76, 172, 224, 393, 411, 413, 416
外部送信規律 ……………………424
買戻し ……………………223
解約告知 ……………………45
解約の申入れ ……………………41, 49
解約予告期間 ……………………308
価格転嫁 ……………………229, 416
価格に関する協議 ……………………230
確　報 ……………………432
確約手続 ……………………60
課税事業者 ……………………408
　　――となったフリーランスへの対応 …415
　　――とならないフリーランスへの対応 …412
　　――への転換 ……………………417
課徴金 ……………………61
割賦販売法 ……………………25
家内労働法 ……………………105
可分債務 ……………………47
仮名加工情報 ……………………423
画面共有 ……………………181

451

事項索引

仮執行の宣言 ……………………………… *443*
カルテル ……………………………………… *59*
勧　告 …………… *82, 185, 201, 237, 238, 264, 271*
間接強制 ……………………………………… *40*
期間の定めのある契約 ……………………… *41*
期間の定めのない契約 ……………………… *41*
ギグワーカー ………………………………… *96*
危険負担 ……………………………………… *36*
基準適合体制 ………………………………… *433*
偽装請負 ……………………………………… *339*
偽装雇用 ……………………………………… *340*
偽装フリーランス …………… *121, 122, 339*
　　──のリスク ……………………………… *340*
寄　託 ………………………………………… *28*
基本契約 …………………… *30, 163, 167, 204*
　　──の解除 ……………………………… *245*
ぎまん的顧客誘引 …………………………… *389*
求人広告 …………………… *329, 330, 332*
給　付 ………………………………………… *194*
　　──を受領した日 ……………………… *192*
　　──を受領する場所 …………………… *170*
給付内容 ……………………………………… *170*
　　──の変更 ……………………… *80, 235*
競業制限の正当性 …………………………… *313*
競業制限範囲の妥当性 ……………………… *314*
競業避止義務 ……………………… *312, 392*
　　──と代償措置 ………………………… *316*
　　──と独占禁止法 ……………………… *316*
　　──と優越的地位の濫用 ……………… *316*
　　──の期間 ……………………………… *392*
協賛金 ……………………… *57, 73, 232*
行政指導 …………… *185, 230, 238, 264*
強制履行の方法 ……………………………… *40*
共同の取引拒絶 ……………………………… *320*
共同利用 ……………………………………… *431*
業務委託 ……………………………… *3, 118*
　　──をした日 …………………… *168, 169*
　　継続的── ……………………………… *203*
　　単一の── ……………………………… *204*
業務委託契約 ………………………………… *436*
業務委託時 …………………………………… *127*
業務委託事業者 …………………… *6, 132, 162*
　　──と任意組合 ………………………… *143*
　　──の名称 ……………………………… *168*
　　特定── ………………………… *132, 143*

業務組織への組み入れ ……………………… *95*
業務提供誘引販売 ………… *10, 23, 25, 279, 377*
業務用端末 …………………………………… *435*
虚偽広告の事前防止義務 …………………… *382*
禁止行為 ……………………………… *209, 401*
　　──の私法上の効力 …………………… *292*
金融機関の休業日 …………………………… *199*
クッキー規制 ………………………………… *423*
クラウドサービス …………………………… *179*
クラウドソーシングサイト ………………… *216*
　　──の手数料 …………………………… *216*
経済上の利益 ………………………………… *79*
　　──の提供要請 …*57, 79, 172, 232, 394, 411*
継続的業務委託 …………… *203, 241, 254*
　　──と更新 …………………… *203, 206*
　　──の始期 ……………………………… *204*
　　──の終期 ……………………………… *205*
継続的契約 …………………………………… *43*
　　──の解除 ……………………………… *45*
景品表示法 …………………………………… *329*
契　約
　　──の解除　→解除
　　──の更新　→更新
　　──の終了 ……………………………… *41*
　　──の成立 ……………………………… *33*
　　──の無効 …………………… *283, 286*
契約解消の無効 ……………………………… *288*
契約期間の長さ ……………………………… *310*
契約終了事由の開示 ………………………… *248*
　　──の義務がない場合 ………………… *249*
　　──の請求のタイミング ……………… *248*
　　──の方法 ……………………………… *248*
契約内容の一方的・定型的決定 ……… *95, 391*
契約内容の明示 …………………… *161, 390*
　　──の効力 ……………………………… *184*
契約不適合責任の期間 ……………………… *237*
兼　業 ………………………………………… *121*
検索情報削除請求 …………………………… *386*
検収基準 …………………………… *174, 253*
顕著な事業者性 ……………………………… *96*
検品・検収方法 ……………………………… *174*
権利の帰属 …………………………………… *38*
合意解除 ……………………………………… *246*
合意の無効 …………………………………… *288*
広告費用 ……………………………………… *233*

事項索引

更　新 ……………41, 127, 203, 206, 342
　　──に該当するかの判断の考慮要素 ……207
　　自動── ……………………………127
更新拒絶 ………………………………42, 44
公正競争阻害性 …………………………58
公正取引委員会の指導 …………………446
合同会社 ………………134, 138, 139, 140
購入・利用強制 ………………56, 77, 230
公　表 ……61, 84, 87, 186, 201, 230, 239, 240,
　266
5条書類 …………………………………71
個人関連情報 …………………………424
個人識別符号 …………………………420
個人情報 ………………………366, 420, 437
　　──の取扱いの範囲 …………………424
　　──の利用目的 ………………………425
　　──の利用目的の通知・公表 ………426
　　──の利用目的の変更 ………………425
　　──の利用目的の明示 ………………426
　　従業員の── …………………………438
　　フリーランスが管理する──の取扱いにつ
　　　いての監督 …………………………433
　　フリーランスの──の取扱い ………419
　　要配慮── …………………………423, 432
個人情報取扱規程 ……………………426
個人情報取扱事業者 …………………9, 422
個人情報保護委員会への報告 ………432
個人情報保護法 ………………………419
個人データ …………………………367, 421
　　──の外国への持ち出し ……………435
　　──の消去 ……………………………440
　　──の取扱いに係る規律の整備 ……427
　　──の取扱いの委託 …………………432
　　──への外国からのアクセス ………435
　　保有── ………………………………421
コストの著しい上昇 …………………225
個別契約 …………………………………30
　　──の解除 ……………………………245
雇　用 …………………………………28, 41
　　──の即時解除 ………………………49
　　偽装── ………………………………340
雇用類似の契約 ………………………307
コンビニオーナー ……………………98

さ　行

再委託 ……………160, 189, 195, 354, 437
　　──される業務との関連性 …………178
　　──30日ルール ………………………196
　　──の場合の追加的明示事項 ………177, 195
　　──の場合の前払金 …………………198
災害その他やむを得ない事由 ………245
催　告 …………………………………45
最低賃金 ………………………………341
最低報酬額 …………………………59, 327
サイバー攻撃 …………………………432
裁判外紛争解決手続 …………443, 444, 447
最密接関係地法 ………………………158
債務不履行解除 ……………………44, 248
サービス対価 …………………………220
残業規制 ………………………………405
残業代 …………………………………13
30日前予告義務 ……………………44, 342
　　──が必要ない場合 …………………243
　　──の効果 ……………………………247
　　──の私法上の効力 …………………293
　　──の方法 ……………………………242
30日前予告義務 ………………………241
3条書面 ……………………………68, 220
3条通知 …………161, 169, 218, 221, 390
　　──をすべき時点 ……………………163
　　誤った内容を明示した── …………184
仕入税額控除 ………………………408, 412
時間外手当 ……………………………13
時間的拘束 …………………………96, 344
指揮監督 ………………………………378
指揮監督関係 ………………343, 344, 345
指揮命令関係 …………………………434
事　業 …………………………………21
事業者 …………7, 9, 21, 121, 321
　　親── …………………………………8, 88
　　個人情報取扱── ……………………9
　　下請── ………………………………8, 88
　　適格請求書発行── …………………408
事業者性 ………………………………346
事業者団体 ……………………………328
事業承継 ………………………………431
事業所所在地 …………………………156
事業のため ……………………………6

453

事項索引

自己の指定する役務 ……………………231
自己の指定する物 ………………………231
辞　職 ………………………………………399
　即時—— ………………………………399
システム構築義務 ………………………381
　トラブルを防止する—— ……………383
下請かけこみ寺 …………………………447
下請事業者 …………………………… 8, 88
下請Gメン …………………………………274
下請振興法 …………………………86, 447
　——の目的 ……………………………86
下請代金
　——の減額 ……………………… 73, 77
　——の支払期日 ………………………70
　——の支払遅延 ………………………73
下請取引 ……………………………………64
下請法 …………………………… 64, 278
　——とインボイス制度 ………………409
　——とフリーランス法 ……68, 182, 226, 269,
　272, 280
　——の国際的適用範囲 ………………151
　——の私法上の効力 …………………285
　——の適用対象の当事者 ……………66
　——の適用対象の取引 ………………65
　——リニエンシー ……………………84
執行役員 ……………………………………122
指　導 ………………………………………271
自動更新 ……………………………………127
自動更新条項 ………………………………310
自発的申出 …………………………………268
支払期日 …………………………… 70, 191
　——の私法上の効力 …………………290
支払遅延 …………………………190, 210
支払督促 ……………………………………442
氏名表示権 …………………………………393
社員フリーランス …………………………348
　——化の留意点 ………………………351
　——のメリット・デメリット ………349
　——を支援する方策 …………………352
借地借家法 …………………………………42
従業員 ………………………………………122
　——の有無についてのフリーランスの説明
　………………………………………128
　——の有無の申告書 …………………147
　——の有無の申告書のひな形 ………147

　——の有無の判断時 …………………124
　——の有無の判断方法 ………………127
　——の監督 ……………………………428
　——の個人情報 ………………………438
就業確保措置 ………………………31, 350
修理委託 …………………………… 66, 119
出　産 ………………………………254, 294
受領拒否 ……………………72, 161, 212
準委任 ………………………………………28
　——の任意解除 ………………………51
　——の任意解約権 …………………248, 398
ジョイントベンチャー ……………………142
少額訴訟 ……………………………………441
商行為 ………………………………107, 375
使用者性 ……………………………………97
使用者責任 …………………………………378
使用者の損害賠償請求 ……………………400
使用従属性 …………………………13, 92
商　人 ………………………………………107
消費者 ………………………………………377
消費者契約 …………………………………21
消費者契約法 ………………………21, 278
　——の類推適用 ………………306, 402
消費者法 ……………………………278, 377
消費税相当額 …………………413, 416, 417
商　法 …………………27, 107, 279, 375
情報管理 ……………………………………434
情報成果物 …………………………………170
情報成果物作成委託 ……66, 118, 119, 192, 237
職業紹介 ……………………………………370
職業選択の自由 ………………………313, 397
職務執行者 …………………………134, 138
助　言 ………………………………………271
ショートメッセージサービス ……………180
書面交付 ……………………………………179
書面交付義務 ………………………………68
書面交付請求 …………………161, 164, 182, 183
書類の作成・保存義務 ………………70, 162
信義則 ………………………………………305
振興基準 …………………87, 89, 188, 229
ストライキ …………………………………320
成果物の帰属 ………………………………38
誠実団交義務 ………………………………15
正常な商慣習 ………………………………58
製造委託 ………………65, 118, 119, 192

454

事項索引

正当な理由 ················166, 176, 230
セキュリティ対策費用 ·················437
セクハラ ·····················19, 251
責めに帰すべき事由 ···198, 213, 219, 223, 243
専属義務 ·······················392
専属性 ························346
センターフィー ···················220
創業支援等措置 ·····················31
相当報酬請求 ·····················108
遡及効 ··························48
即時解除 ·······················247
　雇用の── ·····················49
即時解除条項 ·····················311
即時辞職 ·······················399
速　報 ························432
損害賠償 ···················378, 395
　──の予定 ·····················400
損害賠償請求権の制限 ·················301

た　行

代金減額 ·······················410
第三者提供 ···················429, 433
代替執行 ························40
代表者 ························130
代表社員 ···········134, 138, 139, 140
タイムチャージ ····················172
ダイレクトメッセージ ·················180
抱き合わせ販売 ····················394
直ちに ························162
立入検査 ················81, 263, 270, 274
団体交渉 ···············15, 319, 448
遅延利息の支払義務 ···················72
知的財産権 ······57, 80, 170, 172, 233, 317, 393, 395
　──の対価 ·····················170
仲介業者 ···················218, 358
中小企業庁長官の措置請求 ···············273
中小企業等協同組合法 ·············100, 325
　──と独占禁止法 ·················104
　──に基づく組合による団体協約の締結 ········326
　──に基づく組合による団体交渉 ·········326
中途解除 ···················175, 395
中途解除権 ······················48
注文書 ························163

調　査 ···················264, 268
　──に着手する前 ·················269
著作権 ····················233, 393
賃金請求権 ······················38
賃貸借 ························41
通常支払われる対価 ··············76, 224
通常の取引行為 ····················253
定型取引 ···················304, 403
手　形 ························187
　割引困難な──の交付 ············78, 211
適格請求書 ······················408
適格請求書発行事業者 ·················408
的確表示義務 ··············258, 332, 335
　──（業務に従事する場所・時間・期間）
　　··························260
　──（業務の内容） ················260
　──（契約の解除・不更新） ···········261
　──（報酬） ··················260
　──（募集者） ·················261
　──に違反する表示 ···············261
デジタルノマド ····················158
デジタル払い ·····················188
電気通信事業法 ····················423
電磁的方法 ···················179, 180
天引き ···············312, 335, 402
同居の親族 ······················122
統計情報 ·······················423
投資組合 ·······················142
同時履行 ·······················35
独占禁止法 ····················54, 278
　──とインボイス制度 ··············409
　──と競業避止義務 ···············316
　──と中小企業等協同組合法 ··········104
　──とフリーランス法 ·······226, 272, 280
　──の国際的適用範囲 ··············151
　──の私法上の効力 ···············282
　──の適用除外 ·················323
　──の適用除外の要件 ··············324
　──の目的 ·····················54
督促異議の申立て ···················443
督促手続 ·······················442
特定業務委託事業者 ···················132
　──と任意組合 ·················143
　──の禁止行為 ·················209
特定継続的役務提供契約 ············23, 51

455

事項索引

特定受託事業者 ············· 3, 6, 118, 143, 162
　　──（法人） ·························130
　　──からの公正取引委員会への申出 ······263
　　──からの中小企業庁長官への申出 ······263
　　──の責めに帰すべき事由　→責めに帰すべ
　　き事由
　　──の名称 ···························168
特定商取引法 ·······················23, 278
匿名加工情報 ·····························423
都道府県労働局 ···························445
　　──のあっせん ·······················445
取引拒絶 ·································414
ドロップシッピングサービス ·············377

な 行

内　職 ····································21
名板貸人の責任 ··························379
仲立ち ··································375
仲立人 ·····························110, 375
　　──（介入義務） ·····················377
　　──（結約書の交付義務） ·············376
　　──（氏名黙秘義務） ·················376
　　──（善管注意義務） ·················377
　　──（帳簿作成・謄本交付義務） ·······376
荷物の積込み ···························233
任意解除
　　委任の── ···························50
　　請負の── ···························50
　　準委任の── ·························51
任意解約権 ······························248
　　──と契約期間 ·······················302
　　──と債務不履行解除条項 ·············303
　　──と自動更新条項 ···················302
　　──の制限 ·······················301, 305
　　──の予告期間 ·······················303
任意解約条項 ···························299
　　──の必要性 ·························299
任意組合 ································142
　　──と業務委託事業者 ·················143
　　──と特定業務委託事業者 ·············143
　　──と特定受託事業者 ·················143
　　──の事業者該当性 ···················142
妊　娠 ·······················254, 294
納　期 ··································213
ノーワーク・ノーペイの原則 ·············37

は 行

媒　介 ·······················355, 375
　　──の意義 ·························359
排除措置命令 ·····························60
配慮義務 ································254
　　──の私法上の効力 ···················294
配慮の申出 ······························254
　　──と不利益取扱い ···················257
派遣労働者 ·······························122
場所的拘束 ···························96, 344
罰　金 ·······················175, 266
発注書 ··································163
発注数量の増加 ··························218
パートナーシップ構築宣言 ·············87, 89
ハラスメント対策義務 ···················250
ハラスメント防止対策 ···················18
パワハラ ································253
　　──と交渉の範囲内での話合い ·········253
　　──と通常の取引行為 ·················253
ハンドルネーム ··························168
必要な配慮 ······························255
秘密保持義務 ···························392
秘密保持契約 ···························436
表示主体性 ·······················332, 333
被用者 ··································378
費用負担 ·······················173, 312
表明保証 ·······················129, 440
ファクシミリ ···························179
不可分債務 ······························47
副　業 ··································121
不更新 ·······················342, 395
　　──の30日前予告義務　→30日前予告義務
不更新申出期間 ··························310
不公正な取引方法 ···················54, 282
不当な取引制限 ···················59, 322
不当表示 ·······················329, 390
歩引き ····································73
不法行為に基づく損害賠償請求 ········283, 285
プライバシー ·····························422
プラットフォーム ·······31, 216, 330, 356, 426
　　──とフリーランス ···················354
　　──の民事責任 ·······················381
　　──利用者による商標権侵害 ···········385
　　求人── ···························330

456

事項索引

仲介—— …………………………*332, 334*
仲介型—— ……………………………*362*
デジタル・—— ………………………*362*
デジタル・——と独占禁止法 …………*365*
非仲介型—— …………………………*362*
プラットフォーム透明化法 ……………*373*
フリーランス …………………………………*3*
　——が管理する個人情報の取扱いについて
　　の監督 …………………………………*433*
　——からの契約解消 …………………*398*
　——とインボイス制度 ………………*408*
　——との紛争解決 ……………………*441*
　——とプラットフォーム ……………*354*
　——と民法 …………………………………*33*
　——に対する求人 ……………………*362*
　——に対するハラスメント …………*251*
　——に対する不当表示 ………………*329*
　——による共同行為 ……………*319, 323*
　——による集団的交渉 …………*319, 323*
　——の協同組合 ………………………*101*
　——の契約終了の妨害 ………………*395*
　——の個人情報の取扱い ……………*419*
　——の団体 ………………*101, 319, 328*
　外国拠点をベースとする—— ………*436*
　課税事業者となった——への対応 ……*415*
　課税事業者とならない——への対応 …*412*
　偽装—— …………………*121, 122, 339*
　　下請の—— …………………………*122*
　　社員—— ……………………………*348*
　　元請の—— …………………………*122*
フリーランスガイドライン ………*63, 115*
フリーランス・トラブル 110 番 …*274, 444*
フリーランス法 ………………………*280*
　——対応をする場合のチェックポイント
　　……………………………………*145, 146*
　——とインボイス制度 ………………*409*
　——と下請法 …*68, 182, 226, 269, 272, 280*
　——と独占禁止法 …………*226, 272, 280*
　——と零細事業者 ……………………*144*
　——の国際的適用範囲 …………*150, 154*
　——の私法上の効力 ……………*282, 290*
不利益行為 ………………………………*56*
振込手数料 …………*74, 161, 217, 221*
紛争解決 ………………………………*441*
返品 …………………………………*75, 222*

——が認められる場合 ………………………*75*
——できる期間 ………………………*223*
報告徴収 …………………………*263, 270*
報　酬
　——（現金以外の支払方法）………*173*
　——の額 ………………………………*171*
　——の減額 ………*161, 173, 175, 214, 410*
　——の減額に当たらない場合 ………*219*
　——の算定方法 ………………………*171*
　——の支払 …………………………*189, 395*
　——の支払期日 …………*159, 189, 191, 290*
　——の労務対償性（労務対価性）…*13, 92, 95,*
　　345
　著しく低い—— ………………………*340*
報酬請求権 ………………………………*35*
　役務提供の中断の場合の—— ………………*36*
法定休日 …………………………………*341*
報復措置 …………………………………*78*
募　集 …………………………………*258*
募集情報 …………………………………*259*
　——（業務に従事する場所・時間・期間）
　　…………………………………………*260*
　——（業務の内容）…………………*260*
　——（契約の解除・不更新）………*261*
　——（報酬）…………………………*260*
　——（募集者）………………………*261*
　——等提供 ……………………………*371*
　——と契約条件の齟齬 …………*262, 335, 337*
　——的確表示義務 ………………*258, 332*
　——の範囲 ……………………………*335*
保証責任 …………………………………*381*
ボリュームディスカウント …………*74, 219*
本人の同意 ………………………………*430*

ま 行

前払金 …………………………*160, 190, 199*
　再委託の場合の—— …………………*198*
マタハラ …………………………………*251*
マッチング業者 …*110, 258, 354, 373, 375, 426*
　——に対する独占禁止法上の規制 ……*362*
見合い相殺 ………………………………*78*
見積書 …………………………………*163*
未定事項 …………………………*166, 173, 176*
民事調停 …………………………………*443*
民　法 …………………………………*27, 279*

457

事項索引

——628 条の類推適用 ……………307
無過失損害賠償責任 ……………62
無催告解除 ……………45
無事業所・無店舗個人 ……………23
無償の労務提供 ……………57
明示時期 ……………162
明示事項 ……………159, 164
　追加的—— ……………177, 195
明示済みの共通事項 ……………167
明示方法 ……………159, 179
命　令 ……………185, 201, 238, 264, 265
免税事業者 ……………412, 417
元委託業務の対価の支払期日 ……………179
モニタリング ……………434

や　行

役　員 ……………122, 130
約款規制 ……………304, 403
雇止め ……………13, 342
やり直し ……………80, 194, 235, 253
　——の条件 ……………175
　——の範囲 ……………175
優越的地位 ……………55
優越的地位の濫用 ……55, 282, 322, 368, 409
　——と競業避止義務 ……………316
有償支給原材料等の対価の早期決済 …78, 211
有利誤認表示 ……………331
優良誤認表示 ……………331
要配慮個人情報 ……………423, 432

ら　行

履行拒絶 ……………37
履行傷害 ……………36
リベート ……………73
両罰規定 ……………84, 201, 239
零細事業者 ……………144

連鎖販売 ……………24
　——個人契約 ……………25
漏えい ……………432
　委託先からの—— ……………439
労働安全衛生法 ……………16
　——の保護範囲 ……………16
労働基準法の私法上の効力 ……………287
労働組合 ……………15
労働組合法 ……………91
労働契約 ……………157
労働時間 ……………341
労働者供給 ……………369
　——事業 ……………370
労働者性 ……………11
　——が認められない場合の類推適用 ……401
　労基法上の—— ……11, 12, 92, 121, 346, 399, 405
　労基法上の——（判断要素）……13, 342
　労組法上の—— ……11, 15, 93, 121, 323
　労組法上の——（判断要素）……93
労働者派遣 ……………368
労働審判 ……………448
労働法 ……………277
　——の国際的適用範囲 ……………152
　——の私法上の効力 ……………289
　——の「配慮義務」の私法上の効力 ……288
労働組合 ……………319
労務提供地 ……………158, 156
労務費の適切な転嫁のための価格交渉に関する指針 ……………229

わ　行

和解あっせん手続 ……………444
割引困難な手形の交付 ……………78, 211
割増賃金 ……………341, 405
割戻金 ……………74, 220

判例・審決例等索引

■大　正

大判大正 3・12・26 民録 20 輯 1208 頁 ·· 38
大判大正 6・2・22 民録 23 輯 212 頁 ··· 378
大判大正 6・4・16 刑録 23 輯 321 頁 ··· 378
大判大正 6・6・27 民録 23 輯 1153 頁 ·· 45
大判大正 11・5・29 民集 1 巻 259 頁 ·· 49

■昭　和

大判昭和 2・2・2 民集 6 巻 133 頁 ·· 45
大判昭和 2・6・15 民集 6 巻 403 頁 ··· 378
大判昭和 7・5・9 民集 11 巻 824 頁 ··· 38
大判昭和 8・9・29 民集 12 巻 2376 頁 ·· 108
東京高判昭和 26・9・19 高民集 4 巻 4 号 497 頁（東宝スバル事件）··········· 327
最二小判昭和 27・4・25 民集 6 巻 4 号 451 頁 ······································· 48
東京高判昭和 28・12・7 高民集 6 巻 13 号 868 頁（東宝・新東宝事件）······· 327
最一小判昭和 31・12・6 民集 10 巻 12 号 1527 頁 ··································· 45
公取委勧告審決昭和 32・3・7 審決集 8 巻 54 頁（浜中村主畜農業協同組合に対する件）········ 324
最二小判昭和 35・3・11 民集 14 巻 3 号 403 頁（細谷服装事件）················ 293
最一小判昭和 37・2・1 民集 16 巻 2 号 157 頁 ······································· 108
公取委審判審決昭和 38・9・4 審決集 12 巻 1 頁（東京都パン協同組合連合会に対する件）···104, 326
最三小判昭和 39・7・28 民集 18 巻 6 号 1220 頁 ···································· 48
東京地決昭和 40・4・26 労民集 16 巻 2 号 308 頁（インターナショナル・エア・サービス事件）

··· 154

最一小判昭和 43・2・23 民集 22 巻 2 号 281 頁 ····································· 47
最二小判昭和 43・9・20 判タ 227 号 147 頁 ·· 398
最一小判昭和 43・11・21 民集 22 巻 12 号 2741 頁 ································· 46
最一小判昭和 44・6・26 民集 23 巻 7 号 1264 頁 ··································· 108
最二小判昭和 44・9・12 判時 572 号 25 頁 ·· 38
東京地判昭和 47・11・17 労判 165 号 40 頁（日本軽金属事件）················· 399
名古屋地判昭和 49・5・29 下民集 25 巻 5〜8 号 518 頁 ························· 284
最三小判昭和 50・2・25 民集 29 巻 2 号 143 頁（自衛隊車両整備工場事件）··· 17
公取委審判審決昭和 50・12・23 審決集 22 巻 105 頁（岐阜生コンクリート協同組合に対する件）

··· 104

最一小判昭和 51・5・6 民集 30 巻 4 号 437 頁（CBC 管弦楽団労組事件）····· 94
最一小判昭和 51・7・8 民集 30 巻 7 号 689 頁（茨石事件）······················ 400
東京地判昭和 51・10・29 判時 841 号 102 頁（高野メリヤス事件）·············· 399
最二小判昭和 52・6・20 民集 31 巻 4 号 449 頁（岐阜商工信用組合事件）····· 283
最二小判昭和 52・12・23 民集 31 巻 7 号 1570 頁 ·································· 379
最二小判昭和 56・1・19 民集 35 巻 1 号 1 頁 ··· 51
東京地判昭和 56・9・30 下民集 32 巻 9〜12 号 888 頁 ·························· 284
最三小判昭和 58・1・25 判時 1072 号 144 頁 ·· 379
最二小判昭和 62・7・17 民集 41 巻 5 号 1283 頁 ···································· 38

459

判例・審決例等索引

札幌高決昭和 62・9・30 判時 1258 号 76 頁 ··· 42
東京地判昭和 63・7・6 判時 1309 号 109 頁 ·· 285, 287

■平 成

大阪地判平成元・6・5 判時 1331 号 97 頁 ·· 284
最三小判平成元・9・19 集民 157 号 601 頁 ··· 382
東京地判平成元・9・22 労判 548 号 64 頁（カール・ツアイス事件）·················· 15
最二小判平成元・12・8 民集 43 巻 11 号 1259 頁 ·· 283
最一小判平成元・12・14 民集 43 巻 12 号 2078 頁（都営芝浦と畜場事件）···· 7, 54, 320
福岡高判平成 2・3・28 判時 1363 号 143 頁 ·· 109
東京地判平成 3・5・30 判時 1408 号 94 頁 ··· 109
公取委勧告審決平成 4・4・17 審決集 39 巻 53 頁（東京木材市売問屋協同組合連合会等に対する件）
··· 104
京都地判平成 5・9・27 判タ 865 号 220 頁 ·· 109
最二小判平成 6・4・22 民集 48 巻 3 号 944 頁（東京エグゼクティブ・サーチ事件）··· 371
浦和地判平成 6・4・28 判タ 875 号 137 頁 ·· 285
東京高判平成 6・9・14 判時 1507 号 43 頁 ··· 49
京都地判平成 6・10・31 判タ 879 号 241 頁 ·· 108, 109
大分簡判平成 6・12・15 判時 1539 号 123 頁 ··· 51
最一小判平成 7・2・9 労判 681 号 19 頁（興栄社事件）····································· 348
最三小判平成 7・2・28 民集 49 巻 2 号 559 頁（朝日放送事件）························· 97
大津地彦根支決平成 7・9・11 判時 1611 号 112 頁 ··· 286
大阪地判平成 7・11・7 判時 1566 号 85 頁 ··· 49
最一小判平成 7・11・30 民集 49 巻 9 号 2972 頁 ·· 379
東京地判平成 8・8・29 判タ 946 号 221 頁 ·· 109
最一小判平成 8・11・28 労判 714 号 14 頁（横浜南労基署長（旭紙業）事件）··· 91, 92, 347
大阪高判平成 10・1・29 審決集 44 巻 555 頁（豊田商事事件）··························· 389
最一小判平成 12・3・9 民集 54 巻 3 号 801 頁（三菱重工長崎造船所事件）········· 341
最一小判平成 14・2・28 民集 56 巻 2 号 361 頁（大星ビル管理事件）··············· 341
東京高判平成 14・7・11 労判 832 号 13 頁（新宿労基署長（映画撮影技師）事件）·· 92
東京地判平成 15・11・10 判タ 1164 号 153 頁 ··· 305
和歌山地判平成 16・2・9 労判 874 号 64 頁（和歌の海運送事件）····················· 19
公取委勧告審決平成 17・1・7 審決集 51 巻 543 頁（ユニー事件）····················· 392
東京地八王子支判平成 17・3・16 労判 893 号 65 頁（ジャムコ事件）················ 18
神戸地裁姫路支部平成 17・8・9 判時 1929 号 81 頁 ··· 383
東京地判平成 19・6・12・2007WLJPCA06128002 ··· 302
最一小判平成 19・6・28 労判 940 号 11 頁（藤沢労基署長（大工負傷）事件）··· 92, 347
東京地決平成 19・8・28 判時 1991 号 89 頁 ·· 151
東京高判平成 19・11・29 労判 951 号 31 頁（朝日新聞社事件）·························· 92
最二小判平成 20・2・22 民集 62 巻 2 号 576 頁 ·· 108
東京地判平成 20・2・27 労判 967 号 48 頁（国・中労委（モリタほか）事件）····· 15
名古屋地判平成 20・3・28 判時 2029 号 89 頁 ··· 384
東京高判平成 20・5・23 審決集 55 巻 842 頁（ベイクルーズ事件）··············· 332, 333
大阪高判平成 20・7・30 労判 980 号 81 頁（H 工務店事件）······························ 19
名古屋高判平成 20・11・11 自保ジャーナル 1840 号 160 頁 ························· 359, 384

判例・審決例等索引

東京地判平成 21・3・25・2009WLJPCA03258018 ‥‥‥‥‥‥‥‥‥‥‥‥‥285
福岡高判平成 21・5・19 労判 989 号 39 頁（河合塾（非常勤講師）事件）‥‥‥‥‥‥347
最三小決平成 21・10・27 LLI/DB L06410194 ‥‥‥‥‥‥‥‥‥‥‥‥‥‥‥‥‥‥384
大阪高判平成 21・11・27 労判 1004 号 112 頁（NTT 西日本（高齢者雇用・第 1）事件）‥‥‥‥289
東京地判平成 21・12・4 判時 2072 号 54 頁（ジェイコム株式誤発注事件）‥‥‥‥359, 382
東京地判平成 21・12・21 判時 2074 号 81 頁 ‥‥‥‥‥‥‥‥‥‥‥‥‥‥‥‥‥‥303
東京地判平成 21・12・22・2009WLJPCA12228005 ‥‥‥‥‥‥‥‥‥‥‥‥‥‥‥303
東京高判平成 22・2・16 判タ 1336 号 169 頁 ‥‥‥‥‥‥‥‥‥‥‥‥‥‥‥‥‥‥303
東京地判平成 22・3・30・2010WLJPCA03308012 ‥‥‥‥‥‥‥‥‥‥‥‥‥‥‥302
東京地判平成 22・5・12 判タ 1363 号 127 頁 ‥‥‥‥‥‥‥‥‥‥‥‥‥‥‥‥‥286
大阪地判平成 22・5・25 判時 2092 号 106 頁 ‥‥‥‥‥‥‥‥‥‥‥‥‥‥‥‥‥284
東京高判平成 22・5・27 労判 1011 号 20 頁（藍澤證券事件）‥‥‥‥‥‥‥‥‥‥‥289
東京地判平成 22・9・16・2010WLJPCA09168027 ‥‥‥‥‥‥‥‥‥‥‥‥‥‥‥303
横浜地判平成 22・10・28 労判 1019 号 24 頁（学校法人大谷学園事件）‥‥‥‥‥‥290
大阪高判平成 22・12・21 労経速 2095 号 15 頁（NTT 西日本（高齢者雇用・第 2）事件）‥‥‥290
東京地決平成 23・2・25 労判 1029 号 86 頁（日本相撲協会（力士登録抹消等）事件）‥‥‥347
大阪地判平成 23・3・23 判時 2131 号 77 頁 ‥‥‥‥‥‥‥‥‥‥‥‥‥‥‥‥‥‥377
最三小判平成 23・4・12 民集 65 巻 3 号 943 頁（新国立劇場事件）‥‥‥‥‥‥‥‥‥94
最三小判平成 23・4・12 労判 1026 号 27 頁（INAX メンテナンス事件）‥‥‥‥‥‥‥94
京都地判平成 23・10・31 労判 1041 号 49 頁（エーディーディー事件）‥‥‥‥‥‥‥401
知財高判平成 24・2・14 判時 2161 号 86 頁 ‥‥‥‥‥‥‥‥‥‥‥‥‥‥‥‥‥‥385
最三小判平成 24・2・21 民集 66 巻 3 号 955 頁（ビクターサービスエンジニアリング事件）‥‥94
神戸地尼崎支決平成 24・4・9 労判 1054 号 38 頁（阪神バス（勤務配慮）事件）‥‥‥288
東京地判平成 24・5・7・2012WLJPCA05078001 ‥‥‥‥‥‥‥‥‥‥‥‥‥‥‥302
東京地判平成 24・7・18 労判 1057 号 162 頁（片山興業事件）‥‥‥‥‥‥‥‥‥‥400
東京高判平成 24・9・14 労判 1070 号 160 頁（公認会計士 A 事務所事件）‥‥‥‥‥347
東京地判平成 24・10・9 判タ 1407 号 295 頁 ‥‥‥‥‥‥‥‥‥‥‥‥‥‥‥‥‥109
東京地判平成 24・10・18 LEX/DB25498185 ‥‥‥‥‥‥‥‥‥‥‥‥‥‥‥‥‥109
仙台地判平成 24・11・9 裁判所ウェブサイト（平成 24（ワ）172）‥‥‥‥‥‥‥‥‥401
東京地判平成 24・11・15 労判 1079 号 128 頁（国・中労委（ソクハイ）事件）‥‥‥‥‥94
東京地判平成 25・2・28 労判 1074 号 47 頁（イーライフ事件）‥‥‥‥‥‥‥‥‥‥341
東京地判平成 25・3・1・2013WLJPCA03018005 ‥‥‥‥‥‥‥‥‥‥‥‥‥‥‥302
東京地判平成 25・7・17・2013WLJPCA07178002 ‥‥‥‥‥‥‥‥‥‥‥‥‥‥‥301
東京高判平成 25・7・24 判タ 1394 号 93 頁（ジェイコム株式誤発注事件）‥‥‥‥359, 382
東京地判平成 26・2・14 LEX/DB25503094（親愛事件）‥‥‥‥‥‥‥‥‥‥‥‥‥347
東京地判平成 26・11・5 金判 1460 号 44 頁 ‥‥‥‥‥‥‥‥‥‥‥‥‥‥‥‥‥109
東京地判平成 27・7・29 労判 1124 号 5 頁（日本電気事件）‥‥‥‥‥‥‥‥‥‥‥289
東京地判平成 27・9・9 LEX/DB25542388 ‥‥‥‥‥‥‥‥‥‥‥‥‥‥‥‥‥‥308
大阪高判平成 27・9・11 判時 1130 号 22 頁（NHK 神戸放送局（地域スタッフ）事件）‥‥‥92, 347
佐賀地判平成 27・9・11 判時 1172 号 81 頁（信州フーズ事件）‥‥‥‥‥‥‥‥‥‥400
大阪地判平成 27・9・24 判時 2348 号 62 頁 ‥‥‥‥‥‥‥‥‥‥‥‥‥‥‥‥‥109
東京地判平成 27・11・5 労判 1134 号 76 頁（M コーポレーション事件）‥‥‥‥‥‥347
福岡地判平成 27・11・11 労判 1152 号 69 頁（住吉神社ほか事件）‥‥‥‥‥‥‥‥348
東京地判平成 27・11・16 労判 1134 号 57 頁（日本放送協会（フランス語担当者）事件）‥‥‥347
東京地判平成 28・1・18 判時 2316 号 63 頁 ‥‥‥‥‥‥‥‥‥‥‥‥‥‥‥‥‥307

461

判例・審決例等索引

東京地判平成 28・2・18・2016WLJPCA02188006 ……………………………………287
最二小判平成 28・2・19 民集 70 巻 2 号 123 頁（山梨県民信用組合事件）…………246
東京地判平成 28・3・23・2016WLJPCA03238031 ……………………………………404
京都地判平成 28・3・29 労判 1146 号 65 頁（O 公立大学法人（O 大学・准教授）事件）………288
東京地判平成 28・3・31 判タ 1438 号 164 頁（ジェイロック事件）………………400
東京地判平成 28・4・28 判時 2313 号 29 頁 ………………………………………109
東京地判平成 28・5・13 判時 2340 号 83 頁 ………………………………………109
東京地判平成 28・6・29・2016WLJPCA06298023 ……………………………………301
東京地判平成 28・7・7 労判 1148 号 69 頁（元アイドルほか（グループ B 社）事件）………347
最三小決平成 29・1・31 民集 71 巻 1 号 63 頁 ……………………………………386
東京地立川支判平成 29・1・31 労判 1156 号 11 頁（TRUST 事件）……………246
最三小判平成 29・12・12 民集 71 巻 10 号 1958 頁（ブラウン管カルテル事件）……151
東京地判平成 30・3・23 消費者法ニュース 116 号 340 頁 ………………………403
東京地判平成 30・4・26 LEX/DB25560855（Jcoin 事件）…………………………347
福岡地判平成 30・9・14 判タ 1461 号 195 頁（大島産業事件）…………………401
札幌高判平成 31・3・7 LLI/DB L07420180 ………………………………283, 284, 286
札幌地判平成 31・3・14・2019WLJPCA03146008 ……………………………………286
中労委命令平成 31・3・15（セブン-イレブン・ジャパン事件）…………………98
中労委命令平成 31・3・15（ファミリーマート事件）……………………………98
東京地判平成 31・4・22・2019WLJPCA04228008 ……………………………………405

■ 令　和

東京地判令和 2・1・9・2020WLJPCA01098004 …………………………………307, 402
東京地判令和 2・1・15 LLI/DBL07530066 …………………………………………109
横浜地判令和 2・6・11 判時 2483 号 89 頁 ………………………………………305
東京高判令和 2・12・3 LEX/DB25591452（アマゾンジャパン高裁事件）………333
東京地判令和 2・12・22・2020WLJPCA12226001 ……………………………………303
札幌高判令和 3・4・28 労判 1254 号 28 頁（ネオユニットほか事件）…………289
最一小判令和 3・5・17 民集 75 巻 5 号 1359 頁（建設アスベスト事件）…………16
東京地判令和 3・5・19・2021WLJPCA05198004 ……………………………………404
東京地判令和 3・9・7 労判 1263 号 29 頁（H プロジェクト事件）………………343
東京地判令和 3・9・9・2021WLJPCA09098016 ………………………………………284
東京地判令和 3・10・14 労判 1264 号 42 頁（グローバルマーケティングほか事件）………246
仙台高判令和 3・12・16 判時 2541 号 5 頁 ………………………………………305
東京地判令和 4・4・15 判タ 1510 号 241 頁 …………………………………………32
消費者庁措置命令令和 4・4・27（DYM 事件）……………………………………330, 334
東京地判令和 4・5・25 労判 1269 号 15 頁（アムール事件）………………………20
都労委命令令和 4・11・25（Uber Eats Japan 事件）………………………………96
東京地判令和 4・12・23・2022WLJPCA12238008 ……………………………………286
東京高判令和 5・1・17 判例集未登載 ……………………………………………………32

462

フリーランスとの取引と企業対応

2025 年 2 月 25 日 初版第 1 刷発行

編著者	池田　毅・倉重公太朗
著　者	今村　敏・宇賀神　崇・江夏大樹・ 全　未来・田中麻久也・松本恒雄
発行者	江草貞治
発行所	株式会社有斐閣
	〒101-0051 東京都千代田区神田神保町 2-17
	https://www.yuhikaku.co.jp/
装　丁	吉野　愛
印　刷	株式会社理想社
製　本	大口製本印刷株式会社
装丁印刷	株式会社亨有堂印刷所

落丁・乱丁本はお取替えいたします。定価はカバーに表示してあります。
©2025, T. Ikeda, K. Kurashige, S. Imamura, T. Ugajin, T. Enatsu, M. Zen,
M. Tanaka, T. Matsumoto
Printed in Japan ISBN 978-4-641-24385-9

本書のコピー、スキャン、デジタル化等の無断複製は著作権法上での例外を除き禁じられています。本書を代行業者等の第三者に依頼してスキャンやデジタル化することは、たとえ個人や家庭内の利用でも著作権法違反です。

JCOPY　本書の無断複写（コピー）は、著作権法上での例外を除き、禁じられています。複写される場合は、そのつど事前に、(一社)出版者著作権管理機構（電話03-5244-5088，ＦＡＸ03-5244-5089，e-mail:info@jcopy.or.jp)の許諾を得てください。